劉玉林　傳

武昌風雲

劉樹森──

著

謹以此書紀念埋骨異域他鄉的父親

彷彿范蠡五湖去，隱市卅年公亦豪，
但得山川凝正氣，且於風雨賦離騷。

攝於1975年初

辛亥革命雖然結束了中國二千多年來的封建帝制，但隨之而來的軍閥割據戰禍頻發，卻給中華民族造成了更加深重的災難。英雄造時勢，時勢造英雄，亂世之中奇人異事層出不窮。在那個風雲變幻無常的特殊年代裡，先父平生的經歷更富於傳奇的色彩。他以多重的身份隱身於政治的迷霧之中，為忠誠於其之信仰而努力奮鬥。

　　特殊的年代、特殊的時局、特殊的環境、特殊的經歷、特殊的人際關係、特殊的人生定位、伴隨著特殊的鬥爭學說而產生的特殊職業，注定了家父特殊的多重身份，注定了他無論在生前或是死後都難見天日。

目　次

第一卷　武昌風雲

第一章　禍兮福兮

十年樹木百年樹人

　　鴉片戰爭後，國事百孔千瘡，大清王朝已臨末世。洪、楊舉旗造反，其勢若暴風驟雨，幾乎掀翻了紫禁城的龍庭。甲午海戰之後，滿清之江山社稷更是處在風雨飄零之中而搖搖欲墜，距改朝換代之日已為期不遠。偏偏慈禧太后突發異想，欲借助義和拳之力扶清滅洋，以致八國聯軍入侵京津，兩宮西狩倉皇逃竄。巨額的庚子賠款，更是加速了滿清王朝的分崩離析。

　　劫難將至之時，奇人異士應運而生，以孫文為首之革命黨人崛起於中華大地，為驅除韃虜和光復中華，追求民主共和的革命志士前赴前後繼，遍地火種已呈即將燎原之勢。

　　大清光緒二十八年十月十三日戌時（1902年11月12日），由後院廂房內傳出的嬰兒降臨人世時的啼哭聲，讓心神不定坐立不安的劉老太爺夫婦二人的臉上綻現了笑容。僕婦王媽快步跑來報喜說：「恭喜老太爺，賀喜老夫人，三少奶奶已產下一個『帶柄』的小公子爺。」

　　劉老夫人手捻佛珠低頌佛號令王媽傳話，讓廚房備夜宵以慰勞已忙碌了近二個時辰的四位產婆，酬謝她們的禮品須加倍發放，另吩咐管家王安拿出32枚銀元以獎勵這四個有功的接生婆。

　　原來劉家的祖籍在青山八吉府，先高祖劉公為清嘉慶年間之鄉試舉人，因其父、母相繼亡故而在家中守制五年。因宥於雙親西歸後應由長房之子孫承繼祖業而其他的兄弟當分家另過的祖訓，清道光元年家境殷實的先高祖劉公選中了此地極佳的風水後，才舉家遷至這鼓架山下嚴西湖畔的湖濱村置地創業，耕讀傳家已歷五代。

　　與喧鬧繁華的都市相比，這裡山明水秀民風淳樸可算得上是世外桃源。立

於鼓架山上極目遠眺，嚴西湖東岸的長山、廟山，南邊的大長山、呂臺山、吹笛山歷歷在目，磨山如同一隻碩大的黛螺憩息於東湖湖面之上。俯瞰山下，阡陌縱橫，禾稼茂密，房舍掩映於綠蔭之中。炊煙嬝嬝，牧笛悠揚，夕陽之彩霞將青松碧樹染成紅色，恰如一幅寧靜秀美的田園風光畫圖。世世代代居住在大劉村、小劉村的人們，日出而作，日入而息。鑿井而飲，耕田而食。農夫、村姑於田間勞作之時擊壤高歌，此唱彼合，儼如太平無憂之人。

　　四十年前劉老太爺執掌家業時家中已有良田千餘畝，並在武昌城中開有仁和當鋪及仁義估衣店，同時在泰合米糧行、益豐醬園、永昌錢莊、義和布莊等處持有股份，富甲一方儼然為當地之首富。令先高祖劉公於九泉之下感到缺憾的是除其曾生育二個兒子後各立門戶外，留在祖宅內居住的長房兒孫雖然財源廣進卻是人丁不旺且文運不佳，四代人中僅有二人通過府試中過秀才但卻與鄉試無緣。

　　劉老太爺夫婦共生育三子四女，四個女兒已相繼出閣；長子廷璋已生育二子二女；次子廷瑞已有二女一男；三子廷璜今年22歲，於去年端午節迎娶葛店名門廖氏之女為妻。廖氏過門之後能孝敬公婆友悌姒娌，兼之待人謙和，故深得闔宅之人的敬愛，劉老夫人待之如己出，常令其伴隨左右。

　　管家王安傳話讓僕婦們準備好祭祀用品，說老太爺於明日未時要帶領全家人去祠堂祭祖。並吩咐將馬車備好以便他在明日辰時去尤廟鎮，接鐵嘴神算施為謙來宅中起卦以測定吉凶禍福。

　　劉老太爺急於祭祖和邀請施半仙卜卦，是與他前些時所做的兩個奇異的怪夢有關。他先是夢見一手拄拐杖的白鬚者從外面走進家來並對其言道：「常言道月滿則虧，水滿則溢。我家榮華富貴已有八十餘年，然而，如今後輩子孫卻只知安於享樂揮霍無度，早已將仁德傳家、平安是福的古訓忘得乾乾淨淨。盛筵必散，泰極否來。榮辱自古周而復始，豈是先祖之護佑能保得住的？爾等若能幡然悔悟尚可重振家業，若執迷不悟定禍及後代子孫而使之陷入困苦的窘境。不日家中雖有一件大喜之事降臨，但值此世道將亂之際，日後是禍是福亦難預料。」

　　劉老太爺驚窹而醒，思及乃先祖托夢之言，驚悸無比，嚇得渾身冷汗直冒。

　　俗話說日有所思則夜有所夢。因憂心忡忡劉老太爺精神恍惚，於次日三更時分又夢見自己去祠堂拜謁祖先時，一陣旋風突如其來將兩壁上的98支蠟燭盡

行吹滅，偌大的祠堂內頓時漆黑一團。惶急之時，卻有人持火鐮石點燃一支蠟燭後，再將左側的48支蠟燭逐一點燃而將其手中的蠟燭置於先祖的牌位之前。燭光搖曳之下，只見一身著紅衣紅褲的半大男孩跪於蒲團之上對著祖先的牌位叩了三個頭，然後手持神案上的那支蠟燭匆匆離去。

夢中的紅衣孩童從未見過，但其之五官面容卻與自己的三個孫兒有相似之處，劉老太爺私下忖度，難道說先祖在夢中托言近日家中有喜事降臨和點燃祠堂東壁上蠟燭的半大孩童，莫非就應驗在那即將降臨人世的嬰兒的身上？

二叔公心有所屬

在那封建專制時期，各省的讀書人雖然眾多，但在經過縣試錄取童生、府試錄取秀才的遴選，再通過鄉試得中舉人的卻是鳳毛麟角，故舉人在那個社會裡享有許多的特權和殊榮。

在劉舉人遷居湖濱村後不久，縣衙將湖濱村更名為劉家村的告示便貼遍了周邊一帶。原來在湖濱村居住的幾十戶劉姓之人為圖得劉舉人的護佑，皆以天下劉姓源於江蘇省彭城郡（江蘇省銅山縣）一說為由，聯名呈帖和劉舉人認作了同宗本家，並捐資重修宗譜和建造祠堂，故周邊的百姓將這幾十戶居住在嚴西湖畔的村莊稱為大劉村。

小劉村在鼓架山之北麓，兩所莊院占地約30餘畝，中間是劉氏祠堂，東邊的大院現為劉老太爺一家的居住之地；西邊的宅院則為劉舉人之次子的後裔居住。

現任族長的二叔公是東院劉老太爺的堂叔，叔公一家也是幾代單傳人丁不旺。叔公之子世清時年52歲，娶妻王氏，先後生育了四個女兒。依據劉氏祖訓，嫡妻年逾40仍未生育子嗣者方可納妾以延續香火，十年前世清這才名正言順地納張氏為妾。此後，妻妾紛爭不斷讓叔公不勝其煩，乃令嫡、庶兩個兒媳婦分住在前院和後院。世清按單、雙日輪流去妻妾的臥榻上應值卻無成效，張氏在生育一個女兒後其腹內再無動靜。

在收到王安送來請其主持祭祀的稟帖後叔公心潮起伏，在歆羨東院已有三個孫兒和一個重孫後又添丁進口的同時，不斷地埋怨自己的兒子過於無能和恨怨那兩個只會爭寵吵鬧的兒媳婦的肚皮太不爭氣。

當初為兒子與王氏合婚和後來強令兒子納張氏為妾，他都是聽信了施半仙

所說的王、張兩家的女兒皆有旺夫運和宜子孫的命相才作成的婚事。叔公曾因王、張二女過門之後只開花而不結果，以致貽誤了其家傳宗接代的大事去責怪施大師信口開河胡謅亂侃。

施半仙拿出幾本書讓二叔公查閱並引經據典加以闡述：男女之間不是夜夜把床搖得吱吱作響就能生兒育女的，行房事時有許多的禁時和禁忌切不可大意，貴公子跑前往後不停歇地趕赴差役當然會褻瀆神明，王、張二女既能開花就能結果，錯就錯在貴公子播種的時辰有誤。常言道，取慾無度必然會適得其反，能清心者才能養好精氣神，寡欲者才會多子多福。歷代皇帝有三宮六院七十二妃共八十一個御妻，聖祖康熙爺在位六十年生育了35個皇子和25個格格共60個兒女，難道說他老人家會是天天去翻敬事牌而讓皇娘和嬪妃們去輪流侍寢？若真是如此，縱然他老人家是鐵打的金剛、銅鑄的羅漢也無此龍馬精神。明朝的正德皇帝年輕力壯卻短命夭亡就是因為其縱欲過度，這才因子嗣無人而讓堂弟嘉靖皇帝撿了個大便宜。俗話說色是刮骨的鋼刀，貴公子日夜操勞其身子骨已大不如從前，衰兵疲將焉能攻城掠地？想要一索而得男不啻是天方夜譚。

施半仙的這番話說得二叔公啞口無言，只得怏怏而歸。

令叔公心憂的是，若世清仍無子嗣，只得按家族中的規定當從東院裡擇人承祧。廷璋和廷瑞不僅年齡偏大且有吸食鴉片和嗜賭如命的惡習，這兩個人均是敗家的禍根。若東邊留廷璋繼承祖宅則廷瑞和廷璜當另立門戶，叔公擔心東院裡可能只會把廷瑞交給自己，那麼四代人歷盡千辛萬苦所創立的家業必將會被其敗得乾乾淨淨。叔公屬意的是三公子廷璜，廷璜年齡相當且為人忠厚老實勤奮刻苦，確實是頂立門戶的最佳人選。近幾年來他與東院的侄兒的交談中得知侄兒對其之長子和次子已不抱任何希望，惟鍾情於老三，若東院決定以老三取代其之長兄和次兄，則再好的構思亦會付之東流。

此次東院的侄兒卻一反常態，在其三房裡的孩子才降臨人世便大張旗鼓地來祭祀祖先，可見東院把這個孫子看得是何等重要。叔公認為這是東院裡的當家人挖空心思而想出的一石二鳥和移禍江東之計，是想借此機會來抬高其三兒子廷璜在家庭裡的地位，為日後讓其承繼祖業在預作鋪墊。

叔公決定揮舞起祖訓和族規這兩根大棒及充分利用其族長的身份，名正言順地將廷璋扶上東院裡當家人的寶座，然後再故伎重演順理成章地讓廷璜過繼給世清做兒子以保住西院的家業。想到東院裡的三個兒子今後必然會為爭奪當

家人的位置明爭暗鬥而鬧得不可開交時，叔公心裡樂不可支，那時他就會堂而皇之地端坐在祠堂的議事廳上發號施令，讓東院裡的堂侄搬起的石頭而砸跛其自己的腳。

謀家業各藏機心

明天上午施半仙要來劉家大院裡為三爺的兒子排八字算命和取名的事及劉老太爺夫婦要率全家人去祠堂祭祖的消息不脛而走，一時間成了劉宅的丫環僕婦和護院武師及莊丁們閒聊的熱門話題，他們三五成群地聚在一堆各抒己見且口無遮攔。議論的話題無非是說老太爺夫婦格外地看重三爺及三少奶奶的為人和日後三爺可能就是下一代的當家人；或說些這小少爺降臨人世時，燈現雙芯紅光閃亮和小少爺奇人異相，日後定會大富大貴之類的言語。這些人的無心之談，恰似那一柄柄無形的利刃戳得大爺廷璋夫婦心痛不已。

大爺廷璋和夫人心痛的是日後分割家產時，自己名下所能得到的那份家當。廷璋夫婦見母親先後生育了四個妹妹心中竊喜，自以為今後可穩得「六成」家業。不料在自己的大女兒出世之後，老三廷璜卻風急火急地趕到母親的腹內報到，平空地減少了兩成家業，已讓廷璋夫婦二人十分心疼卻又無可奈何只得隱忍不發。這幾年來因見父、母親對老三夫婦疼愛有加早已是心有芥蒂，今見三弟喜得貴子而父母親又賜以殊榮，心中更是忿忿不平。父以子榮、母以子貴的先例即使在帝王之家也是屢見不鮮，四皇子雍正因康熙爺眷顧其子弘曆而得登大寶，慈禧因孕育同治皇帝被尊為太后而獨柄朝綱，故而他認為此次祭祀祖先乃是老太爺欲廢長立幼的先兆，自己日後當家人的地位已岌岌可危。

想到二弟廷瑞平日裡對自己恭敬有加且喜好相投，他決定將其拉入結成同盟，合二人之力保住本應屬於自己的一切。廷璋與妻子一番商議後，令其子先覺去請二叔和二嬸速來書齋議事。

為了煽起廷瑞夫婦對爹媽的不滿情緒以便達成共識，從而達到結成統一戰線的目的，廷璋開門見山直奔主題，「兄弟，爹和娘這幾年一直不大過問家中的瑣事，而此次的舉動卻讓愚兄我百思不得其解，咱們兄弟二人的三個兒子出世時那老倆口都像沒事的人一樣無動於衷，去年先覺添了兒子，這是老爺子和

老娘堂堂正正的重孫，也沒有得到什麼格外的賞賜。如今卻又是龍船又是會的忙活得不亦樂乎，難道說老三家裡生育的兒子日後定會是那大富大貴的龍太子不成？老年人疼愛么兒子原也無可非議，但厚此薄彼卻讓人難堪，外人又會怎樣來看待此事？我們兩家人又有何顏面在外面做人？」

廷瑞確實是聰明過人，初聞弦歌便知雅意。大哥和大嫂一向把錢財看得過重故慳吝成性是一對財迷，他倆是在擔心如果老三被選定成為下一代當家人後，他倆的既得利益又會蒙受「一成」的損失而在未雨綢繆。這四、三、三的產業分割方案已成了篤定事實，他完全沒有必要去淌這渾水，他絕不會傻到無償地為老大作嫁衣裳去得罪老三而讓父母雙親遷怒於自己。老爺子治家的指導思想是守仁增福壽、積善得康寧，他老人家最擔心和最厭惡的是幾個兒子今後會離心離德而致使親兄弟鬩於牆。廷瑞心裡雖然巴不得老大和老三鬥得兩敗俱傷而讓他能坐收漁利，但他絕不會去推波助瀾，這種既吃了虧又兩邊不討好的蠢事他不會去幹。況且這十幾年來，老頭子委派自己去打理武昌城內的生意時，自己從中做的手腳所取得的實惠少說也有個「一成」。這兩年來，從老爹對自己日趨冷淡的現象來看證明老頭子雖有所察覺，可能只是還未抓到真憑實據而隱忍不發，無論是幫老大還是幫老三那都是伸出腦殼往那槍口上撞。廷瑞決定不能陷入彀中而只能置身事外，切不可因沾上了火星而作繭自縛以致砸碎了那財源不斷的金碗。

廷瑞笑眯眯地說道：「大哥大嫂切不可疑心生暗鬼。老爺子這樣做並非是抬愛老三和有意抑貶我們倆兄弟，更不會是為了讓老三今後取代大哥而成為下一代的當家人。因西頭的叔公自恃輩分高和倚仗族長的權勢，這麼些年來一直強壓在咱們家的頭上，老頭子這才借助老三生了兒子當祭祀先祖為名，顯示咱們家人丁興旺枝茂葉繁來一泄心中被壓抑了多年的怨憤。況且咱們家殷實富裕，日後僅分到我名下的田地就有將近400畝，我還在盤算今後怎樣才能吃得更快活，花得更瀟灑。天下本無事，庸人自擾之。如果真到了那麼一天，兄弟我當直言不諱據理力爭，以確保大哥當家人的地位。」

廷瑞的這番話真可以算得上是快刀切豆腐——兩面光，讓他自己及時地從是非的漩渦中脫出身來。但大少奶奶聽後如同吞服了一顆藥效奇特的定心丸頓時來了精神，早把夫婦倆事前商議好的今天只讓她多聽少說的約定忘到九霄雲外。

「二弟，你別站著說話不嫌腰疼，今後僅先河一人擁有你的那『三成』當

然是綽綽有餘，可我們家裡就有些捉襟見肘了。雖然先覺已娶妻生子，但過幾年先華也要成家立業，那時更會花出去大把的銀子。你大哥名下的產業讓先覺和先華倆兄弟再二一添作五，我是擔心他們兄弟倆今後的日子該怎麼過？

「大嫂你真是得了便宜還在這裡叫苦連天，我那兩個侄女出嫁和先覺成親全都是爹和娘一手操持的，所有的花銷都入了公賬，又沒有花去你倆的一文私房錢。老爺子和老娘又最講面子，今後分家時也不會從大哥的名下扣出，看來早生兒女早享福這話一點都不假。你這個兄弟又是個吃了上餐不管下餐、只會花錢而不會當家的人，我的大丫頭今年才滿12歲，小丫頭剛剛8歲而先河只有四歲，難道說分家之後還能讓老爹和老娘再來為他們操辦婚事？大嫂你現在都操心得睡不好覺，那我就只能是把兩眼一閉、雙腿一蹬聽天由命了。」

「弟妹，人活在世上還是錢最親，有了錢就高人一等。三弟妹的娘家財大氣粗，老爹和老娘就對她要格外親近一些。自從她過門以來一直是變著法子討好老娘，把老太婆哄得團團轉。老太婆經常往後院裡跑，還隔三岔五地讓春桃把她接過去噓寒問暖。我們姐妹倆也是老太婆的兒媳婦，老太婆對她是含在口裡怕化了，捧在手裡怕飛了，卻把我倆當成了地腳菜，這人和人比起來真是氣死人。」大少奶奶挑燈撥火意欲引發二少奶奶的怨氣。

「大嫂，不是我說你，你也太多心了。三弟妹怎麼樣討好老娘我沒有看到，但我卻認為她很會做人。我的兩個丫頭對她就比對我還要親近一些，難道我這做娘的還要去吃那種乾醋？至於前段時間老娘和她確實很親近，老太太那是在關心她老人家未來的孫子。我常看見先覺的堂客也往後院跑，難道說你的兒媳婦對你也有了外心不成？」二少奶奶就事論事說話也不偏不頗。

廷瑞正想如何藉故儘快離開這是非之地而轉動腦筋時，沒想到這妯娌二人會有一搭、沒一搭地攪和進來，心裡頭暗自歡喜，遂使眼色鼓勵自己的妻子讓她把這類的野棉花扯得越遠越好。

廷璋未曾料到如此重要的事卻讓自己的那個油鹽不進的憨婆娘攪得面目全非，又不便當面發作，呷了一口茶後將茶盅重重的擱在茶几之上，「我和二弟有事情要商議，你們妯娌二人快另找個地方去談家常。」

一向是坤綱獨斷的大少奶奶這才明白是自己說岔了嘴，便強忍怒氣狠狠地瞪了丈夫一眼，然後轉過身來笑吟吟地拉著弟媳婦去了她的臥室。

廷璋平日裡畏妻如虎，籲了一口長氣後苦笑著說：「唯女人與小人難養

也，聖人之言，果不謬也。」

「大哥切勿心煩，我告訴你一個好消息，保准你聽到後睡著了都會笑醒過來。」

「二弟，你別逗我開心，你我兄弟之間用不著拐彎抹角，更無須藏頭露尾。這些時家裡風平浪靜，難道說我就沒有聽到半點風聲？有什麼好事你就直接地講出來，大哥我一生中從來不會裝神弄鬼，最不喜歡看到有人故弄玄虛。」

「一個香噴噴的大餡餅從天而降，砸在了你我兄弟的面前。前幾天西頭的叔公降貴紆尊請我去嗑了一頓美酒佳餚。那老頭子打算將廷璜過繼給世清叔當兒子，叔公不便直接向老爹提出此事，這才投石問路請我從中斡旋，以便將老三承祧西院之事早日促成。大哥，你說這是不是一件天大的喜事？此事若能成功，不僅你當家人的地位會穩如泰山，那六、四分割家業的方案也會變成了現實。我唯一的希望是今後在分家時大哥應對兄弟我網開一面手下留情，多讓出一點實利來犒勞我這個為你鞍前馬後奔走的有功之臣。」

「這件事你告訴了老爹沒有？老爺子又持何態度？你可向老三提起此事？家中還有何人知道此事？」廷璋果然入其轂中，迫不及待地提出了這一連串的問題。

「要辦成此事當然要老頭子首肯才能成功。我當天就向老爹如實地作了彙報，但老爺子僅僅微笑著說了順其自然這四個字便沒了下文。我沒向老三吐露過半點口風，家中除了老爹和你我三人外，任何人都不知道這個秘密。大哥你千萬不得說與大嫂知道，她口無遮攔只會把此事『攪黃』。女人家頭髮長心眼短，成事不足卻敗事有餘，讓她們離得越遠越好。此事你應該裝作什麼也不知道，更不能主動地在老爹跟前露出半點你對老三承繼世清叔家業的看法和意見。老爺子心思縝密，如果爹確有偏袒老三的念頭，他老人家就會認為是我們兄弟倆人合夥在謀奪家產而想把老三推出家門。大哥，凡事須三思而行，切勿操之過急。隨緣才能水到渠成，雞飛蛋打的傻事我們千萬不能做。」

之後，倆兄弟又對此事應如何運作和要注意的事項都作了仔細地推敲，直至廷璋認為萬無一失時才放廷瑞回去睡覺。

其實，廷瑞心裡的如意算盤是如何設計和極力促成讓老爹把三弟廷璜選定為下一代的當家人。只有這樣，才能充分地利用其與西院的友善關係和憑藉其

妙舌生花之辯才，讓叔公和二叔世清在東院的三兄弟分家後，心甘情願地作出要選擇自己的兒子先河去承祧的決定。如果能將這個心願在日後變成事實，不僅他能輕而易舉地將發號施令一呼百諾的劉氏家族族長的權勢收入囊中，而且他將成這一帶位列前矛的幾個大富翁之一。

最令廷瑞憂心的是如果老爹墨守成規，恪守祖訓和族規立長而不立賢。那麼，他所作的諸多努力和所耗費的心血全都會付之東流，其結果只能是竹籃打水一場空。

施半仙妄言禍福

居住在尤廟鎮上的施半仙是一個響噹噹的知名人物。施家的男丁世代以替人算命、排八字合婚、看相、占卦、取名、改名和堪輿陰陽風水等技藝為職業，在方圓百里之內頗享盛名，因收入豐厚儼然成為當地的富戶之一。

這施為謙年逾古稀卻鶴髮童顏，其精神矍鑠頗似有仙風道骨的世外高人。施半仙來到劉家大院後便和老太爺一起躺在煙榻上吞雲吐霧，過足煙癮後方令隨侍的徒弟作筆錄，這才正襟危坐一本正經地為三少老爺的小公子排八字算命。

「小公子爺的生辰八字是壬寅、辛亥、己亥、甲戌。出生於黑虎年，主日後有天官、將星之榮耀，日幹代表命主所以屬土，土居五行之中央，壬為陽水，寅為陰金，月幹中辛為陰土，亥為陽木。行外人誤以為命中缺火，其實不然，金可生水，水能生木，木能生火，故五行俱全，命相大好。按小公子爺的命理推算，日後當迎娶一位出生於紅馬年火旺之女，此女大有幫夫旺家之命相，夫婦和順萬事皆興，子孫發達無可限量。

其實，小公子的八字是大大的不好。土重而金埋，再大的金礦被埋在珠穆朗瑪峰下怎能開採得出來？無法開採之金縱然全化為水也只能形成地下暗河，主今生今世難見天日。若在青藏高原鑿井把水引出來又是何等的艱難？欲讓地下河水湧泄而出不知需待多少個猴年馬月？水被高山鎮住已無能為力，又焉能活木？木既不能存活則生火之說當屬虛誕。木能克土，但土重則木折；火能生土，但土重而火滅。小公子爺今後一生不僅過得並不舒坦而且還會是相當坎坷，不僅命中克妻克子，還會令其父母雙親折壽，非但不能保住祖塋，還會讓嫡脈子孫陷入困窘的境地而倍受欺凌。

施半仙胡吹亂侃，劉老太爺卻如奉綸音，頻頻地點頭稱是。

在問明老太爺欲給其孫子取名為劉先志時，施半仙連聲稱讚劉老太爺見識過人，說發揚先祖之宏志而承先啟後，此子日後定大有作為並能光宗耀祖。見劉老太爺微笑聆聽且意甚謙恭，施半仙故弄玄虛地大吹法螺：「人的姓名不僅是代表一個人的符號，而所取名字的好壞卻關係到其一生的事業、婚姻、健康和人際關係。常言道，傳子千金，莫如教子一藝；教子一藝，莫過於賜子以好名。若命中八字五行雖有所缺失而不盡人意，則應於取名字時應對其名字五行中之缺項要設法補齊。若某人先天五行缺水，則取名時使其名數理中當包含水，且不可取有土的數理（因為土克水）；若很難取到含水的數理當退而求其次取含金的數理（因為金生水）而代之。總之，取名和改名的目的是為了趨利避害，確是可彌補命中的缺陷和不足，故五格剖象之說玄妙無比。

「小公子的名字總格為28，主晚年之運勢極佳，當大富大貴；天格為16，主祖上基業堅固；人格為21，主青少年時期能勤奮向上；地格為13，主前運紅火，事業有成；外格為8，主有貴人相助，仕途順利。乍看之下，小公子名字中的數理缺水，但總格和外格之數理屬金，金能生水，故小公子爺金、木、水、火、土樣樣皆全。老太爺為令孫所取之名實乃大大的吉祥，容老朽先為致賀。

「根據令孫取名中的字義，若不嫌老朽越俎代庖，令孫的別名可以稱玉林二字。自古以來，玉有君子之譽高尚純潔；綠蔭濃密為林，象徵貴府日後定子孫眾多枝茂葉繁。老朽之愚見乃是由衷之言，不知老太爺意下如何？至於小公子爺日後的姻緣婚配，當以生肖屬馬之女子為宜。從命相上來看，彼女應不是本鄉本土的人。彼女之數理旺火，正與小公子命中數理相合，小公子爺一生平步青雲及全家老小平安皆仰仗此女相助。老朽所說的話乃依據命理中的預兆而言，然天機玄奧難測，須待小公子成年之後方可應驗。切記，切記！」

假話、大話、空話、危言聳聽的話、化險為夷的話、阿諛奉承的話和吉祥如意的話，源源不斷地從施半仙的嘴中娓娓道出，讓劉老太爺墮入八卦陣中而找不到北，同時更讓劉老太爺對其信服得五體投地。當即吩咐王安奉上20枚銀元和二兩上好的「雲土」（鴉片）以作酬勞，另備酒宴答謝這位為人排憂解疑的活神仙。

如此豐厚的酬勞讓施為謙喜笑顏開，其口中連連說著受之有愧之類的客套話，雙手卻極為麻利地將銀元和煙土收入囊中。

　　施半仙心中感念眾位祖師爺的豐功偉績，是他們給後世擇此為業者所帶來的福蔭。祖師爺們都是絕世的英才，不然怎麼會有這些不朽的專著流傳於世上？他對自己能鼓動如簧之舌而將瞞、哄、拍、騙、詐等套路靈活地運用於那些模棱兩可的語言之中，並能將神鬼莫測之機發揮得淋漓盡致且環環相扣的功力而感到驕傲和自豪。連這精明過人的劉老太爺對自己都奉若神明，則世俗中的那些愚昧無知者更會俯首貼耳且心甘情願地掏出錢財來孝敬自己。正如打開了廟門就會有人來進香一樣，占卜、看相、算命、測字這個行當真是一個財源廣進的職業，他認定其後代子孫若能將這門技藝發揚光大，就一定能積累到如山的財富。

　　其實，劉老太爺為其孫子所取的名字和施半仙為小公子代取的別名均不怎麼吉利。雖然將八字、五行全部補齊，但總格（名字中所有的筆劃之和）皆為28，屬代表逆境、病難、浮沉、兇險、多災等誘導之數。取用此名者除事業上有天官、將星、官紳、學士等殊榮光環外，於姻緣上雖有豔遇，但棄妻、別妻之事亦會相繼發生。其之家庭中親戚多忌怨，兄弟少聯絡，子女別離形若陌路之人；其一生中時有危難襲來而致傷害，或喪失配偶，相克子孫。總之，時有禍亂、逆境、災禍相接而終身勞苦，難以享受榮華富貴。

　　施半仙和劉老太爺交往多年，深知其人過於自信、執著，其一經決定要辦的事，即使用九頭牛也拉不回來。故明知其有誤殳也犯不著與其較真，反正打死人者要抵命而哄人致死者卻能活得逍遙自在，自己何必要多花心思和多費口舌？又何必要與那白花花、叮噹響的銀元過不去？遂盡揀好話說，把劉老太爺哄得在雲裡霧裡而如癡如醉。

　　祭祀完畢後，叔公留下侄兒劉老太爺同去祠堂的議事廳內敘談，廷瑞被其二叔世清邀至西院在紋枰上一較高低，其餘眾人各自散去。

　　叔公和劉老太爺二人躺在雅室的煙榻上邊過著煙癮邊聊起了家常。叔公坦然言道：「賢侄，人活七十古來稀，愚叔已年逾八十乃是行將就木的人，這一輩子雖然活得舒舒服服，唯一的缺憾是世清膝下虛乏後繼無人。原以為讓他納妾之後子嗣有望，沒想到仍然是徒勞無功，每每念及於此，頗有愧對列祖列宗之感。不怕你見笑，我那兩個兒媳婦確實有本事把家裡鬧騰得雞犬不寧，要想讓她們生出個兒子來無異於白日做夢。我打算在家族中挑選一個合適的後生過

繼給世清當兒子，你是我唯一可信賴的人，你務必要幫為叔拿個主意。」

劉老太爺心知肚明，二叔這次是挖好了陷阱變著法兒地引自己往坑裡跳。若依照族規和祖訓，即使要擇人承祧也須要等到世清確實無生育能力之後才可決定此事，到那時主動權才真正地握在了自己的手裡，讓哪個兒子去繼承西院的產業就憑自己一人說了算數。二叔心中最合適的人選是廷璜，而自己也認定了今後能光大祖業的只有是老三和他的兒子，自己辛辛苦苦種的樹絕不能輕易地被西院裡移去遮蔭。遂笑著說道：「二叔，您老太多慮了，現在就談起擇人承祧的事還為時過早。大弟妹可能已無此能力，但二弟妹既能開花就能結果。這些年來您老修橋補路扶危濟困做了那麼多的善事，二嬸長年吃齋念佛也是菩薩心腸，佛祖和列祖列宗定會賜福於您和二嬸。自古以來就有老蚌生珠晚年得子一說，那二弟妹年方30歲應該是大有希望。」

因為事先已向廷瑞露過口風，目的是借他的口把自已要從東院擇人承繼的意圖轉告其父。雖然自己的家境不及東院富有但也可以稱得上是家財萬貫，這偌大的家業肯定讓人垂涎三尺。二叔公認定侄兒早有考慮只是不願主動地表明他的態度而已，沒想到一向精明強幹的侄兒卻含而不露似乎並沒有把這件大事放在心上，所表明的態度是他自己並不覬覦西院的財富，而是唯願世清之妾早孕麟兒以繼承西院的家業。侄兒剛才所說的話也有一定的道理，若僅僅考慮到自己盼孫心切卻忽略了世清仍有翻本的機會的確是有點操之過急，遂改變話題聊起了慈禧太后第三次臨朝秉國和維新黨譚嗣同等六人畢命，光緒皇帝正值英年而朝廷卻頒旨詔告天下立端郡王載漪之子為大阿哥之類的國家大事，以及前幾年北方興起的義和團燒教堂、殺洋人及八國聯軍攻陷京都以致兩宮西行的事來。

有人歡喜有人愁

西曆1903年12月1日，是三爺廷璜的小公子一週歲的生日。

晚上八時，東院裡的老老少少齊聚於二堂之上觀看小公子的「抓周」儀式。因幼兒抓周時大人不得站立於近處和不允許圍觀者對孩子有任何的誘導行為，為避免孩子從桌上墜落的危險，故一般大戶人家都是在地面鋪著上九尺見方的紅氈後再在紅氈上灑滿水果、糖果、各式玩具和其他的一些物品，然後才將那小孩子抱置於紅氈之上任其選取一兩樣物品以測試其日後的志向。

眾人都屏息靜觀那紅氈上小公子的一舉一動。

小公子毫無怯意歡暢地在紅氈上爬來爬去，一次次地將抓起來的東西拿起來看一下便又很快地放下，最後爬向紅氈的中間用右手抓起了一支筆，另用左手抓住一柄帶鞘的玩具小劍再也沒有放下。

一向手不離拐仗的老太爺快步走向紅氈抱起那可愛的小孫子，頻頻地親吻著乖孫子的小臉蛋後一同回到座位之上。待老夫人將孫兒接過去後老太爺站起身來高興地說道：「此吾家之千里駒也！文武雙全日後必為國家棟樑之才。」

圍觀眾人紛紛向老太爺、老夫人和三爺、三少奶奶致喜道賀，眾口紛紜說的全是些吉祥如意的讚美之詞。老太爺心花怒放樂不可支，吩咐王安將原已準備好紅包快拿出來，凡在場之人皆有份。

此後，老太爺夫婦二人更加鍾愛這日後必成大器的小孫子，一有空閒便含貽弄孫樂享晚年之悠閒，對三房的獎賞也要多於大房和二房一些。

事實上，小公子只抓住筆和劍而不放下並非是機緣巧合，也不是天性生成，而是由其母三少奶奶經過近一個月的嚴格訓練陶冶而成。

常言道，爭權者為同朝之官；爭利者為同商之賈；爭寵者為同夫之妻妾；爭奪財產者皆為父母所生育的幾個兒子。廷璋夫婦本來就因今後要少分得二成的家業而忌恨老三倆口子，今天那小傢伙在抓周時的精彩表演和老太爺的讚譽之詞更讓廷璋夫婦覺得臉上無光，尤其是大少奶奶的心中更是忿忿不平。

「哎，真看不出那木頭和啞巴怎麼就生養出了這樣一個精靈古怪的兒子？那個小東西怎麼就能把老爹的心思摸得那樣準？老爺子所說的『千里豬』又是個什麼東西？難道說那小東西果真就是下人們說的是天上的星宿下到凡間？日後那小傢伙真的就能夠光宗耀祖？」大少奶奶一口氣將心中的疑問講了出來。

廷璋素來懼內，知道若不照方抓藥今天晚上就休想能睡個安穩覺，便耐著性子作了解答，「那小東西跟他的娘一樣都相當精明，但小時候精明過人的，長大以後不一定就是一個大有作為的人。眾目睽睽之下根本無法作弊，我也弄不明白那小東西為何會抓住筆和劍不放手？『千里駒』是日行一千里、夜行八百里的寶馬，而不是圈裡的肥豬。人都是父母生養的，哪來的是什麼天神下界？你也是大戶人家的女兒，怎麼能相信那些僕婦下人的話？至於朱洪武的娘因吞下仙人送的藥丸才生下那個從小當過和尚的真龍天子；傳說中清太祖努爾

哈赤的娘是個天女，因吃下靈鵲口中吐出之物後，伊的腹中竟臌脹起來，到十個月後竟然產下一個男孩，不但狀貌魁奇並且語言清楚。這些都是討好拍馬屁的假話，田裡要是不下種，只能是連一根毛也生不出來，天底下哪有無夫而孕的這種奇事？我就不相信那小精怪今後就能夠當大官、做大事來榮宗耀祖？

　　從未讀過書且平日裡風風火火的大少奶奶卻很會從雞蛋裡挑出骨頭來，跟他的娘一樣地精明和怎能聽信僕婦下人的話？及不是那圈裡的肥豬之類帶有語病的話語，刺激了她敏銳的神經而讓她極為反感。當即發作起來，「哎，聽話聽音，鑼鼓聽聲。我是哪裡做得不對值得你夾槍帶棒地來糟蹋老娘？你的兒子和孫子抓的那些破爛的物件難道說是因為老娘我太蠢太笨？什麼種出什麼苗，你小子怎麼不埋怨你自己是個不爭氣的東西？我都沒有嫌棄你，你卻反過來把老娘我不當人，難道說你的良心真讓外面的野母狗子吃了？你這沒良心的如果真有本事就寫下一紙休書，老娘定高念阿彌陀佛立馬卷起鋪蓋走人，讓你把心愛的野母狗迎進門來！你讀了近20年的書連個破秀才都考不上，你有什麼資格來奚落老娘我不認識字而嘲笑我毫無見識！」

　　廷璋沒想到自己照章答題竟會招來無妄之災，因熟知這母老虎的脾氣若再搭白後她反而會鬧得更凶，故微閉雙眼恰似老僧入定一般不置一言。

　　大少奶奶素諳馭夫之道，在將觀看抓周時胸中積聚的怨氣全部得以傾泄後如釋重負，又和顏悅色地把丈夫拉過來繼續交流。「哎，你說句實話，你們家除了老老太爺爺中過舉人外，以後的這幾代人都沒有翻過梢，難道那小精怪今後的前程還會超過你家的祖先不成？」

　　有了剛才的教訓，廷璋再也不敢信口開河而惹其獅威再發，笑容滿面地說道：「談何容易，婦道人家十月懷胎，一朝分娩那是她們肚中有貨。書是人人可讀，但要考取功名卻是難於上青天。縣試遴選童生是百裡挑一，府試選拔秀才更是千里挑一，打官司時秀才都可以免跪回話而站立於大堂之上。

　　「考中了舉人才有了入京參加會試的資格，故舉人也可以算作是天子的門生。朝為田舍郎，暮登天子堂，說的就是舉人。各省的鄉試每隔三年舉行一次，又稱為大比之年，而全省選中的舉人頂多不超過二、三十人。若舉人多如牛毛，一窩蜂似的擁進京城，那京城裡豈不是亂了套？

　　「至於那武舉人比文舉人則更難考，咱們家裡的鄭、潘倆位武師的武藝你說好不好？但他倆只考上了武秀才，他倆原來也是富裕人家的子弟，因癡迷習

武為聘請名師而耗盡了家中的錢財。自古以來就有窮文富武一說，即使讓兩個武師傾其技藝教那小精怪學上十年、二十年，他又能比師傅們強到哪裡去？下人們說的那些話只是在奉承老太爺，是在哄老爹和老娘高興。我就不相信羊子會爬上樹，就憑老三夫妻那兩塊料，他們的兒子也絕不會強到哪裡去。」

廷璋說明天清早爹要他和廷瑞一同去武昌城中辦事，說這次定會給娘子帶幾件首飾和幾塊布料回來才哄得這母老虎眉開眼笑。

大少奶奶動情地揉磨著廷璋的腹部笑眯眯地說道：「看來冤家的肚子內裝的東西還真不少，可惜就是沒有裝進那些實打實的真貨。」

幼兒抓周引發疑忌

廷瑞之妻自幼性格懦弱且毫無心計，婚後對廷瑞言聽計從，故家中下人私下裡皆以二呆子稱之。

大少奶奶極盡全力地啟發和誘導這位對任何事情都不怎麼上心的弟媳婦，以圖獲取於已有利的信息。從二少奶奶顛前倒後、丟三拉四的述說中大少奶奶得知廷瑞對那天玉林抓周時的表現也是耿耿於懷，廷瑞也絕不相信這才一歲的小孩今後會成為國家的棟樑之才，他們倆口子也是卯足了勁一定要好好地培養其子先河，而打算在暗中和三房的小寶貝蛋一較高低。

大少奶奶認為廷瑞揣測那小精怪為何會緊緊抓住筆和劍的原因極為合理。那時候，幼兒食用的糖果多為集鎮上手工作坊的產品質地低劣，即便是從武昌城中購回的也是色、香、味欠佳，孩子經常吃當然覺得膩味；時令水果極少，瓜子、花生、紅棗、柿餅又是家中常有之物，時間一長當然會令孩子生厭；老三家裡各式玩具甚多，司空見慣之物當然讓他毫無興趣；大人都有趨熱鬧和獵奇的心理何況是幼小的孩子？如果對原來僅見過一、二次的玩具已產生了興趣且又難以得到，或者是對大人時常把玩和經常使用的物件有了牢牢的記憶而念念不忘，這才會置其他的東西於不顧，而抓住其必欲得之的東西不放手。

廷瑞能在這短的時間內便思及到這一層而輕易地解開了自己夫婦倆百思不得其解的難題，足以證明這廷瑞的心機和算計要高出自己的丈夫許多，看來要確保自己一家的切身利益不僅要對老三一家嚴加防範，更不能對貌似恭順的廷瑞掉以輕心。

　　其實，從二少奶奶口中所說出的這些話，都是由廷瑞精心構思後才傳授給其妻並令伊演練嫻熟後才能予以披露出來。廷瑞不想介入家庭中誰做當家人的內部爭鬥，但他卻願意坐山觀虎鬥，最理想的結果是待鷸蚌相爭不下時而讓他能夠坐收漁利。

　　「弟妹，我看三啞巴對你的兩個女兒倒是很不錯，她這樣做是不是想拉攏你們倆口子還是別有用心？我是擔心你那兩個丫頭和她過於親近了到時候卻疏遠了你這個親娘。

　　「大嫂，你想到哪裡去了？老三家裡那是在幫我的忙，你看我現在已是病歪歪的而且先河又小，我那個死鬼又經常不在家，兩個丫頭既有人照顧還能跟著她們的三嬸娘學習針線活，這對她們今後大有好處。我若有個三長兩短，你我妯娌雖然親如姐妹，但你有兩房媳婦和兩個已出嫁的女兒，日後光孫子和外孫都忙得你自顧不暇，焉能有時間來照應她們姐弟？如果真到了那一天，那個沒良心的東西定會將野雞、野狗帶進家門，這三個沒娘的孩子今後怎麼過？唯一的辦法是托三嬸照看我的三個孩子，心有所圖的人是我。如果三嬸能待他們如同己出，我在九泉之下也能瞑目安心。」說到這傷心之處，二少奶奶情不自禁地流下了眼淚。

　　「聽說上次施半仙來為老三的兒子算命時，還專門去看了後院的風水，說了些什麼火生土，土生金，金生水之類的話，因為有鼓架山擋住南方的丙丁火，克不著咱們家金旺的氣勢，看來這後院還真是塊風水寶地，比我們現在分別住的前院兩側要發旺得多。早知如此，在老三成家之前我和你大哥就應該搬到後院裡去住。」

　　「你這人就是喜歡七想八想，聽到點風聲就起了浪。安叔和張嬸他們一家的幾代人都住在後院，以前是那四個姑妹住在那裡，以後又是你的兩個女兒住，老三成親之後老爹不想再為他建房子才讓他住進後院，我這才讓兩個丫頭也跟著住進去。如果那後院裡的風水最好，那麼老爹和老娘以及劉家的祖輩為什麼不去住而把那極佳的寶地讓給安叔他們家幾代人都住在那裡？」

　　大少奶奶沒想到這二呆子不僅不傻還頗有心計，平日裡扯起野棉花來她倒是能順著板走，可是現在一涉及到家中的事情來她卻不依預先劃出來的道道而行。大少奶奶也顧忌把話說得太白太透會適得其反，於是藉故要去後院找張嬸有事而草草收場。

劉家大院的管家王安今年已63歲，王安的先祖原來也住在湖濱村。王安比劉老太爺僅小四歲，小時候是給老太爺當書僮，長大後成了老太爺的親信跟班，因深得老太爺夫婦的信任，王安在剛滿20歲時由老太爺夫婦做主，娶了老夫人的陪嫁丫環如意為妻後榮膺管家之職。

王安恪盡職守幾十年如一日，把大院裡的一切事務管理得井井有條，經手的賬目更是毫釐無差。老太爺對其信任有加，待其如同自己的同胞兄弟一般。在劉家大院裡，除了老太爺夫婦外，說話算話的就是管家王安。大院裡的丫環僕婦及護院的莊丁見了王管家和張嬤二人都畢恭畢敬，即便是三個少老爺對這位半主半僕的安叔也都是敬畏三分。

兒子在抓周時的傑出表現，雖然讓三爺夫婦二人掙足了面子而興奮不已，但近幾天來從大哥和二哥的臉上所顯露出來的陰晴不定的神色以及大嫂時常借題發揮指冬瓜罵瓠子的惡毒言語，卻讓三少奶奶感到了風雨欲來的隱憂。自己原本只想讓老爹、老娘和全家人高高興興歡愉地團聚在一起，卻沒想到會無形地得罪了兄嫂而給自己帶來了大麻煩。自過門以來，自己能嚴於律己寬以待人，一直致力於改善姒娣之間的關係，卻始終無法換得大嫂對自己的真誠相待。原來以為這是大嫂的性格與人不同和倆人之間在年齡上的差距過大形成了代溝，這些都是能通過不懈的努力而能得以解決的問題。但在和二嫂作情感交流時，才知道這是大哥夫婦唯恐今後他們當家人的位置會被廷璜所取代而留下的隱患。

三少奶奶覺得今後讓誰做當家人全憑老爹和老娘的決定，即便是老爹擇定要廷璜繼承，她也會極力地說服老爺子和老太太應當收回成命。因為自己的丈夫老實本份不是能做當家人的那塊料，他根本不是大哥和二哥的對手，與其心力交瘁而吃力不討好，倒不如另建一所宅院自掃門前雪落得個平安無事。

第二章　家業凋零

朝廷賣官大起波瀾

　　清光緒三十一年，因國人反對君主專制的風潮日盛一日，慈禧太后在與王公大臣商議後決定推行新政：停止科舉，注重學堂，考試選派出洋學生，訓練新軍，革除極刑並禁刑訊逼供等等。新政頒佈實施之後，有人歡喜有人愁。新的政令為富豪家的子弟步入仕途鋪平了道路，而將學識淵博且人品高尚的窮苦讀書人永遠摒棄於官場之外。故豪門巨室均眉開眼笑彈冠相慶，寒門名士皆痛心疾首如喪考妣。

　　清廷為充盈國庫和籌措辛丑合約中巨額賠款的銀兩，對出錢捐官者分別按道、府、州、縣各級官員規定了明確的標價。

　　一時間，買官之人趨之若鶩雲集京城，不僅攪得吏部大堂亂成了一鍋粥，連朝廷的顏面也被抹得一團漆黑。捐官的風潮讓西太后慈禧老佛爺一則以喜，一則以憂。喜的是財源滾滾而來勢不可擋，憂的是有錢捐官者並非都是有德有才的人。老佛爺急召軍機大臣商議之後發出令旨：捐得道、府、州、縣實缺者須由吏部嚴格審定以後再外放為官。凡願捐得候補職銜者多多益善。後又將捐取候補知州和候補知縣的審核權力下放，由各省的巡撫和藩台二位大員裁決，但須將所得之款上繳戶部和將捐官者之履歷及考核記錄呈吏部存檔備案。

　　故當時買官、賣官氣勢旺盛熱鬧非凡，有權無錢權變錢，有錢無權錢買權，這類的時髦語言廣為流傳而風靡一時。

　　廷璋和廷瑞靜極思動，只是苦於沒有適當的機會來顯示他們的才能，當官做老爺不僅能作威作福，更能財源廣進是他們夢寐已求的夙願。早些年二人極盡全力好不容易才通過縣試被錄取為童生，但先後參加了幾次遴選秀才的府試均名落孫山。廷璋和廷瑞原以為他們此生已與宦海無緣，沒想到太后老佛爺的隆恩卻讓他們能輕而易舉地平步青雲。

　　二人商議後決定要不遺餘力地說服老爹拿出錢來去為他倆捐得官職，一定要牢牢地抓住這大好的機遇，儘快地搭上這最後的一班車。他們在得知永昌錢莊的趙老爺、醬園的伍老爺和義興布莊的沈老爺都在為他們的公子捐官時二人更是心急如焚，就迫不及待地趕回家中圍著老爹和老娘死纏硬磨，並要表明他們不達目的誓不甘休的態度和決心。

　　劉老太爺平日裡除吸食鴉片外還喜歡打點小牌來消磨時光，他認為將輸贏付諸欣然並無傷大雅，既不會迷失志向更不會敗家毀業。見各位老友一向算計精明，現在都為了各自孩子的前程慷慨地拿出錢來捐官時劉老太爺也動了心，便去賬房裡找王安商量如何將為兩個兒子捐官的事妥善解決。

　　「老爺，若為大爺和二爺都捐得實缺的縣令所需的本金和打點的費用當超過九萬兩，即便是將嚴西湖東岸的500畝水田全部賣掉仍有近二萬兩的缺額。城裡的當鋪和估衣店來錢很快當不宜變賣；放在城裡幾處的股份能穩得紅利，而將股金抽出來不僅可惜還會傷了老友之間的多年感情。我認為要想妥善解決此事有兩種辦法請老爺定奪，但老爺作主之後切不可露出口風說出這是我的主意。」

　　「安弟，你與我名為主僕，實則如親兄弟無異。幾十年來你對劉家忠心耿耿，我能守住這片家業全靠你鼎力相助，我絕不會只顧自己的兒子而把你推出去當惡人。我已經被那兩個不成氣的東西鬧得寢食難安，你若有萬全之策，為兄我當感激不盡。」

　　「老爺，這兩種方案是：一、拿出五萬兩來捐得一個能即刻走馬上任的實缺縣令，讓大爺和二爺以拈鬮的方式來決定花落誰家。老爺應與中鬮者立下文書，應寫明捐官的本金當從其日後分割的家業中抵扣。打點的費用由公賬支付一半。二、若大爺和二爺均不同意拈鬮，老爺可用這五萬兩為大爺和二爺各捐得一個候補知縣，捐官的本金仍由他們日後分割的產業中抵扣。打點的費用還是公賬內認可一半。但這也要立下文書，雖然是父子但賬也要算在明處。這第二種方案大爺和二爺會同意，這樣既不傷筋又不動骨，日後再從店鋪的收入和股息的紅利中抽出一部分錢來作為謀得實缺的打點費用，但所用去的錢亦應在賬上記明，只有這樣大爺、二爺和三爺才都不會心存芥蒂。老爺，朝廷的法令我不敢妄加揣測，但總覺得拿錢就能買到官職的事還真是有點玄乎。」

廷璋和廷瑞為了各自的利益均不同意拈鬮而接受了第二種方案，二人高高興興地立下文書並簽名畫押，每人拿著三萬兩的銀票便躊躇滿志地離去，這場討錢捐官的鬧劇才謝下了帷幕。

鑒於去年父子三人曾遭遇到土匪的綁票訛錢，為安全起見劉老太爺讓自成套車送二位公子去武昌，又讓鄭武師帶上四個莊丁隨行。

這天午後，劉老太爺正躺在煙榻上吞雲吐霧，張嫗急匆匆地趕來報信說三少奶奶未滿周歲的小兒子不知將什麼東西吞入氣管中窒息而死。老太爺和老夫人去到後院時見廷璜坐於床前低頭垂淚，三少奶奶抱著那死去的幼兒已哭得像淚人一樣悲痛欲絕。

兩個月後，廷璋和廷瑞二人興高采烈地捧著那蓋有吏部大印的官憑回到家中，兄弟二人趾高氣揚地說這候補縣令也是正七品的職銜，相當於昔年殿試中的同進士出身。說朝廷的吏治改革若早已實施，那麼，他們這二位千里良駒也不會在這鼓架山下的林泉之中悠閒地度過了這幾十年，否則憑他們的能力和才幹，混成一個知府或道台早已不在話下。此後，這兄弟二人不斷地從公賬上支取銀錢去武昌城中打點活動關節，為的是能早日謀到實缺走馬上任。那端坐於明鏡高懸的大堂之上，一呼百諾的縣太爺頤指氣使的威嚴讓他倆心馳神往，朦朧中成箱的金元寶和銀錁子源源不斷地送到了他們的面前。

近幾個月來，二叔公一改從前深居簡出的習慣，籠罩在其臉面上的陰鬱之氣已無跡可尋，經常能見到他手拄拐杖神采奕奕地挺起胸膛四處行走，見到任何人都是眉開眼笑地打著招呼和高興地敘談家常。

令叔公喜笑顏開的是，這些年來西院裡後繼乏人，一直讓德高望重的叔公憂心如焚，兩個兒媳婦只開花而不結果，接踵而來的五朵金花如同五座大山壓得他喘不過氣來。原來以為自己會帶著愧疚和遺憾去面見九泉之下的列祖列宗，不料在今年清明節祭祖之後卻喜從天降，世清之妾張氏在停胎十年之後卻懷孕添喜且愛食青梅酸果，大有弄璋之吉兆。

二叔公得此佳音，遂令世清速請施半仙前來釋疑占卜。

施半仙在詳細問過世清相關的情況後掐指推算，「恭喜老太爺，賀喜大爺，府中將得貴子，日後尊府的運勢已步入正途。老太爺父子二人幾十年如一

日積德行善，故而感動了神靈，方能得降麒麟，日後必熊羆相繼人丁興旺。清明之後，紫氣日盛，陽氣漸旺通達向上，主得子之吉兆。恕老朽直言，若貴府日後無丁可添，今日之卦金可分文不取；待令兒媳添丁之日，老朽再登門致賀並索取卦金。」

施半仙的胡吹亂侃恰似那仙家之針砭對上了二叔公的心病，其預知未來的本領和天降貴子的吉言更讓叔公信服得五體投地，當即問道：「我家自曾祖分支以來傳至世清已歷四代，代代皆一脈單傳，此為何故？老神仙剛才言道世清喜得麟兒之後又有熊羆相繼，人丁興旺這又是什麼緣故？若老神仙能予以明示，老夫當不吝重金相謝。」

見魚兒已然上鉤，施半仙故弄玄虛娓娓言道：「既然老太爺的誠心已感動上蒼，老朽理當直言相告，然天機不可全泄，故只能拋磚引玉，至於能否有所裨益全憑老太爺的悟性。楚莊王昔年的行宮遺址確實在這小劉村，這是一塊『四象』俱全的風水寶地，令高祖才擇於此處開創置業。您看那邊的嚴西湖形若青龍；西有通衢大道勢若白虎；宅後的一方大池塘可稱為玄武；南有鼓架山當作朱雀以為依靠。惟有德有識之人方有如此超越的見解，故居住於此處的人家及後代子孫能安享富貴。

「依老朽之愚見，府上之所以人丁不旺應與尊祖上之置業觀念相關，尊祖上誤以為立足於本土即可興家，卻忽略了地脈和風水氣勢之說。您別小看了宅後的那方池塘，如果當初尊祖上建宅院時先將那池塘向西再開挖六丈，尊府的運勢就會強過那東頭。」

「望老神仙指點迷津，可有補救的辦法？如今可否再開挖池塘以接通地脈？」二叔公急切地問道。

「此一時也，彼一時也。您老切不可再向西開挖而掘斷地脈，老朽自有補救的辦法相告。府上居住於西頭，又僅在嚴西湖西岸置有田產，西方屬金而金多土虛，因土虛無力故諸木難以存活，既無寸木何來枝茂葉繁？故府中人丁不旺已有定論；東方屬木，木賴水生。東院人丁興旺乃是與其先祖在湖之東岸置有田產有關；尊府從未在湖東岸置下寸土半畝之家業，無異於自斷地脈。夫五行相生相剋，方能有無限之生機。若府上能借神靈和祖宗庇佑之良好機遇，在嚴西湖東岸置下田產而將府上風水氣勢啟動，日後定能更加發旺。」

一語驚醒夢中人，二叔公方始大徹大悟，這才知道府中人丁不旺的癥結所

在乃是因為地脈不通。遂虛心請教求施半仙授以良策予以化解，「為求得地脈相通以啟動風水而利於子孫發旺，老夫當不吝重金成就此事。但那湖東岸的田地乃農家賴以活命的產業，即便有人願意出售也僅有少量的土地又有何用場？若擁有大宗田產者又當以何法去商諸於人？望老神仙予以明示。」被施半仙引入套中的二叔公亂了方寸，以至糊裡糊塗越陷越深。

「重賞之下，必有勇夫。精誠所至必然會水到渠成。若老太爺有閒空的話，老朽願隨您去那湖東岸散散心，順便再為老太爺您謀劃一番。若果有旺氣之地，老朽願從中斡旋而促成老太爺的心願。」

二叔公讓僕人劉旺備好食盒和煙具隨行，三人乘小舟去了嚴西湖東岸的道士村。

施半仙拿著羅盤穿行於田埂之上，最後在最南面的一片水田旁停下來。施半仙將二叔公請至田邊低聲說道：「老太爺您看這片水田裡一禾四穗正是吉祥之兆，應驗田主家福運不淺，不知是哪家的產業？老太爺若能夠購得這一大片水田，則地脈得以連通後府上的子孫後代定能發旺。」

劉旺打聽得此處是東院劉老太爺的產業，村中人都說這500畝水田每年無論是種早、晚兩季稻穀或是種一季中稻，田裡的收成都要超出其他的水田許多。

見二叔公默然無言，施半仙笑著說道；「只要老太爺下了決心和願意出高價錢，老朽當設法讓您老如願以償。」施半仙在其耳邊嘀咕了一陣子，說得二叔公面呈喜色。

住在花山鎮上的胡老爺願出高價買下那500畝水田。待買賣雙方請施半仙擇選黃道吉日以便簽約成交時，二叔公聞訊趕來，搬出若家族中人要變賣產業時當由本家之人優先購買的族規中的相關條款，要以同等的價格購買這片佳壤。胡老爺心中忿忿不平但也無可奈何，只得懷忿地退出這樁田產交易。

施半仙眉開眼笑地從劉老太爺手中接過了600兩銀票揣入懷中。又跑到二叔公處領得了500銀元的酬勞金。

二叔公在和施半仙商討後決定給未來的孫子取名為廷玨，乳名望生，並打算在今年祭祀祖先時要搞得格外風光以揚眉吐氣。

少年讀書郎

　　清光緒三十四年六月，劉老太爺請施半仙為其孫子先志發蒙一事測算了流年，在得到是大吉大利的佳兆後，老太爺決定讓小先志去尤廟鎮上的育才私塾就讀。

　　玉林從四歲起便在中過秀才的爺爺督導下誦讀《千家詩》、《三字經》和認字識字，入館前早已將「天子重英豪，文章教爾曹；萬般皆下品，唯有讀書高。；白日莫間過，青春不再來；窗前勤苦讀，寫上衣錦回。及少小須勤學，文章可舉身；滿朝朱貴紫，儘是讀書人。」等清末蒙館兒童必讀之書背得滾瓜爛熟。

　　錢秀才和汪秀才對玉林略作測試後，便讓其從《幼學瓊林》一書讀起。《幼學》這本書是用駢儷句式編寫的含有各種知識的讀物，書中特別注重歷史文化常識和道德倫理的教育。這本書在經過歷代文人予以增補校注後曾風行全國，遍及城鄉。對偶式的句子再押上了韻律，加上又打破了四言、五言、七言的限制和只求偶句成對，用一句或幾句話來介紹一位歷史人物或一個歷史典故，兒童讀起來琅琅上口而饒有興趣，既能識字又能增長知識，以致終身不忘。故人們常說：讀了《增廣》會說話；讀透《幼學》走天下；通曉《五經》立廟堂；攻研《四書》坐官衙。

　　那時，對蒙館中的小學生的教學方式就是讀、認、背、寫四種：學生依次於次日清晨將昨日所讀的課文背給塾師聽，一本書讀完了須背完整本書後才能更換新書；認字是將影本上的字讀熟和認熟後再通過默寫的考核；寫字先是習寫紅影本，讓學童熟悉筆劃順序，以後才是在影本上套上白紙寫字。二、三年後才學習臨帖和臨碑，始習平腕，繼習懸腕和懸肘。塾師對讀、認、寫俱差的學生常施以罰跪、打手心、打屁股和關學等處罰。

　　塾師汪秀才和錢秀才十分看好胡亦愚和劉先志這兩個孩童，一致認定這兩個孩子今後會大有出息。

　　育才學館不同於其他的塾館的是增加了一門國術課，教習由劉家大院的武師潘四海兼任。除天雨外於每日清晨先練跑步後，再按年齡之大小和學習時間的長短，分別練習紮步、提氣、打拳和舞刀弄槍等技藝用以強身健體。

此地民風淳厚，尤廟鎮周邊一帶的八姓宗族皆能和睦相處，百年以來從未發生過宗族間的持械爭鬥。各族的族長在其宗族中有絕對的權威，凡賞罰之言出其口中族中之人不得有半點違拗。

尤廟中所供奉的尊神也不同於其他的廟宇庵觀，前殿上供有孔子、如來和太上老君等三座神像。儒教、佛教、道教的三位始祖親如一家人，一神得有供奉則三神分享。後殿上供有關公的神像，神案上關帝爺左手捋須右手持《春秋》，雙目半開半闔作觀書之狀。左立關平捧著印信神態嚴謹，右有周倉持刀侍立威風凜凜。

前殿和後殿之間是一個大天井，中間立著一個形似寶塔的圓形香爐。前殿和後殿有回廊相連，東側的高牆上鑴刻有為善則流芳百世等七個隸書大字，下面是彩繪的二十四孝圖，圖案下面以紅漆塗有一個長方形，鄉人稱之為「紅榜」；西邊的牆上鑴刻著為惡則遺臭萬年的七個大字，下面繪為惡者下地獄後的各種慘狀。圖案下面用黑漆塗了一個長方形，鄉人謂之「黑榜」。此地之鄉俗，紅榜上有名者人皆尊敬；名列黑榜者見人皆低人三尺，惟有特別的表現方能經族中核議後才可從榜上除名。由此可見在這廟內的壁畫上孝、悌、忠、信、禮、義、廉、恥全部得以體現，足以證明中華民族之傳統美德在此地已深入人心。

鼓架山的山體走勢由西向東，山頂上有一處形若鼓架可置巨鼓於上。傳說「春秋時期」雄踞南方的霸主楚莊王曾建行宮於此山之南麓，並在東湖和嚴西湖上訓練水軍，楚莊王在山頂上播鼓施令遂將此山賜名為鼓架山。立於山頂，山下之村莊沃野一覽無餘，東湖和嚴西湖的壯麗風光盡收眼底。在每年的重陽節時，育才塾館的先生們便會帶著各自的學生去登鼓架山，謂之「秋興」，一般都是辰末時上山，申末時返回。先生們坐於樹蔭之下把酒吟詠和談論些古今興亡之事，學生們或談天說地或自尋其樂。

真假官憑皆受騙

這年八月二十八日，乃是宜男婚女嫁的黃道吉日，群英（廷瑞之長女）的婚期也定在這一天。玉林一周歲後的飲食起居皆由大姐群英代勞，大姐為人性

情溫柔待人和藹可親，故玉林對堂姐格外依戀。

　　大姐的夫婿是家中的獨子，其家住在武昌城北郊的劉家河。大姐的公爹也是一個屢次鄉試不利的秀才，也是前年才走門路捐得了一個候補縣令的職銜。因同為候補官員且性情投合，又兼有」同年」之誼，遂與廷瑞結成了門當戶對的兒女親家。

　　大姐群英出閣之日的妝奩之盛和排場之大令人咋舌，送親的彩船就有32艘，一路之上，樂隊所吹奏的笙歌不斷。

　　劉家大院的所有人都為二爺的大女兒有一個極好的歸宿而由衷地感到高興，劉老太爺捋鬚笑曰：「農不如工，工不如商，商不如官，果不謬也。這七品官員儀仗的排場確實不同凡響。」

　　和那些花錢捐官者一樣，廷璋和廷瑞兄弟二人仍做著當官發財的美夢。兄弟倆常去撫院或藩衙附近向人打聽候補的消息，午時用餐後便趕赴賭場，運氣好的時候便邀約上幾位年兄輪流做東，去打打圍場伴著幾個妓女吃吃花酒。

　　這日傍晚時分，曹大公子做東邀上了伍公子、沈公子和廷璋兄弟倆等七位年兄年弟聚於乃園二樓上的一間雅座之內，點過菜肴後便品茗聊天。

　　相鄰的雅座內傳來的談話聲吸引了他們的注意。

　　「眾位年兄，小弟我聽到了一些內部消息，看來咱們兄弟都上當了，若早知道這用錢捐官只是買得一個虛名空銜，還真不如用這幾萬兩銀子在武昌、夏口和漢陽三鎮上的花街柳巷裡瀟瀟地玩個夠！牡丹花下死，做鬼也風流。這麼多的銀子丟在水氹子裡連泡都沒有冒一個，兄弟我現在真是懊悔不已。」

　　「王年兄，」一操鄖陽口音的人說道：「十天前你老兄還對捐官的事津津樂道，還在祝願太后老佛爺萬壽無疆和當今皇上永遠健康。這才幾天功夫，你竟願捨棄位列仙班的天庭而甘願埋骨於溫柔鄉中？又是些怎樣的好消息讓年兄甘露灑心而大徹大悟？」

　　「張年兄，快收起你那些風涼話。這花錢捐功名其實是朝廷為撈銀子而設下的一個局，是只收銀子而不辦實事的一個圈套。前幾天襄陽知府周大人來省裡述職，家父私下宴請了知府衙門的馬師爺並詢問了『遞補』的事。馬師爺酒後吐真言，他說的那些話真讓人從頭頂上一直涼到了腳板心。」

　　一河南口音極重的人焦急地插言，「老王，這都是什麼時候了，你小子還

是這樣要緊不慢地半吞半吐，你有話快說，有屁快點放！」

　　這位老兄的話引起了共鳴，有幾個人也催促王年兄快把實情披露出來。

　　「馬師爺說全省有將近80個州和縣，截至目前為止捐得候補知州和候補知縣的總人數已達238人。即便是全省的知州和知縣大人們都死過三遍，我們這些人還難等到遞補的缺額。他說在候補街上還住著二個等待候補的道台和四個候補知府及十九個候補的知州或知縣，這些人都是通過殿試中了功名的人，若有缺額當由他們先予補上。按朝廷之規定，凡候補之官員都有月俸，但捐官的人誰又領到過一文錢的俸祿？正如種田一樣，早穀收了才能下晚穀的秧。那些正牌的主兒都還在乾耗著，咱們這些『水貨』又焉有希望？眾位年兄唯一的優勢是年紀還輕，再等個20年也沒有問題。如果已是那種四、五十歲的半大老頭，只怕是廟未修好而和尚已老得不能動了，恐怕他們今生也等不到吏部令其上任的文書，而只能捧著這陽世間的候補官憑去閻王那裡去報到效力了。」

　　「操他姥姥，俺從老河口來這裡住了兩年多，沒想到卻等到的是這麼個結局。如果再等上10年或20年，那黃花菜早就涼了！這鳥官老子也不想當了，明天就拿著那一文錢也不值的破紙去衙門裡換回捐官時所用的銀兩！」那河南口音極濃的男子怒不可遏地言道。

　　「陳年兄，酒可以多喝，這大逆不道的話一句都不能說！那個姥姥不僅你老兄無法操到，反而會先被那姥姥抄滅了你的九族！況且這捐官的事是一個願打，一個願挨，要怪也只能是因官迷心竅才會被裝進了籠子。據說捐官的銀子早已上繳戶部，吃進老虎嘴裡的東西誰有本事能掏得出來？難道說你陳年兄還有膽量跑到北京城裡的戶部大堂去退銀子或跑到吏部去討要讓你能立馬上任的官憑不成？」

　　「陳年兄稍安勿躁，還更有稀奇的怪事，如果有人用白花花的銀子換回的卻是一張假官憑那才是真正的冤大頭，外省已發現過這樣的案件。有個土老帽拿著買來的官憑去撫院要求退款，核驗後竟是一份『水貨』而被收監入獄。那老土供認乃是走某某人的門路所購得，待官府發簽抓捕時，那售假者早已逃之夭夭。傻蛋在獄中大呼冤枉，其家中又花了幾千兩銀子方將那傢伙保釋出來。馬師爺說造假的行當一本萬利且難以查獲，故歷朝各代都不乏造假販假的人。如今京城裡頭作偽的高手更是大有人在，什麼贗品都作且弄出來的東西幾可亂真，上至官憑印信、誥命詔書，下至銀票、銀元、契約、婚書都是應有盡有樣

樣俱備。」

「老王，那真貨與水貨有何區別？你手中的那份東西的成色如何？」鄖陽口音的人問道。

「老天保佑，咱的那份是絕對的真貨。馬師爺說真貨和假貨外觀和內面的紙質完全一樣，不同之處就在那吏部的印信上。印中右邊的朱文小篆並無區別，左邊的滿文卻有幾處略為不同，不識滿蒙文字者當然看不出來。憑一份也決難辨明真偽，但幾份東西放在一起仔細比對才能分得出誰是馮京誰是馬涼。」

聽聲辨音，廷璋他們覺得鄰座裡也是八個人，那幫人議定明日傍晚將各自的官憑帶來，仍在此處由那位姓王的年兄來辨別真假。

廷璋和廷瑞回到住處取出各自的官憑在燈下仔細檢查，兩張官憑上不僅所填寫的字跡不同，那大印左邊的三行滿文也有幾處確實不太一樣。因兄弟二人也不識滿文故孰真孰偽無法辨明，這一夜倆人在各自的臥榻上輾轉反側難以入寐。

廷璋等八人聚齊後，將八張官憑相互比照後恰好是一半對一半，眾人都是走的藩院汪師爺的大舅倌賈大爺的門路且都是一對一的交易，只不過取證的日子和地點不同而已。廷璋等人取「證」的地點是在江月茶樓，廷瑞等四人取「證」時是在白雲茶樓。

鄰座裡的比對工作也正在進行，在那位王年兄作過點評之後，有口念阿彌陀佛的，有的人則高聲叫罵要操那拆白騙子的姥姥，也有人要搞那造假官憑者的娘。

鄰室的王公子應廷璋和曹公子之請走了過來，他的七個同伴也拿著各自的官憑跟了過來。鑑別的結果是廷璋和沈公子、李公子、汪公子等四人得到的官憑是贗品。

眾口紛紜，斗室內頓時亂成了一團，廷瑞建議持相同官憑者同處一室以便分別商議應對之策。這兩撥人都是喜憂兼半，廷瑞他們雖喜獲真品，但憂的是若要實現那當官做老爺的美夢不知要等到何年何月？如果要謀得實缺還不知又要花費多少銀子？廷璋等八人雖因斷了做官的念想而憂傷和對那姓賈的騙子恨之入骨，但他們喜的是只要眾人齊心協力抓住那拆白黨，還有將本錢撈回的可能。

此後，這16個人便分成了兩個奮鬥目標絕然不同的團體，廷瑞和曹公子及襄陽的王年兄等八人忙於鑽營門路以期縮短候補之路途；廷璋和沈公子及老河

口的陳公子等八人則分頭尋找賈騙子，為的是要把以前他們被其騙去的損失降低到最小的程度。

　　正當廷璋和廷瑞帶領他倆各自的團隊緊鑼密鼓地實施原已預定的計劃時，德宗景皇帝「龍馭殯天」和慈禧老佛爺飛升仙境的兩重「國殤」接踵而來，他們只得暫緩行動而調整方案。

黃粱夢斷另闢蹊徑

　　廷璋和廷瑞二人商議後，決定將朝廷頒令捐官的內幕和廷璋受騙的事實對老爹和老娘瞞得嚴嚴實實，仍以需打通關節和活動關係的名義變著法兒地從家裡弄出錢來。廷瑞的錢除逢場作戲吃吃花酒外，大部分都送進了賭場；廷璋除進出賭場外，大部分的時間和精力則是和那被騙的七個年兄分頭穿行於三鎮中的煙館、賭檔、妓院、酒樓和大街小巷實施他們的張網捕魚的計劃。

　　功夫不負有心人，廷璋他們已將那個拆白黨賈世通的底細查得一清二楚，賈世通的真名叫錢世隆，原是雲夢縣城關錢員外的獨生子。錢世隆自幼受溺愛而惡習纏身，是一個吃喝嫖賭抽五毒俱全的紈綺子弟。四年前，錢員外夫婦被其活活氣死，錢世隆變賣了家業混跡於夏口的花街柳巷之中。三年前他戀上了清芬街百花樓中17歲的妓女海棠紅並為伊贖了身，二人租住在花樓街百子巷內過起了形若夫妻的日子。此後，錢世隆混跡於賭場靠設賭局和拉仲介騙人錢財，也幹些拐賣婦女的勾當。

　　因錢世隆化名賈世通在外面坑蒙拐騙，故常有人找上門來尋其晦氣而讓海棠紅惶惶不可終日。海棠紅認定錢世隆並非是可以託付終身的人故已萌去意，二人時有齟齬更讓錢世隆心煩不已。錢世隆打定主意要尋得一個合適的主兒儘快地把這個既不能同甘共苦且又不能下蛋的尤物送出去，而將當初為伊贖身的銀子撈回來。

　　海棠紅色藝俱佳讓年已半百的汪師爺一見傾心，遂在武昌九龍井內購下一幢小院並厚賂大舅倌賈世通而將海棠紅聘為如夫人。賈世通經常以舅老爺的身份出入這所宅院，並趁汪師爺在藩署當值的機會與海棠紅共赴高唐。

　　因捐官一事由藩署衙門掌管，文案汪師爺具體操持大權在握，這郎舅二人配合默契，把此事運作得有聲有色。賈世通招搖過市，成了買官之人格外巴結

的佳賓貴客。

汪師爺在九龍井的家中接見廷璋等人時，對他納賈世通之遠房的堂妹為如夫人一事並不諱言，並拿出經他自己之手所辦理的捐官者的名冊讓眾人查對，說他在三個月前因察覺賈世通為人不地道已與其斷絕了往來，鄭重聲明賈世通的個人行為與他毫無關聯。

汪師爺告誡廷璋等人今後一定要心明眼亮，再不可誤聽誤信而重蹈覆轍。並指明途徑讓他們去江夏縣衙報案，請官府立案後發下海捕文書早日將拆白黨賈世通緝拿歸案。

汪師爺凜然的氣勢和義正詞嚴的表態，讓原本想來討個說法的廷璋等八人鉗口結舌快快而歸。他們決定要廣布眼線不遺餘力地去抓獲錢世隆，而把被其騙去的銀子討回來。

老河口的陳年兄和萬年兄在得知錢世隆藏身於漢口保和里一民居內的確切消息後，立即派人通知廷璋等六人前來商議。因天色已晚，眾人議定了一個堵住籠子抓雞的方案準備在明天的清晨付諸實施。

廷璋等八人在房東的引領下直撲錢世隆所租住的套間。

眼前的慘狀讓眾人目瞪口呆毛骨悚然，不僅房間裡被翻得亂七八糟，只見錢世隆的口被布堵住赤裸裸地躺在床榻上，其身上不僅有多處刀孔，連下體上的陽具也被人割下扔在了地上。

房東驚恐的厲叫聲引來了許多人，眾鄰居七嘴八舌地將廷璋等人堵在房內，一面又讓人速去通知保正。

保正察看命案現場後請眾鄰居看住廷璋等人，他帶著房東趕往縣衙報案。

一個時辰後，夏口縣令王大人帶著衙役和仵作到來，在仵作勘查完畢後，衙役對套間作了仔細地搜查，王大人令衙役將房東和廷璋等八人帶回縣衙。

王縣令當堂宣判：錢世隆死於昨晚戌時，情殺或仇殺兼而有之，尚須破案後才可定論。房東李忠由地保具結帶回，但不得離其住所，日後須隨傳隨到；廷璋等人雖與命案無關，但人命關天，須留衙協助調查，待核明身份後方能取保開釋；錢世隆的屍體由縣衙購置棺槨擇地埋葬，搜得的物品悉數充公。

王縣令對參與此次辦案的衙役和仵作每個人賞白銀三兩以資獎勵，許諾對今後偵破此案的有功人員當予以重獎。

夏口縣令王大人這次發了個大大的橫財，從錢世隆臥室的天花板上就搜得永昌錢莊和亨達錢莊的銀票就有三萬二千兩。他認定廷璋等人都是有錢的公子哥兒，只要以協助調查為名將他們關上幾天且限制他們的自由，這八個闊少爺就會乖乖地讓家裡人把保釋金送上門來，這順手牽肥羊的妙招真是神來之筆。

此次為廷璋倆兄弟捐官和打點關節共花去白銀近七萬兩（不含他們自己所花銷的費用），結果卻是竹籃打水一場空，劉老太爺惟長吁短歎外終日悶悶不樂。

廷璋和廷瑞對老爹百依百順，變換法子哄老爹開心，每天下午不是陪著老爹去蛇山南麓的雲鶴劇場看戲就是陪老爹去各賭場內押寶耍錢。

幾十年來，劉老太爺在家中最喜歡玩的遊戲是聽音辨點。因久練成精，劉老太爺聽音辨點的功力雖未能達到爐火純青的至高境界，但也算得上是超凡脫俗。他對置於寶盅內搖動後的三枚骰子點數之和已判定得百無一失，對四枚骰子之總和點數的判斷力也基本上稱得上是十拿九穩。

光緒年間武昌城中的常住人口約有10萬左右，但正式掛牌營業的賭檔就有30餘家，這些賭場名義上皆分屬青幫和洪幫的產業，實際上有許多達官要員在裡面都擁有股份。

賭場裡雖然是亂烘烘的，但因管理規範秩序卻絲毫不見混亂。場內還有涼茶供賭客免費飲用，堂口中的流鶯（妓女）也花枝招展地穿行於賭徒之中以尋覓獵物，在籌碼兌換處還有賭場內部的人兼做放高利貸的業務。

廷璋和廷瑞對老爹的賭藝由衷地佩服，老爺子押單雙時是百發百中。雖然在推牌九時和賭場中的莊家互有輸贏，但勝算的概率仍在九成以上。廷璋和廷瑞粗略地估算了一下，只要老爹肯下場出手，用不了一個時辰就可以把100多枚銀元收入囊中。若天天如此，一月便可得到3000銀元，這真是生財致富之最佳的門道。況且幹這種營生既爽心又悅目，又不費吹灰之力。

廷璋和廷瑞商議之後決定要想方設法哄得老爹把這門壓箱底的技藝傳授出來，兄弟倆人在勤學苦練後再相互切磋定能會青勝於藍。俗話說堤外的損失靠堤內來補，若習成這門技藝後只須每天在賭場裡泡上兩個時辰，定會財源不斷而將各人所蒙受的巨額損失從賭場中輕輕鬆鬆地撈回來。

異想天開堤內損失堤外補

廷璋和廷瑞為了儘快地將老爹的絕技學到手，說漢口拆除城牆後，各國的租界日益發展和因外商紛至遝來日趨繁榮，新市場內京、漢、楚、豫、越等各劇種和雜耍魔術於每日下午和晚上均有演出，且園中吃喝玩樂應有盡有，既可大飽口福又可大過戲癮，極力攛掇老爹應去漢口住些時日好好地散散心。

父子三人下榻於漢口歆生路上的悅賓旅館，每日午後或去賭坊或去劇場全憑老爺子定奪。若是老爺子夜晚不想去看戲，廷璋和廷瑞便會拿出與賭場中質地一樣的寶盅和骰子同老爹一起玩聽音辨點的遊戲，並請老爹對他們為何會屢屢猜出差錯而詳加點評。

知子莫若父。幾十年來，廷璋和廷瑞當作自己的面雖然是循規蹈矩，但背地裡卻嗜賭成性已然一清二楚，老太爺心裡明白廷璋和廷瑞陪自己散心是假，他倆的真實目的是為了向自己偷學賭藝。老太爺認為自己的這倆兒子資質平平，縱然是傾心相授，他倆也只能學到些皮毛而已。想到平日裡父子之間極少交流，這些年來也難得有這樣朝夕相處的時機來相互溝通，何不趁此機會將自己所知道的賭場之內幕和十賭九輸及嗜賭如命者必將傾家蕩產，以致家破人亡的後果一一道明，以達到與其補救於已然而不如防患於未然的目的。

見老爹這兩天在過足煙癮後並不願去逛賭場而是在房中養神，廷璋、廷瑞將編好的一段說詞講出，欲以運氣好壞之爭執將老爹的思路引向他們倆兄弟所預設的方向。

「在賭場中說及自己運氣之好或壞，純屬是欺人和自欺之談。其實賭客運氣的好與壞，完全由賭場的寶官所掌握，說得更確實一些就是操縱在賭場的老闆的手裡。賭坊的老闆靠的是將賭客的賭資收入囊中來集聚財富，賭坊的老闆絕不會傻到甘願做那把白花花的銀子拱手奉送給賭徒的散財童子。寶盅內兩粒骰子或單或雙或大或小，完全是由寶官根據盤面上的情況再結合賭徒的心態而運用自如來決定，其揮臂、抬肘、抖腕看似平常卻可隨其意而變換點數，其中大有學問。站於台前的寶官都是此道中的一流高手，還有頂尖的高手隱身在暗處押陣，若台前的寶官無法控制局面時，那高手就可以隨時現身出來救場。」

見兩個兒子在屏息聆聽，劉老太爺更來了精神娓娓言道：「寶官通常搖出

的第一『碗』叫投石問路，為的是觀察臺面上押單押雙或押大押小的人數和所押銀錢的多少；第二碗叫故技重演，有意讓第一次贏錢的人再贏一次；第三碗叫請君入甕，目的是把那些跟風下注的人也拉進來；再以後便是一網打盡（原連續開出的單或小，這次開出的卻是雙或大）將盤面上的銀兩全部收進。骰子的點數在寶官的搖動下變幻莫測，故越不服輸和越是跟風的人就會輸得更慘。

　　「總之，輸了的想趕本，贏了的還想贏得更多，賭徒紛至遝來，賭坊的財富也隨之滾滾而來。只要你迷戀賭博就會陷入賭坊預設的陷阱之中，最終的結局是悔之晚矣。逢俏不趕，見好就收乃至理名言，不僅能適用於生意場上，在博彩業中打滾的人更應如此。

　　「在賭場裡參賭時贏幾個小錢賭坊裡並不再意，如果有人想從賭場裡挖出個大金娃娃來就無異於虎口奪食，這種人只能是自尋死路。靠碰運氣和撞運氣進賭場的人其結局一定會輸得乾乾淨淨。」

　　見老爹如此高興，廷璋提出此次和廷瑞捐官是分別被朝廷和拆白黨給騙了，責任應該不在他們倆兄弟。他們倆人的意見是求老爺子高抬貴手網開一面，將這幾年來的一切費用全部由家裡的公賬上支付。

　　「當初你們執意要去捐官並不惜要以死相挾，並立下文書為憑。而今言猶在耳，白紙上的墨跡未退，你們怎能言而無信？做父母的要一碗水端平，既然你們花去的錢要從公賬上支付，那麼，就應該拿出相等的錢來交給廷璜後才算公平。君子一言，駟馬難追。反復無常的人又有何顏面活在這天地之間？如果你倆能把自己潑出去的水點滴不差的從地上收回來，那你們所用去的一切費用才能由公賬上承擔。」劉老太爺強壓怒氣沉聲說道：「此事不可再提！你們快去收拾一下過武昌去，明日辰時隨我一道回家。」

　　廷璋和廷瑞回家之後沉默寡言彷彿與以往判若兩人，倆人除每日晨昏去父母處請安外，其餘的時間都是關起門來聚在一起，演練至夜深人靜時才各自回房安歇。

　　在廷璜家的女兒正英「滿月」後不久，二少奶奶卻駕鶴西歸，迴光返照時伊將三個兒女託付給三少奶奶代為照顧。在先河也搬到後院中居住時，廷瑞所居住的西院成了他和其兄習研賭藝和商議事情的極佳之處。

　　一天下午，廷瑞去帳房支取當月的月例銀子時，恰逢安叔有事外出。他無

意中發現安叔隨身攜帶的一大串鑰匙擱置在書案之上，忙關上房門打開了存放契約文書的櫃格。打開紅木製成的盒子後，發現了老爺子於三年前在他們捐官後所立下的遺囑。遺囑中寫明由廷璜繼承祖宅和分得三成的家業，餘下的七成為廷璋和廷瑞二人平分。廷瑞將木盒還歸原處，認為老爹此事辦得較為公允，自己和大哥都出去做官了只能讓老三做當家人，他對將後院的產權贈予安叔一家也毫無意見。讓他心疼的是老爹也太不盡人情，不該堅持將捐官的本金和用於打點交節的一半費用仍劃在自己的名下，那四萬兩銀子可不是個小數目，他對當時官迷心竅的一時衝動而懊悔不已。

廷瑞決定把偷看過遺囑的事爛在自己的心裡，對其兄也不能露出半個字。如今，讓先河去承繼西院家業的美夢已完全破滅，日後靠自己去做生意掙回那五萬兩銀子談何容易。這些年來自己只會花錢而無一技之長，看來只有使押寶的賭技再精益求精和將聽音辨點的本領訓練得百無一失，才是最佳的捷徑，也是唯一的途徑。

勤能補拙，功夫不負有心人。近一年來，廷璋和廷瑞心無旁鶩專攻聽骰音辨別點數大有成就，他倆雖不能完全猜中寶盅內兩粒骰子的準確點數，但對兩粒骰子點數之和是為單還是為雙或是大還是小都能猜得百無一失。兄弟倆人結伴以走親訪友為名，先是在近處的賭場中小試寶刃便大有收穫。初戰成功的愉悅更讓他們雄心勃勃，他們決定西進武昌、漢口和漢陽，用二年的時間從三鎮上的近百家賭坊內把這幾年來的損失加倍地撈回來。

清宣統二年九月十二日巳時，劉老太爺衣冠楚楚地出席了育才塾館的升級儀式，應邀參加此次儀式的還有張舉人和八姓宗族的族長以及雷秀才和李秀才等人。

經考核合格，此次由小學生班升級為攻讀《四書》的大學生班的有胡亦愚、張植安等12人，劉老太爺的孫子先河和先志也在其中。晉級的學生並不以身材的高矮排列而是按學習成績的名序排定，見年僅八歲的先志被排名第三，劉老太爺喜上心頭更覺得臉上有光。

儀式結束之後，劉老太爺在鎮上的集賢居酒樓宴請了四位塾師和出席晉級儀式的各位佳賓。席間所談論的先是袁世凱被開缺出京，後是端方被革去直隸總督。以及朝鮮被日本所吞併國王被廢和革命黨人汪精衛預埋地雷意欲轟擊

攝政王載灃及廣東的革黨人進攻兩廣總督衙門失敗而損失慘重。眾人都認為國勢日危實由於變亂已深，已不可救藥，「天奪之鑒」已日益見疾，世道將逢大亂，重振朝綱已成虛話。

藝無止境天外有天

廷璋和廷瑞以學做生意為名結伴去了武昌城。

城中賭場大者稱坊，小者稱檔。廷璋和廷瑞入場後便佯裝為陌生人分赴不同的寶台，兄弟二人每天的進賬均超過200銀元。

廷璋和廷瑞二人打一槍換一個地方，在光顧了漢口的全部賭場後便決定移師漢陽。

廷瑞很喜歡去廟裡求佛祖保佑，他說清晨入古寺乃人生之一大樂事，也會給人帶來一天的好運氣。

在歸元寺的羅漢堂裡「數羅漢」後，廷瑞往功德箱裡捐了兩塊銀元從寺僧的手中接過了一張籤文。廷瑞在看過那四句偈言後笑容滿面，「這羅漢堂的菩薩就是靈驗，不僅對我們前幾年的事知道得一清二楚，還把我們今後的道路也指得明明白白。如果真能把損失補回來，我一定捐款為這尊羅漢再塑金身。」

廷璋接過那張小紙片見上面的四句話是「懸崖勒馬收韁晚，船到江心補漏遲；亡羊補牢猶可效，莫待無花空折枝。」遂不解地問道：「兄弟，我看這四句中沒有一句是吉利話，你為何如此高興？這其中難道說還有什麼玄機不成？」

「這不能僅看上面的文字，要靠悟性。只有傻瓜才會放著康莊大道不走而把馬兒騎到那懸崖上去；現在坐小火輪過江多安全，絕對不會有江中補漏的危險；亡『羊』是指我們以前受騙上當，補『牢』是暗示我們已經找到了補救的辦法；莫待無花空折枝這句詩的上一句是有花堪折直須折，就是要我們遇著了賭場就應該放心大膽地進去。以往像敲麻糖那樣小打小鬧難成氣候，放手一博才能抱住個大金娃娃。」廷瑞笑嘻嘻地說。

「既然菩薩指明了路，那今後我們該怎麼辦？我也覺得每天只有那點收入沒多大意思，難道說今後要把賭注下得更大些不成？」廷璋急切地問。

「在賭場中押寶的人多數是出體力的人，如果再把『注』下大些就會招來

眾多跟風的人和引起賭坊老闆的警覺，無異於是自斷財路。我覺得『打梭哈』既高雅又是個來錢很快的技藝，現在老曹、老伍和老沈他們經常在一起玩，我們不妨先和他們練練手，先摸清門道再精益求精，我看記住那52張牌還不是什麼難事。」

此後，廷璋兄弟仍是每天下午在賭場裡混上個把時辰，與年兄年弟們在酒樓裡共進晚餐後便學習打梭哈的牌技。正當這兄弟二人沉迷於賭場和牌局中過得十分愜意時突然接到了老母親病危的消息，兄弟二人才無可奈何地返回了家中。

得知兩個兒子因捐官被騙和廷璋又受到人命案的牽連被扣留在夏口縣衙的惡耗後讓老夫人憂心如焚，因白日裡思慮過度以致在夜間常被怪夢和惡夢所驚醒。在料理完二兒媳的喪事之後，老夫人又受了點風寒，覺得精氣神已大不如從前。前些時從張嬸的口中得知廷璋和廷瑞並不是在城裡學著做生意而是每日泡在賭場裡的消息更讓她憂心忡忡，她擔心這兩個嗜賭成性的兒子終會有把家業輸光的一天。

老夫人決定把思慮已久的想法對老太爺講明，趁二人還健在的時候把家業分給他三兄弟，若老大和老二不能保住家業，按祖訓和族規當由老三來優先購買，這樣祖業還能保得住。

老太爺也認定廷璋和廷瑞是不能保住祖業的人，故不願意再更改遺囑。只是勸慰老伴要安心養病，一切事情稍後再說。

老夫人認為當斷不斷會招致大亂，一時情急以致痰壅，幸得張嬸在旁又是捶背又是揉胸方才咯出痰來，當日下午，老夫人喉中之痰又壅塞起來，面色微紅目光漸散以致逝世。

今年的天氣也有些反常，剛進四月便儼然如初夏，好在棺槨和墓室早已具備妥當，老夫人仙逝三日後由施半仙擇定吉時送入祖塋安葬。

廷璋和廷瑞在治喪期間陪著親友們過足了麻將癮和背著人研討打梭哈的技巧，二人也經常溜到鎮上的賭檔內去弄點小錢或陪著老爹玩擲骰子猜點數，在守孝的這一年的時間裡他們的賭技又有了很大的提高。

先河和先志、先俊每天仍是早出晚歸在塾館裡念書，晚上相互檢驗背誦課文和溫習原來所讀過的書，琅琅的讀書聲給這靜謐的後院帶來蓬勃的生氣。

　　王強派侄兒王自勤回來報信說四日前（西元1911年10月10日）革命黨人在武昌發動起義成立了軍政府，擁戴原清軍協統黎元洪為都督。開始革命軍還殺了些滿人，後來軍政府撰布檄文傳達至國內各省和頒佈剪髮命令，無論軍民一律要把留於腦後的辮子剪去。都督府下令至州縣，戒擊殺虜吏而易以民選官員保境為治。革命黨人推舉黃興為大元帥，並定於八月二十五日祭旗和登壇拜將準備北伐。

　　在聽說革命黨保護私人財產和鼓勵商鋪照常營業並派軍士巡邏以穩定社會秩序時，劉老太爺那顆懸著的心才安定下來，在和王安商議之後，令王自勤明日就趕回城中讓其叔王強務必嚴格遵守軍政府的各項法令，並於每隔七天要派人回來將省城的各種動態詳明彙報。

　　清明祭祖後，廷璋和廷瑞又來到了武昌城中。仍然是每天下午先在賭場的樓下先押上幾注再上到三樓去和人打梭哈。現在兄弟二人的囊中各揣有近四萬兩銀票，在賭坊內他們被奉為貴賓，初戰告捷更讓他們信心百倍。

　　八月初三日己未時分，武昌城中如意賭坊的李管事帶著兩個夥計騎快馬來到劉家大院要求面謁劉老太爺。賓主坐定之後，李管事站起身來畢恭畢敬地遞上了一份請帖和一封書函。

　　請帖是由如意賭坊的王老闆代雲鶴堂的馮堂主所發出，馮堂主因仰慕劉老太爺的精絕賭藝，願於初八日巳時在武昌分舵恭候大駕，切磋交流以技會友。

　　書函中寫得簡明扼要：劉家大院的廷璋和廷瑞二人欠下了十萬銀子的賭債並立下了文書，賭債已由如意賭坊代為支付。若劉家肯拿出銀兩償還債務，則倆位公子會平安無事；若劉家不願支付，則賭坊將按江湖規矩了結此事。

　　劉家目前的田產和兩個店鋪的資產及幾處的股份估計能折合十萬兩銀子，看來幫會早已摸清了自己的家底才有意布下了「局」讓他倆鑽進去。一定是那兩個孽障想從虎口奪食而惹禍上身，否則，幫會絕不會出此惡策讓自己的家庭傾家蕩產。若按常理而論，父債子還乃天經地義；子債父不管也在情理之中，幫會也不致於會打上門來討要兩個兒子所欠的賭債。若自己對此事置之不理，幫會可能在表面上裝作無可奈何，但自己家中的老老少少保不定今後會禍事連連。按江湖規矩了結這幾個字看似輕描淡寫，但實際上每個字都重逾千斤，言

外之意就是要將在賭場中詐賭、賴下巨額賭債和耍千術的賭棍按情節之輕重分別處以三刀六眼和大卸八塊的極刑。劉老太爺做夢也沒有想到那兩個逆子會對自己的教誨置之腦後，反而把在暗中偷學的賭技利令智昏地在賭場中付諸實踐而惹下這塌天的大禍來，想到四代人歷盡千辛萬苦所創立的家業卻被自己的兩個不爭氣的兒子毀於一旦，讓劉老太爺心急如焚。

老太爺不愧是一個久經風雨磨煉而處變不驚的人，語氣平和地捋鬚問道：「貴管事可否將此事的始末根由告之老朽得知？」

「此事就怪二位公子自恃賭技高明而慾壑難填，從去年下場便屢屢得手，以致眾多跟風者亦步亦趨，故而給幫中的各賭坊帶來了巨額損失。原以為二位公子會見好就收，沒想到事隔一年他們竟會捲土重來而且下注越來越大，已讓人無法容忍才不得已出此下策而略示懲戒。您老德高望重且技藝超俗為人所仰慕，本幫並非有意要扣下二位公子和為難您老，其目的是想請您老人家駕臨武昌以技會友，而將這件令人不愉快的事情作一個和緩的了結。」李管事態度謙恭地作出回答。

「當時場中的情形貴管事可否相告？」

「當日在樓上恭候二位公子的是堂口中義字排的頭領，玩的是一對一的梭哈。二位公子輪流上陣，前幾局是互有輸贏，但賭注卻是越下越大。在第五手牌發下去後二公子所得的牌是『四大天王』。『叫牌』時二公子出手五萬兩，三哥跟進並反叫十萬兩。其實三哥的底牌是『紅杏同花大順』正好管住『四大天王』。三哥的本意是只想把大公子和二公子從各賭場中贏去的錢取回來，讓他倆知道人外有人，天外有天。沒想到二公子和大公子交換了眼色後，誤以為三哥手中的牌只能是『一對或五爛』，而在『發詐』，因覺得會穩操勝券遂決定跟進。因囊中無錢，兩位公子立下字據願以湖畔的六百畝地和家裡的全部資產來抵押這十萬兩銀子。開牌之前三哥反覆勸二位公子千萬不可持僥倖心理而貿然一搏，但二位公子異口同聲說道願賭服輸！」

李管事瞞下了在「開牌」後，廷璋當時昏厥和廷瑞因急怒攻心而吐血不止的情景。

劉老太爺長吁了一口氣，「天作孽，猶可恕；自作孽，不可活。」

劉老太爺安排便宴款待李管事和二位夥計，並許諾在初八日巳時定會準時赴約。

變生不測

　　劉老太爺和王安帶著650畝地的田契和參股的契約及全部銀票，急匆匆地趕到武昌城中。第二天中午便在天然居樓上宴請泰和糧行的曹老爺、醬園的伍老爺、義興布莊的沈老爺和永昌錢莊的趙老爺等六位親密合作多年的老朋友，當劉老太爺把自己的兩個兒子在如意賭坊裡欠下十萬兩銀子的賭債現急須變賣城中的當鋪和估衣店及需抽出參股的資金而去贖人的話一一講明之後，眾位老友均表示願鼎力相助，而不願將參股的契約呈交於幫會的手中，即便是兌付的資金再有困難寧願去錢莊借貸也要幫其度過難關。

　　永昌錢莊的趙老爺說他願收購當鋪和估衣店的產業和全部留用兩個店裡的人員，請劉老太爺作好估價測算後，他願出令其滿意的價格以助老朋友的一臂之力。

　　眾位老友雖然都不願與幫會扯上任何經濟上的往來而對自己卻能竭力幫助，如此深情厚誼讓劉老太爺感動不已，連連作揖致謝。

　　眾位老友一致認為這次雲鶴堂是決心要吃進劉家的全部財產，所謂以技會友只不過是虛情假義而故作姿態，雲鶴堂內不乏頂尖高手，他們決不會把吃進嘴裡的美食輕易地吐出來。眾人都認為劉老太爺此次赴約的勝算不大，勸其應養好精神摒除任何顧忌，切不可因對方提出以多種賭藝較技而耗心神，應擇最擅長的絕技一搏而定勝負。

　　劉老太爺慘然言道：「廷璋和廷瑞這兩個逆子執迷不悟，今後一貧如洗那是他們咎由自取，但願他們的後代再勿蹈覆轍。我那老三廷璜忠厚本份勤於稼穡，原欲立其為當家人來保住祖業，不料卻受這池魚之災以致陷於貧無立錐之地。我那小孫兒先志乃是可造之才，其日後定能重光門庭，望諸位老友念在老朽之薄面和多年的情份上，在其為難之際施以適當的扶持和幫助，老朽在九泉之下當感念諸位老友的大恩大德。」說到這動情之處，劉老太爺禁不住潸然淚下。

　　眾人異口同聲一致表示當將劉老太爺的託付牢記於心並令各人之子依照而行。曹老爺和伍老爺與劉老太爺交情最深，散席之後二人又作了一番商議。

　　雲鶴堂武昌分舵的舵址在涵三宮，當劉老太爺和王安乘坐的馬車抵達時，

受到了高規格的接待。

王安將一個木製的盒子呈於香案前的方桌之上，並言明這裡面裝有八萬兩銀票，650畝地的田契可折抵二萬兩銀子。

馮堂主笑吟吟地說出了一段開場白後切入正題，說今日只重在切磋賭技而對劉府的錢財並不在意，說選用何種賭具和如何賭法當由劉老太爺來決定。

劉老太爺先是致以謝意，然後提出在寶盅內裝入三粒骰子，第一局玩聽音辨點，雙方各搖一次讓對方猜出點數；第二局玩賭小點的技法，仍是雙方各搖一次。

馮堂主微笑認可，說若兩局皆為平手，桌上之木盒當原璧歸趙。

下場之人是一英姿颯爽的妙齡女郎，一身白色衣褲更顯得俏麗動人，看年齡當未超過20歲。

馮堂主笑容滿面地說：「老哥哥，此乃小女眉卿，因欽佩您老出神入化的絕技，故毛遂自薦來向老哥哥求教。若小女技藝欠佳，她願拜在老哥哥門下為徒，也好讓其收斂一下嬌蠻任性的壞毛病而知道藝無止境和人外有人，天外有天！」

管事令人抬來一張八仙桌，兩把太師椅分置於桌之東、西，然後請劉老太爺和馮小姐入座。

在對陣雙方驗明盅與骰均無假偽之後，馮堂主微笑著說：「眉兒，既然你虛心請教，為的是想求得他老人家的指點，你權且先擲只當是拋磚引玉罷了。」

馮眉卿笑著起身向劉老太爺道了個萬福，回到座位上便用右手抓住寶盅上下左右隨意地搖動了幾下便輕飄飄地放在了桌上，並笑著說請老伯伯指教。

劉老太爺笑著說盅裡的骰子是二個六點和一個五點，共計十七點。

管事揭開盅蓋後說準確無誤。

劉老太爺搖定後馮小姐猜的也是十七點，管事宣佈第一局互為平手。

劉老太爺精湛的賭藝讓馮眉卿驚訝，欽慕之心油然而生。

第二局輪到劉老太爺的先手，可能是為保住家產心情有些緊張，或許是年近八十精氣神已遠不及從前和疏於演練的緣故，原本百無一失的技藝這次卻出了點失誤。

馮眉卿揭開盅蓋一看，見有兩粒骰子整齊地堆在一起，另有一粒骰子立於

一旁，骰子朝上的一面均為一點。

　　管事判定：三粒骰子合計的點數為二點。

　　只見馮眉卿站起身來，先點燃了三炷香插入了神案上的香爐中，然後跪下對著鄭成功的金身神像畢恭畢敬地叩了三個頭，才起身回到座位上搖動寶盅。劉老太爺揭開寶盅一看倒抽了一口涼氣，見三粒骰子堆在一起雖然不太整齊，但最上面是個一點。

　　管事大聲宣佈：一點，小姐獲勝。

　　劉老太爺強作鎮定捋鬚說道：「江山代有才人出，長江後浪推前浪。」說罷站起身來，對著幫會中眾人抱拳拱手行了一個羅圈大揖，拉著王安便要告辭離去。

　　馮堂主也不強作挽留傳令列隊相送。

　　見劉老太爺和兄長平安回來，王強急忙迎了出來，說大爺和二爺已由如意賭坊派人駕車送回店中。為免得老太爺擔心，王強接著說道：「大爺說賭坊裡並沒有為難他們，二爺在場子上已是吐血不止，幸得搶救及時並請名醫診病開方，二爺才脫離危險。老太爺是否要去看看二爺？」

　　「你們的新東家待人很不錯，你們要盡心盡責把生意打理好千萬不能有任何的差錯，讓自勤也告誡下面的夥計們不可存有懈怠之心。」說完話後便讓王安隨其上樓休息。

　　「安弟，你對馮堂主對其女所說的人外有人天外有天和藝無止境的話和今天廳上的情形有什麼看法？」

　　「老爺，馮堂主那些話的弦外之音是告訴我們雲鶴堂中不乏頂尖高手，切不可恃技再蹈覆轍。看來雲鶴堂對我們的底細已摸得一清二楚，無論您選擇何種賭具，他們都有頂級高手下場應戰。讓那個小丫頭下場並非是要對我們狠下殺手，據我猜測其中雖有讓您產生輕敵的念頭，但對我們網開一面的可能性還是要大一些。那丫頭的賭技較您略遜一籌，她對輸贏並不太在意而只是想臨場驗證一下自己的技藝已練到了什麼程度，故其在心態和氣勢上已占了優勢。沒想到她年紀輕輕就練到了這種境界，若假以時日定可令鬚眉男兒退避三舍而雄視賭壇。雲鶴堂既未派出高手，又承諾只要是兩場平局就原璧奉還，看來幫會中人還是講江湖道義。他們既要避誘富家子弟參賭及設套之嫌而貽人口實，更

想借您的感激之情，為他們在世人的面前樹立幫會重義輕財的極好口碑。您在將寶盅擱在桌面上時手微微地顫動了一下，可見您當時的心情極為緊張才會出現失誤。」

劉老太爺仰天長歎了一口氣，「鬼使神差，天意使然，非戰之不力也。」說畢仰面倒在了床榻之上。王安忙過來攙扶，只見老太爺口中雖能喁喁而言卻不甚清晰，但四肢已無力動彈。

醫生趕來診治時已是回天乏術，說老太爺年邁體弱又兼之急怒攻心以致中風。

伍老爺和曹老爺及諸位老友聞訊趕來探望，劉老太爺晚年遭此劫難讓眾位老友心酸落淚。

王安強忍悲痛將上午在雲鶴堂武昌分舵中的事情經過詳盡講述，眾位老太爺至為惋惜，惟搖頭歎息而已。臨去前叮囑王安在護送老太爺歸家後，若有什麼意外情況務必派人前來相告。

廷璋回到家中後閉門不出。廷瑞在歸家後的第二天上午便魂登極樂。王安派人設置靈堂和購買棺槨及修建墓室，廷璜派人去武昌城北郊將其父已亡故的訃文通知侄女群英。

次日中午廷瑞的親家劉老爺帶著兒子、媳婦和孫兒、孫女趕到了劉家大院，群英撫屍痛哭，幾至昏厥。

群英在三嬸的陪同下看望已神智不清的爺爺，因囿於做兒女的不得言及父輩之過失的家訓，只得默默地坐在爺爺的床前傷心流淚。

群英的公公在得知情由後，認為親家公是聰明過度反被聰明所誤，怎能在那吃了人連骨頭都不吐出來的賭場裡想把那已被推翻了的朝廷所騙之錢財撈回來？親家公這是把自己往虎口裡送真是癡心妄想。劉老爺在探望老太爺後覺得這位老人家亦將不久於人世，遂取出一千兩的銀票交給兒子，令其轉交給群英的三叔以作奉獻給老太爺百年歸山后的祭儀。

夜深人靜，帳房內卻燈火明亮，王安對著帳本向廷璜通報這幾日的收支情況和家底的明細。凡開支在10枚銀元以上，王安都主動找廷璜商議並談出自己的看法和意見以供三爺定奪。

「安叔，親友們的食宿要儘量地安排得好一些，凡主動前來送殯的鄉鄰也

要預備一些錢打發。二哥生前最愛面子，這次也要讓他風風光光地離開人世，將他生前所購置的那副七品職銜的儀仗也在他的墓前焚化，這才能讓他在九泉之下瞑目安心。安叔，這裡是群英的夫婿奉獻給老太爺的一千兩銀票，請您老記入公賬以備日後需用。」

「三爺，為老太爺診療的先生們已不肯再開方子，說老太爺已七十有八，算得上是享有高壽而壽終正寢。他們估計至多也只有六七日的光景了，要我們預作準備。我因為擔心這兩件事合在一起辦家中的這點錢無法應付，我和老伴作了商量打算把這些年積攢的三千多兩銀子拿出來以解燃眉之急，這是我們老倆口的一片心意，望三爺接受我們兩個垂暮之人的請求。」

「安叔，千萬不可這樣，那是您老和張嬸今後養老的保命錢，今後還有更多需要用錢的地方。您老和張嬸的心意侄兒我永遠銘記在心，如果您老執意堅持，我便決定將這座宅院賣給西邊的世清二叔，我想大哥也絕無異議。常言道，車到山前必有路，船到橋頭自然直。即便是您老拿刀架在我的脖子上，侄兒我也決難從命。」

王安打開櫃門從木盒中取出老太爺預立的遺囑遞給廷璜，待王安出恭後回來時，見遺囑中僅存有將後院贈給自己老倆口以作貽養天年的這段文字，其餘的文字皆被廷璜用毛筆沾墨汁塗抹得無可辨認。

「三爺，你為何要這樣做？老太爺現在已不能開口說話，日後這紙上究竟是寫的些什麼又怎能說得清楚？大爺要問起此事來你讓我如何解釋？」

廷璜執筆於空白處寫下了所塗之處乃己所為，與安叔無關等一行字並署上了自己的名字。

「安叔，這份遺囑只能為今後兄弟之間鬩於牆而埋下了隱患。俗話說，國有儲君，家有長子，廢長而立幼必將動搖根基。況且大哥並非忤逆不孝之人，立此遺囑有違祖訓和族規，於情於理都說不過去。而今家裡除了這所宅院外已無半點產業可以分割，上面的那些字跡留下來只是有害而無益，先予抹去有百利而無一弊。您老仔細想是不是這個道理？」

「三爺，你這樣做的目的是想把這宅院仍留給大爺一家人，老太爺和老夫人常讚許你宅心仁厚。你既然決定了這麼辦，我看你們還是住在後院裡彼此還能相互照應。」

「安叔，請您老盡放寬心。現在家裡再立院修宅已絕無可能，難道說還能

讓大哥大嫂一家老小十餘口人搬出去蝸居於那茅廬草舍之中？自成兄弟一家也該搬進來與您二老同享天倫之樂。自此次變故之後，侄兒夫婦已有過商量準備帶著孩子們遷徙他鄉。常言道，樹挪死，人挪活。只要人勤奮努力，自然會站穩腳跟。

第三章　伴讀書僮

焉知非福

伍公子、曹公子、李公子、沈公子等六人結伴而來為朋友廷瑞送行，他們也都是奉了各人的父親之命前來探望劉老太爺和對玉林作近距離的觀察和考核。

他們在廷璋的陪同下去育才塾館拜望了那四個老夫子並詳細地詢問了先河和先志的功課。張夫子說先河心思敏捷，日後可向經商的方面發展；先志勤思敏學且記憶力超群，日後必成大器可為國家棟樑之才。

六位公子這才對先志在年僅八歲時便能晉級攻讀《四書》且頗有造詣之事深信不疑，認定張老夫子對小先志所作出的評價乃是由衷之言。

伍公子和曹公子當即請廷璋轉告廷璜，說他倆願將先河和先志這兩個孩子都收為螟蛉義子，廷璋說此事他可作主遂一口應承。

沈公子代表他們六個人把4200枚銀元交給廷璜，言明那1200銀元是他們對廷瑞的祭儀，另外的3000銀元是他們各自的父親對劉老太爺所表示的心意。有了這筆錢墊底，王安那顆懸著的心才逐漸地安定了下來。

當日晚上，由廷璋主持儀式，先河和先志倆兄弟一同叩拜了伍公子和曹公子這兩個義父大人。

叔公的身體健康狀況極差，若無人攙扶其行走都很困難但神智還算清楚。在聽到老太爺病重的消息後他曾坐轎來探望過一次，以後每天都讓其子世清過來在老太爺的床邊待上半個時辰。叔公讓世清傳話給廷璜，說廷璋和廷瑞是敗家毀業的不孝子孫當名列「黑榜」，廷瑞的墳墓不得歸葬於祖塋中。

見廷璜面現難色，堂叔世清言道：「老三，他老人家說歸說我們聽歸聽，你該怎麼辦就怎麼辦，反正他老人家也不可能跑到祖塋裡去監督檢查。我那兄長估計也拖不了幾天了，你要節哀順變。你要有什麼難處可直言相告，為叔我一定幫你渡過難關。」說畢將500兩銀票遞給廷璜並強令其收下。

　　三少奶奶正和群英商量今後遷居的事宜時，張嬸將已長成半大男孩的立春帶了進來。未待三少奶奶起身立春便扔掉了手中的藍布包袱跪伏在其小姑母的膝前失聲痛哭，「小姑，我娘已在十天前去世了，是鄰居們幫忙用床板和門板釘成的木匣子下葬的。娘在臨終前不讓我去找二叔和三叔他們，只讓我來這裡投奔姑父和你。」

　　三少奶奶將姪兒扶了起來，讓群英去廚房裡把飯菜端來並吩咐雙英去準備熱水讓表弟先去洗澡更衣。娘家的衰落雖然在情理之中，但沒想到竟然會這麼快。大哥和自己是一奶同胞，二哥和三哥卻是二娘所生養，平日裡兄弟之間便不太和睦，分家單過後則更無往來。怪只怪自己的兄長嗜賭如命，六年前在一夜狂賭後消失得無影無蹤，家中的房產和田地被債主分搶得一乾二淨。因父債子還，大姪兒端陽被逼無奈情急生智寫下休書，讓其妻帶著孩子回了娘家而自己跑出去當了兵。後因廖氏宗族出面干預，債主們這才放過了這可憐的孤兒寡母。想到嫂子的人品賢德善良卻因所嫁非人而一生淒苦的結局，三少奶奶淚流滿面。

　　廷璜在問及逢春這幾年的經歷時，才得知立春母子二人一直靠幫人打短工維持生計。立春八歲時便輟學替人放牛餵馬，十歲時便下田插秧割麥和收棉花，立春年已14歲身材高挑只是體力不及成年人，但在某些方面卻頗為出色。

　　因立春對稼穡之事知之甚悉，談起各類農作物的栽培技術和田間管理方法及勞作的技能技巧時說得頭頭是道。廷璜心中格外高興，認定這個姪兒是老天爺特意送來為自己今後艱苦創業的一個得力的幫手。若不是因為廷璜要忙於其二哥的喪事，這小姑父和姪兒之間定會聊起來沒完沒了。

　　見姑父和姑母真心實意地願收留自己，立春表示只要能夠在這個家庭中與兄弟姐妹們生活在一起，哪怕是再苦再累他也會心甘情願。

　　因家中不乏守靈的人，先河和先志、先俊白日裡仍去塾館念書，晚上回家後才換上孝服。見先河、先志與表哥立春親如兄弟，三少奶奶內心喜悅，彷彿又看到了新的希望。

　　廷璋原本想多陪伴父親也盡些孝道以彌補內心的愧疚，但老太爺一見到他便合上了雙眼，廷璋只得赧顏退出。大少奶奶也因為自己的丈夫闖下了塌天大禍而羞於見人，往日的那種飛揚驕橫的氣派也得以收斂。因無任何干擾，劉家

大院內的眾人各行其事秩序井然。

　　廷瑞下葬的吉時是在未午相交之時，因叔公已嚴令自己家中的人和劉氏宗祠的族人不得為廷瑞送殯，故廷璜決定雇請了30名外姓之人扛著那副七品職銜的儀仗和那10名道士一起在靈柩前鳴鑼開道，另雇請了12個哭喪的婦人。儘管如此，仍顯得不夠氣派，與以前老太太和二少奶奶歸葬時風光的排場大為遜色。

　　在道士們所吹奏的笙樂中劉老太爺溘然而逝，其臨終前身邊僅有堂弟世清和廷璜、王安夫婦等十餘人。好在需要的一切早已準備妥當，在安叔和張嬸的指導下，諸如香湯沐浴和穿戴壽衣服飾等事項均有條不紊地進行著。王安令人重新佈置靈堂並派人將訃聞向各處親友們發送。廷璜令莊丁劉成去湖東岸道士村再雇請26名道士前來做法事。

　　劉老太爺的喪事排場之大令人咋舌，凡宗族中人無論男女老少都來弔孝，在大劉村中居住的外姓之人也排隊來弔唁劉老太爺。鞭炮聲接連不斷，前院招待弔唁人員的酒席從早上開到晚上酉時，36名道士分作三班演奏仙樂，劉家大院裡晝夜笙歌不斷。

　　雲鶴堂20騎快馬風馳電掣地來到劉家大院，為首者是堂口中義字排的巡風六哥馮雲卿和廉字排的七妹馮眉卿，馮雲卿的大氅上繡有一隻展翅飛翔的雄鷹，馮眉卿的披風上用七彩絲線繡著一隻栩栩如生的鳳凰。在他倆的身後分別有九個身著青色勁裝外罩繡有雲形圖案大氅的年輕後生和九位白衣白裙外罩繡有嬌豔牡丹圖案披風的俊俏女郎。

　　馮家兄妹各點燃了三炷香插入香爐之中，然後跪在蒲團上叩了三個頭，隨行之人亦相繼叩拜。

　　禮畢後，馮雲卿走到廷璋的面前低聲說道：「大老爺，在下兄妹欲請貴府的當家人借一步說話。」

　　廷璋早已認出面前的這位就是那日在如意賭坊樓上與他們兄弟豪賭之人，此時哪有顏面以長兄的身份來接待這批不速之客便用手指向了乃弟廷璜。

　　賓主三人在書齋中坐定之後由自成沏上了香茗，沒想到玉林卻毫無怯意地跟了進來。馮眉卿見這小男孩濃眉大眼且透著靈氣十分喜愛，便拉住先志的雙手在一旁低聲地攀談起來。

　　在隨行之人將一個木盒放在書桌上後，馮雲卿向廷璜說明來意，「三老

爺，家父在聞知令尊老太爺仙逝的消息後悲痛不已，特命在下兄妹來貴府代為悼唁和送來祭儀1000銀元，還有2000銀元是我家小妹對老太爺的孝敬，請予收下。令兄當日寫明的是600畝田契，貴府上付出時卻是650畝的契據，這多付的50畝理當退還。幫會中人注重的是一言九鼎的江湖道義，巧取豪奪之事決不屑為之，望三老爺切勿推辭。」

廷璜從來對江湖上的事情一無所知，原來幫會中人並不像人們傳說的那樣令人生畏，雲鶴堂在事後完全可以對自己家裡的事不聞不問，也無須派人送來祭儀和奉還這50畝田地。3000銀元可算得上是雪中送炭，奉還那50畝田地為的是讓全家人今後的生活有所保障。此次派來悼念的人身份地位之高且禮節之隆重並不是為了顯示他們面子上的光彩，其目的是為了讓人知道劉家雖然衰落了但仍有強硬的靠山，若有仇家伺隙報復就是其有意要與雲鶴堂為敵，雲鶴堂決不會袖手旁觀。想到雲鶴堂馮堂主的良苦用心，廷璜的那顆忐忑不安的心才逐漸平靜下來，任由馮眉卿和先志隨意交談而不作干預。

「小朋友，能不能告訴孃孃（音Nyang，湖北方言，多稱呼年輕未婚的長輩女子）你長大了要做些什麼事？」

「先要為國為家幹出一番事業，還要把害人的賭場和煙館全部剷除乾淨。」先志坦然言道。

馮眉卿拍手叫好，「好孩子，志氣可嘉！日後必成大器。只要你肯認我這個姑姑，姑姑將來就會助你完成心願，你看這樣好不好？」馮眉卿童心未泯和顏悅色地說。

玉林已將馮眉卿當成了朋友而不再存有戒心，稚氣地說：「我可以認你當姑姑，但你們大人說話要算數。你和我這是第一次見面，只怕等我長大了你都認不出我來了。我又不知道你的家住在哪裡，即使找到了，你或許已無能為力這倒不算什麼，怕只怕那時候你早已將今天的事忘得一乾二淨又怎麼辦？」

「乖侄兒，我們拉鉤，一百年不許變！姑姑的家住在武昌城內的涵三宮八號，那個院子和你們家一樣大。姑姑今天送件東西給你，只要你把它保存好了，今後你就是嘴上長了鬍子姑姑都會認出你來。你以後只要有為難的事就來找姑姑，姑姑會盡全力幫你排憂解難。」

馮眉卿從伊的頸兒上解下一枚玉佩給玉林戴上，笑容可掬地說：「好侄兒，你可別小看了這塊小石頭，它雖然比不上皇上的尚方寶劍，但絕對可以保

得你一生平安。你現在還小暫時還用不著它可以戴著玩幾天，讓你母親替你保管好今後一定會派上大用場。」說畢就一把抱住這剛認下的侄兒置於膝上。

馮雲卿笑吟吟地走過來對玉林說：「小朋友，你既然認了我妹妹當姑姑，我又是你小姑姑的親哥哥，你想想看那你該管我叫什麼？」

見馮雲卿的年齡比父親年輕一些，玉林親切地叫了一聲叔叔。

馮雲卿笑容滿面地說：「叔叔身上的東西沒有你姑姑的好，所以今天拿不出手，今後叔叔會加倍地補上。」

廷璜命玉林從姑姑的身上下來，然後請馮家兄妹坐好令玉林行叩拜大禮。

隔閡解開後再無顧忌，馮雲卿對廷璜說洪門的幫眾幾乎遍佈全國城鄉，其中勞苦大眾佔有很大的比例。尤廟鎮上就有武昌分舵的成員，隨時將劉府中的情況以飛鴿傳書向分舵送去消息，故對劉府中所發生的一切知之甚悉，所以今天辰時他們就動了身。

中午，廷璜夫婦在後院內招待了馮家兄妹及隨行人員，散席之後馮家兄妹又去靈堂裡叩拜了老太爺的靈位，然後率隊離去。

王強在仔細鑒別那塊玉佩後說：「三爺，這是一個好寶貝。馮眉卿在江湖中人稱玉鳳仙子，她隨身佩帶的這塊玉佩被稱為玉鳳令。你看這銀鏈下的波紋寓意為雲，最下面圖案是不是形似兩隻飛翔的白鶴？南七省和北六省的洪門中有頭臉的人都知道華中雲鶴堂內有這麼一枚玉鳳令。據說這玉佩是選用一大塊佳品漢玉由能工巧匠精雕細刻而成，整枚玉佩無半點瑕疵，乃是雲鶴堂的前任堂主在馮眉卿滿周歲時饋贈給她的珍貴禮物。馮眉卿能把伊視為護身符的玉佩送給小少爺是小少爺的福氣，它能給小少爺帶來吉祥如意。依我看來劉府是因禍而得福，這枚玉佩的價值根本不能用銀錢來估量。」

王強建議將玉佩交三少奶奶妥善保存並要叮囑小少爺不可將此事外泄於人。

廷璜將雲鶴堂送來的3000銀元和50畝地的田契交給安叔收好。

廷璜夫婦商議之後達成共識，一致認為其子今後能成就一番事業和福緣深厚，守在這鼓架山下只會耽誤了兒子的前程。既然已決定把祖宅讓給大哥一家居住，倒不如遠離這讓人傷心之地遷移到武昌城北郊再創家立業。這樣雖然今後要過得艱難一些，但艱苦的環境更能磨煉孩子們的意志更有利於他們日後成家立業，廷璜夫婦決定在父親「五七」期滿後付諸行動。

依依難捨

因叔公已是行將就木再不能主持族中事務，經族中長老會議決定當由「世」字輩中碩果僅存的世清接任族長，但以往叔公所發佈的各項指示仍須嚴格執行。

劉老太爺歸葬的吉時為巳時三刻，出殯儀式的總指揮是現任族長世清公。劉家大院距祖塋約有三里路，沿路之上早已站滿了圍觀之人。

12名道士執幡開路，潘、鄭二位武師和18名莊丁執銃邊走邊朝天鳴放。走在世清公身後的是雙手捧著靈位的廷璜，以後依次是老太爺的二子四婿的家人和至親好友。24名道士分為二組分別在靈柩前後吹奏仙樂，走在最後面的是家族中的男女老少以及居住在大劉村外姓人家的代表。

葬禮完畢後劉老太爺的靈位被送入祠堂安置，除至親外其餘人等相繼告辭離去，劉家大院又恢復了往常的寧靜。

廷璜夫婦在後院的書房內和親家劉老爺及群英夫婦繼續商議遷居的事宜。

劉老爺對廷璜夫婦主動放棄當家人的地位和優越的條件而把這一切拱手相讓的品德極為欽佩，表示願盡全力為廷璜夫婦遷移至武昌城北郊劉家河居住而創造條件和提供方便。

廷璜對劉老爺真誠的幫扶由衷地感激。

劉老爺表示：待老太爺的「頭七」後他便帶著其子返回去，在廷璜夫婦動遷之前一定把廷璜所提出的事情全部置辦妥當。

在草擬家產分割文書時，王安提出了不同的意見，但廷璜執意為之。

安叔建議這些事當商諸堂叔世清並征得他的同意和支持，然後讓其以族長的身份予以宣佈，家產分割的文書應交由族長世清公保存，只有這樣才是公開、公平、公正。

廷璜將準備遷徙的打算告訴了堂叔世清公，請求堂叔恩允能讓廷瑞的靈位安置於宗祠內。世清公勸侄兒外遷一事務須慎重從事，白手起家太過艱難，出門容易歸家難。至於讓廷瑞的靈位進祠堂的事當暫緩一步，待其老爺子西歸之後，他才能做出決定以了廷璜的心願。

廷璋受此挫折後似乎變了一個人，時常勸慰和告誡其妻要安於本份，隔年

的皇歷即使翻爛了也再無用場。「你我已是兒孫滿堂的人了，有些事要看開一些，人不知足，才會有更多的煩惱。叔公已把我的名字列入了黑榜，若按族規和家法，你我早已被掃地出門。幸虧有世清叔和老三從中斡旋和極力庇護我倆才保住了這碗粗茶淡飯和安逸的日子。你要是還想鬧下去，唯一的路是你拿上一紙『休書』走出這個院門，想去哪裡鬧就去哪裡鬧！」

其實，大奶奶也並不是一個冥頑不靈的人，這次廷璋被列入黑榜和廷瑞的靈位不能進祠堂，更讓她體會到了族規和家法的森嚴恐怖及冷酷無情。她雖然可以不把丈夫放在眼裡，但她卻無力去抗拒在祠堂的牆壁上所鑴刻的「女誡」中的律條。如果自己再繼續隨心所欲地鬧下去，把「皮」鬧沒了那「毛」將附於何處？叔公不准廷璋捧靈率隊已喻示丈夫當家人的地位已被取消，從親友們對自己倆口子冷漠的態度上她也覺察出自己長房媳婦的「架子」也隨之消失而去。看來丈夫的話確有道理，再也不能由著自己的個性隨意而為。

常言道境隨心造，大奶奶徹悟之後大有改觀，不僅對家裡的人都能和睦相處，還能主動地去承擔一些力所能及的家務勞動。

玉林在關帝殿內將家中如何衰落和自己的父母已決定外遷他鄉而其將隨行而去及今後家中再無錢供其念書的事向胡亦愚一一講出，這異姓兄弟二人想到原定在三年後一同去省城武昌念書的設想將成為泡影時俱傷心落淚。

胡亦愚頗有天賦且極具組織能力，在同級的學生中享有盛譽。幾天之後，他便邀約同班級的同學在午休時齊聚關帝殿內，宣讀了由其擬就的為先志預作送行的文辭，聲情並茂的言詞讓人感動，文辭中的主題是全體同學當以忠心報國為己任，嚴於律己，樂於助人。無論山重水隔卻要心心相連，患難相扶。今日之誓言，人神共鑒。

再創家業

在父親廷瑞的「五七」之期的前三天，群英夫婦帶著一雙兒女回到劉家大院。

群英的夫婿告訴三叔和三嬸，「家父已在漢口老同興茶莊裡為先河謀得了一個學徒的位置和代為租下了榮家的10畝水田和5畝旱田，並鳩工在小河邊蓋好

了三大間茅草屋，門前是禾場，屋後預留為菜地。榮老爺想為其12歲的大公子覓一個聰明伶俐的伴讀書僮，榮老爺說若選得合適的人不僅提供食宿還可以抵消那5畝旱田每年的田租，我們覺得先志弟弟應該試一試。

「家父和學堂裡的校董劉子雅是好朋友，劉先生說如果先志真是一個可造之才，他可以作主讓先志弟弟跟班附讀，家中只備下一套桌凳即可，且只需交書本費而免收學費。榮家的大公子人還聰明，只是有點貪玩而沒把心思用到讀書上。當伴讀書僮形同下人，初看起來於名聲和顏面上似乎有些不雅，但實際上這卻是一舉兩得的好事，尤其對先志弟弟今後的前途大有裨益。」

群英夫婦帶來的好消息，更加堅定了廷璜夫婦舉家遷徙的信心和決心。看來，人一生的機緣確實難違天意。施半仙當年在為先志推命時所說的諸如祖業既不可持且不可靠和其一生中有貴人相助，及在外面方可幹出一番事業的那些話語正逐步應驗：家業凋零雖令人痛心，但因之卻結識了馮家兄妹而給自己的家庭帶來了福音和好運，尤其是那枚玉鳳令能保得兒子一生平安如意更讓他們感到欣慰；夫婦二人正為外遷後會遇到的艱難困苦而憂慮時，群英的公爹不僅將一切安排就緒，還為自己一家能迅速地站穩腳跟和開拓創業鋪平了道路和創造了有利的條件；今後，不僅是先河獲得了將來能發揮其才幹的機遇，而先志更是因禍得福，無須家中用錢卻能在正規的學堂內讀書深造，這不是有貴人相助又是什麼？

廷璜夫婦對讓兒子先志去榮家當伴學書僮形若下人而與名聲和顏面有損的問題並不在意，讓兒子能有書讀和能學到知識而積累聰明才智，就是最光彩和最有顏面的事。自古以來，成大事者皆是能屈能伸之人，韓信忍辱胯下後貴為開國元勳；張良有進履之謙而終為帝王之師。較之前輩的聖賢名臣未發跡時所受的苦難和屈辱，兒子為別人的孩子背背書包和打傘遮雨又算得了什麼？人在窮極潦倒時還能自食其力而不去幹那些為非作歹的壞事，就是為自己掙足了面子，就是有尊嚴和就會受人尊重。如果礙於名聲和顏面放棄了這大好的機會，而自己家裡又拿不出錢來供兒子上學，況且兒子年幼又幹不了什麼農活，難道說真的要讓聰明過人的兒子去做幫別人餵馬放牛的牧童不成？

廷璜夫婦喚來先河和先志徵求他倆的意見，這兄弟二人均高興地表示服從安排。

因幾天後就要動身遷徙，廷璜帶著先河、先志、先俊去塾館向先生們辭

行。四位老夫子對先志輟學深表惋惜，一再叮囑廷璜定要設法讓先志繼續深造。張老夫子對先志特別愛憐，將自己珍藏多年的兩本黃庭堅的碑帖相贈，並囑其勤學苦練才可得其真髓。

此後，先志遵師所囑，將黃山谷老先生的書法練得中規中矩而受人歆羨（因權傾天下的蔣委員長最喜歡的也是黃庭堅的墨蹟）。

東院的家產分割會議由族長世清公主持，三個房頭的全體人員聚於一堂，安叔夫婦以證人的身份列席並坐於上首。

世清公把廷璜為何將遺囑上部的文字抹去的原因和其幾天後要遷居他鄉的決定公諸於眾，廷璋、廷璜和先河對老太爺生前將後院贈予王安夫婦貽養天年的決定完全贊同。

世清公令三房分別簽字畫押。若有不遵照執行者當按族規懲治。世清公令廷璋不得再涉足賭場，若能洗心革面方能在黑榜上除名。

廷璋夫婦二人做夢也沒有想到世清叔所宣佈會是這樣的一個結果，心裡頭都像是打翻了「五味瓶」各種滋味俱全。雖然契約上寫明祖宅和那50畝地是三個房頭共有的產業，實際上是把使用權全歸於了自己的一家。夫婦倆明白這是三弟的良苦用心，老三是擔心自己會惡習不改而重蹈覆轍才作下這樣的決定。老三帶著先河舉家外遷表明了他破釜沉舟勇往直前不達目的誓不甘休的決心和勇氣，只要他們在外面能立穩腳跟就決不會再回到這裡來。廷璜的寬宏大量讓廷璋夫婦更感到愧疚，想到這些年來自己夫婦倆一直把他們一家視為眼中釘和肉中刺而時時處處地加以算計的所作所為是何其卑劣，廷璜夫婦卻不計前嫌而以德報怨，將他們僅有的這點產業拱手奉讓給自己這個待罪之人，三弟夫婦的恩德讓身為兄嫂的廷璋夫婦沒齒難忘。

此後，廷璋夫婦果然洗心革面痛改前非，把家裡的一切管理得井井有條。先覺發誓要重振祖業而勤力耕耘攢錢購置田地，歷30餘年之努力真還置下了100多畝田產。但在改朝換代後的「土地改革」運動中，被戴上的地主的「桂冠」。

劉老太爺的「五七」之期來悼祭的全是自家的親戚，眾親友見闔宅中的幾十口人現能和睦相處倍感欣慰，都說只要兄弟齊心妯娌和善，重振家業仍大有

希望。

　　族長世清叔率族人聚集湖畔，灑淚為三少爺廷璜舉家外遷送行。

　　廷璜一家人抵達新居時，親家劉老爺夫婦帶領家中人已迎候於禾場之上。三間新砌的土坯房上蓋有青色布瓦，另修有廚房和茅廁，牛欄內還拴著一頭強壯的水牛。屋前的禾場夯整得平平實實，屋後也種上了時令蔬菜，親家劉老爺的深情厚誼讓廷璜夫婦感激涕零。

　　次日巳時，劉老爺帶著廷璜和先志去拜見了榮老爺。榮老爺在考查先志的學識後大喜過望，當即決定留用並承諾原來與劉老爺所作的約定一概兌現。

　　當日下午，劉老爺又帶著廷璜父子去拜見了贊化學堂的校董劉子雅先生和其他幾位先生。眾位先生對年僅10歲的先志已攻讀《四書》頗覺驚奇並輪流就書中的篇章對這年幼的孩童進行考核。令眾位先生感興趣的是先志對他們隨意挑選的課文都背誦如流且講釋得體，小先志驚人的記憶力讓眾位先生歎為奇才，一致同意讓先志免費就讀。

　　先覺和先華在幫三嬸和弟妹們把新家中的一切安頓妥當後，才向三叔和三嬸告別辭行和自成一同離去。

　　劉老爺又帶著廷璜和先河過江去漢口的老同興茶莊，讓先河去拜師學藝。

好事接踵而來

　　榮亨達人很聰明但玩性較大，故背書成了他很重的負擔。近三年來，榮老爺曾先後為亨達雇過四個小書僮，其中有的是榮老爺中意的少爺不樂意；有的是小少爺滿意的榮老爺又看不上。榮老爺望子成龍的心願更加迫切，這才托好朋友劉老爺代為物色合適的人選。

　　在得知學堂的先生們決定破例免費接受玉林讀書的消息後榮老爺親自去了一趟學堂，眾位先生對劉家玉林的齊聲贊許更堅定了其雇請這個奇才孩童的信心。榮老爺令管家馬春負責整理書房，並吩咐馬春告喻家中僕婦人等不得欺侮和慢待這位他親自請來的小先生。

　　餐桌上多了一個亨達和亨伯從未見過的男孩，榮老爺說這個男孩就是今後和你們同吃同住並一同上學的小朋友，你們今後要相互幫助共同提高，要像親

兄弟一樣和睦友愛。

從亨達斷斷續續的讀書聲中，玉林便知道他是在溫習初級國文第7冊中李白的〈春夜宴桃李園序〉。見玉林坐在凳子上屏息聆聽其誦讀之聲，亨達笑眯眯地說：「這篇文章寫得真好，我很喜歡，你要不要跟著一起學？」

亨達不相信玉林在八歲時便已學過，當即要玉林將「會桃李之芳園，序天倫之樂事」後面的句子背誦出來。

「群季俊秀，皆為惠連。吾人詠歌，獨慚康樂……如詩不成，罰依金穀酒數。」

見玉林流利地續背出來，亨達認為這是剛才自己在誦讀課文時被其記住了而偷機取巧，又翻出後面陶淵明的〈桃花源記〉和〈五柳先生傳〉讓玉林背誦全篇的課文。

見先志把這二篇課文背得一字不差令亨達自愧不如，忙問這背書有何絕竅？

「想讀好書要先把心靜下來，不能口裡在念而心裡還在想其他的事。認真地讀幾遍後再合上書默一遍看有無遺漏的地方，最好的辦法是默記後再默寫一二遍，這樣讀、記、默、寫都做到了才能牢牢地記住。」

亨達此時已對比自己小二歲的玉林相當信服，以往先生只是注重和強調要學生一本書讀完了須全部背熟後始能換讀新書，而從未講授如何提高學生的記憶力和理解能力的方法。亨達決定按玉林所說的辦法去做，後順利地闖過背誦五日內所讀的新課文的難關而讓先生刮目相看。

人與人的交往第一印象很重要，小孩子們也是如此。有了這個良好的開端，玉林和亨達除上課時不在一個班級外，其餘的時間形影不離成了要好的夥伴。

校董劉子雅是武昌人，時年30歲，家住在積玉橋。劉先生在《四書》、《五經》上有很深的造詣，在廢除科舉後接受了科學救國的新思想而就讀於武昌城中的湖北甲種工業學校，畢業後出任贊化學堂的校董兼先生。其學識淵博，除向學生講授經史策論外，如果有學生願意向他請教數學、英語等課程，他也不吝指教。

子雅先生山崇尚科學並不相信迷信，但在那醫藥既不發達且民眾又極為貧困的社會裡，人們遇到了疾病和災禍亦往往乞求於不可自知的神明。學堂裡的先生也只得入鄉隨俗，為應付環境和滿足老百姓的需要而教一些劃符驅鬼和做

文章向神靈求情的事情。此外，還得讓學生學會一些關於如何排八字算命、擇喜期吉日、寫喜聯、壽聯及書寫請帖和記賬的知識。

　　子雅先生叮囑玉林務必要和榮家的兩個少爺及其的家人搞好關係，要珍惜這大好的機會，至關重要的是把書讀得更深、更透、更懂以備今後建功立業時的需要。

　　潘四海受聘為榮家大院的護院武師，其見到玉林後格外高興，讓玉林於每日清晨和黃昏後隨其練武，說生逢難世時只有文武雙全才能保得平安。榮老爺從潘武師的口中得知了玉林的身世後，對這位小先生更是青眼相看，對立春和先俊偶爾來看望玉林也不作過問。潘武師再次見到立春和先俊後認定倆兄弟都是練武的材料，尤以先俊的資質更佳。潘武師收立春和先俊為徒，約定除農忙季節和雨天外，每日未初時分他便在莊外小樹林中教他們習武強身。

　　廷璜一家正吃晚飯時，有對肩上掛著鋪蓋行李持外地口音的青年夫婦帶著一個年約五六歲的小女孩前來乞討，廷璜夫婦對這一家落難逃荒的人格外同情。攀談之中，那男子說他們一家姓胡，是沔陽縣長淌口鄉崔角村人，因逃水災盤纏用盡而流落於此地。如今是想找個地方打打短工積攢點路費以便能回到家鄉去，並說如果有合適的機會他們願將小女兒送給人家當童養媳。

　　那小女孩生肖屬「馬」讓廖氏心動，施半仙在為先志算命時所說的那些話立刻在她的腦海中浮現出來。自遷居以來，也曾有幾戶人家托媒來與先志提親，但皆因八字命理不合或相剋未能遂願，難道說兒子的婚姻大事就應在這個小女孩的身上不成？在問明這小運姑的生辰八字確實是丙午年（1906年）四月初九日申時後，廖氏笑著說道：「這段時間田裡的農活還有些忙不過來，如果你們不嫌工錢太少就可以留下來幫幫忙，我們再為你們打聽其他的雇主。你們看這樣可好？」

　　胡姓夫婦當然是感激不盡，這一家三口便在西廂房裡住了下來。洗盡塵垢後的女孩眉清目秀，運姑很快便和四歲的正英及二歲的桂英高興地玩耍在一起。

　　廷璜在塾館裡念書時曾學習過排八字算命，故也知道一些命理的推算方法，夫婦二人對著「萬年歷」在清油燈下演算起來。丙午年年星四綠，女命為坤卦，此女出生於紅馬年，日幹代表命主所以屬火命。此女的八字命盤為丙午年、壬辰月、丙午日、丁酉時，乃火旺之人。先志生於黑虎年其命主屬土，火

能生土，故此女的八字與兒子極為相合，這真是千里姻緣一線牽，月下老人所拴的紅線定會給他們的兒子帶來福運。

廖氏心中極為高興，自己的兒子不僅先後遇到了馮家兄妹、劉老爺、榮老爺、校董劉先生等幾位貴人，連老天爺和神仙也趕來幫忙，沔陽縣的一場水災為自己的兒子送來個好媳婦。

廖氏囑丈夫在田間勞作時應對運姑的父母的人品習性詳作觀察，在交談時儘量地多瞭解一些其家庭的情況。暫時不要把運姑和先志倆人的八字命理相合的事情向運姑的父母吐露，待她再請向瞎子仔細地推算後然後再決定是否將運姑收留為童養媳。

廷璜將對胡家人摸底的情況如實相告：從光緒廿七年起，漢江南岸的潛江和沔陽兩地經常潰堤，幾乎是年年都要出來逃難。胡家在當地也是小康之家，運姑有個姐姐已婚配，還有個比她大四歲的哥哥病死於此次逃難之中。運姑的父親是個種田的好手，其母對田地裡的活計也十分在行。總之，運姑的父母為人很本份，也很勤勞，幹起農活來與自己不相上下。

向瞎子在推算先志和運姑的八字後連聲叫好，說二人是天緣巧合、佳偶天成。有此女相扶相助，貴公子定能平平安安大富大貴。向瞎子還說運姑命中旺夫宜家，日後家中老少得以平安全賴此女之力。並說此女進家門是越早越好，日後貴府中將是枝茂葉繁人丁興旺。

廷璜夫婦向運姑的父母表明了願意收養運姑的態度，運姑的父母欣然同意。為鄭重起見，廷璜夫婦請來親家劉老爺作證人，讓運姑的父母和廷璜夫婦立下文書並簽名畫押，寫明甲方願將女兒送與乙方為童養媳和乙方屆時將依約與其子完婚係雙方自願，日後決不反悔。

一月後，運姑的父母告辭離去，廖氏拿出20枚銀元讓親家夫婦以作盤纏，廷璜一直將他們送到徐家棚碼頭後方才返回。

培而植之

三年後，榮家書房裡只有玉林和亨伯作伴，榮老爺令亨伯稱玉林為哥哥而不得直呼其名。

為讓玉林更安心地帶好其二少爺亨伯，榮老爺邀上劉老爺作陪在其家中宴

請了廷璜。席間，榮老爺提出因先志為其兩個兒子伴讀而盡心盡責，他今後不再收取那10畝地的田租。

廷璜表示遜謝，但仍堅持按原約定執行。榮老爺說一言既出，駟馬難追。劉老爺勸親家不必過於拘泥，勸廷璜恭敬不如從命。

因表哥立春已長大成人且能與姑父分挑重擔，先俊也能分擔一些田間的勞作，運姑和正英也學會了栽種蔬菜和幹些力所能及的農活，又加之被免去了田租和先河學徒幫工期滿每月可以領點工錢，故廷璜一家的生活不僅有所改善外，家中還有了一些積攢。

更讓廷璜夫婦感到高興的是，兒子先志已是文武雙全；先俊和立春的學業也有所長進且在習武方面已有相當的根基；大女兒正英也能粗識文字，媳婦運姑勤勞善良，除孝敬公婆外還能友悌弟妹。

子雅先生不僅對玉林格外關愛，對其的要求和督導也更為嚴格。在以後三年的時間裡子雅先生更是加大了對其嚴加考核的力度，諸如《春秋》、《左傳》、《資治通鑒》、《史記》、《綱鑒*總論》和董仲舒的《天人三策》等書籍，不僅要讀熟深思還要寫出自己的心得體會和評論。子雅先生很注重作文，要求起、承、轉、合自然得體後才能充實內容而擴大篇幅。說能寫出文字通順的詞句並不等於把文章做好了，寫出文章的目的是既要引人入勝更要發人深思，故時常以文無止境來勉勵玉林。

子雅先生常要玉林幫其修改學生們所寫的文章，要求不僅要修改還要寫上評語。玉林心裡明白這是先生有意在磨煉自己，為的是提高自己的對文章好壞的分辨和鑒賞的能力。

子雅先生雖於詩詞歌賦上造詣頗深，但他並不主張讓玉林目前在這附庸風雅的方面花費太多的精力，當務之急是要習學修身齊家精忠報國的本領以利其將來。

先生有很多的藏書，有些還是珍貴的版本，平常不輕易示人，但其對玉林要借閱時卻毫不吝惜，只是囑其不要遺失即可，並要求應將其閱後的感想和體會如實告之。先生為人十分開明，其認為開卷有益，主要是決定於看書人的心性如何。如《水滸傳》和《紅樓夢》等有些人認為是誨淫誨盜而亂人心性的小說，他也願借給玉林看，說這有助於讓人認識人生和認識社會，只有對社會和

人生有了正確認識的人才能在社會上站穩腳跟和改造社會。

　　從民國五年起，學堂裡增設了地理和數學二門課程，由從日本留學歸來的凌志雲先生執教。

　　凌先生是湖北省鄂城縣人，西元1907年被選送派往日本留學，因思想進步傾向革命而加入同盟會，是中山先生忠實的追隨者。其歸國後所見到的神州大地仍是滿目瘡痍，革命者拋頭顱灑熱血而建成的中華民國卻被西方列強和日本國操縱的軍閥割據所替代以致戰亂不斷，老百姓民不聊生更加苦難。及見革命同志或亡或逃已風流雲散，而投機革命者卻高官厚祿為虎作倀。凌志雲見「共和」之美景已化為泡影而心灰意懶，再也不願置身於政治鬥爭的漩流之中，這才欣然接受老同學子雅先生的邀請，決定為桑梓服務培育有用的人才而情願過這種吃粉筆灰的清苦日子，也不願攀龍附鳳去為那些甘願充當列強之走狗的軍閥們做嫁衣裳。

　　凌先生思路清晰，知識淵博，語言精煉，口才流利。將各國之山川形勢，礦產資源，風俗民情，政體時局等一系列學生們聞所未聞知識講得繪聲繪色，讓學生們聽得如癡如醉。

　　凌先生將其崇仰的共和民主的思想始終貫串於教學之中，在提到滿清王朝封建專制閉關自守、腐敗無能時義憤填膺，在講到兩次鴉片戰爭及甲午海戰和八國聯軍火燒圓明園的罪行時更是深惡痛絕，其講到動情之處常言辭慷慨聲淚俱下。

　　學生們極喜歡聽凌先生講課，玉林、沈義昌和杜慕陶等三人常帶著亨伯於午休時去凌先生的寢室求其賜教，凌先生皆熱情接待並讓他們滿意而歸。

　　先生對中山先生的三民主義頗有研究，談話時言簡意賅深入淺出。先生把人們的生活程度分為三級：一、需要即生存，二、安適，三、奢侈。說中國的老百姓總是以死與生為立腳點，進而求得生存和舒適及錦衣玉食榮華富貴。故人們的生存為社會之中心，只有人人得以生存，社會才能得以穩定。而要做到這一步，當務之急就是要改革社會的經濟制度。

　　有了摒息聆聽的聽眾，凌先生更長了精神，「經濟制度的改革是要全國的民眾都享受到好處和利益，但大家的事就需要大家一起去努力地去爭取和實現，而決不是哪一個人的事或由哪一個人說了算，這就需要有民主政治作堅強後盾才能得以實現。所謂民主政治，就是國家的大總統由人民來選舉，大總統

由著人民的意願在其職權之內來發號施令，人民當絕對服從，只有全國上下形成一個極健全且有權威的合力政府，才能再繼續地為百姓造福。但大總統之去留則操諸人民之手，國家之興革事項當由全國人民議決，這才是三民主義的宗旨。

「凡事以『平』為本，中山先生的三民主義就是建築在這個『平』字的基礎上，而這個『平』字就是從《四書》中《大學》上治國平天下的那個『平』字衍生出來的，『平』則安，不『平』則亂。於老百姓而言，人生於世上要公私分明，最為重要的是自身的『心態』要平，『公』者當歸之於公；『私』者當歸之於私。若公私不分而皆欲據為已有則有悖於天理國法人情。換句話說，巧取豪奪和損人利已必將會適得其反。總而言之，君子愛財當取之有道。三民主義致力於擴大公有，為的是使國家富強。而保護私有，為的是讓老百姓都能安居樂業。」

「先生，既然三民主義是治國平天下的良策，如今滿清的皇帝退位已有九年了，為什麼國家至今還是四分互裂亂糟糟的？那些軍閥為什麼又不願實行三民主義，而讓天下早日太平和讓全國的老百姓都能過上安居樂業的好日子？」玉林插言問道。

「這個問題問得好，這些軍閥都是投機革命的人。換句話說他們就是一群口裡喊著擁護中山先生的三民主義，而骨子裡卻是想著將天下據為己有的獨夫民賊。為實現他們的野心和目的必然就會賣身投靠一至幾個外國主子而甘願當其侵掠中國的走狗。每個軍閥都想獨霸天下，所以才戰禍頻繁，老百姓受池魚之殃當然是深受其害。」

「中山先生為什麼不出來管管這些軍閥混蛋？難道說中山先生忍心看著老百姓受苦受難？中山先生是那樣的英明偉大，他難道不能把這些軍閥全部殺掉？」亨伯稚氣地問、

凌先生長歎了一口氣，「中山先生十分清楚這些封建軍閥都是三民主義的叛徒，當然想把他們都剷除掉。先生這些年來一直致力於做這方面的準備工作，當務之急是先要發展和壯大革命的力量，然後還要組建革命的武裝。先生一生最大的心願就是要讓三民主義在老百姓的心裡紮根開花，讓泱泱中華繁榮富強。」

為破解心中的疑慮，沈義昌把自己的想法談了出來，「先生，家父說三民主義雖然很好，但想在中國實現卻很困難。家父認為要想把中國治理好還是要

靠孝悌忠信禮義廉恥來作為老百姓的行為規範和立身的準則。他覺得那些禍國殃民的軍閥確實該滅掉，但要把軍閥都消滅掉不知又要打多少年的仗才能統一全國？他最擔心的是剛趕跑了飽狗子卻迎來了更兇殘的餓狼，他們做生意的人只是想在那太平的年代裡多賺點錢。打起仗來槍炮又不長眼睛，再說這幾年北兵來了南兵去，他們兵強馬壯要滅掉他們談何容易？」

「孔孟的學說是要民眾欲修其身，先正其心，欲正其心，先誠其意。也就是說要民眾堅守孝悌忠信禮義廉恥那八個字，孔孟之道在中國講了幾千年，各代帝王都熱衷於它，雖然每個朝代裡都有一段繁華的時期，但為什麼不能持久？這裡面的關鍵是在歸於『大公』還是歸於『小私』這個立腳點上。歸於小私是『家天下』，前輩人再聖賢也保不定他的後代都是孝子賢孫。而歸於『大公』則是公有的天下，大總統由人民公投選舉產生，人民也有權利罷免或彈劾總統和各級官吏，這樣的社會民眾怎麼能不去擁護？以天下為公而甘心情願為民眾謀福利的大總統，民眾焉能不去選他？社會在不停地進步又世世代代傳下去，國家又怎能不繁榮富強？

「要想消滅和剷除那些軍閥只有武力征討和策反分化這兩種途徑，當以武力征討為主而以暗中策反相輔。推翻舊政權和建立新政權當然要打仗，劉邦為建立西漢王朝就打了三年仗，李世民為建立唐王朝打仗打了十幾年，打幾年仗而贏得國家的統一和長治久安是利在當今而功在千秋的偉業。只要中山先生能站穩腳跟重整旗鼓，我定會投筆從戎欣然相從，為建立民主共和政權和振興中華，即便是拋頭顱灑熱血我也在所不惜！」

凌先生拿出一本《三民主義》和一本《孫子兵法》送給玉林，說三民主義極合現在國際的趨勢，可以說是中國主義之實行計劃，也即是大同世界之指南針。並說《孫子兵法》這本書一定要讀通讀透，更重要的是能在實踐中靈活地運用，將來會大有用場。

在武昌撫院街的律師事務所當律師的劉伯垂先生常於傍晚時分來學堂裡與凌先生相會。劉先生和凌先生年齡相仿，既是同鄉又都是在日本東京加入了同盟會的革命同志，兩個人經常談到深夜後同榻而眠。經凌先生介紹玉林也得與劉先生相識，但彼此之間未作進一步的接觸。

1921年5月，凌先生辭教離去。在劉子雅先生及沈義昌、張子敬、杜慕陶和

第四章　成家立業

遷居城郊

　　表哥廖立春已22歲，為人正直且武功很好，故在周邊一帶的年輕後生中頗有威望。幾年前就有人來上門提親或有的人家願將其招贅為婿，但都被其以此生不願結婚而執拗地拒絕。在姑丈和姑母的追問下，立春說出了實情：原來，因兩家的田地相鄰且秀蓮又常下地幹活，倆人在年少時便已相識。秀蓮的父母對兩個孩子之間的交往並不干涉。因秀蓮已定下親事，其父母只是私下訓誡女兒不得做出越規出格的醜事來。立春已和秀蓮在田間的勞作中建立了感情，隨著時間的推移二人更是相互愛慕，私下裡已定下了在天願作比翼鳥，在地願作連理枝的誓言。

　　秀蓮比立春小一歲，容貌秀麗品行端莊。秀蓮曾告訴大春，她家裡為她訂了娃娃親，王裁縫的大兒子患有癆病，雖多方醫治仍無起色。

　　四年前王家將秀蓮娶過門為病重的兒子沖喜，半月後其夫婿便一命歸陰。王家夫婦硬說秀蓮是剋夫的「掃帚星」，這幾年來秀蓮在王家過的是豬狗不如的日子。如果不是看到大春仍一往情深而一直不娶還存有一線希望的話，否則，秀蓮早已投環赴水命赴黃泉。

　　劉老爺也很喜歡立春，認定大春是個有情有義的男子漢，遂一口應承由其出面分別向劉姓和王姓的族長先予溝通，然後再制定出一個雙方都能接受且很體面的方案來。

　　七天後，劉老爺將「搶親」〔注：當時習俗人們認為寡婦再嫁是讓婆家及其之宗族蒙羞受辱的事，但家族中可採用一些變通的辦法來解決，但要走一個搶親的過場。由搶親者補償其婆家的原聘金或彩禮，再由搶親者的父母備辦酒席請雙方的族長及長老赴宴。若不走這個程式則視為違反族規，將可能導致宗族之間的械鬥。〕的相關規定和細則向親家夫婦和大春分別講明，並讓他們預先

作好各項準備。

因萬事俱備，一天上午秀蓮在下地幹活時被一幫年輕的後生塞於轎內便被飛也似的抬進了劉家，大春和秀蓮的婚事如期舉行，這對歷經磨難的有情人終成眷屬。

榮老爺仍然堅持不收取田租，廷璜夫婦與兒子商量此事當如何解決。

「種田交租是天經地義的事，我認為要解決這件事只有一個辦法那就是我們家再遷居一次。春哥已經成家了，這房子就留給他和嫂子，我們先退田再由春哥去租田，這樣收田租的問題就徹底地解決了。再說弟弟妹妹也都長大了，終究還是要另起新屋的，我看遷居的事宜早不宜遲，當然是越早定下來越好。子雅先生已經為我們在傅家河看好了一處宅院，有五間瓦房還有一個大院子，開價只要450塊銀元。他建議我們暫時先買上二畝地後再租上幾畝地，全家人的生活就有著落了。子雅先生打算讓我在學堂裡代代課先磨練一下，然後再薦引去其他的學堂裡教書，這樣也可以補貼一下家用。子雅先生說這裡離城裡太遠，今後幹什麼事都不方便。他讓我向您們轉達他的意見，請爹和娘早作決定。」

廷璜夫婦沒想到如此疑難的問題這麼輕易地便得以解決，更讓他們夫婦感到高興的是兒子竟然會如此有主見和這麼受子雅先生的器重，夫婦二人決定聽從子雅先生的安排和兒子的建議，買下傅家河的那所宅院和先買下幾畝地再繼續創業。

因廷璜已決定遷出劉家河，榮老爺只得從其所請讓大春重新寫下契約承租15畝田地。

廷璜夫婦買了一頭水牛交給大春今後使用，並為大春留足了生活用品及生產工具。

西元1921年11月11日廷璜一家遷居，群英夫婦和大春夫婦隨行至傅家河幫忙，直到一切就緒後才告辭回去。

子雅先生提出讓玉林先從初級國文課試著教起，沒有課的時候幫其他的先生批解學生的作文，若有先生因家中有急事處理或因生病而不能來校授課時可由其頂替一下。眾位先生都說這是一件好事情，要先志珍惜這來之不易的機

會。說萬事起頭難，只要有恒心堅持努力在邊教邊學中積累經驗和掌握教學中的技巧和方法，今後的成就當會超過他們。

玉林明白這是子雅先生的一番美意，先生是讓自己在實踐中繼續磨練得到提高而等待時機，是寄希望於自己今後能有所作為和將來能為國家和民眾的利益作出更大的貢獻。恩師還有另一層意思，自民國以來，私人所創辦的中學和小學相繼出現而師資匱乏，校與校之間的競爭較為激烈，知識淵博且有豐富教學經驗的先生成了各個學校爭搶的對象。因學堂裡每月的薪酬有限而物價又不穩定，為達到既能留住先生又能讓其增加收入，學堂對先生的管理方法也有所變通，將以往襲用的「坐館」制改為只須按排定的課表按時到校授課。這樣各位先生就可以有機動的時間在其他的學堂裡去「兼課」而多得一些薪酬。恩師讓自己幫先生們批改學生的作文，一方面是為了改善融合人際關係以便能在眾位先生的傳幫帶下能取其之長，儘快地學習和積累教學的經驗；另一方面是多個朋友多條路，有人極力引薦總比毛遂自薦而求職的成效要大得多；更重要的是多幹些這類的事情更能培養和提高自己的邏輯思維能力、語言表達能力、處世應變能力和待人接物能力。

玉林覺得若想得到人家的尊重和尊敬，首先就要去尊重和尊敬別人。一個人若想擁有地位，那麼他必定要使自己有所作為而超越常人。想到這裡，《大學》一書中的「大學之道，在明明德，在親民，在止於至善。」的這段文字脫口而出。

兼課教員

因有子雅先生和子克先生等人的極力讚頌和保薦，玉林的「舌耕」生涯倒很順利，對家中的生活有很大的補貼。其中子克先生所給予的幫助更多，正因為他的舉薦，玉林得與在武昌高師附小當主事的陳潭秋先生相識，從而踏上了一條嶄新的道路。

從1921年11月起至1926年12月止，玉林除在贊化學堂和高師附小執教外，也常去大堤口的育德學堂及三道街上的弘智學堂和私立共進中學等學校裡去兼課。在學堂裡放寒暑假時便幫助家裡種地賣菜，晚上便督導弟弟先俊和妹妹正英的功課。起先正英常因私下裡看書識字而受到其頭腦中封建思想已根深蒂固

的母親的責難，後得父親和大哥以女子無才便是德的舊思想觀念已不適宜於民國社會為由輪番進言，才贏得了夜間讀書的機會。正英讀書勤奮刻苦故學業大有長進，她在傅家河周邊一帶有女秀才之稱。

有次，群英回娘家時，對三嬸說起弟弟先河於空閒時常光顧賭場的事，想請叔叔和嬸嬸拿個主意對先河加以約束，以免他重蹈昔年父親因嗜賭而敗家身亡的覆轍。

群英的話讓廖氏感到心痛和不安，如果先河真的常進賭場則不可掉以輕心。廖氏打算待先河放月假回家時先問個清楚明白，再讓其叔叔將九年前其父與大伯因賭博而導致家毀人亡的慘痛教訓如實相告，一定要先河將賭博的危害銘記於心，今後要遠離賭場那吃人的虎口。

讓廖氏痛心的是，十三歲的孩子正是備受父母和長輩呵護疼愛之時，而先河小小年紀就離開了家庭去當學徒，寄人籬下而供人驅使其所受的磨難之多當可想而知。先河每次歸家時總是強作歡笑述說東家和師傅待他如何如何，但見到其身上的傷痕卻讓自己夫婦二人傷心落淚，但為了其今後的發展，也只能好言撫慰讓其咬緊牙關闖過去。在這九年的時間裡先河一直與毫無親情的異姓之人生活在一起，因耳濡目染其忠厚老實的心性當然會有所變化，所幸的是發覺得及時而亡羊補牢猶未為晚，只要其能悔誤，以前走點彎路也不是什麼壞事。

想到這些廖氏的心裡逐漸平和下來，先河今年已滿22歲，六年前為其訂下親事的楊蘭英也有了18歲，先河成親後隨著其對家庭的責任心當日益增強，只要小夫妻再過得和和美美，興許還真能將先河有所旁騖的心收得回來。打定主意後廖氏讓群英快去楊家把婚嫁的日期爭取在下個月內確定下來，請其夫婿抽空去趟茶莊，讓先河務必請一天假趕回家來有事商議。

先河對嬸娘又敬又畏，回家後先將150塊銀元交給嬸娘，未待過多地追問便將去賭場的事一五一十地說了出來。廖氏令先河、先志、先俊一同跪下聆聽，讓丈夫將家中的慘痛教訓及往事如實相告，並誡令當以此為戒，今後劉家的子孫後代不能再涉足賭場，違者當逐出家門。

五月初八日先河的婚事如期舉辦，屆時賓客盈門十分熱鬧。先覺和先華夫婦帶著各自的孩子前來道喜並向三叔和三嬸及先河夫婦轉達了其父母的心意，並轉交了族長世清公的賀儀。

先河和先志的乾爹曹老爺和伍老爺也前來致賀並接受了先河夫婦的叩拜。

曹老爺和伍老爺都是既重情誼又守諾言的人，自從廷璜夫婦舉家遷居城北郊後，他倆每年都要來劉家河探望廷璜全家和順便會見同被滿清朝廷騙去捐官銀兩的年兄劉老爺。廷璜夫婦對曹、伍二位乾親家歷年來欲作的饋贈，皆以留待今後危難之時再登門求助的言辭婉言謝絕，沒想到曹、伍二人卻私下商議將此項饋贈當作股份記入賬內。在得知玉林已在高師附小兼課後，伍老爺說其族侄伍修權（生於西元1908年）也在高師附小念書，你們倆兄弟也可多親近親近。曹老爺說他的兒子勉功（生於1913年）也在那裡念書，望玉林能嚴格要求並多予指導。

曹老爺和伍老爺及劉老爺在廷璜的陪同下去看了田地裡的莊稼，曹老爺笑著對廷璜說道：「三弟，你家的院子可派上大用場，每年可按季節幫我代收新穀、麥子、高粱、包穀等物，資金我先予預付，此事交由兄弟操辦愚兄十分放心。不知三弟願否代勞？」

如此好事，廷璜當然應允。

「三弟，你既然願為曹兄幫忙就不能厚一個薄一個，我那醬園裡收菜的生意可是韓信點兵，多多益善。這件事你也應該幫我操勞一下，不然愚兄我也不許你為曹兄幫忙。另外，你要讓玉林多去我們兩家走動走動，我們既是世交兄弟，且又是情投意合的乾親，焉能如此拘泥而不相往來？我們兩家的大門永遠向你們父子開著，若家中之人有半點不敬，愚兄和曹兄當動用家法嚴懲不貸！」

因有了生意往來，玉林常出入曹、伍兩家，故和兩家的子弟們相互熟悉。自從代辦業務開始以後，正英念書識字有了用武之地，寫賬記賬辦得有條有理。若父親有事外出，母親廖氏僅按女兒正英的吩咐發放錢款即可，直到這時廖氏才對婦女識文斷字有了新的認識再也不反對女兒看書學習。蘭英婚後和運姑一同承擔家務勞動，因全家人的共同努力，家中的生活也大有改善。

加入組織

在「劉芬律師事務所」內的辦公室裡，劉伯垂（亦名芬，湖北省鄂城縣人，1920年在上海經陳獨秀介紹加入中國共產黨，回武漢後與董必武、陳潭秋等人成立中共武漢工作委員會，劉任書記。）在認真看過由陳潭秋所交來的擬

發展人員的詳細情況材料後，他提筆在王子克的那份材料上作了需考查半年再相機發展的批示，卻對是否發展劉先志的問題陷入了沉思。說心裡話，他對這位才20歲的年輕人很感興趣。家道衰落的玉林在年僅10歲時便為人作傭，後在學堂裡繼續攻讀學業致頗有成就，不僅知識面廣且記憶力超群還精通武藝，應該是一個不可多得的人才，但兩年前為爭取凌志雲加盟的那段往事卻清晰地浮現在他的眼前，又不得不讓他對這個凌志雲最為得意的學生另眼相看，尤其是凌志雲針對玉林的聰明才智所作出的其今後最適宜於幹情報秘線工作和可派上大用場的定位而心存疑慮。

自從奉命離開上海回到湖北武漢發展組織時，自己第一個想到的便是那位既是同鄉又是親密無間的同學凌志雲，這才去贊化學堂與其同榻而眠半個多月，原以為昔日志同道合的朋友會心有靈犀，沒想到推心置腹和曉以大義的遊說，卻因為道不同而不相與謀而演變為各執己見的辯論。尤其是在階級鬥爭與民主共和政治體制；收為公有與購歸公有；耕除私有制與保障私有等原則問題上爭論得更為激烈，最終的結果只能是雙方保留已往美好的回憶和朋友的情誼而分道揚鑣。自己曾去信向廖仲凱先生詢問凌志雲去廣州後的生活情況和工作情況，廖公在回信中告之凌志雲現在中山先生麾下的情報部門工作。

《孫子兵法》中對用「間」的闡述讓伯垂先生心中警覺，想到自己公開的身份是同盟會的會員，實際上自己身上又肩負著共產黨的重任。如果這個年輕人仍與凌志雲還保持著聯繫或者還是受凌志雲所委派，若未經嚴格審查和已調查核實其與凌志雲毫無瓜葛時，現在貿然將其發展進來必將會在組織內部埋下隱患。伯垂先生一番思索後想到了一個兩全的辦法：即先讓玉林加入中國社會主義青年團，再通過組織調查核實其與凌志雲是否仍有關係？如果玉林果真是一個忠誠於共產主義事業的人再把他發展成為中國共產黨的秘密黨員，然後再利用其與凌志雲的師生關係把他送到三民主義的營壘中去而派上大用場。

關於如何吸納先志加入組織及應變的處置辦法伯垂先生向潭秋先生說了以下六點意見：1、儘快弄清劉先志祖輩及家庭成員的全部情況及其主要社會關係的政治面貌和所從事的職業及經濟收入等情況，要求越詳明越好。2、儘快查明其與凌志雲是否還有往來或書信聯繫？此事交予王子克去辦，以作為對王子克作進一步考查的的首要任務和重要依據。3、這段時間，讓劉先志代你作校對審稿和編輯工作，密切注意他與外界的接觸和聯繫。4、介紹其加入中國社會主

青年團並在一年內加強和加大對其考察和考驗的力度。為了黨的事業我們要不拘一格地招攬人才，但志同道合這個原則最至關重要。5、此人若果係對黨忠心耿耿之人當納為秘密黨員，將來可委以重任並由你與其單線聯繫和下達指示。6、若發現其與凌志雲或其與凌所派遣之人有聯繫或接觸，當斬斷與其的一切聯繫，組織的安全和革命利益才是重中之重。

　　見潭秋先生神情肅穆，劉律師鄭重地說：「凌志雲是個大才大智之人，現在中山先生身邊搞情報工作，換句話說就是一個間諜頭子。他那個人無孔不入，我們切不可掉以輕心而給組織留下隱患。只有大才大智的人才能成為一個建功立業的間諜，而掌控和駕馭這種間諜的人則更是既行仁義又心思縝密且智力超凡的人。這件事情的成敗利鈍至關重要，一個能幹出大事業的人，在關鍵時刻所發揮的作用和成效將是無法估量。」

　　一天中午，玉林在潭秋先生的家中用過午餐後，應先生之請求將自己的家庭如何衰落及怎樣與洪門扯上瓜葛；曹老爺和伍老爺昔年為何收其為義子，現在為兩家代理收購業務的事；為何舉家遷居劉家河及當伴讀書僮，幸遇子雅先生大力栽培幫扶等事娓娓道出。

　　潭秋先生這才知道在玉林的身上竟會有這樣離奇的故事，其家庭成員和親戚們的政治面貌和人品清純都無庸置疑，但其社會關係卻是有點複雜。可是這種複雜的社會關係在這亂世之中卻並不是什麼壞事，玉林有此奇遇說不定還會為今後開展對幫會的工作能收到事半功倍的成效。洪門雖然開設煙館和賭場及妓院這當然是壞事，但幫中之人多為勞苦大眾且勢力之大遍及全國，若引導得當將是一股巨大的力量。潭秋先生對玉林和曹、伍兩家的關係很感興趣，因為先生看出在高師附小念書的伍老爺的侄兒伍修權今後是個能幹出大事業的人才，故極想將其引上革命的道路。目前自己正在為能找一個合適的人來引線搭橋而苦苦思索時，卻不料天遂人願，這最合適的人選卻正站在自己的面前。

　　潭秋先生微笑著說：「玉林，你義父之侄兒伍修權今後是個能幹大事的人，先生們對他都很看重但關鍵是看他今後走什麼道路。他目前還小只有14歲，你能否幫我經常帶點《武漢星期評論》和其他的書籍給他看看？另外，這段時間我要幫朋友去幹點事情可能經常不在學堂裡，你能否代我把審稿和編輯的事承擔下來？你家離學校較遠晚上出城也不方便，我讓人在學堂裡安個床舖，如果時間太晚了你就可以在學堂裡安歇。」

　　玉林含笑認可，說一切按先生的吩咐行事。

　　不久，經潭秋先生介紹玉林加入了中國社會主義青年團。潭秋先生說他托人瞭解過，雲鶴堂裡的馮雲卿和馮眉卿兄妹為人正直仗義算得上是出於污泥而不染的英雄豪傑。他們兄妹在幫中的地位甚高且有威望，讓玉林閒暇時可以去談談家常聯絡感情。因洪門勢力龐大連官府都對其畏憚三分，說這種關係的改善說不定今後還會得到一些意想不到的幫助。

　　潭秋先生只是叮囑玉林不可把其加入青年團和編輯《武漢星期評論》等事情講出即可。

　　凌志雲先生從未寫信也未派人回武漢聯繫。

　　1924年年底，伯垂先生與潭秋先生聊起此事時，說凌先生在廣西策劃兵變因事泄而被殺害。讓玉林根本沒有想到的是，凌先生當年隨意對劉伯垂先生說出的一句話，卻使得玉林後來的人生道路和今後的命運有了極大的改變。

　　當時中共武漢工作委員會下轄武昌支部、漢陽支部、漢口支部和徐家棚支部，各個支部的工作重點是在發動和開展工人運動及在工人中建立黨的秘密小組以積蓄革命力量的同時，並吸納願為勞苦大眾謀利益而敢於獻身的知識份子參加組織，潭秋先生那段時間正負責此項工作而經常往返於漢口江岸與武昌之間。在「二、七罷工」遭受鎮壓後，陳潭秋先生因頻繁地在武漢三鎮的集會上發表演說和呼籲奔走為營救施洋等被捕的同志而被北洋軍閥政府通緝，不得不離開武漢去安源領導煤礦的工人運動，其高師附小主事一職由原任附小教務主任的錢亦石先生接任。

　　在這段時間內玉林的工作任務是代替潭秋先生做《武漢星期評論》和《湖北人民通訊》這兩種刊物的審稿、校對及編輯等項事務，閒暇時閱讀一些《新青年》和《每週評論》等黨的內部刊物。並遵先生之托將一些書籍和刊物帶給伍修權，有時也帶著修權去錢先生家做客並聆聽先生的教誨。據先生說伍修權很有悟性，理解能力和記憶力超出常人。1923年冬季當陳潭秋先生從安源返回武漢後，即由先生介紹伍修權加入了中國社會主義青年團。

　　同為青年團員之後，彼此之間身份已明毫無顧忌，玉林和修權的關係更為親密。二人得潭秋先生批准正式成為了由先生主持負責的馬克思主義學說研究會的會員。

在潭秋先生於1924年當選為中共武昌地方執行委員會委員長後，玉林經組織批准而成為僅有幾個人知道的秘密黨員，平日裡除公開在附小和贊化學堂裡教書外，還在先生主辦的湖北區委機關刊物《群眾》裡作校對和編輯工作。先生嚴令玉林不得向任何人吐露其身份和未經其批准不得參與一切公開的社會活動，並將書有接頭暗語的紙條交給玉林令其牢記後燒掉，說今後若有人持此暗語來接頭時你須按其之要求和指令配合行事。

洪門軼事

玉林去了涵三宮八號。

馮眉卿令人更換了茶具後笑容可掬地說：「這幾天喜鵲叫個不停主家中有貴客臨門，沒想到竟會是我的好侄兒大駕光臨。這些年來，我天天都在掛念著你，12了音訊不通，看到你一表人材真讓人高興，你如今在學堂裡當先生教書育人真有出息，快把那學堂裡的高興事講給姑姑聽聽。」

玉林心中忖度看來馮姑姑這些年來確實是在掛念自己，不然怎麼會連自己在教書的事都知道？人言幫會中人耳目之靈看來確非虛話，當即笑著說道：「侄兒我心裡早想來看望姑姑，只是一直抽不出時間望姑姑原宥。家父和家母也一直很想念姑姑，且多次叮囑一定要代他們來拜謝姑姑對我們全家的恩德。我那姑父想必定是人中龍鳳，不知他老人家在何方高就？我還真想見見我那從未謀面的弟弟和妹妹。」

「讀書人說的話就是好聽，真讓人心情開朗精神愉快。你回去後代我向你爹媽問好，去年十月十八日那天我就想去你家登門賀喜，我並非是不願去見那些酸腐的秀才，我是怕去了後會給你帶來負面的影響而有礙於你的前程。你那姑父他在南邊做生意常年不在家裡，待會你就可以看到你那一對調皮的弟弟和妹妹。今天姑姑只想和你談談天、說說地，你可千萬不要有所拘束，姑姑也想就此機會告訴你一些關於幫會的事情而讓你對幫會有個正確的認識。

「洪門並不是洪水猛獸，更不是妖魔鬼怪，幾百年來洪門中曾出現過許多叱吒風雲的英雄豪傑。鄭成功就是洪門的開山祖師爺，中山先生在檀香山曾加入了洪門致公黨，只不過當時中山先生在幫中的地位並不顯赫。」

鄭成功開創洪門的事在史書中有文字記載，而中山先生加入洪門的事玉林

確是聞所未聞，真沒想到革命先驅中山先生還與洪門有這麼一段淵源。至於去年十月十八日乃是自己成親的喜期，除家中至親好友外並未通知其他的人，姑姑家住城裡卻對此事知之甚悉的確讓玉林感到吃驚。看來，馮姑姑確實是對自己另眼相看，並派出人手一直在暗中護佑自己全家的安全。

見玉林神色愕然，馮眉卿和顏悅色地說：「玉林，你一定會感到驚奇，姑姑怎麼會知道你們家裡的事情？其實告訴你也無妨，那寶積庵的老道士和現在你們家附近的挹江茶樓的謝老闆和幫中都有關係，所以你家裡的事我是一清二楚。你現在已立足於社會，對社會也該有相應地瞭解，只要你願意聽，我可以告訴你一些本門相關的常識，你是否願意聽一下？」

既然此行的目的是為了增進情誼，馮眉卿能主動講出幫會中的隱秘，可見她並沒有把自己當作外人，遂高興地表示願意洗耳恭聽。

「明末清初，在民間出現了一個反清復明的秘密團體『漢留會』，因明朝的開國年號為『洪武』，故漢留會又稱為洪門或洪幫。隨著時間的推移和社會的演變，其反清的政治色彩不斷地淡化，但原來訂立的『幫規』卻始終未變，以結拜兄弟和開設碼頭及建立山堂等形式來發展幫眾。在各地都有一個碼頭或山頭，為首之人稱為大爺或寨主。凡加入漢留會者須在『香堂』宣誓，稱為『砍香』。在組織內部有一套通行嚴密的規章制度和相互聯絡的暗語。

「幫中之組織形式分為孝、悌、忠、信、禮、義、廉、恥等八排：第一排為『孝』字排，稱為大哥，負責全面領導。第二排為『悌』字排，稱為二哥，分工做僧尼和道教的工作。第三排為『忠』字排，是當家三哥，分管組織工作。第四排為『信』字排，均為已婚之婦女，統稱為四姐。第五排為『禮』字排，稱紅旗五哥，分工執行紀律。第六排為『義』字排，稱巡風六哥，分工做偵察情報工作。第七排為『廉』字排，以未婚婦女為主體，稱為七妹。第八排為『恥』字排，稱鋼章么弟，亦稱『么滿』，分工做通訊服務工作。

「若洪門中人在異域他鄉遇到危難時可向當地的洪門兄弟求得幫助，求助之人可在當地茶樓或酒館中將茶具或碗筷按幫中之規定擺成一個式樣，然後坐待人來接頭。對上暗語後則隨來人而去，即可獲得一定的救濟和資助盤纏。若求助之人在堂口中地位和身份顯赫，即可馬上能與當地碼頭之首要人物面晤，其所提出的要求或需辦之事則由當地堂口鼎力協助解決。若對不上『海底』（暗語）則被視為『空子』（詐騙人）當受到嚴懲，輕者受三刀六眼之刑，重

者會賠上性命。」

　　這些奇聞逸事從馮眉卿口中娓娓道出，讓玉林聽得如癡如醉，特別是幫會中人如何將達官貴人玩弄於鼓掌之中的故事更讓其開心釋懷。潭秋先生對幫會所作的評價從馮姑姑所說的話語中得到了印證，參加幫會的人多為失去土地的農民和失去工作機會的手工業工人，這些勞苦大眾在幫會中佔有極大的比例。所以如何爭取和引導他們確實是一個至關重要的問題，這一股龐大的力量應是舉足輕重。

　　午餐時，玉林見到了姑姑的一雙孿生兒女。這兩個孩子時年4歲分別以玉龍和玉鳳命名，生得眉清目秀聰明伶俐。姑姑說這兩個孩子既貪玩又調皮很讓她煩心，因還不到上學的年齡，目前暫由其侄女玉蘭帶著念書識字。

　　玉林依令在院子裡先打了一趟虎拳，後耍了一路梅花槍。馮眉卿拍手叫好。贊許地說：「槍怕搖頭棍怕點，沒想到你竟悟得了其中的精髓。」

　　馮眉卿說中國的武術雖然博大精深但只宜用於近身博擊，暗器再準也只能近距離內才有殺傷力，勸玉林再下功夫習練好槍法和馬上的技藝，這樣才算得是如虎添翼。

　　玉林笑著說目前條件尚不具備只有待今後有機會時再說。

　　馮眉卿告訴玉林在賓陽門外有一個駐軍的演武場，是一個練習騎馬和射擊的好地方。說她自從生育這兩個小傢伙後便很少活動身子骨，想讓玉林在學堂裡放假時陪她去騎馬和打靶。說玉林既然有武術的根底那騎馬和打槍並不難學，關鍵是在掌握要領後再多下功夫即可，迅捷地擊斃敵人就是保存自己的最有效的辦法。

　　下午四時，馮雲卿回來後見到玉林格外高興。玉林依其所問一一回答。

　　馮雲卿仍然在幫中負責情報偵察工作，對目前的局勢和可能會發生的變化都有清晰的認識和能作出準確的判斷。讓玉林感到驚訝的是，馮雲卿不僅對省城內各位要員的生活習慣和有何嗜好及其家庭情況相當清楚，就連他們為捧戲子而爭風吃醋，因爭權奪利而明爭暗鬥，在何時何處收得賄金多少和幹了哪些傷天害理的壞事，家中的大、小夫人因爭寵而鬧雞犬不寧，甚至某某人因為包養「外室」而被人戴上「綠帽子」的事也知之甚悉，談起來如數家珍。

　　玉林認為達官貴人的隱私應是鮮為人知，覺得外泄於人似乎有些不合情理。

　　馮眉卿微笑著說：「這些應該都是真實確鑿的事，你三叔的手下養了幾百

條大大小小的『章魚』，他們的觸鬚什麼地方都能伸得到。你想想看，在一個公館裡上至姨太太和管事，下至丫環僕婦人等，少說也有幾十人，混入幾條章魚是最簡單不過的事。哪個人的臉上又沒有寫著字？說不定那狗官最得寵的如夫人就是提供或出賣情報的人。」

馮雲卿告訴玉林：「我們雲鶴堂之所以能雄踞華中而幾百年不衰，靠的是歷代堂主正確的決心和決策。讓他們作出正確判斷的依據只能來源於對社會局勢變化的調查和研究，我們收集情報就是在搞調查，將獲取的情報經過篩選後去偽存真就是研究，然後才能把確實無誤的資訊呈報給總堂。在各省的湖北會館裡也有專門從事為堂口收集情報的人，幫內每年支付這些人的薪酬也大得驚人，因幫內多為貧苦大眾，故這筆錢只能來源於煙館和賭場及妓院的不當贏利。我雖然對那些事也深惡痛絕，但大丈夫有所為有所不為講的就是這個道理。因為獲取情報不可用祭祀和占卜等方法去乞求於鬼神，又不能同其他事物進行類比推測，也不能用星宿運行的位置來進行驗證，而只有向提供情報的人來求得。有時一份重要的情報索價十分昂貴也只能忍痛買下，換句話說，只有捨得孩子才能套住惡狼。」

「三叔，同為幫會，那青幫與洪門有何區別？」玉林插言問道。

「兩個幫會有所區別，青幫的祖師爺原也是洪門中人，因被捕而投降清廷另組織『安清幫』為清廷效力，清廷將漕運交青幫管理以解決青幫的經費問題。該幫講究論資排輩在組織內部等級森嚴，故有些達官富賈在幫會中地位顯赫，但幫眾多為貧苦之人。該幫的『切口』和暗語與本門也有所不同，近百年來其政治色彩也逐漸淡化，兩個幫會間的敵對情緒已趨平和，若遇到生存攸關的時刻還能聯合禦敵。青幫的勢力主要在長江下游地區和運河兩岸及江浙等地較強。各地幫眾相互扶攜救助，但獲取情報和偵察的方式與本門大體相似。」

閒談時，馮雲卿試探地問玉林願不願意加入幫會和其一起幹這情報工作，說在洪門八排之中只有這項工作既豐富多彩且極具有刺激性。玉林僅微笑不作回答。

「這件事你就不要為難玉林了，殊不知『砍香』容易『拔香』難，哪有像你這樣拉人入夥的人？再說他一個讀書的年輕人混跡於幫會中也顯得不倫不類。我好不容易才說動讓他在休息時來陪我騎馬打槍，你要是把他嚇壞了別怪我不依。」馮眉卿含笑說道。

取長補短

　　其實，同意玉林去看望馮眉卿是潭秋先生經過深思熟慮後才做出的決定。1923年，孫中山先生改組了國民黨，重新將致力於打倒封建軍閥和為實現民主共和而奮鬥的革命志士招致其麾下。1924年1月，孫中山先生在廣州主持召開了有中國共產黨人參加的中國國民黨第一次代表大會，公開宣佈並實行聯俄、聯共、扶助工農的三大政策，允許共產黨員以個人的身份加入國民黨，從此，中國革命又進入了一個嶄新的階段。

　　在與從廣州回來的同志的交談中和從惲代英、李之龍等人的書信中所涉及到的許多方面的問題讓陳潭秋先生隱隱約約感到總有一種憂慮縈繞於心頭，諸如在廣州工作的同志處處受人掣肘，一些簡而易行的事情卻因為有一股勢力從中作梗而幻化為十分複雜。有位同志發牢騷時打了一個較為形象的比喻，說在廣州的工作是丫環掛鑰匙管事而不能當家，雖然是幹得轟轟烈烈，但終歸有寄人籬下為他人作嫁衣裳的感覺讓人覺得十分彆扭和難受。

　　潭秋先生認為持有此種心情的人也不在少數，因為各自的信仰不同彼此之間當然會有所距離，產生隔閡亦在情理之中。但中國共產黨目前正處於起步階段，在國內各省（除廣東外）仍處於隱蔽活動階段，實在無力與任何反動勢力抗衡。只得暫時借助和依附某種進步勢力才能站穩腳跟，在幫助國民黨進行統一廣東和北伐戰爭的同時，然後再待機而動發展和壯大自己的力量。潭秋先生覺得這一時期中央的指導方針和路線是正確的，只有在千方百計地積聚人才的同時加大喚起民眾的工作力度，爭取和團結一切可以團結的力量才能形成一道勢若江河的滾滾洪流而取得革命的最終勝利。

　　雲鶴堂勢力龐大，僅從平湖門至下新河沿江一線便有該堂口武昌分舵下轄的12個碼頭，擁有身強力壯的幫眾幾千人，其中應不乏根正苗紅的人，據先生平日的觀察，這些人在統一的號令下行動一致，頗似一支訓練有素的作戰部隊。因目前黨內工作的重點是僅限於在產業工人中發展黨的組織和黨員，且暫時還未物色到適宜在碼頭工人中開展工作的人選，潭秋先生打算儘快地設法將此事妥善解決。

　　曾聽劉伯垂先生說過，青幫與洪門在對待革命的態度和立場上有所不同，

但也不可一概而論，如當年在上海舉起義旗的滬軍都督陳其美就是在青幫中輩份較高的人。清朝末年在孫中山和黃興等人領導的多次反清起義中就有洪門中的哥老會、三合會、三點會的幫眾參加和得到過幫會的大力資助，看來，在一定程度上和幫會建立友好關係極有必要，即便是他們不投身革命，但只要他們能同情革命或傾向革命，那也是多了一群可靠的朋友而減少了一夥極具破壞性和危害性的敵人。

陳潭秋先生認為玉林與馮雲卿、馮眉卿兄妹的這層關係應該加以利用，如果在搞好上層關係的同時加強對碼頭工人的啟發引導工作，這樣雙管齊下說不定還能開拓出一個新的局面。

玉林將在馮宅裡與馮眉卿兄妹二人的接觸與交流情況向潭秋先生如實地作了彙報。

馮雲卿派出情報人員刺探官方機密和搜集官員隱私的舉止讓潭秋先生很感興趣，章魚一詞用以比喻諜報人員確實很恰當，一方面是說明洪門的情報偵察工作做得十分出色，已到了無孔不入而讓人防不勝防的地步。同時也表明了洪幫與軍閥政權之間也有很深的矛盾，正是因為這些達官貴人都有不能見諸天日的醜事和劣跡被幫會所掌握，這才迫不得已而對幫會網開一面和忌憚三分，這才是無論改朝還是換代，幫會都能長盛不衰的主要原因。

對於玉林與馮家兄妹交往應注意的事項，先生作了如下的指示：1、在不得向馮家兄妹暴露自己的真實身份的前提下，盡力增進情誼而親若家人。2、以同情革命的面目示人，言辭須平和，言行舉止切勿過激。3、抓緊時間學好騎馬、射擊和開車等技藝，務必要精益求精。要求對各種槍械能隨取隨用，應一槍制敵且命中率要百發百中。4、洪門能把形若散沙的各類人物聚集在一起並管理得井井有條，可見其組織結構之嚴謹和各項規章制度的嚴明，這是他們用了二百多年的時間從血的教訓中並參照前人的實踐之利弊所積累而成，這些也是值得我們學習和借鑒的大好經驗。你應在他們組織管理條例上多下功夫，但切不可涉及幫會中的人事機密和其他隱秘。5、務必讓馮雲卿多傳授一些如何選派情報人員及制定不易讓外人警覺的接頭暗語和建立情報網絡及設置聯絡交通站的要領以及如何迅速傳遞交接情報的辦法，特別是在危急時刻所應作出的應急應變的處置方法和其所應採用的得力措施。6、既然中山先生為了革命工作的需要曾加入過洪門，共產黨員在經組織批准後也能以個人的身份加入國民黨，如果馮

家兄妹執意要拉你加入幫會，你在答應他們的同時可提出要求，說你只適宜留在馮雲卿的身邊向其學習篩選及鑒別、鑒定情報真偽的實踐經驗和擔負情報的撰寫工作。7、若今後組織派人滲入幫內，未經組織同意，你不能與其發生任何關係和聯繫。

先生讓玉林不再參加《武漢星期評論》和《群眾》期刊的編輯工作，每個星期天都準時去練習騎馬和打靶，下達的任務是在一個暑期的時間內把該學的技能全部合格地完成。

「玉林，你們家有沒有親戚或者是你認識的人在沿江的碼頭上扛活？你仔細地回憶一下在你的朋友和同學中是否有人認識在碼頭上工作的人？」潭秋先生問道。

「我原來在贊化學堂念書的同學沈義昌如今在他家族裡開設的義興布莊裡當採買、儲運的主辦，他家裡的庫房就設在曾家巷碼頭附近，他一定會因收發貨物的業務關係經常和碼頭上的人打交道，是不是讓我先去摸摸情況？」

潭秋先生只讓玉林去落實一下沈義昌是否常去碼頭上辦事即可，勿需再深入下去，說此後的事情由他另作安排。

有錢能使鬼推磨。負責武勝門至賓陽門一線防務的馬團長派了兩名軍官來做射擊訓練的指導，一個是保定軍官學校的畢業生李副官，另一個是在賓陽門駐防的王排長。

李副官和王排長按馮眉卿的吩咐，以實戰的要求對玉林作嚴格的訓練。馮眉卿當即付給每人一張填有100銀元的銀票，並講明若大見成效時則另行酬謝。

由李副官動口，王排長以身示範開始了理論聯繫實際的教與學。根據不同的地形和環境及可借助的物件，用不同的槍械以臥射、跪射、立射等各種不同方式的進行實彈射擊，先打固定的呆靶，後打移動的活靶，最後練習馬術及如何有效地伏擊騎兵馬隊。

馬團長所轄的騎兵連的駐地在賓陽門外的傅家坡，汪連長按馬團長的命令安排了騎術精湛的張排長和另外二名班長擔任馬術指導。

因教學雙方配合默契且共同努力，玉林學有所成。結業之日，馮眉卿請長春觀觀主清風道長作陪在觀內設素宴答謝馬團長、林副團長和於參謀長三人。宴後，馬團長請馮眉卿姑侄二人去視察了賓陽門至北門一線的防務及火力配置

和兵力部署。馬團長說武勝門、鳳凰山這一帶易守難攻，一旦發生征戰時，爭奪賓陽門將是一場惡戰。

馮雲卿處理公務的地方是位於三道街與胭脂路交匯處建有一幢兩層樓房的宅院內。院內的圓形花壇中栽種著一株臘梅，樓下的四個套間是其下屬辦公的場地。

馮雲卿告訴玉林，洪門的情報系統中這一整套的路數應是秉承明朝的「兩廠一衛」（東廠、西廠、錦衣衛）和清朝「血滴子」的衣缽衍變而來，且在實踐應用中有所改進和提高。諸如在傳遞的信函上就較古時候要高明得多，「你看這信封的四個角上的針眼就代表著四種不同的內容：1、在左上角有針眼的信函是外省的堂口、會館和省內分舵所寄；2、在右上角有針孔的是與商業相關的資訊；3、在左下角有針孔的是與各級官府及官員相關的情報；4、在右下角有針孔的才是幫中的機密。所以樓下的人一拿到信函就知道裡面大致是什麼內容，哪些他們可以看，哪封信要馬上呈送到樓上來。」

為便於玉林能儘快地進入角色，馮雲卿令李通去樓下將各類信函拿幾封上來以便讓其做出比對。對比之下，答案便一目了然，在那一個、二個、三個針眼之上另有一個針眼的信函則應送上樓來；一個針眼為密，二個針眼為機密，三個針孔為絕密。

「三叔，如果不用信函郵寄，那將如何傳遞情報？那一張或幾張紙條又以何為標識來區分密級？上峰與下屬之間彼此從未謀面又該怎樣取得聯繫和傳遞消息？」

「你所提的問題在200多年前還存在，隨著洪門之反清複明的政治色彩日益淡化，在康熙年間朝廷已將原來的剿滅會黨改為懷柔安撫的策略，洪門的活動由隱蔽而轉為公開，以往的那些聯絡方式和傳遞情報的辦法早已廢止不用。明末清初創立洪門時，因是『謀逆』故為朝廷所不容，為首之人應誅滅九族，為確保幫會組織和自身及家庭的安全，這才設想出一整套應變的辦法來以求得生存和發展。因當時一省之中山頭林立，且彼此間又不相識，全憑那些隱秘的方式和方法來躲避朝廷鷹犬的追緝。

「傳遞情報的方式和方法雖有多種渠道，但至為關鍵的是要隨形勢和環境的變化而靈活地運用，有時還要用一些變通的辦法來達到目的。那時候傳送情

報和聯絡的方法大致有如下幾種：1、『飛鴿傳書』，將寫好情報的紙條或布條置於雄鴿子腳爪上的銀籤內放飛即可。收到的情報或指令仍由該鴿子帶回。此法在同一城市中相當便捷，若距離過遠，信鴿在途中可能為其天敵所傷害或遭人捕捉而無法送達。2、建立中轉交通站，一站轉一站，下線和上線單線聯繫並在規定的時間和地點接頭，若超過規定接頭時間其上線可藏身隱匿而中斷聯繫。此聯絡方法較為安全，故一直沿用下來。3、洪門自創立以來常遭朝廷鷹犬追緝，故規定每個交通聯絡站要設置安全示警信號，若未見安全信號，外來之人則不可貿然而入。若發覺此處已被人盯上則應予放棄，主事之人在撤離之前務須將示警信號毀去，甚至可將居住之處付之一炬。4、若雙方從未謀面，則先將情報放於一隱蔽之地，後在不為他人注意的地方留下暗記，並沿途作好標記令彼按圖索驥前往自取。5、若中間有某個環節出了事中斷了聯繫而需重新接上關係時，可採用在街上貼『招子』（求醫求藥和尋人尋物的字條等）的辦法，相當於現在報紙中刊登的尋人啟事和商業廣告。總之，各種方式和方法層出不窮而不勝枚舉，只要你願意聽我願傾囊相授。」

「三叔，當年的環境那麼惡劣，而洪門中人又以兄弟相稱不分尊卑，那為首之人的安危豈不是難以保證？若有貪生怕死之人一旦供出豈不會危及整個幫會？」

「當年的那些堂主、會首、寨主都是神龍見尾不見首的高人，即便是露面也是在化裝易容後以假面目示人，真正知道他們究竟是誰的人極為有限。據說在那個年代為以防萬一，諸如巨毒藥品和化骨粉、化骨水之類的東西他們是隨身攜帶而時刻準備捨生成仁，所以說他們的安全在一般情況下並不會被構成威脅；一般的幫眾只認識直接指揮他們的人，即使有貪生怕死的人其所供出的人員亦很有限，況且幫規森嚴，不僅叛變之人所受到的懲罰令人毛骨悚然，因其而受株連的親屬也將會是生不如死。砍香容易拔香難，何況是處置出賣幫會的叛徒；那時候各堂口都會設法在各級衙門裡埋下秘密幫眾以便獲取各類的情報，往往是那個人剛叛變而官府尚未採取下一步舉措時，欲抓捕的對象卻早已是聞風而遁；監牢內的獄卒中也不乏本門的幫眾或被本門以重金收買的人，他們的任務是：1、照顧好幫中身陷囹圄的重要人物和傳遞消息，並相機助其越獄。2、以各種方式秘密處置那種可能會動搖的人和已叛變後仍混跡獄中刺探消息的惡徒……」

第五章　志同道合

服從安排

　　陳潭秋先生去中共湖北區委工作後，玉林直接受錢亦石先生領導。

　　民國十二年（西元1923年）亦石先生的侄女錢瑛[生於1903年，1927年加入中共，1929年赴蘇學習，1938.1-1938.6任臨時湖北省委組織部長、湖北省委代理書記，1939.3任鄂中區委書記，1945年任中共南方局組織部長]從湖北省潛江來武昌報考省女子師範學校時住在先生家中，經亦石先生介紹玉林得以與錢瑛相識。

　　亦石先生常以自己的親身經歷來開導玉林：說人生的道路雖然漫長但關鍵是那幾步要邁上正道，正如革命和反革命之間只有分水嶺而絕對沒有第三條道路一樣。組織上對每個人都是因材施用而讓每個人能各盡其才，潭秋有卓越的組織才幹和超凡的社會活動能力，所以組織上便分工他負責開拓進取的事。而我卻適宜於守成之道，組織上才要求我把學校管理得井井有條，所以說革命工作只有分工不同而沒有高低貴賤之分；你別小看潭秋先生分給你的工作，去做幫會上層人物的工作別人就無法辦到，更何況你的任務許多人都無法完成，那不僅關係到你個人的安危，更重要的是關係到組織的安全和許多同志的生命；從主觀願望上來說，我希望加入組織的每個人都是堅定不移的布爾什維克，但只有到了關鍵時刻，才知道誰是投機革命的人？誰是革命意志衰退的人？誰會是為保全自己的狗命而叛變革命和出賣組織及革命同志的人？這就是潭秋先生之所以三令五申讓你不得參與任何公開的社會活動和不得向任何人表明你的政治身份的根本原因。

　　為了讓玉林對維護組織安全和反奸、鋤奸工作的重要性有更進一步的認識，亦石先生把近幾年來在省內外所發生的因被叛徒出賣致使當地的黨組織遭到破壞的慘痛教訓娓娓道出，告誡玉林且不可掉以輕心。現在利用這大好時機

和有利條件及刻苦努力讓習得的技藝爐火純青是未雨綢繆，為的是今後能一擊得手而多建奇功。

亦石先生告訴玉林，「去年（1924年）三月，在組織選派去廣東參加黃埔軍校入學考試的名額初議時有你，因你係家中的長子且那時你妻子又懷有身孕，更主要的是你正在執行潭秋先生所安排的重要任務和當時在組織內還找不到符合條件的人去接替你的工作才作了更改。根據鬥爭形勢的需要，組織上決定還要加強這方面的力量，只要有合適的機會還要挑選一些好苗子把他們送出去學習。只有在這方面的力量越強，黨組織的安全就越有保障。」

亦石先生十分看好伍修權這個學生，先生在與玉林交流時說其若在軍事和情報方面得到發展將來定能建功立業而名垂青史，其之成就不可限量。談及此事時，亦石先生興致極高動情地念出「天降大任於斯人也，必苦其心志，勞其筋骨」的這段聖人之言來。

玉林在高師附小兼課後得與伍修權相識，因潭秋先生的關係二人走得很近，特別是在其加入了中國社會義青年團後倆人接觸更多，雖然二人相隔將近六歲卻是無話不談的朋友。在與其家鄰近的花園山上伍修權將自己的家庭情況如實相告：其祖父和父親在清代武昌城中的衙門裡當書辦，那時家中的生活還過得下去。其母共生育八個子女，他排行老四。辛亥首義後其父失去工作靠兼課和幫人代寫書信、訴狀之所得來補貼家用，家庭的生活相當拮据。其七歲時在伍姓族人設立的蒙館裡念書，12歲時聽說高師附小對資質較好的貧苦子弟可予免費就讀便報了名，在經過錢亦石先生和陳潭秋先生的考核後才得以在附小念書。

玉林也將自己的經歷及家庭情況相告。因倆人的家境和求學的經歷頗為相似，更有了共同的語言，同時更對潭秋先生和亦石先生心存感激，愈加欽佩倆位先生的學識和品德。

伍修權是高師附小第一任團小組長，人相當機靈又善於奔跑且熟悉城中的大街小巷，故陳潭秋先生和錢亦石先生常將散發傳單和張貼標語之類的任務交給他去辦，他常將追趕他的員警們引入巷內弄得暈頭轉向後而溜之大吉。

1924年秋，潭秋先生調湖北省委工作，中共武漢地方執行委員會委員長職務由彭澤湘接任，根據中央為迎接革命高潮的到來和接應北伐並做好準備工

作的指示，武漢執委加快了發展新黨員的步伐。至1926年10月，黨員人數較之1926年5月增加了4倍。

玉林除教書和為期刊當編輯外，有時便幫家裡幹些農活和上街賣菜，以無政治傾向的面貌示人且對外面的社會活動一概都不參加。在這段時間裡因潭秋先生和亦石先生為培養伍修權的組織能力和社會活動才幹，經常讓他去參加一些由黨、團組織的政治活動。

一天中午，玉林在長街上的《共進書社》裡碰到了伍修權，二人在江灘上漫步時伍修權說起錢亦石先生曾問過他今後是否願意去外地學習的事來。玉林認為讀萬卷書、行萬里路乃人生之一大樂事，遂問修權是如何回覆先生的，並笑著說如果真有那種機會，待其學成歸來後一定要將學到的本領再轉授出來。

「我答應願意去，但先生卻問我怕不怕吃苦？說那裡還比較遠，學習的時間少則一二年，或多則三五年不能回家，問我是否能過得習慣？」

玉林以為目前可以去學習的地方只能是去廣東報考黃埔第四期，覺得先生此說的目的是要讓剛滿17歲的修權堅定信心。便笑著問道：「廣東那裡的蚊子比蒼蠅還大，你怕不怕？」修權果斷地答說：「只要是別人待得住，我也能過得慣，不學好本領決不回來！」

因組織發展迅速人員增多，潭秋先生讓玉林不再擔任兩種期刊的編輯工作，在暑假中只須習練技能技藝和在家中待命。待玉林重返附小教書時，才從亦石先生處得知伍修權等11名青年學生已於九月初由組織秘密送往上海乘船去了蘇聯。

情深誼重

1925年9月，石烈凡（1905－1928）被中共湖北區委派往廣州中央農民運動講習所學習。1926年1月，時任中共中央農委書記的毛澤東派石烈凡等人回到湖北來並留在武漢從事農民運動的工作。

石烈凡將毛澤東寫給中共湖北區委信呈交給陳潭秋先生，待先生閱畢後作了簡明扼要的彙報。

潭秋先生說從去年九月起省內各縣的黨組織已指派專人負責抓農民運動的工作，基本上已摸清了情況和確定了發展和依靠的對象。目前，董必武和吳德

峰等同志正加大力度做國民黨湖北省執行委員會的工作，準備在今年二月召開的國民黨湖北省第二次代表大會上改組第一屆農委，爭取多讓一些我黨的同志加入下屆農委以便加快農運工作的步伐。

潭秋先生決定在當天下午開會專門研究此事，晚上便可作出確切的答復，讓石烈凡就住在區委機關內，並讓人先安排其食宿。

湖北區委決定漢陽縣的農運工作由劉子谷牽頭，夏口的農運工作由陳蔭林（潭秋之弟）督導，武昌縣的農運工作由石烈凡全面負責。因毛澤東在信中特別強調武昌縣農運工作的成效直接關係到北伐軍佔領武昌和今後國民政府定都武漢及為我黨的獨立團擴充兵員等一系列重大問題和決策，提請湖北區委須選派既熟悉當地情況且工作能力強的同志協助石烈凡開展工作並一定要保證這位中央農委特派員的安全。

潭秋先生和亦石先生一致認為符合上述條件者僅玉林一人。玉林出生於農家且熟悉當地的風俗人情，其在近郊和鄉村的塾館裡念書12年認識的同學應有很多，若其之同學再聯繫各自的親朋好友，由本鄉本土之人出面做宣傳發動工作確能收到事半功倍的成效。石烈凡負責農運當奔走於四裡八鄉，其再住在城裡的機關內極不方便，而從年初開始北洋駐軍對進出城門之人盤查甚嚴故其之安全也無法保證。玉林家住城郊結合部且在那一帶人頭又熟，讓石烈凡住在其家中既安全又方便；更何況玉林與其弟又精通武藝，一些小麻煩根本不在他們兄弟倆的話下；即使遇上了大麻煩，只要是馮家兄妹出面調停一切都會迎刃而解。讓二位先生覺得放心的是當時國共兩黨都在抓農民運動，故協同組建秘密農會也不會暴露玉林的真實身份。

「這段時間玉林可曾與你有過聯繫？你們之間是否有便捷的聯繫方法？」潭秋先生問道。

「我們之間有過約定，他每天上午都在貢院對面的楚材街口賣菜，你可將接頭的暗語告訴石烈凡讓他自行處理，這對他們都是一個鍛煉。」亦石先生笑著說道。

上午十時後很少有人來買菜，玉林正拿著一張路人丟棄的報紙看閱時，一中等身材學生裝束的年輕人前來問路。

「請問，去九龍井該怎麼走？」

「沿蛇山南坡東行即到。」玉林含笑回答，並指明了行走的路徑。

來人仰望長天，低聲吟出崔顥「昔人已乘黃鶴去」的詩句。

玉林笑著以李白的詩句「江城五月落梅花」作答。

來人言道：「淺淺平蕪淡淡風，春江花月夜。」

玉林應曰：「徘徊載月歸，漁舟唱晚曲。」

二人相視一笑，便親熱地攀談起來。來人言其姓石，從大朝街陳家老屋來，想讓玉林幫其覓一住處後再幫其幹些事情。

玉林含笑認可，約好仍在此處待其返回。

一小時後，石烈凡提著一個藤箱走了過來，玉林將藤箱放進菜筐內順道買了點酒菜，二人便出了北門沿小路邊走邊談。

玉林先將自己家庭中每個人的情況作了簡明的描述。從石烈凡的敘談中得知其本名石烈環，今年21歲，是黃梅縣城黃梅鎮人。石於前年加入中國社會主義青年團，去年轉為中共黨員並被黨組織派往廣州中央農民運動講習所學習，此次的任務是組建全縣的秘密農民協會和建立農民自衛軍，為迎接和配合北伐軍進攻武昌城作好前期的準備工作。

因堂兄先河夫婦前年已搬到漢口去居住，那間套間已作為先俊下半年成親時的新房。玉林讓妻子運姑帶著女兒住進堂屋後面的廂房，他和石烈凡共住了一個套間。

石烈凡溫文爾雅，待人彬彬有禮，吹拉彈唱樣樣在行，那悅耳的黃梅調讓人聽得心情開朗精神愉快，他的到來讓玉林全家都感到高興。石烈凡說在他的家鄉黃梅縣無論男女老少人人都喜歡聽黃梅戲和個個都會唱黃梅調，在農田裡勞作時處處都可以聽到那悠揚歡快的歌聲。

此後，早上去城裡賣菜的事由先俊承擔。玉林和烈凡有時一同下地幹活，有時便早出晚歸外出訪友。每天晚上同村的青年和玉林昔日的同學杜玉田、傅大赫、潘德寶和沈義昌等人便來家中與石烈凡談天，因都是熟識的良家子弟，故廷璜公夫婦相當放心從不作干預。

石烈凡向眾人介紹得最多的是廣東的農民協會和農民運動；說湖南省各地的農會都已經建立，在湘南一帶農會已公開活動；說廣東省的農軍為統一廣東立下了汗馬功勞，而湖南的農民協會和農民自衛軍正積極準備迎接北伐軍進攻湖南。革命的言辭激勵人心，眾人為那美好的憧景所吸引，為了能讓自己的子

孫後代能儘快地過上幸福美滿的好日子，均表示願獻身於能為勞苦大眾謀福祉的農民革命運動。

石烈凡告訴玉林，他在廣州農講所報名時，是由時任中央農委秘書長的夏明翰接待的，夏先生相貌文靜，平易近人。在一個月的學習期滿後，他被留在夏先生身邊工作。夏先生為追求真理而毅然離家出走，投身於工農革命並娶了一位女工作妻子。經夏先生推薦，他得以在農講所辦公室任秘書長助理，成為時任中央農委書記毛澤東的隨行人員，所以他和毛澤東的夫人楊開慧及毛澤民和毛澤覃等毛的家人相當熟悉。因國民政府擬定以武漢為首都，毛澤東令他提前回湖北來打前站，並預作一些為適應今後鬥爭形勢所需要的前期準備工作。

見玉林待自己親如兄弟，石烈凡深受感動，許諾待毛澤東和夏明翰來到武漢後，他一定引薦玉林認識這倆位可親可敬的老師兼兄長，並爭取一同留在他們的身邊工作。

自宋、元以來歷經明、清，武昌都是全省政治、經濟和文化的中心，無論城鄉孝悌傳家和鄰里幫扶已深入人心故民風淳厚。

目前正值農閒之際，玉林建議最好的辦法是邀上幾個能說會唱的人組成一個講「善書」（以唱漁鼓和道情的形式宣傳孝悌忠信和道德倫理及因果福報）的班子行走於四裡八鄉，這樣白天可以加強對重點發展對象的工作，晚上的聽眾更能濟濟一堂。各個家族的族長不僅不會干涉和反對，反而還會提供食宿的方便。將隱蔽的秘密串聯演變為公開的宣傳發動其效果要更好一些，需努力做好的是應把黨的綱領和主張編入唱詞力求深入淺出通俗易懂。

石烈凡覺得這個辦法既穩妥又扎實，且充分地利用了時間更加快了工作的進度，便欣然同意。杜玉田和傅大赫等人說這樣吃住都不要自己操心，把事情做了還有點小收入，好比是耨草打兔子──順帶。

眾人議定因臨近春節，這半個月裡先從人地皆熟的趙家墩、劉家河、二郎廟、余家頭等地試驗幹起，再不斷地總結經驗和加以改進逐步完善，待過完正月十五後再向周邊鄉鎮推進，力爭在三個月內讓足跡踏遍武昌城周邊各地。

若石烈凡須外出與武昌縣支部聯絡或去城裡向湖北區委彙報時，玉林便讓先俊護送並叮囑其務必保護好石烈凡的安全。先俊比石烈凡僅小一歲，二人如同兄弟一般十分親熱。

經中共湖北區委協調後，決定由石烈凡重點抓好武昌城近郊的工作，由湖北區委再增派同志協助武昌縣支部組建縣內其它地域的農會工作。

廖氏總覺得石烈凡與她十分投緣，她每次看到這位異鄉的年輕人便聯想到自己的那個因意外而夭折的二兒子，她彷彿在石烈凡的身上看見了那個孩子長大後的身影而暗自傷心落淚。廷璜公洞察妻子的心意，在婉言勸慰的同時表示只要石烈凡沒有異議，他願意將其收為螟蛉義子。

「過小年」，也是送灶王爺上天的日子，廷璜公讓玉林就此事去徵求烈凡的意見。石烈凡欣然認可，當即叩拜了義父和義母。廷璜公夫婦二人喜笑顏開，忙令先俊和正英、桂英稱烈凡為二哥。此後，一家人談笑風生，其樂溶溶。

組建農民協會

除夕夜吃過「年飯」後天空開始飄雪，之後是越下越大，全家人在堂屋裡圍坐於火盆旁守歲。

石烈凡應先俊和正英的要求將其在廣州的所見所聞娓娓而談：「廣東不時興裹腳，那裡的婦女都是大腳，既能下田幹農活，也能下海去捕魚。總之，那裡的婦女也是家庭裡主要的勞動力，和男人們比起來也差不到哪裡去。在革命軍裡有許多女兵，不僅能抬擔架，救傷患，還能扛槍打仗，一個個跑得飛快……

石烈凡的隨心所談讓廖氏頗有感觸，原以為婦人一生就是要遵三從四德相夫教子而大門不出二門不邁，纏足裹腳乃是理所應當的事。沒想到在中國還會有因人而異和因地而異的不同做法，大家閨秀有人服侍纏足後並無大礙，但貧苦人家的女兒裹腳後確實有諸多的不便。自己的幾個孩子就有明證，侄媳婦秀蓮和蘭英都是放過腳的貧家女兒，她倆下地幹活就要麻利得多；運姑和桂英一直纏足，若天雨路滑便步履闌珊；正英寧死也不願從命現在卻能健步如飛。看來，舊的傳統習慣也有一些不當的地方，還真不能一成不變地沿襲下來。

正月十二日早晨烈凡須去城裡彙報工作，先俊也進城賣菜暗中保護。近中午時，有兩個青年人隨他們一起回到家中。其中王平章和玉林兩年前在《湖北人民通訊社》內早已認識，石烈凡介紹說另一人叫李子芬是他的入黨介紹人。

王平章說他從去年年初開始便回漢川組建秘密農會，已初見成效，現前期工作已基本就緒，此次回漢是潭秋先生令其協助武昌縣支部把秘密農會儘快地

組建起來。李子芬說他的身份已經暴露而不宜再繼續留在黃梅工作,這才奉命於昨日來到武漢,從今天開始將與你們同舟共濟,力爭在半年內讓武昌縣農會初具規模並能發揮其戰鬥力。

四人從中午一直研討至深夜,最後決定:1、採用以說善書為主另輔以各種靈活的形式加快宣傳發動和建立農會組織的步伐。2、明天清晨讓先俊護送王平章、李子芬、石烈凡等三人去豹子獺鄉與武昌縣支部的同志會合。

其間在用過晚餐後,先俊和正英兄妹二人經李子芬和石烈凡介紹加入了中國社會主義青年團,並履行了一個簡短的宣誓儀式。

正月十九日傍晚時分,石烈凡和先俊興志勃勃地回到家中。石烈凡告訴玉林,說武昌縣支部的工作有了重大的進展。原來,豹子獺鄉況姓財主的大少爺況公甫(1898─1956,字國藩)傾向革命廣散家財,其在當地及周邊一帶頗具影響力和號召力。因況公甫的不懈努力,現該鄉與鄰近的龍泉鄉、花山鄉、廟嶺鄉的工作相當順利。因此,他們三個人一致贊同武昌縣支部的意見,已於昨日晚上為況公甫等人舉行了入黨宣誓儀式。

石烈凡傳達了聯席會議的決定:1、下階段工作的中心任務是迅速將各鄉的秘密農會組建起來,武昌城北郊和嚴東湖西岸各鄉由石烈凡具體負責;青菱鄉、大橋鄉、洪山鄉、花山鄉、龍泉鄉等10多個鄉(鎮)由王平章和李子芬負責;其餘各鄉的工作由武昌縣支部負責。2、因鄂省仍在北洋直系的統治之下,各鄉農會目前不宜像廣東和湘南那樣公開活動,各鄉農會的工作重點以發展會員為主。3、各鄉農會負責人要從當地年輕後生中挑選品行端正且身體強健之人,以護境防匪為名在征得族長和鄉保的同意下利用農閒時機集中訓練,為組建農民自衛軍預作準備。4、確保在北伐軍進攻武昌時,全縣農協會員要達到八萬人,全縣的農民自衛軍的總人數要達到10000人以上,這樣才能為擴建我黨的武裝力量打下堅實的基礎。

潭秋先生和亦石先生在聽取了石烈凡和玉林的彙報後極為高興,鼓勵二人須再接再厲把各項工作更落到實處。

潭秋先生說革命戰爭就是人民戰爭,黨中央對湖北省農民運動的興起格外關注。做好武漢周邊地區的農運工作直接關係到今後北伐軍能否順利地攻佔武漢和一鼓作氣將直系勢力逐出湖北省。若省內各縣的農民協會能生根發芽,北

伐軍就有了立足之地和有了廣泛堅實的群眾基礎。若要建立我黨自己指揮的武裝部隊，那兵員的品質至關重要。如果各縣的農民自衛軍的人數都能達到3000人，僅漢川、漢陽、夏口、武昌、新洲、鄂城六個縣就有了20000名能為無產階級革命事業而奮鬥的英勇戰士。若我黨有了兩個軍以上的武裝力量，就能站穩腳跟和說得起話，就能舉足輕重和令各類軍閥心驚膽寒。

潭秋先生傳達了中共湖北區委的決定：1、配合北伐做好宣傳和發動工作，盡可能地爭取和團結一切力量，最大限度地孤立敵人。2、仔細收集敵方的兵力佈署、武器裝備、營房駐地及設施、城防工事、倉儲物資、地形地圖、駐軍將佐的相關情況和兵員素質等各種情報，以供攻城指揮部制定作戰方案。3、充分利用敵方陣營內部的矛盾，推波助瀾而擴大矛盾。在敵方人員離心離德時，相機作好分化瓦解和策反起義的工作。4、利用合法的紀念日舉行集會，宣傳中山先生的聯俄、聯共、扶助工農三大政策，宣講北伐戰爭的目的是要打倒和消滅為帝國主義當走狗的封建軍閥和建立民主富強的新中國。號召民眾同心同德擁護北伐軍，以革命的道理引導敵營的兵士要認清反動軍閥的真面目，在關鍵時刻要當機立斷，要為了勞苦大眾的利益和自己的前途而反戈一擊。

潭秋先生和亦石先生重點強調，因目前湖北的形勢不同於廣東和湘南，不宜操之過急，要穩步前進，在把宣傳、發動和組建秘密農會的工作做得更扎實的同時要等待時機。一旦汀泗橋戰鬥開始後敵軍全力抵禦而無暇它顧時，各縣的農會和農民自衛軍才可以打出旗幟公開活動，那時拆橋架橋、挖路鋪路全面開花，敵軍腹背受敵才會節節敗退。

潭秋先生叮囑玉林，「待北郊和東郊各鄉的秘密農會組建起來後，烈凡只須多去指導檢查工作，那時只用先俊隨行保護即可。你既已加入了洪門，也應抽空去幫你馮三叔理事和去小姑姑那裡走動走動，幫會也是一股不可忽視的力量，關鍵時刻說不定會大有用場。」

在潭秋先生因去武昌商會處理要務而離去後，亦石先生將陳先生未盡之言作了補述，「目前，吳佩孚駐防在武漢三鎮的部隊有四個師，據可靠情報在北洋駐軍的營、連、排各級軍官和兵士中有不少人曾是加入過洪門的幫眾，這些人中良莠不齊，各自的人品、習性如何局外人難以摸清，但此事在你那馮三叔手中卻是小菜一碟，不顯山、不露水地輕而易舉就能辦到。

「武昌城池堅固，城南的中和門、保安門、通湘門和城北的武勝門外壕塹

深闊無法靠近；城西的漢陽門、平湖門外便是長江天塹難以聚集兵力；武勝門以東城牆依鳳凰山而築更是易守難攻；忠孝門在蛇山和紫金山夾峙之中，若從此處攻城何其艱難？賓陽門外地勢平闊，交戰雙方必拼死相搏。我黨之獨立團在東征中雖以英勇善戰著稱，但有許多豪傑志士卻犧牲於槍林彈雨之中。若北伐軍飲馬長江之時，奪取大東門的重任必落在獨立團的肩上，試想於密集的彈雨中像螞蟻一樣爬梯攻城的官兵將會有多麼慘重的傷亡？

「如果北伐軍能攻下汀泗橋、賀勝橋，那時駐防武昌的直系部隊將增加到一倍或兩倍以上，且城內城外的盤查更加嚴密，若採用分散滲入戰時再裡應外合之法絕無成功的可能。根據形勢的發展和北伐軍的進展情況，區委估計北伐軍兵臨武昌城下尚需半年時光，為協助和配合北伐軍攻佔武昌城及盡最大限度地減少攻城部隊的傷亡，湖北區委決定將分化瓦解敵軍陣營的工作排於當前各項工作之首位：1、迅速摸清城防部隊中各級官佐的相關情況並予以甄別，再因人而異對症下藥，力求能在最大的限度內從中、上層中分化瓦解敵軍營壘。2、盡最大的努力和耐心細緻的思想引導並輔以各種靈活的辦法去做好下級士兵的洗腦工作，讓兵士們明白其現在為反動軍閥打仗是在賣命，讓厭戰反戰的思想情緒充斥於各個軍營之內。3、若有可能也可以借助官佐們的老太太、夫人、如夫人等欲保全闔家性命和家庭財產的心理狀態而加以遊說，在某些關鍵的時候，那枕邊風的力量可吹倒參天大樹。4、三軍未動，糧草先行。在勸說商人在戒嚴令頒佈之前將糧食和戰時急需物資轉運出城的同時，設法摸清敵軍倉儲物資的數量和守備情況，必要時可以小股力量偷襲予以焚毀來擾亂敵方軍心。5、若強攻失利時當圍點打援，敵方糧草不濟時軍心必亂，敵營之官佐反正之時機業已成熟，那時裡應外合才能是水到渠成。」

「适才先生所言之前四項工作借助幫會的配合來做可事半功倍，於焚毀倉儲物資一事更是簡易可行，屆時可由人預將硫磺、火硝之類易燃、易爆之物夾雜在儲運入庫之物資中即可。事先將黃磷、白磷置於鑽有小孔且盛水的陶壺或鐵盒之中置於倉庫內隱秘之處，待水漏盡後即可自燃；城內駐軍團長及以上的官佐多為早年北洋保定軍官學校的畢業生，北伐軍中並不乏他們的同學和好友，至於傳書遞簡和暗通消息，則可先由其家中的那些屬章魚的寵妾和僕婦們代勞，讓他們打前站既安全又有保證；至於如何收集和繪製城防部隊的火力配備及兵力部署的圖形之事，我已有初步的設想，待逐步完善後再向二位先生彙

報並請示定奪。」

　　玉林的這番言語讓亦石先生更覺得潭秋先生睿智過人和慧眼識人，陳先生不拘一格地招攬和使用人才的膽略確實讓自己由衷地佩服。原來自己對同意讓玉林加入幫會還心存疑慮，現在看來，使玉林的政治面貌近於灰暗確實是一招絕妙的好棋，利用幫會的力量不僅為玉林提供了一張能遮風擋雨的保護傘，更為重要和令人欣慰的是，只要能善於利用幫會中人的進步的一面和一些有利的因素，常人難以辦成的事情而由玉林出面竟能是迎刃而解。

　　「玉林，因馮家人待你親如子侄，故你在堂口中的身份和地位令人歆羨和受人尊重。陳先生要你充分利用這層關係隨他們在武漢三鎮到處轉轉，讓各分舵管事的人都認識你這個身份特殊的青年人。今後你要是遇到一些什麼為難的事或是要尋找已隱匿行蹤的叛徒時就可以堂而皇之地請他們代為操勞和訪尋。三鎮中繁華地段內大街小巷的路徑你都要瞭若指掌，來去自如才便於全身而退，在圓滿完成任務的同時更要保障自身的安全。」

　　錢瑛在給被其輔導的學生佈置了作業後便回到高師附小的叔叔家中，亦石先生將石烈凡的簡明情況向侄女作了介紹。

　　三個年齡相近的年輕人在一起愉快地交談，因錢瑛年長二歲，石烈凡稱伊為瑛姐。錢瑛說本月初她已加入了中國社會主義青年團，並表明了要為勞苦大眾奮鬥終身的堅定信念。在交談中石烈凡對這位言簡意賅的瑛姐頗為敬重，沒想到眼前這位相貌文靜的姑娘竟然會是以後中共政權的內務部長。

　　在亦石先生家用過晚餐後錢瑛隨玉林和石烈凡一道去了劉家。錢瑛對石烈凡說她和劉家所有的人相當熟悉且親如一家人，每當叔叔的佳朋貴友須留宿家中或她在裕華、震寰紗廠教夜校時，她便去劉家和正英作伴並幫嫂子做點家務事或幫嬸嬸幹點刺繡的活計。

　　石烈凡與錢瑛雖是初識卻形同故交，一路之上倆人唧唧噥噥說個不停，時常發出爽朗愉悅的笑聲。

刺探軍情

　　錢瑛年幼時家境衰落，小時候也曾被其母強迫裹腳後自主放足。因個人的經歷和性格相似，正英對比自己大五歲的錢瑛格外崇敬，每當瑛姐來家時，這

對異姓姐妹常聊到深夜。

「瑛姐可有了心上人？你那位意中人定是個超群脫俗的英俊青年，你幾時將我那姐夫帶來讓家裡人見見？」就寢前正英聊起了姑娘們的熱門話題。

「女子師範校規嚴謹，學生讀書期間禁止談情說愛，違者要被開除學籍，你難道願看到姐姐被學校開除了才高興？今年七月我才能畢業，畢業後還要抓緊找工作，待站穩腳跟後再考慮那個人問題也不遲，再則婚姻這事關係人的一生，須隨緣今後才能和和美美。」

「自上個月廿五日你離去之後，這些天以來我一直思念瑛姐，你今天怎麼有空駕臨寒舍？」

「言不由衷，違心之論。你這丫頭幾時也學會了說假話騙人？你若天天在想念我，那我這些天怎麼連噴嚏都沒有打一個？我看那會唱黃梅調的凡哥哥才值得你這古怪精靈去掛念。」

「好意關心你卻被你尋開心，真是狗咬呂洞賓，不識好人心。」正英嬌嗔地說。

「呂洞賓真被狗咬了，姐姐我今天是專門來捅破那層窗戶紙的。你既然要自主擇婚，那麼就該當機立斷。如今，天上掉下個凡哥哥這是隨緣，但好妹妹須得精進才能不辜負那月下老人的一番好心。姐姐我擔心的是新人牽進了房而媒人卻被扔過了牆。」

「這輩子我已發誓不嫁人，未出閣的大姑娘毛遂自薦當媒人真是曠古奇聞。」

錢瑛盤膝而坐，雙手合什，低誦佛號，「佛曰：男大不婚，女大不嫁，罪莫大焉。我佛慈悲，普渡眾生，願天下有情人皆成眷屬。嫁於婆家和招婿入贅是兩個不同的概念，凡哥哥現在是有家回不得，妹子當然無法遠嫁到黃梅去，但在武昌城郊的傅家河上演一場革命者的天仙配卻是美滿姻緣。屆時我不僅僅是牽紅絲線的月老，還是你那夫婿的老姐姐，稍不遂意我就會端起架子、板起面孔嚴厲地管教你這個天不怕、地不怕的惡弟媳婦。」

一番嬉鬧之後，錢瑛硬是逼著正英連叫了幾聲親親好姐姐後，才微笑著說她已問明石烈凡尚未定親後這才決定撮合他倆的婚事，明天早晨她就去向叔叔和嬸嬸為石烈凡提親。

石烈凡含笑表示別無異議，廷璜公夫婦欣然應允。宅院中洋溢著欣欣向榮

的喜氣。

陽春三月，風和日麗。因各鄉秘密農會已組建完畢，潭秋先生調沈義昌仍去做碼頭工人的工作，而將在北郊和東鄉發展新黨員的任務交由李子芬和石烈凡負責，並只令先俊隨行以保護李、石二人的安全。在履行了入黨宣誓之後，先俊幹得更歡更加盡職盡責。

玉龍和玉鳳吵著要讓母親帶他們去蛇山和龜山及城牆上看風景和照相，待馮眉卿笑著應允後才歡悅地離去。馮眉卿令管事周明分別去知會城裡駐軍的馬團長、張團長和蛇山炮台的李團長，屆時請他們派員帶路並予以關照。

「玉林，去蛇山炮台和城牆上遊玩和照相應該是你出的主意，最好是帶上玉蘭夫婦和玉清、玉萍、玉茹她們一起去，人多點也要熱鬧一些，在每個地方停留的時間也要長一些。小時候我也經常在城牆上跑來跑去，站立於城頭之上俯瞰大江奔流真能激勵人的雄心壯志。佛教講究因果，道家注重自然。這自然二字寓意深刻，若真能領悟其中的玄機，將無往而不利。」

見玉林微笑點頭並不言語，馮眉卿也改轉了話題和他聊起了目前時局的風雲變化。

馮眉卿在成親之後，辭去了廉字排主事之職轉而關注政治時事。她根據各類報紙上登載的策令、評論及各種資訊，再結合洪門所搜集到的秘密情報加以綜合分析後，為當堂主的父親在作出決策時提供各種準確無誤的依據。因伊聰慧過人故大有所成，許多複雜與疑難的問題均因伊運籌帷幄而得以圓滿解決，故幫中之人皆以女諸葛視之。

雖然玉林從未在小姑姑面前表露其思想傾向和政治信仰，但馮眉卿慧眼獨具早斷定玉林已是近年來崛起於中華大地上的那個秘密組織的成員之一。

馮眉卿對活躍在武漢三鎮中這個信仰馬克思主義的秘密組織中的許多領導成員還頗為欽佩，他們中間不乏學富五車的學者，許多人還曾是在錦衣玉食和綺羅叢中長大的公子少爺及名門閨秀，但他們視個人的錦繡前程如同敝屣卻將拯民於水火之中的重任擔於肩上，其品德何等可貴；他們紮根於工農之中，心甘情願地與勞苦大眾打成一片，甚至為了信仰不惜拋頭顱、灑熱血而捨生取義，可與歷代英雄豪傑相提媲美，其高風亮節可歌可泣。

馮眉卿認為只有奮力耕耘而不問收穫的人，才是目光和目標遠大的達人志

士。自古以來得民心者得天下，現在共產黨人能這樣做就是為了獲取民心，若能始終如一，日後主宰神州命運的當非共產黨莫屬。

原來，馮眉卿對玉林在與自己的交往中刻意隱瞞其真實面目還有所看法，但在得知目前共產黨還處於秘密狀態下，凡加入組織者須上不告訴父母和下不訴諸妻子兒女的嚴密紀律後，更覺得玉林真是個忠誠守信的人。玉林從不參加公開的社會活動則表明他應肩負不為人知的重要任務，否則，一個僅靠教點書和當編輯而掙點錢補貼家用的年輕人，何以要對洪門中二百多年以前的組織建制和情報系統管理如此上心？當初三哥讓其加入幫會時，其頗覺為難但時隔不久後又欣然接受，最合理的解釋是他是在得到其上級的批准後才奉命而為。玉林身負武功已自保無虞，其勤練騎馬、射擊、駕駛時用心之刻苦、毅力之驚人讓人難以想像，如此動力之源乃與其所負之重要任務攸關。

這二年馮眉卿對《資本論》和《共產黨宣言》也作過研究，並看過許多進步刊物，故對中共的政治主張和革命奮鬥目標有了相應的瞭解。既然階級鬥爭和無產階級專政的學說是馬克思主義的精髓，而共產黨的組織卻同意讓玉林來加入幫會，足以證明其之組織並未將幫會視為洪水猛獸而當作必欲摧毀的革命對象。共產黨的組織作此決定是想盡力爭取和團結幫會，是把讓世俗中人談虎色變的幫會已當成是革命的一股力量，此舉表明了其組織的誠意，是真心地願和洪門兄弟結成為同舟共濟的朋友。

投之以桃，報之以李。注重誠信，相互幫扶，方不失江湖中人的本色。馮眉卿決定：只要與武漢共產黨的組織之間的交往不會損害和危及到雲鶴堂的根本利益，她就會在力所能及的範圍內給予他們適當的幫助，並為玉林所幹的事情提供機會和創造條件。

馮眉卿大智若愚，決定充分利用自己身份尊貴和與駐軍官佐原來均有過一些交往的優越條件，借帶家中孩子們遊玩散心的機會讓玉林將洪山、蛇山、龜山及武昌、漢陽的防禦工事、兵員部署及火力配備了然於心，同時自己也能為北伐軍攻佔武漢盡些微薄之力。

馮眉卿對玉林所作的安排表示贊同，說她準備從顯真樓照相館請兩名攝影師一路隨行。

快樂的日子容易度過，參加此次活動的人各有所得，玉龍、玉鳳、玉清、玉茹、玉萍等孩童玩得高興，吃得痛快；玉蘭及姚黃、魏紫、葛巾、玉版等人

難得如此休閒，三鎮的壯觀讓她們心曠神怡，寺、觀、庵、閣中的神像也聆聽了她們對未來幸福的祈願。

見玉林神采奕奕，馮眉卿就知道他意願得遂一切順利，她相信其有過目不忘的能力，其於情報一途確有過人之處。

只待東風來

亦石先生讓錢瑛將玉林送來的六份圖紙作了備份後一併交給了潭秋先生，潭秋先生讓湖北區委的交通員迅速南下去廣州面呈恩來先生。

馮雲卿將一摞各分舵所轄區域內之街巷里閭的通行路線圖交給玉林，讓其仔細看閱後牢記於心。這些圖繪製得十分精細且編有序號，組合起來竟不差分毫。看來在近300年的漫長歲月中洪幫能久盛不衰，幫中確是藏龍臥虎並不乏智能之士。玉林覺得通曉各處的路徑是為了今後在執行任務時能夠進退自如，為確保一擊成功且全身而退大有裨益；熟悉了通行路線和居住的環境更有利於選擇和設置黨的秘密機關或聯絡點，更便於躲避敵人的跟蹤和追緝，為正常開展地下工作而提供了極大的方便和可靠的保障。

玉林常隨馮雲卿去各分舵視察，與各分舵內的八排管事之人日漸熟悉，因自己從不以特殊的身份自恃而待人以禮，故每至一處頗受幫眾的歡迎和尊重。在漢口的英租界、法租界、德租界、日租界裡都有馮家和堂口所置辦的房宅和產業，這些地方馮雲卿都帶著玉林逐一光顧，並嚴令各處的管事和僕役在侄少爺來休憩或居住時應提供優質的服務。

馮雲卿告訴玉林：許多達官要員、豪商富賈、洋人買辦及下野的軍閥和政客都在各租界裡置有房產以供自家居住和包養外室，各國的間諜機構也設在租界內，故租界中龍蛇混雜人員結構極為複雜。每個租界裡都設有巡捕房，都聘有華裔探長和探員，還雇有一批以各種身份和不同面目活動在租界內外的包打聽充當線人。為了確保自身的安全，你只須直接向分舵主事之人交辦即可。俗話說，大隱於朝，中隱於市，小隱於野。這租界裡還真是一個讓犯案之人逃災避難的極佳之地。

既然自己加入組織的事早已被馮雲卿、馮眉卿兄妹所察覺卻未予點破，玉林認為彼此心照不宣才會心無芥蒂，三叔和姑姑為人豁達大度極明事理，才會

一如既往地給予照顧和幫助。

　　武昌城北郊和東郊、南郊的農會組織未出現任何過激的行為，故和所在地的開明紳士及各姓族長之間的關係處理得相當平和，東郊各鄉的農民協會已呈半公開的活動形式，其發展態勢令人可喜。

　　在武豐鄉、永豐鄉、天興鄉、青山鄉等地，農會已代行鄉公所的職權。鄉民們對農會主動擔負起護境保平安的舉動極為贊成和擁護，農會以各種不同的形式和行之有效的辦法對煙館、賭坊和不法劣紳所施的懲戒更是大快人心。在農會工作步入正軌的武豐鄉、永豐鄉和青山鄉，農會的發展勢頭方興未艾，陳規陋習風清弊絕。

　　在李子芬、石烈凡、王平章和武昌縣支部的成員共同努力下，截至1926年6月底，已發展新黨員167人，全縣農協會員的總人數已達71260人，全縣各鄉農民自衛軍的在冊人數共有5230人。

　　中共湖北區委批示：武昌縣北郊和東鄉的經驗切實可行，應加大力度在全縣鋪展試行，在不斷完善和提高後再總結經驗向全省推廣。

　　石烈凡在和玉林談到他在回湖北武昌後這五個月的工作時感慨萬千，在廣州中央農民運動講習所接受任務時他的確是憂心忡忡，擔心自己年僅21歲且缺乏實際工作的經驗恐難以擔此重任。嫂子楊開慧親自下廚做了幾道有特色的湘菜為其送行，並許諾下次在武昌重聚時一定再做上一大桌佳餚來款待為革命立下了大功勞的小兄弟。

　　毛澤東和夏明翰在為其出謀劃策時並指點迷津，說中共湖北區委決不會袖手旁觀而任由你單打獨鬥去胡沖亂撞，董必武、陳潭秋和湖北區委的同志定會全力以赴予以支持，一定會指派既熟悉當地的情況且又忠心赤膽的同志來協助配合你開展工作並保護你的安全。

　　毛澤東反復強調：武昌是湖北省政治、軍事、經濟、文化的中心，攻克武昌後則湖北全省指日可定。如果武昌縣及周邊各縣和湖北全省的農民運動搞得如火如荼，那麼，北伐軍就能迅速地攻佔武昌城而飲馬長江；目前我黨所掌握的部隊僅有葉挺的獨立團和傾向革命的賀龍所部的一個師，若想取得無產階級革命的成功則必須擁有強大的武裝力量，槍桿子裡出政權才是唯一的真理；如果武昌縣的農民自衛軍能達到6000人，那就可以組建成三個團；如果周邊各縣

都能有2000人，那就可以組建一個軍；湖北省有近80個縣，若每個縣有500—1000人加入到革命隊伍中來，算算那又會增加幾個軍？如果能在半年內完成組建武昌縣農會和農民自衛軍的工作任務，那你就是革命事業的大功臣而名垂青史。

石烈凡對玉林及其全家人心存感激，尤其對即將成為這個家庭中的一員而由衷地高興。

錢瑛此時正在城北郊三層樓贊化小學裡進行畢業實習故寄宿在劉家，每天晚上便和嬸嬸及正英一道按石烈凡設計的圖案繡製各鄉農民協會的會旗和農民自衛軍的軍旗。

先俊被武豐鄉農會委任為鄉自衛隊隊長，表哥廖逢春被永豐鄉農協聘請為該鄉自衛隊的武術教習。

各鄉自衛隊組織嚴謹紀律嚴明，護境保平安的工作卓有成效，較之原來的那些只點名應卯按月領錢且疏懶有餘的鄉丁確實有天淵之別。

武昌城周邊各鄉的鄉長還比較開明，都認為世道將變該順應天理潮流，及見農協所行之事循規蹈矩遂將戒備之心全然放下。經農協與之多次協商，在武豐、永豐、洪山、青菱、板橋、南湖、青山、尤廟及武東等20多個鄉里，各鄉的鄉長還決定對原有的鄉丁和保丁進行甄別，僅留下辦事勤勉之人，而將原縣政府所配發的漢陽造步槍交付給農民自衛隊使用。

中共湖北區委在加強對學運和工運工作的同時，也加大了對工商界名流的團結合作及兵運策反工作的力度。董必武先生和劉伯垂先生等人充分利用他們是老同盟會會員的身份及社會關係廣泛的優越條件頻繁地活動於傾向革命的左派人士之中，由於他們真誠不懈地努力，駐防在漢陽的劉佐龍師長及駐守蛇山炮台的李團長和駐防在武昌城南防區的李師長和宋團長已心有所動。

第六章　武昌風雲

迎接北伐軍

　　在軍事要塞汀泗橋、賀勝橋相繼失陷之後，北洋軍殘部倉皇北遁。孚威上將軍吳佩孚令宋大霈的兩個團留駐武昌城，董政國之殘部歸靳雲鶚指揮並駐防於漢口劉家廟，駐守金口的一個團移駐漢陽沌口以拱衛漢陽城。北洋軍總司令部設在漢口龔家墩。

　　一路之上風聲鶴唳，直到潰退至漢口後吳佩孚方驚魂始定。兩湖的戰事敗得如此之慘讓吳大帥痛心疾首，平江戰役及汀泗橋、賀勝橋之戰並非是陸潭和宋大霈、董政國、李倬章等戰將驕橫輕敵以致貽誤戰機，究其根源確係因自己決策失誤而重蹈了關羽之覆轍才會大意失荊州。吳佩孚研習《易經》且造詣高深，這些年來若遇到難決之事他都會蔔上一「課」，以「兩極、四象、八卦」來預測吉凶禍福。因多年征戰功業卓著而得以雄踞中原，吳玉帥對自己運籌於帷幄之中而決勝於千里之外的決策能力更為自賞。幾年前，驍將宋大霈和儒將陸潭等部就是遵循其所授之錦囊妙計便如同秋風掃落葉般將唐生智、譚大胖子的湘軍逐出湖南，並令老唐和老譚畏之如虎而再不敢越雷池半步。原來以為號稱擁有十個軍的北伐部隊仍是一夥烏合之眾而不堪一擊，故僅調陳嘉謨部一個團和孫建業部的二個團及周鳴岐部歸平通鎮守使陸潭指揮，並嚴令陸潭以二萬雄兵憑藉平江城池堅固和地勢險要以逸待勞，另以直系主力宋大霈、董政國、李倬章等部近10萬人分駐於汨水防線之長樂、浯口、汨水鐵橋等地。北伐軍遠道奔襲孤軍深入糧草及軍需輜重難以接濟已犯了兵家之大忌，待北伐軍勢竭力疲之時再令宋大霈等部馳援平江，屆時這幾支直系軍中的精銳部隊將如同下山的猛虎沖入待斃之羊群而將那些衰兵疲將殺得丟盔卸甲，將北伐軍合殲於汨水之濱和平江城下，自己便能高臥於洛陽城中靜候南線頻傳的捷報佳音。

　　吳大帥一直認為以秀才和書生為主體的共產黨人參與造反難成氣候，充其

量也只能算作是癬芥之疾。讓其始料未及的是，共產黨人卻能在一年多的時間內將勤力耕耘惟求溫飽而形若一盤散沙的農民組織起來，從而形成了一股來勢猛烈的滾滾洪流。北伐軍所經之地的農民協會主動資送糧草、運送傷患和承擔軍需輜重的轉運任務，瀏陽、平江、湘陰、汨羅等地的共產黨組織和農協早已在北洋軍佈防時就將平江和汨水防線及附近地區的地形地勢、兵力部署、炮兵位置、佈雷區等繪成簡圖送到北伐軍手中。1926年8月18日，北伐軍第四、七、八軍在工農群眾配合下分別向汨羅江防線發起進攻。戰局逆轉，以逸待勞的北洋軍於頃刻之間變成了坐以待斃。翌日，第四軍攻克軍事要塞平江，陸潭自戕。在長樂、浯口和汨水鐵橋等地，北伐軍有的放矢，所攻之處皆北洋軍要害致命之處，吳大帥精心構設的汨羅江防線冰消瓦解。汨羅江會戰歷時五天，兵敗如山倒，北洋軍宋大霈、董政國、李倬章部及湘軍葉開鑫部因主力被殲而潰退入湖北。

　　一番苦思苦索之後，吳大帥終於找到了此次兩湖戰事慘敗之癥結所在：原以為16萬精銳部隊駐防兩湖以逸待勞將無堅不摧且自己算無遺策當穩操勝券而對兩湖的戰局未作認真的研究，故與《孫子兵法》中用兵之「五事」（道、天、地、將、法）、「五勝」相違甚遠。湖南、湖北的民眾與北伐軍同心同德，甘願同生共死以完成北伐大業；北兵難耐酷暑，駐防於荒郊野外遭蚊叮蟲咬以致晝夜不寧；過分依賴行軍地圖，對當地之絕境或險道等地理條件全然不知，這才有汀泗橋腹背受敵而致慘敗；知己知彼，方能百戰不殆。北伐軍對己方的一切瞭若指掌，而己方對敵方各方面的情況卻知之甚少，遭此厄運當然在情理之中。

　　中央農委特派員石烈凡、中共湖北區委特派員王平章、李子芬和中共武昌縣委書記魏人鏡帶領著武昌城南郊的12位鄉農民協會委員長及近百名運送慰勞物資的民眾敲鑼打鼓地來到長虹橋第四軍獨立團的團部，受到葉挺團長和參謀長周士第、一營營長曹淵、二營營長許繼慎等官兵們的熱烈歡迎和盛情接待。

　　應眾人的請求，參謀長周士第談了他對北伐軍武昌之戰的戰局預測和攻城部隊兵力部署的設想。

　　石烈凡代表中共湖北區委將駐守武漢三鎮北洋軍的佈防情況作了通報。王平章將一摞繪製精細的地圖交給參謀長周士第並逐一向葉團長、周參謀長和曹

營長、許營長等人作了詳細地解說。

在場的軍官們面對這由四張分圖拼合而成的武昌城防圖皆十分讚賞，在得知繪製之人乃是一個未進過軍校和講武堂的青年時，他們更為黨內人才輩出而由衷地感到高興。

圖中城內的民宅官衙、寺觀庵堂、學校醫院、各類倉庫、駐軍營地、街巷裡閭一覽無餘，城牆上的兵員佈置、火力配備更是一清二楚。其詳明精細的程度遠遠超過了由總司令部下發於各攻城部隊的北洋軍武昌城防衛圖。

另一張圖上所繪製的蛇山炮台則更為精細，碉堡、炮臺、彈藥庫、指揮所、營房的具體方位繪製得中規中矩，連進攻時所應採取的路線和敵軍火力射擊的死角也一一標明。

武昌縣委魏書記微笑著將一本名冊交給葉挺團長，「武昌縣各鄉的農民自衛軍已達6000人，現從中挑選出的520人正在板橋鄉集中訓練，其中有黨員146人，其餘的全是青年團員。這些平均年齡在20歲的熱血青年都強烈要求加入獨立團來為勞苦大眾打天下。如果團長同意接收，他們今天下午就可以來團部報到。」

葉挺團長代表獨立團全體官兵向武昌縣民眾和中共湖北區委致以崇高的敬禮，表示獨立團一定不會辜負黨的重托和民眾的期望，一定要攻克武昌向湖北民眾交出一份滿意的答卷。

葉團長和周參謀長都覺得王平章頗具軍事指揮才幹，二人心有靈犀，皆有了今後讓中共湖北區委將其調入軍中並委以重任的打算。周士第參謀長令副官馬上將敵軍在漢口各部隊的駐防圖和漢陽城防圖、龜山炮台圖及江堤駐防圖呈送張發奎師長，並令作戰參謀迅速將武昌城防衛圖和蛇山炮台圖各複製20份備用。獨立團每個營各分發五套，然後將兩套完整的武昌城防圖和蛇山炮台圖分別呈送給軍部和師部。

葉團長請各位營長在返回駐地後務必將圖紙分發至各個連隊，讓各連排以上的軍官都要對圖紙中所繪製的一切牢記於心，以便在攻入城後迅速地擴大戰果及攻佔制高點蛇山炮台。

在送走了王平章等人和各鄉農協委員長後，葉挺極為興奮，慷慨激昂地說：「兵民是勝利之本，戰爭偉力之最深厚的根源存在於民眾之中。只要能擁有民心，我們共產黨人就能夠打江山，坐天下！」

出謀獻策

汨羅會戰結束後的第三天清晨，武漢三鎮便到處發現了由各種顏色紙張印製的以北伐軍總司令部署名的《告北洋軍官兵書》和北伐軍大獲全勝的傳單。

為穩定人心，直系鄂省督辦陳嘉謨和省長杜錫鈞聯名發佈文告：嚴令駐軍應嚴陣以待以確保城中百姓的生命財產安全；嚴禁駐軍官兵和政府官吏擾民，違者嚴懲不貸；對造謠惑眾和製造混亂者，一經查獲就地正法！

吳佩孚坐鎮漢口虎視眈眈，劉佐龍舉棋不定而對起義反正之事只是虛與委蛇。

在得知劉伯垂先生和陳潭秋先生因大戰在即而勸降劉佐龍的工作並無突破性的進展十分焦慮時，玉林向亦石先生談出了對解決漢陽問題的看法和建議：1、自古以來漢陽為兵家必爭之軍事要塞，欲得武昌者必先據漢陽，欲保武昌必穩踞漢陽。當年太平軍和清軍激烈拼殺，漢陽城得而復失八易其手。故吳佩孚不惜餌以重利而委任劉佐龍為湖北省省長以籠絡其人和收買其心，並親自坐鎮漢口督陣。2、劉佐龍虛與委蛇並非其舉棋不定，其已明曉吳佩孚敗局已定這才同意與我們接觸，其之打算是待機而動，其之目的是待價而沽，憑藉此事而獲取高官厚祿。3、劉佐龍也是個飽覽詩書、通曉經史之人，他並不在乎那一省之長的虛銜，他要的是更強大的實力和實權，但這些我們都無法予以解決。若汪精衛和蔣介石能許諾今後將他的部隊擴建成一個軍而讓其晉升為中將軍長，其才會調轉槍口去攻擊吳大帥。4、劉佐龍每遇危難之事和臨戰開兵之前必齋戒沐浴以祈求佛祖護佑。劉佐龍夫婦相敬如賓，其之夫人乃是一名虔誠的佛門居士，對高僧與老尼之言如奉佛旨而絕不相違，故其妻之言舉足輕重。5、劉佐龍之如夫人白玉芳與洪門頗有淵源，其平日裡對伊極其寵愛言聽計從。若劉夫人和白玉芳願擔「說項」之任，可收事半功倍之效。6、洪幫之悌字排分工負責與出家人聯繫，故與寺觀庵堂之住持和觀主關係頗深，有這些出家人代神佛傳言和輔以枕邊風之力可讓劉師長更加堅定信心。

亦石先生覺得玉林的分析合乎情理，乃可行之策。由組織出面對劉佐龍指明途徑及曉以大義和讓汪、蔣派人對其許以重諾可算得是開溝鑿渠，由其眷屬進言無異於是曲徑通幽而別有洞天。當即笑著問道：「如果將後三項的工作讓

你去做你可有把握？你那馮三叔是否還對你講過其他要員的家庭軼事？那白玉芳與洪門又有何關聯？」

「陳嘉謨頗有才幹且注重氣節並於書法上造詣很高，因馮國璋視其為青年才俊而將侄女許其為妻，故其仕途一帆風順，累次升遷以致榮膺師長，在蕭耀南暴疾而亡後接任湖北督軍。劉玉春和李俊卿的的個人情況沒聽說過，但幫會中的密探無孔不入，他們三人的家庭中隱秘之事應不難查出。讓劉佐龍夫婦入彀之事簡易可行，只需編寫出幾套偈語或簽文分別交付於歸元寺、鐵佛寺的住持即可。屆時這些出家人便會語露玄機讓劉家夫婦確信有神靈指示而迷途知返。

「白玉芳家祖居漢陽斗湖堤，她出身於書香之家，素有才女之名。因家境貧寒，白玉芳的婚事便被耽擱下來……

「九年前，白玉芳賣身安葬父母的孝舉感動了洪門信字排的首座趙玉霞而被趙收為義女。白玉芳因禍得福。此後，她每天去鐵佛寺作拜懺祭奠父母和幫明雲師太抄寫經文，故得與駐防在漢陽城中的北洋軍混成旅旅長劉佐龍之篤信佛教的夫人相識和建立了感情。

「劉夫人常於家中誇讚白玉芳的人品並為自己晚了一步而未能將她收為義女表示惋惜。不料，言者無心卻讓其有龍馬精神的丈夫動了獵豔之意。派出之人將密訪的結果如實地彙報和呈交了偷拍到的照片，這白玉芳雖不是貌若天仙，但風姿秀逸楚楚動人確實是一位溫柔賢德的紅顏佳麗。劉佐龍令副官長強拉上漢陽分舵趙舵主去雲鶴堂向馮堂主求親，言明待伊父母『周年』後便明媒正娶將白玉芳納為如夫人。」

在送走了北伐軍的代表耿丹、龔培元後，劉佐龍是喜憂兼半。喜的是在吳大帥黴星高照焦頭爛額之時，自己卻是鴻運當頭青雲直上。在這群雄割據的亂世之中，擁有一個軍的實力無異於穩坐在取之不竭的金山之上，有享不盡的榮華富貴。令其擔憂的是，汪精衛和蔣介石都是玩弄權術的高手，蔣介石則更是此道中的翹楚。廖仲愷案可謂是一石數鳥，而中山艦事件便順利地將共產黨人趕出了第一軍。劉佐龍忖度自己絕不是汪、蔣的對手，或去或從，他想去求得神靈庇佑，於是便帶上兩位夫人去歸元寺祈求佛祖的旨意。

在羅漢堂內劉佐龍求得了四句偈言：歸元福地拜羅漢，須將羅漢仔細看；羅漢也是凡人修，有心萬事可登攀。劉佐龍心中十分疑惑，難道說自己今後定

要皈依佛門而以青燈黃卷來度過餘生不成？這種結果與自己的本意相距十萬八千里，劉佐龍摒退夫人和衛兵，獨自一人迫不及待地跑進般若堂請方丈雲岩禪師為其指點迷津。

「阿彌陀佛，將軍此生佛緣深厚與佛門極有淵源，佛祖定會保佑將軍及家人平平安安。六祖慧能曰：佛是自性作，莫向身外求。自性悟，眾生即為佛；自性迷，佛即為眾生……羅漢堂內的五百羅漢面目各異、神情各異、姿態各異，乃是天下芸芸眾生的縮影。世俗中人有善有惡，佛教徒何止千千萬萬？佛祖為何只將這五百人收入門牆而列為弟子？答案只有一個就是他們摒除了貪、嗔、癡和拋棄了一切私心雜念。偈言中的前三句應作如此理解，寓意為人者都應以忠義誠信和道德倫理觀念來規範自己的行為舉止。

「有心萬事可登攀這七個字至為重要，這個『心』指的是佛心，即每個人要具有一顆寬厚仁愛善良的心。如果心術不正，想得再多也是枉然；即便是僥倖得到了，今後仍會是竹籃打水一場空。天下無難事，只怕有心人；精誠所至，金石為開。這裡所說的『心』和精誠指的就是佛心，對能拯民於危難之中的豪傑志士，佛祖會佑其福壽綿綿。」

「而今在武昌、漢陽和漢口將會有一場大戰發生，弟子因職責所繫而不能脫身於事外，方丈大師乃得道之高僧，望不吝賜教。若弟子能得以脫離危厄當為佛祖重塑金身！」劉佐龍神情虔誠地請大師指點迷津。

「老衲乃出家之人，過問塵世間事應受天譴之責。然兵戰之事與百姓蒼生之性命攸關，佛祖普度眾生當原宥貧僧妄言之過。兵戰之事歷朝各代不可避免，商湯伐夏桀、武王伐殷紂乃正義之戰，各路諸侯相附乃順應天理，不僅能名垂千古而其之宗廟也得以存續；聞太師守愚忠之道而逆天行事，才會兵敗絕龍嶺而落得屍骨無存。

「咸豐、同治年間，漢陽城迭經戰火，歷經千年而不衰的繁華商埠幾乎化為廢墟，劫後之情景慘不忍睹。漢陽為兵家必爭之地，於眾兵圍困之下既無後援且乏供給終有彈盡糧絕之時。漢陽城中萬餘名將士的安危和數萬民眾的身家性命全操在將軍之手，或存或亡盡在將軍的一念之間。佛曰：一念之仁，可化為甘霖雨露滋養生靈而功德無量；一念之差，可陷人於萬劫不復之阿鼻地獄。救人一命，勝造七級浮屠，拯救數萬民脫離危難者當名垂青史。

「老衲以為成佛之道不外有三：一曰間悟成佛，意即勤苦修煉以成正果；

二曰頓悟成佛，六祖慧能當年僅是五祖寺中的小沙彌，卻以『菩提本無樹，明鏡亦非台；本來無一物，何處惹塵埃。』四句偈言而得承衣鉢；三曰放下屠刀，立地成佛。恕老衲直言，將軍研習佛學已頗有根基，此次若能息兵罷戰，將軍就是全城將士和近十萬民眾心中的活佛。

「將軍為辛亥首義之功臣，幼習孔孟之道後投筆從戎，能有此成就實乃睿智之人。目前之時局與當年的情景何其相似，將軍日後前程似錦，定能趨吉避凶當機立斷。」

方丈之剖析若醍醐灌頂，使人徹悟。前程似錦、當機立斷、趨吉避凶等言辭堅定了劉佐龍臨戰起義的決心。「弟子愚笨，承蒙大師指教方茅塞頓開，當領悟法諭順應天理。弟子今後之前程如何？若有坎坷將如何化解？望大師明示。」

「海納百川，有容乃大；笑口常開慈悲為懷，定能錦上添花。將軍雖手握生殺大權，切不可因意氣用事而妄開殺戒。切記，切記。」

見方丈大師面帶微笑而不再言語，劉佐龍雙手合什，連誦佛號，畢恭畢敬地退出般若堂。

三鎮克復後，玉林在馮家見到白玉芳時談及劉佐龍起義一事，白玉芳說她和夫人所進之言只有點促動的效力，那第15軍軍長的職權確實讓其動心，而羅漢堂的偈言和方丈的法諭真是定心的丸藥。

白玉芳提出讓玉林去15軍副官處或參謀部任職，馮眉卿微笑著說：「讓這個書呆子混跡於那些大兵中間確實是不倫不類。」

玉林將白玉芳所說的讓他去第十五軍任職的事向亦石先生作了彙報，亦石先生說此事可以考慮，須待和潭秋先生等人商議後再作決定。

攻克武昌

為防止北伐軍借用民房為掩護靠近城牆而偷襲城垣，北洋軍強行將距壕塹500米以內的民房全部拆除並把一應雜物清理乾淨。

1926年9月1日中午，北伐軍攻城部隊已兵臨武昌城下，城郊農民協會組織民眾熱烈歡迎國民革命軍的到來並獻上慰勞物資及騰出房舍、倉庫以供兵士居住和作為野戰醫院。民眾搭起竹棚為露宿野外的官兵們遮風擋雨，並送上防蚊

叮蟲咬的艾蒿和其他治傷止血的中草藥材。

中共武昌縣委依照中共湖北區委的指示，令武昌城北郊、東郊和南郊的農民協會和農民自衛軍就近協助和配合北伐軍各部隊的軍事行動。

9月2日上午，唐生智、李宗仁、陳可鈺、張發奎、劉峙、何健等師以上軍官在武昌洪山寶通寺召開軍事會議，會議決定：1、唐生智的第八軍由石咀渡江，先殲滅駐守江堤的一個團後再圍攻漢陽，待收復漢陽後渡漢水進攻漢口。2、第一軍第二師攻忠孝門、武勝門至大堤口一線。3、第四軍攻賓陽門至通湘門一線。4、第七軍攻通湘門至文昌門一線。5、因平湖門和漢陽門外便是長江，不易兵力運行和集中，僅以炮火封鎖江面而截斷漢陽、漢口來援之敵和物資接濟。6、定於翌日凌晨各部隊進入指定位置，三時正發動進攻。7、李宗仁為攻城部隊司令、陳可鈺為副司令。

與會的將領對獨立團轉呈之由中共湖北區委所繪製的武漢三鎮城防、炮臺等圖紙能如此精確精細且毫無遺漏，皆讚賞不已。

第四軍軍部設在洪山，獨立團作預備隊待命於傅家坡。為便於觀察敵情和戰局，葉挺將團部設在賓陽門外的長春觀內。

北伐軍師出韶關時，各部隊之武器裝備極差，在殲滅和擊潰葉開鑫的湘軍和直系的十餘萬精銳部隊後各個部隊所獲甚豐，較之往昔，各部隊的輕重武器一應俱備，各部之官兵鬥志昂揚。各位將領原以為一鼓作氣將勢如破竹，武昌城指日可下。但在看過北洋軍部防圖和由湖北區委所搜集的各類情報後，皆認為若採用強攻的方式來佔領武昌城將要付出慘重的代價。

千湖之省的湖北水資源極為豐富。八月底至九月初亦是長江水滿之期，故武昌城及周邊的地下水也相當充裕，以掘地道埋炸藥的方式破城絕無可能；城牆外之壕塹既深又闊，立於城牆之上無須使用望遠鏡300米及以外地帶一覽無餘，那開闊地帶連兵員靠近都極為困難；洪山炮台雖然可用，但射程最遠的火炮也不能將炮彈送進城中，卻正好對攻城的部隊構成威脅；北洋軍在蛇山和各個城樓之頂層均設有瞭望哨，晝夜有人值守，對北伐軍的軍事行動看得清清楚楚，臨時的炮兵陣地還未全部就緒就遭到敵軍從城垣上和從蛇山、鳳凰山等處所發射的炮火轟擊。李、陳二位司令及眾位將領絞盡腦汁冥思苦索而終無破敵的良策，無可奈何之下，只得沿用架梯爬城的原始攻城方式，借夜色的掩護和乘敵軍疲憊鬆懈之時全線偷襲以作拼死一搏。

8月31日上午，北洋軍武漢防禦總司令陳嘉謨和武昌守備司令劉玉春、豫軍第三師師長李俊卿在督軍府召開軍事會議，進一步地磋商武昌城的防禦策略。

李俊卿認為吳大帥已電令馮玉祥率部前來增援，只要劉佐龍保住漢陽則守住武昌應無問題。武昌城中儲備的彈藥和糧食足夠支持兩個月；蛇山炮台的炮火射程遠是敵軍致命的威脅；鳳凰山、紫荊山和各個城樓兩側的火炮居高臨下所形成的炮火網可轟擊敵有生力量和摧毀敵軍臨時的炮兵陣地；敵軍的炮火不能構成對武昌城牆的任何威脅，而重機槍、輕機槍射出的子彈對堅固的城牆更是無可奈何；敵軍靠挖掘地道填埋炸藥破城是癡心妄想，唯一的辦法是像螞蟻爬牆一樣伸著腦殼來挨槍子；敵軍擅長夜戰近戰，白天不會貿然發動攻擊，故夜間才是防禦的重點時刻當嚴令守城官兵切不可疏忽大意。

劉玉春提出以「連坐法」與重賞將士相結合的辦法來穩定軍心和激勵士氣：1、庫房裡的黃金、白銀和銀元與其今後落入敵人之手，不如現在散發給官兵以激勵士氣。重賞之下，必有勇夫。2、軍火庫、糧庫、被服庫當嚴加看守，防止敵方奸細伺機破壞。3、將城中糧油商、鹽商囤積的物資全額購下。曉諭城中百姓共度難關，以家中實際人數免費領取一定的口糧及食鹽等物，以防止搶購和穩定人心。4、嚴格執行「連坐法」和組建執法隊，不分晝夜執勤於城垣之上。士兵怯懦退縮時先殺士兵再殺班長；班長退縮殺排長；依次類推，師、旅、團、營、連、各級軍官均負連坐之責而決不寬容。5、組建和加強便衣偵緝隊的力量，嚴令省警察廳和縣警察局務必盡全力將擾亂民心的敵諜緝拿歸案。

陳嘉謨決定在下午召開團級以上軍官的軍事會議，迅速地把連坐法、獎懲制度及防守要略等項要事傳達佈置下去。另電告湖北省省長兼漢陽衛戍司令劉佐龍。

劉佐龍迅捷回電，電文極為簡略，僅「城在人在，城亡人亡。」等八個字。

9月3日凌晨，各部隊開始攻城，武昌各城門外發生激戰。北洋軍在城垣及蛇山、鳳凰山以重炮、機關槍猛烈射擊。至早上六時，各部隊傷亡都超過了200多人，第一次攻城失利後各部隊奉命退回原地。

當天晚上，蔣介石、白崇禧到達武昌余家灣車站。翌日上午召開軍事會議，限48小時內拿下武昌城；令第八軍務必於9月6日收復漢陽。

5日凌晨，第四軍、第七軍和第一軍第二師再次發動總攻。至當日中午，因

傷亡慘重而停止進攻。獨立團第一營營長曹淵見一批批奮勇隊員相繼陣亡，其寫下絕命書後率先登梯而不幸中彈犧牲。

北伐軍總司令部下令先將武昌城團團圍困，日後再捕捉戰機發動進攻。

9月5日上午10時，劉佐龍宣佈起義。其部隊調轉炮口攻擊龜山炮台和漢口龔家墩吳佩孚總司令部。6日上午，龜山炮台守軍投誠，第二軍渡過漢水與直軍靳雲鶚師展開激戰。次日，靳雲鶚之殘部隨吳大帥逃往河南信陽，武昌直軍外援全失只得死守孤城。

蔣總司令調第九軍駐守軍事要塞武勝關；調第八軍接替第一軍第二師在武昌城下的防務；調第一軍第二師隨總司令部去江西南昌。

9月底，因武昌城內所儲之糧已不足維持10天，陳嘉謨與劉玉春、李俊卿商議由通湘門、中和門拼死突圍，然後取道陽新、瑞昌進入江西去和孫傳芳部會合。

10月1日，直軍以猛烈炮火開路衝出城門，在遭第八軍、第四軍堵截後退入城中。

10月9日，唐生智、鄧演達與李俊卿訂立開城條約。10日上午，李部開放保安門迎接第四軍入城。因宋大需殘部的兩個團也隨之起義，獨立團迅速佔領蛇山炮台控制了制高點。萬餘守軍繳械投降，陳嘉謨、劉玉春被俘，圍攻了40天的武昌城被北伐軍佔領。

唐生智、鄧演達、陳可鈺、張發奎等北伐軍將領衷心地感謝國民黨湖北省黨部和中共湖北區委及武昌縣的農工民眾為攻克武昌城所作出的卓越功勞和無私的奉獻。

國民黨湖北省黨部在國民革命軍總政治部主任鄧演達的領導下全面開展對武昌城北洋軍起義部隊的整編和對繳械投誠人員的重新選錄及遣散工作，中共湖北區委也抽調了許多具有國民黨員身份的同志參加此項工作。

鄧演達於1919年畢業於保定陸軍軍官學校第11期步兵科，故在駐守武昌城直系部隊的旅、團、營三個級別的軍官中不乏同期的同學及原來已認識的學長和學弟。經鄧演達耐心細緻的啟發和引導，其中許多人逐漸認清了反動軍閥的面目和本質，均表示願改弦易轍棄舊圖新而投身於三民主義革命陣營中來。因為有他們全力的相助，甄別、錄選的工作進展迅速，整編工作達到了預期的目的。

鄧演達兌現了他的承諾將一個整編師編入了劉佐龍的第十五軍，另撥款批

准其自主招收兵員。劉佐龍大喜過望，在其麾下的三個師組建完畢後，向歸元寺贈銀為羅漢堂內的三佛（阿彌陀佛、如來佛、彌勒佛）、四菩薩（地藏、觀音、文殊、普賢）重鎦了金身。

道不同不相與謀

北伐軍各部在武漢三鎮都設有招兵處以招募新兵。與其他招兵點不同的是，來第十一軍第二十四師（師長葉挺）和第二十軍（軍長賀龍）投軍的人卻都是持有各縣農民協會編造好的名冊而由清一色的年輕人排著整齊的隊伍前來報到。賀龍軍長和葉挺師長在查閱各地農民協會的新兵名冊後喜出望外，這些生龍活虎的年輕人幾乎全部都是共產黨員和中國社會主義青年團團員。第廿四師現在是兵強馬壯，下轄三個步兵團和一個炮兵團及警衛營，已達12000人；第二十軍下轄三個師和一個炮兵團官兵已有18000餘人。賀龍和葉挺因革命武裝力量中又注入了新鮮血液而由衷地高興，更加堅定了他們為革命事業奮鬥終身的信念。

青天白日滿地紅的旗幟在漢口六渡橋南洋大樓的頂層旗杆上迎風飄揚，更讓時任國民政府主席的汪精衛躊躇滿志，共和革命為其披上了絢麗的色彩和戴上了耀眼的光環。宣統二年，他突發奇想邀約黃樹中潛入北京城欲謀炸攝政王載灃，因事泄被捕而判處終身監禁也只是有驚無險。令其始料未及的是，他不僅成為了名聞天下的英雄豪傑，而且還獲得了名門佳麗陳璧君的芳心。其在獄中所賦之慷慨歌燕市，從容做楚囚；引刀成一快，不負少年頭的一首小詩卻為時人所傳頌，汪精衛之名聲不脛而走，其人也成為了嚮往革命之青年一代所崇拜的偶像。

此後，他敏銳的思維和洞察能力及擅於雄辯之口才頗為中山先生賞識而得以隨侍左右，中山先生之得意門生和三民主義忠實信徒的桂冠接踵而來讓其在仕途中青雲直上。

在廖仲愷案中他也是最大的受益人之一。廖公之死和胡漢明的出走，讓他一帆風順地榮膺國民政府常務委員會主席；守握兵權的總司令許崇智引咎辭職，更讓他能將國民黨軍事委員會主席的頭銜輕而易舉地收入囊中。

中山艦事件確實讓汪精衛猝不及防而被迫辭職去法國治病，不料卻因禍得福在途經莫斯科時，史達林還專門接見了他這個國民黨左派的領袖。因史達林一言九鼎，共產國際才對他青眼相看並視其為國民黨內之中流砥柱，其歸國後才得以復任國民政府主席。

失去了軍事委員會主席的權柄曾讓汪精衛耿耿於懷，但在聽取了夫人陳璧君和心腹智囊周佛海及陳公博等人的進言後汪主席才心情釋然。蔣介石雖擅長於玩弄權謀，但其於行兵佈陣方面卻遠遠不及老謀深算的北洋軍統帥吳佩孚；何況武器裝備極差且步調又不一致的北伐軍部隊雖有十個軍的番號，但總人數也只有十萬餘人。進入湖南後還要分出兩個軍的兵力以防備駐守在江西之孫傳芳部隊的偷襲，故投入主戰場的兵力僅為八萬人左右；蔣介石為人好大喜功，必驅軍直入而力求速勝，長途奔襲必致接濟困難，已犯了兵家之大忌。而北洋軍僅在湖南就駐紮有裝備精良且久經沙場的虎狼之師12萬人和葉開鑫等部的湘軍二萬餘人，以逸待勞定會殺得蔣介石丟盔卸甲而一敗塗地；戰敗後的蔣介石必然是灰頭土臉而一蹶不振。那時就能糾眾發難群起而攻之，讓蔣總司令成為眾矢之的而自動下臺，就能藉眾人之力將蔣介石逐回上海灘而讓蔣重操其昔日賴以謀生的舊業。

讓汪精衛最為相信的謀士周佛海進獻良策：「將國民革命政府遷往武漢有百利而無一弊，借蔣介石率第一、二、三、七四個軍東征孫傳芳五省聯軍和張宗昌部的大好時機，以制定和準備及落實第三期北伐計劃為由可以作出一篇盡善盡美且無懈可擊的文章來：1、利用此次在兩湖所得的錢款資助第四、六、八、九、十各軍及新編的第十五軍擴軍，此舉可大獲人心。不用他們自己花一分錢便能增強一個軍或一、二個師的實力，各軍將領們定會對兆公感激涕零而將您奉若神明並唯您馬首是瞻。2、蔣某人剛愎自用，是個睚眥必報的人。譚老翰林、李宗仁、朱培德等人也不是省油的燈，相處日久必然生隙以致難以相容。屆時兆公與譚、李諸公結為同盟乃是水到渠成，蔣某人再會耍權術也無回天之力。3、鄧演達所提出的利用原張之洞開辦的南路學堂的校址來創辦中央軍事政治學校的建議當予採納並應儘快地付諸實施。蔣某人是靠辦黃埔軍校起家，兆公的中央軍事學校當會辦得更為出色和卓有成效。4、兆公可兼任校長，以示您對軍校的重視和提高軍校的政治地位。或讓鄧演達去當主任兼教育長，軍事教官由各軍中抽調年輕有為且富於革命精神的團級軍官擔任，政治教官仍

可用惲代英、蕭楚女之類的共產黨人。總之，只要韁繩在您手裡，紅馬、黑馬一樣可以拉車；不管黑貓、白貓，能為主人抓到老鼠的就是好貓。5、兆公應抽空多去軍校視察和發表演說，以激揚學員之革命熱情和堅定他們為三民主義獻身的信念。不出十年，兆公門下將是賢人三千，弟子逾萬。愚意以為，前幾期當以短、平、快為佳，即從各軍中遴選連、排級軍官及好苗子入校，這些人一入龍門今後將前程無限，方不負兆公再造之恩德。6、自中山艦事件和第一軍及黃埔軍校清黨後，共產黨人已對蔣某人再不抱任何希望，既然共產國際如此看重兆公，您不妨把聯俄、聯共、扶助農工的大旗舉得更高一些。這樣，共產黨人會召之即來並聽候調遣，用他們去衝鋒陷陣比讓我們去親冒矢石要划算得多。7、為了打鬼，須借助鐘馗。當年陳炯明圍攻大元帥府的事件決不可在武漢重演，為震懾各路諸侯，可仿效李世民用秦叔寶、尉遲恭值夜方能安眠的傳奇典故，委任葉挺為武漢衛戍司令，有這隻猛虎把門，縱有妖魔鬼怪也不敢輕舉妄動！況且此舉還能消除共產黨人對兆公的戒備心理，他們在為兆公辦事時更會盡心盡力。

　　見頻頻點頭的汪精衛突然以陰騺的目光掃向自己，周佛海馬上意識到剛才在侃侃而談時漏掉了至關重要的幾句話，「兆公，讓葉挺當武漢衛戍司令只是發出一張曉諭各軍的委任狀，讓那些將領們有所忌憚而不敢恣意妄為。護衛國民革命政府的部隊仍然是中央直屬警衛團，我們決不會把自己的身家性命交給共產黨人去掌握。」

　　汪精衛笑容滿面，覺得周佛海確有張良、陳平之才，今後對周更是言聽計從。

　　先俊拉著大哥死纏軟磨，希望大哥去向父母說項以達到允其去投軍的目的。玉林笑著說即便是爹娘同意了，如果沒有組織出具的證明，任何人的關係也不能幫他去24師當兵。

　　石烈凡耐心地勸說先俊應遵守和服從黨的紀律而不得隨心所欲，「根據中央的指示精神和湖北區委所作出的決定，在向革命武裝力量輸送新鮮血液的同時必須要保證地方各項工作的相對穩定，故各級黨組織對誰去誰留都有全面的考慮和合理地安排。現在部隊裡招兵的任務已結束了，你下個月也要成親了，你應該先把婚事辦了再說。至於參軍的機會以後多的是，到時候我一定全力幫

忙。」

先俊私下裡跑到第三團的團部裡求黨代表王平章代為通融。王平章見曉之以理全不管用，這才露出口風說中央軍事政治學校在11月下旬要招收一批學兵，讓先俊回家去預作準備。在將先俊送出營房時，王平章囑其務必要努力通過文化考試。

中央軍事政治學校掛牌成立，鄧演達奉命兼任主任全面主持軍校工作。軍事政治學校決定要在今年12月中旬前從城鄉青年中分別招收100名男學兵和50名女學員的告示在城內外廣為張貼。正英也纏著大哥和大嫂，要他倆盡力幫忙去說服父母親以遂伊心願。

玉林打心眼裡願為妹妹幫這個忙。正英目前還是個青年團員，若進軍校學習深造確實是一個讓伊能得到培養、鍛鍊和提高的極好機遇。雖然此事僅向陳潭秋先生提出請求即可辦成，但自己如果這樣做了卻與組織之紀律規定相違背，故認為還是須按組織程式予以解決。當即笑著說道：「招生告示上寫明需具備初中及以上的正規學歷方可報名。有了正規的學歷證明還要經過嚴格審查後才予認可，這第一道關卡就無法通過。我認為這第一批招生時條件是相當嚴謹，今後若能鬆動一些時我定會盡力替你幫忙。」

在高師附小錢瑛的宿舍裡正英將自己的來意合盤托出，請瑛姐出面讓石烈凡設法解決。

「傻妹子，你這真是捨近而求遠。哪裡有糧食應該問倉裡的老鼠，你怎麼能問天上飛的黑老鴰？說真心話我也想去報考軍校，但我倆都是青年團員就應該聽從組織上的安排。如果人全部都跑到隊伍中去了，那今後地方上的事情讓哪個來做？當務之急，我倆都要創造條件爭取早日加入黨的組織，黨把我們安排在哪裡，我們就在哪裡生根發芽和開花結果。」

10月下旬，先俊在幫忙料理完其岳父的喪事後從二郎廟返回家中，將秀蘭要守孝一年而需將婚期延緩的事告訴了家裡人。

石烈凡悄悄地告訴了他一個好消息，讓先俊不必再溫習備考，說已和在軍校當政治教官的陳蔭林、劉子谷共同為先俊謀得了一個武術教練的位置，並說教那些學生兵練習擒拿格鬥和傳授一些武術方面的基本功是最適合先俊幹的事情。

相會都府堤

　　錢亦石先生在和玉林談話之時，告訴他要作好調到另一條戰線去工作的思想準備，屆時將有人會來與其聯繫。見玉林默不作聲而面呈不忍離別之色，亦石先生笑著說道：「雖說是另一條戰線，卻與我這裡相距僅幾步之隔，同去報到的還有你相當熟悉的朋友。潭秋先生和我對你們幾個人只有一個共同的希望，願你們這些年輕人飛得更高，飛得更遠。」

　　五天後，石烈凡興高采烈地來到高師附小，待玉林下課後兩個人便在校內的小亭中低聲敘談。

　　石烈凡笑容滿面地說：「中央農委書記毛澤東先生和夫人楊開慧及他們的三個兒子現住在附小斜對面的宅院內，和他們住在一起的還有中央農委秘書長夏明翰先生和夫人鄭家鈞。毛先生和夏先生對武昌縣農民運動開展得如火如荼極為讚賞，說我們所取得的成績較之他們的預期目標更上了一層樓。在我詳細地介紹了你的家庭和你個人的情況之後，毛先生和夏先生對你這個農民中文武雙全的秀才格外關注，倆位先生都催我快點將你這個身上有著傳奇故事的年輕人帶去和他們見面。

　　「國民政府主席汪精衛已批准了鄧演達主任和毛先生的關於在北路學堂裡開辦中央農民運動講習所的提議和撥給了經費，籌辦農講所的各項工作將全面鋪開。毛先生已和湖北區委及潭秋先生商議妥當，調李子芬、錢瑛及你和我等人來中央農委工作。倆位先生要我轉告你在相見後不必拘謹，隨和大度更見真情。毛先生較你年長九歲，夏先生只大你二歲，稱呼他們為兄長或先生即可。楊開慧喜歡聽人稱其霞姐；夏先生的夫人是個女工出身，對稱其為嫂子十分高興，因為按湖南人的風俗嫂子就是自己家裡的人。

　　「倆位先生今天中午宴請的客人僅你我二人，瑛姐早上便過去幫霞姐她們打下手。毛先生對如何正確地做爭取幫會和團結幫會及得到幫會支持的工作很感興趣，他想讓你作重點介紹。另外，毛先生極喜歡吃辣椒，他說吃辣椒可以堅定人的革命信念和意志。對他的這種說法我並不苟同，待會他把辣椒夾給你時，你可千萬不要勉為其難地吃下去。我就曾上過他的當，辣得我直掉眼淚和嗆得我不停地打噴嚏，而他卻樂不可支哈哈大笑。」

在得知霞姐的三個孩子分別是4歲、3歲和1歲後，玉林為他們準備了一些食品。

玉林所作的彙報重點突出。

毛澤東先生對幫會的組織形式、規章制度、內部分工、紀律約束、懲治叛徒、利用章魚搜集情報及早期的秘密組織和聯絡方式等情況聽得很認真，覺得在幫會的一整套實踐經驗之中確實有許多值得借鑑的好東西。難怪伍豪先生說凡是看過由玉林撰寫的那本小冊子的同志們都說那真是一本難得的奇書，伍豪在臨去上海前還專門約自己去見了次面，並交待今後一定要為玉林準備一間大教室，讓這些值得借鑑的寶貴經驗使更多的同志受到更大的益處。

「玉林，此次我提出讓你來幫忙，潭秋先生心裡很捨不得，但那位好好先生還是忍痛割愛，只說我是劉備借荊州。你們的夏大哥最暸解我，我不是那種有借不還的痞人，我也有難言的苦衷，只是當了一次過手的財神而空背了一個奪人所愛的虛名。其實我也想把你留下來，但最終還是要把你讓出去。唉，當下級的人只有無條件地服從上級。」

「先生，難道說玉林今後還要調動工作？您可知道他要調往何地？」石烈凡插言問道。

「郎舅親，心連心，打斷骨頭連著筋。我連子丑寅卯都還沒說出來，就值得你這般地迫不及待？烈凡，你越想知道，老哥哥我就越是不說出來。只告訴你一句話，天機不可洩露，屆時自有分曉。」澤東先生有意調侃地微笑著說。

澤東先生又點燃一支煙後繼續說道：「在我們這四個人中，烈凡和我出生於小康之家，溫飽有餘，衣食不愁，小時候並未吃過什麼苦。明翰出生於名門望族，自幼生長於綺羅叢中，但他卻義無反顧願與勞苦大眾同甘共苦，實在是難能可貴，值得我們學習和欽佩。玉林，你脫胎換骨要早一些，一定要脫得乾淨換得徹底，才能在革命的熔爐裡煉成錚錚鐵骨。

「玉林，我倆姓名之筆劃數皆為28劃，此乃大吉大凶之數，然並非壞事。古人云：禍福相依而存，否極泰至，榮辱相倚，祇要相機而行則能趨利避害，前程仍不可限量。」毛澤東娓娓言道。

「你們三人今天就在我這裡玩一天，午飯後夏先生還有些具體事情向你們作交待。你們和子芬今後的工作和學習全由夏先生安排，明天上午八點鐘由他帶你們去北路學堂和其他的同志們見面。那些人中有不少人是我黨的優秀人

才，今後來農講所授課的先生們更是黨內的精英，虛心地向他們學習會讓你們終身受益匪淺。調你們來農講所工作和學習是組織上慎重的選擇，對你們的將來至關重要。明天上午我也去學堂，和另外的人一同考核玉林的武功和技擊的本領，若名實相符則另作安排，若名不符實當罰以刻苦訓練。」

霞姐果然兌現了在廣州時對石烈凡所作的承諾，和夏家嫂子一道做了一大桌佳餚來犒勞這個為革命立下功績的小兄弟。

澤東先生和明翰先生輪流為玉林和烈凡斟酒以示祝賀，霞姐和夏嫂子及錢瑛也破例飲用紅葡萄酒相陪。

澤東先生果然夾來辣椒並示意讓玉林吃下，霞姐見玉林婉言相辭便將辣椒拈去。澤東先生見石烈凡在一旁擠眉弄眼便笑著說：「小時候經常唱一首『花喜鵲，尾巴長，娶了堂客忘了娘』的童謠，連娘都忘記了的人又怎能記得住家裡的兄弟？你們看烈凡還未進洞房，就把我們家裡的秘密事全部洩漏給了他未來的大舅倌。」

滿座之人樂不可支，只有岸英和岸青少不更事，茫然地看看這個望望那個而不明所以。

霞姐和夏嫂子提出讓石烈凡一定要將那未過門弟媳婦帶來聚一聚。錢瑛笑著說石烈凡未必有這個能耐，但把正英帶進未來婆家的事她輕而易舉地便能做到。

石烈凡帶著岸英和岸青去街上玩耍。在錢瑛抱著岸龍隨霞姐和嫂子去了另外的房間後，澤東先生和明翰先生在書房裡對玉林作進一步地考核。

在得知玉林曾讀過《孫子兵法》一書後，澤東先生從抽屜裡取出這本書來交給夏先生讓其驗證玉林的記憶能力。

在多次的點背和抽背後，明翰先生含笑點頭。

澤東先生和玉林對《十三篇》中的內容互作探討，多是由澤東先生提出問題而讓玉林作出解答，然後再由澤東先生作出評斷。

「玉林，兵法上注重避實而擊虛。此次北伐時以孫傳芳部較弱，北伐軍為何棄弱而攻擊兵強馬壯的吳佩孚？又為何能取得勝利？」澤東先生含笑問道。

「用兵之道貴在為將者須胸中有甲兵且通達權變，切忌死搬硬套一成不變而蹈趙括陷長平及馬謖失街亭之覆轍。兵強將猛只是取得勝利的一個有利的條件而並不是決定戰爭勝負的重要關鍵。學生以為此次攻擊吳佩孚的有利條件有如下的幾個方面：1、民心所向。經國共兩黨同志的共同努力，兩湖民眾已全部

發動起來而全力擁護支持和協助配合北伐部隊的軍事行動。部隊的糧草接濟、輜重及軍需物資的轉送和傷患救治、藥材供給等重大問題無須軍隊過問和操勞便已就緒，無形中增加了部隊的作戰兵力。厚愛其民為核心的政治思想已深入民眾的心中，得人心者得天下的道理，符合歷史發展的必然規律。2、知己知彼。為將者必須對敵我雙方的情況瞭若指掌，要對敵我雙方的行動規律掌握得一清二楚，而在此基礎上所制定正確的作戰計劃和所採取適合戰場局勢的軍事行動，當然就能克敵制勝。汨羅會戰時，我軍炮火轟擊之地皆敵方佈雷區、指揮所、彈藥庫等致命要害之處。乘敵方首鼠兩端軍心大亂之時再發動猛攻，焉能不勝？3、情報準確。大戰在即，由各個方面和各種渠道而獲得的各類情報，再經過甄別取捨去偽存真，才是全軍決定戰爭行動的依據。在戰爭進行過程中也要善於偵察判斷敵情，只有這樣才能在盡量減少己方傷亡的前提下而盡可能地擴大戰果。在知彼方面，孫子高度重視間諜的作用而不惜用重金來獲取情報。在此兩湖之戰中，敵方對我軍是一無所知形若盲人騎瞎馬，焉得不敗？4、集中兵力。汨羅戰役中我軍是盡量集中兵力同時於各處攻擊敵方的指揮中樞和搗毀其指揮系統，而宋大霈、董政國、李倬章等部十餘萬人駐防在100多裡的漫長防線上則兵力相對分散，故在這一點上卻是我眾敵寡，因而能夠將敵軍各個擊破。5、驕兵必敗。宋大霈、陸潭等人誤以為唐生智等人仍然是不堪一擊，沒想到在加強了政治工作和輸入了新鮮血液及得到民眾擁戴的部隊已非昔日之吳下阿蒙，他們更沒有料到北伐軍會根據孫子兵貴神速，攻其不備，出其不意的謀略，而制定了強調速度，機動靈活和深入敵後腹背夾擊的新奇戰法。6、靈活機動。兵法云：『水因地而制流，兵因敵而制勝。故兵無常勢，水無常形。能因敵變化而取勝者，謂之神。』故知可以戰而戰之，勝；識眾寡之用者，勝；上下同心者，勝；以虞待不虞者，勝；將能而君不禦者，勝。」

　　見二位先生僅面帶微笑而不發一言，玉林繼續說道：「八月中旬，我在馮三叔處看到了由上海湖北會館寄來的吳佩孚發給孫傳芳的電文之手抄件，電文中說若北伐軍進攻江西時，五省聯軍只要在宜春、新餘等地堅守三天，直系部隊即可相繼南下前後合擊。若北伐軍進攻平江時，孫部只須扼守城池靜候捷報。馮三叔說在上海有一些人專幹出賣各類情報的營生，只要捨得出錢，什麼樣的情報都能買到。

　　「對平江會戰我的看法是，打仗要根據敵我雙方力量的消長和天時、地理

等不斷變化的形勢來改變自己的作戰方法，要靠為將者的智慧和謀略在善於出奇兵以取勝，決不可一成不變地固守著某些條文。」

澤東先生拍手笑曰：「可造之才，吾輩當培而植之。」

受訓農講所

在三個年輕人離去之後，澤東先生將此次在武昌開辦農講所的整體安排向明翰先生全盤托出：一.在中山艦事件中和在第一軍及黃埔軍校內的清黨後，中央已認清了蔣介石的真實面目，蔣與中共徹底翻臉只是個時間上的問題。汪精衛與蔣介石二人之間只存在著爭權奪利的矛盾，一旦他們能達成了和解並完成了權力的再分配後，汪精衛與我黨分道揚鑣也是勢在必行。為防患於未然，我黨必須得預作準備。通過由鄧演達提議和經汪精衛的批准，在武昌開辦軍事政治學校和農民運動講習所就是為了培養革命骨幹和積蓄革命力量以備日後革命鬥爭的需要。我們須未雨綢繆，而不能臨渴而掘井。現在鄧演達已同意軍校的政治教官全部由我黨的同志來擔任，並聘任代英同志為政治總教官代其主持軍校的日常工作，代英同志下月即可來漢。目前，中共湖北區委已著手遴選政治教官。

二.此次農講所的工作表面上仍是培養農運骨幹，這與以往在廣州時的教學方式和教學目的大致相同。而實際上在農講所裡還承擔了為中央機關培訓「契卡」人員的重任，說得更確切點就是要培養出一大批我黨的秘線精英。伍豪同志特別關照說這批人員（200人）由各省黨組織嚴格按中央所制定的信念堅定、品德優秀、思維敏銳、家世清楚、身體健康及文化素質較高等條件按分配名額進行推薦，對他們的年齡可放寬在35歲以下。入校後由你和我及周以栗具體負責對他們的領導和管理，務必要保證他們的安全。中央預定特別訓練大隊要在三月初開課，學員的學習期為四個月，為儘量不引起外界的注意，對他們應實行全封閉的模式的管理而不得離開學堂。他們得與第一批農講所學員同時開課，再和第四期農講所的學員同時畢業，由伍豪同志親自驗收考核後再由中央分派赴各地工作。

三.鄧演達是主任兼所長；我是副所長主持日常工作；你公開的職務是秘書，代行我的職權。其他的人事安排是：鄧演達推薦的國民黨中央黨部的陳克文任訓導主任，分管三民主義和三大政策的教育及學員的思想品德；周以栗為

教務主任，分管農講所和特別大隊的教學安排；總務主任季剛是宋教仁和董必武的同學，是老同盟會員和國民黨員，曾二次東渡日本留學，其人傾向革命，是我黨的好朋友，與外界打交道比我們要方便得多。

　　四.特別大隊的名額分配及通知各省黨組織的事由中央指定專人去做，我們只負責到時候接待安排。首屆農講所的學員暫定為600人，擬分四期進行培訓，每期150人左右。名額分配是：湖南和江西各150人；另100名分配給安徽、江蘇、河南、河北、四川五個省。我的意見是：先搞遠的，讓他們早來早回去開展工作；在湖北的200人中，由學堂裡自行招考50人，那150人由我們提個參考意見後再請中共湖北區委定奪。現在湖北、湖南、江西三省的黨組織要捐些款給學堂裡，你這個大總管的任務可不輕鬆啊。

　　「錢瑛這姑娘不僅人品好、學問好，記憶力更好，是一個今後能幹大事的好苗子。當時見潭秋願意放子芬和玉林，一時高興便隨口答應同意讓錢瑛也過來。但此學堂非彼學校也，今後這裡管得比軍營裡還要嚴格，試想把一個漂亮的大姑娘天天放在那裡，讓那些小和尚不突發奇想和不心生綺念豈不是怪事一樁？我現在又不好意思向譚秋開口讓錢瑛回去，明翰你的腦筋靈活，快幫我想一個兩全其美的辦法來。」

　　「這件事情還是有點棘手。本來送錢瑛去軍事政治學校是個很好的辦法，但她是纏過腳的根本不宜搞軍事訓練。我看暫時還是讓她留在這裡幹些實際的事情，我們再點撥點撥讓她得到鍛煉和提高。聽玉林說幫會裡都有專門抓婦女工作的人員和機構，隨著革命高潮的到來，黨組織更需要人去那些女工集中的紗廠裡做宣傳和發動工作，那時再由組織將她調走豈不是什麼問題都解決了？說真心話把這麼能幹的姑娘放走，我心裡也捨不得。」

　　1927年1月中旬，石烈凡帶著先俊去軍校會見了陳蔭林和劉子谷等人。總教官惲代英見這位年輕的黨員武藝超群而格外高興，當即決定予以錄用。

　　換上軍服後的先俊更顯得神采奕奕，英氣逼人。石烈凡叮囑先俊凡事多向陳、劉二人請教，務必嚴格遵守軍校裡的各項規章制度，否則，軍法無情而決難通融。

　　在接到北郊特別支部通知自己已轉為黨員的消息後，正英提著三個小燈籠去了都府堤41號。

　　霞姐和鄭嫂子都是過來人，當然明曉姑娘家的心思，談了一會話後便讓她快去農講所報到。

　　正英告訴瑛姐她現在已是黨員，說春節後便要去裕華紗廠裡做工。錢瑛說自己也光榮地成為組織中人，武昌地方執委已決定抽調她去江西省工作，過完春節後可能就要離開武漢。

　　見正英似有難捨之意，錢瑛拉著手面帶微笑予以安慰，「有共同理想的人，是會在同一條道路上再次相見的。暫時的分離是因為革命工作的需要，革命成功後我們定能重逢。」

　　農曆正月十六日（西元1927年2月17日）便開始有外省口音的年輕人結伴來農講所報到。在武昌的漢陽門碼頭、武昌北站、南站和漢口的大智門車站、粵漢碼頭和民生路碼頭等處都有由高等師範和女子師範的學生們所設立的接待站。

　　國民革命軍第廿四師第三團派了兩個班的戰士來擔任警戒和保衛工作，王平章另贈送兩挺輕機槍和一挺重機槍以供教學訓練之用。國民政府同時批撥了漢陽造步槍400支和子彈400000發及軍服、被褥各400套給農講所。至二月中旬，開辦農講所的準備工作一切就緒。

　　二月底，來自安徽、江蘇、河南、河北、四川、江西、湖南等省的150名學員和特別訓練大隊的200人全已到校，面試、政審、體檢、編隊等項工作有條不紊地進行。

　　毛澤東、惲代英、彭湃、李立三等人負責對特別訓練大隊成員的面試考核和政審的工作，從200人中錄用了180人，另有20人轉入農講所學員隊。特別大隊分為三個中隊，每個中隊各60人；每個中隊轄五個小隊，每個小隊各12人同住在一間寢室之內。李子芬、石烈凡和玉林從一開始便擔任特別訓練大隊的登記造冊和接收、查驗各人的組織證明的工作，故三人對這批學員的情況已有初步地瞭解，包括他們在內的這來至全國20多個省、市的180人清一色全是共產黨員。其中：有組織和領導過農民運動和農民武裝的40餘人；工人和作過工人運動的40多人；還有原來在廣州中央農民運動講習所和黃埔各期畢業的學員。

　　夏明翰、周以栗、陳蔭林等人負責對農講所學員的面試和政治審查工作，170名學員分成三個區隊，每個區隊的人數分別為50人或60人。農講所學員隊的隊員都比較年輕，平均年齡在20─21歲左右。

農講所裡的教學安排合理緊湊，第一期學員離校時第二期已開始上課，在農講所裡每個月的學員人數均保持在400人左右。

在特別訓練大隊裡授課的先生先後有周恩來、董必武、瞿秋白、惲代英、張太雷、李立三、劉少奇等人，授課的內容也不盡相同，也傳授了蘇俄契卡機構的相關經驗。玉林也上過幾天講臺，將那本小冊子中的內容結合實例作了詳盡地講解。

特別大隊的軍事訓練極為嚴格，要求學員不僅在近身搏擊和遠距離襲擊及爆破等術科的成績均應優良，還要對各種槍械的使用、性能、拆卸、保養相當嫻熟且要做到準確無誤。

5月間，農講所內的全體學員還參加了第廿四師葉挺部在紙坊平叛的軍事行動。

特別訓練大隊在三月初開課，6月18日舉行畢業典禮，系統學習時間累計超過三個月。這些人後奉令分赴各地，有的擔任各省、市黨的負責人；有的潛入敵方陣營；有的則為中央和各中央分局的特科成員，擔負起鋤奸、營救和搜集情報的任務。這些人分別都得到了一個由黨組織規定的以「白」字為代號的化名，玉林的黨內化名是白濤。

傳言示警

6月25日上午，玉林去涵三宮八號去看望馮姑姑。

馮眉卿在與玉林聊天時，似乎於無意之中吐露出一個至關重要的絕密情報：1.1927年4月1日，汪精衛去上海後下榻孔祥熙公館。蔣介石率吳稚暉、李石曾、李宗仁、白崇禧等人與汪相會，就反共清黨等問題進行了密談。上海的各家報紙刊登載的卻是汪精衛是在4月2日才抵達上海，時間相隔一天絕不是筆誤，這裡面大有玄機。不久之後，蔣介石就在上海動手清共殺共產黨人。2.四月底，武漢國民政府就派人與雲鶴堂拉近乎以示友好，五月初，周佛海前來拜會堂主，請雲鶴堂同意助國民政府一臂之力。汪精衛的用心就是希望雲鶴堂能像上海的青幫一樣替代他們與武漢工人糾察隊發生衝突。老堂主的回覆是：洪門創立時的宗旨是反清復明，故在中山先生所領導的起義中會踴躍參加。如今洪門對國民黨和共產黨都不感興趣，更不會因你們之間的爭鬥而捲入政治漩渦

之中來幫助一方去殺另一方的人。請周先生轉告汪主席，為了錢而殺炎黃子孫的事，雲鶴堂決不會幹，請你們另請高明。3.見周佛海惱羞成怒而語帶威脅，馮雲卿笑著說道：雲鶴堂雖然沒有去殺人的本領，但如果要讓富家的公子哥兒成為賭徒或鴉片鬼，把名門千金變作人盡可夫的娼妓，及將達官貴人的寵妾誘得紅杏出牆而將成摞的綠帽子搬回其家的事，做起來都是小菜一碟。周先生在湖南沅陵的祖塋風水很不錯，難道周先生還想讓您的列祖列宗都跑出來曬曬太陽不成？若周先生執意要為難雲鶴堂，馮某剛才所說的事將一件件辦得讓您稱心如意！周佛海被嚇得直冒冷汗，鎩羽而歸。馮眉卿說武漢的共產黨人將面臨一場大劫難，若掉以輕心將悔之晚矣！4.根據雲鶴堂所獲取的情報，馮眉卿推測汪精衛下達東征的命令時就是其要動手的前兆，若第廿四師葉挺部和第二十軍賀龍部離開武漢後，武漢三鎮的共產黨人根本無還擊之力。

在姑姑家用餐後，玉林急匆匆地趕回農講所內向澤東先生作了彙報。澤東先生讓玉林速往三道街馮雲卿處儘量將相關情況摸得更清楚一些。

馮雲卿並未過問玉林這幾個月沒來幫忙是何原因，仍和已往一樣高興地將近段時間所發生的奇聞異事隨意地講給玉林聽。

與以往不同的是，馮三叔今天所談的多為一些國民黨與共產黨之間的話題，從上海工人的武裝起義到四、一二清黨；從武昌農講所和軍事政治學校談到共產黨四月底在武昌召開的會議；從上海湖北會館所送來的有關四、一二內幕的情報談到周佛海在總堂內的言行舉止及受挫時的狼狽情景。

馮三叔說他根本瞧不起周佛海這種滿口仁義道德而一肚子男盜女娼的人，江湖中人最痛恨那些數典忘祖而離經叛道的人。這周佛海曾經是共產黨的人，並且還是共產黨「一大」的代表，共產黨並未追究其背叛行為，他卻反過來要將昔日的朋友置於死地，其人真是豬狗不如。馮雲卿說他看準了周佛海就是那種外強中乾色厲內荏的人，說大話時氣壯如牛，實際上卻是膽小如鼠。我從未去過湖南沅陵，根本也不知道他家的祖墳埋在哪裡？那種刨人家祖墳的缺德事洪門決不會幹，但給點錢讓小流氓往他家老太太的佛堂裡丟點死雞死貓的事多做上幾次也無傷大雅。我料定了周佛海不敢為難雲鶴堂，我們能做千日的賊，他卻守不了千日的夜！若他敢對洪門動歪門邪念，洪門兄弟定會讓他全家人死無葬身之地！

從上海湖北會館中傳來的蔣汪會談的情報應該是從孔公館內的僕役中所獲得，蔣、汪在密談中對清共這個原則問題上確實是達成了共識，汪精衛只是認為這件事應該做但要等待時機，不宜採用極端的手段而惹怒了蘇俄和共產國際。

馮雲卿認為共產黨於1927年4月27日至5月9日在武昌高師附小內召開的第五次全國代表大會，更引起了汪精衛的警覺，蔣介石在上海的成功經驗，益發堅定了其在武漢清共的決心。

在農講所後面的二樓會議室裡，惲代英、毛澤東、董必武、陳潭秋、夏明翰、周以栗等人在發表了各自的看法和意見後統一了思想：1、中共湖北區委在爭取和團結幫會的工作方面卓有遠見和成效，由玉林利用其與馮家兄妹的特殊關係去做幫會上層人物的工作確實是一招絕妙的好棋。此次玉林所獲得的情報是真實可信的，為我黨贏得了寶貴的時間和避免了重大的損失。2、三月下旬，汪精衛對外宣稱身體不適亟須靜養和需去南京治病，卻在上海孔公館內與蔣密謀清共事宜，足以證明汪精衛已決心與共產黨人決裂，暫未下手是因為其在等待合適的時機。馮眉卿的推測合情合理，只要調開了葉、賀所部，汪精衛就能恣意妄為。3、馮家兄妹對玉林的真實身份未予點破，卻能盡力地支持和幫助他獲取北洋軍在武昌和漢陽的重要軍事情報。此次馮眉卿又有意向其吐露汪精衛、周佛海的陰謀活動，表明馮家兄妹也是同情革命和傾向共產黨的人。雲鶴堂堂主的態度，更進一步地證明了馮家兄妹的立場。4、雲鶴堂根本沒有必要編出周佛海在與幫會接觸中的言行舉止來危言聳聽，若他們真想置身事外，馮眉卿無須將如此隱秘之事告訴玉林。看來，雲鶴堂已把我們共產黨人當作是可以交往的朋友，如果他們傾向了汪精衛而助紂為虐，我們遭到的損失將更為慘重。5、周佛海是個謹言慎行的人，他決不敢背著汪精衛而自作主張沒事找事地跑到雲鶴堂去拜訪江湖人物。唯一的解釋是，蔣介石在上海用的是青幫代勞，汪精衛是想利用洪幫的力量來為其屠殺共產黨人和工農群眾。6、夏斗寅的叛變、長沙的馬日事變和朱培德在江西禮送共產黨人出境，這些都不是孤立的行動，其中有緊密的內在聯繫，他們的罪惡目的是想把分散在各省的我黨同志全部驅趕到武漢來，以便一網打盡。7、建議在漢的中央委員和候補委員緊急召開會議而制定切實可行的應變措施，以粉碎汪精衛的反革命陰謀。

眾位先生心情焦急地等待著去幫會中核實情報的玉林能早點回來。

第二卷　血雨腥風

第一章　針鋒相對

馮雲卿閒談再傳警訊

　　點燃香煙後，馮三叔繼續談出他對目前時局的看法和他對今後政治風雲變幻的預測：雲鶴堂雖然不願捲入政治的漩渦之中，因時逢亂世，為求得幫會的生存和發展，又不得不留意雲譎波詭之政局的變化。原以為中山先生的三民主義和三大政策會得以繼承和發揚光大，太平盛世的前景已呈現於眼前。沒想到一連串的政治事件相繼發生，讓人思慮不已心潮澎湃。遠的暫且不說，今年4月12日，蔣介石在上海發動清黨；江蘇、浙江、福建、廣東、山東、河南、河北、山西等省的軍政首領跟著仿效；奉系張作霖在北京處決共產黨領袖李大釗；5月17日，夏斗寅投向蔣介石率部公開發動兵變；5月21日，何鍵的三十五軍第33團團長許克祥在長沙搞的軍事彈壓行動；朱培德在江西禮送共產黨人離開贛境等等；都應該不是孤離的現象，其中大有關聯，一致的目標都是針對共產黨人。

　　上個星期，幫中有情報傳來，說汪精衛與馮玉祥於6月10日在河南鄭州舉行會晤；6月19日，馮玉祥與蔣介石在江蘇徐州相會。聯繫到4月1日的汪、蔣在上海的秘密會談，就可作出這樣的揣測，如今電報和通訊已相當便捷迅速且準確無誤，如果沒有絕頂機密之事須得面晤商議，這些日理萬機的大人物也犯不著這樣跑來跑去？據我估計，這應該與中國政局將要發生的巨大變化相關。汪主席自詡為中山先生的忠實信徒，應該重懲破壞三大政策的許克祥和嚴厲地訓誡馭下不嚴的第三十五軍何鍵軍長，令人不解的是汪先生卻調第三十五軍駐防武漢，而把拱衛京畿的重任交給了何鍵。蔣介石在上海下手，周鳳岐的第二十六軍立下了汗馬功勞；如果今後汪先生果真要與共產黨分道揚鑣，何鍵還真是打出手的最佳人選。

　　在此次北伐軍的各次戰役中，第四軍的獨立團功勳卓著，被譽為鐵軍。

葉挺雖有統軍之才，也只能屈任師長之職。為什麼有的部隊能擴編為幾個軍而只允許獨立團擴編為一個師？其中的根本原因就是因為獨立團是共產黨掌握的部隊，葉挺是共產黨人。國民政府的汪先生充其量也只是把共產黨看作是同路人，他始終對共產黨人心存疑慮和持有戒心，他害怕共產黨人的力量壯大後將使他難以駕馭和控制，汪先生決不相信共產黨會輔佐他打天下。葉挺所部為武漢衛戍部隊，夏斗寅聯合楊森率第十三軍叛亂時，汪先生令葉挺率部隊正面迎擊，這在表面上看來無可非議，實際上是想借叛軍之力來削弱這支屬於共產黨的武裝力量。

「三叔，既然共產黨是誠心相助國民黨，為什麼蔣先生要在上海清共？為什麼汪先生對共產黨很親近卻又要對共產黨加以限制？難道說共產黨人掌握的軍隊多了會對國民黨和國民政府又有什麼不利和損害？」玉林儼如局外人插言問道。

馮雲卿微笑著說：「兩千多年以來，中國一直處於帝王專制的社會中，君王臥榻的旁邊豈能容得他人鼾睡？皇上對他的股肱之臣都要設防，又怎能容得下異己之人？因為共產黨信仰的是共產主義，國民黨奉行的是三民主義。這兩種主義的書籍我都看過一些，覺得這兩種主義在本質上有根本的區別。共產主義的理論中心是階級鬥爭的學說，它以剷除私有制和消滅剝削制度為革命的最終目的之一；三民主義是中山先生根據中國實情所宣導的資本主義體制，它主張公有和私有並存，在擴大公有的基礎上保障私有資本。正是因為信仰、理想、目標和思想體制存在不同和差異，蔣先生和汪先生等國民黨決策人物，怎麼能夠任由共產黨坐大後而讓他們自己成為無產階級革命鬥爭中的下一個革命對象和目標？這就是汪先生為什麼只給共產黨人一個師的部隊編制的癥結所在。如果不是這支部隊英勇善戰且目前還須借用共產黨人去打頭陣，莫說是一個師，就是連保留一個團的編制都是不可能的！

「在打倒張作霖、吳佩孚、孫傳芳、張宗昌等舊軍閥的這個問題上，共產黨和國民黨的目標是相同的，但各自的目的卻有所不同。我認為國民黨是為了能打下天下和坐天下；共產黨是為了借此大好時機發展和壯大自己的力量。如果舊軍閥都打垮了，而共產黨的力量又壯大了，國民黨在中國要搞三民主義模式的資本主義，共產黨在國內要搞蘇俄模式的社會主義，二者之間的矛盾不僅無法調合，反而會因各執己見而加劇和激化，豈不是大麻煩又出現了？一個

籠裡關了兩個『叫雞公』會是什麼樣的結果？必然是雙方打得頭破血流。所以蔣先生力主清共，是為了執行和達到其政治目的的需要；汪先生採用限共的措施，也是為了實現其政治策略而暫時所作的變通辦法。

「得民心者得天下，得人才者才能打天下。劉邦正是因為得到了張良、韓信、蕭何、陳平等一大批人才的輔佐，才打敗了項羽而建立了西漢王朝。蔣先生有一統天下的夙願，他深知掌握軍權和培植人才至為關鍵，其在奪得軍權的同時也致力於黃埔軍校人才的培養工作。想興家立業的共產黨人在國民革命軍部隊裡和在黃埔學生中建立黨組織和秘密發展黨員，當然讓蔣先生心如刀割，為防患未然，蔣先生才借中山艦事件而把共產黨人從黃埔軍校和第一軍中清理出去。雖然蔣先生達到了目的，但卻失去了共產國際對他的信任。在共產黨人組織和領導下的農民運動如火如荼，以及上海工人三次起義的威猛之勢，更讓蔣先生深恐不安。他才決定在尋求國外勢力支持的同時，也要著手『清君側』，把身邊的隱患消除乾淨。

「汪先生也是一個欲將天下收入囊中的人，既然他已被共產國際的首腦史達林視為國民黨左派中領軍人物，他當然會抓住這大好的機遇來發展和壯大自己的力量，以便今後在權力鬥爭中壓倒老蔣及各派勢力而成為神州第一人。在其羽毛未豐時他會利用共產國際的態度與支持去爭取和團結共產黨人；當其認為羽翼已成時，他也會翻臉不認人而把共產黨人視為洪水猛獸。汪先生和蔣先生之間的矛盾是國民黨內部的權力之爭，只是一個權力再分配的問題。如果他們之間達成了某種平衡，他們就會聯起手來，一致對付他們共同認為會給他們所奉行的主義和應獲取的利益而構成威脅的其他勢力。作為局外之人，我認為汪先生還在唱三大政策的高調而未撕破臉，是為了打鬼而借助鍾馗，是暫時還有用得著共產黨人的地方。一旦他認為時機成熟，那個砝碼完全可以棄之。

「在亂世之中，實力至關重要。亂世英雄起四方，有槍就是草頭王。在劉佐龍的身上所發生的事，就是一個很明顯的例子。劉佐龍自己也有問題，剛愎自用，擁兵自重，自以為老子天下第一而不把其他人放在眼中，當然會招來疑忌。其之為人過於貪婪兇殘，以致身陷囹圄。其實，在夏斗寅發動兵變之後，汪先生採納了其智囊團之既可討好拉攏桂系，又可削弱劉部的實力的一石二鳥之計。由桂系鄂籍將領胡宗鐸和陶鈞暗中收買了劉的親信袁濟安，吞併了劉佐龍之弟劉鼎甲所率領的在安徽參戰的一個師後改編為第十八軍，委任胡宗鐸、

陶鈞為正副軍長。後又促使劉、耿二人矛盾激化，借劉佐龍擅殺黨代表兼副軍長耿丹之罪判其入獄而奪其軍權。政治鬥爭關係到生死存亡，而在擅長於玩弄權術的政客手中更無誠實可言。古往今來，當面說好話，背後下毒手的事例屢見不鮮。諸如劉邦之駕遊雲夢擒韓信；宋太祖杯酒釋兵權；朱洪武炮打功臣樓；雍正屢貶年羹堯等政治事件更是層出不窮，讓人怵目驚心。一個人在社會中活著，想要逃避政治是不可能的，躲也是躲不脫的。為了求得生存和保得全家老少平安，人應當留心政治和關心時局的變化，但一定要遠離政治鬥爭的漩渦。若不慎被捲進去了，要想脫身事外或全身而退，將是很難很難的事情。凡我幫會中人，入幫時須立下誓言，都知道『砍香』容易『拔香』難的道理。我推想那些秘密組織，當然會定下嚴肅的紀律和立有更嚴格的規定，可能會一生一世都要為其組織盡心盡力而奔走效勞。

「三叔，看來湖北和國內的時局將會有很大的變化只是遲與早的問題，如果汪先生真要動手，那武漢的共產黨人豈不是岌岌可危？」玉林不動聲色地問。

「自古以來，成霸業者不拘小節，更無婦人之仁。蔣先生與汪先生皆一代梟雄，較之古人，他們更是有過之而無不及。為消除營壘中的異己之人都不會手下留情，對於剷除異黨之事，他們絕不會心慈手軟。先調葉挺和賀龍的部隊去東征討蔣，再以重兵阻其歸路，是在預作準備，為的是要穩操勝券。讓第三十五軍接管武漢的防務，為的是在三鎮之內同時收網而對共產黨人予以致命的一擊。若共產黨人掉以輕心渾然不覺，當然會是岌岌可危。

「馬列主義所講究的階級鬥爭學說並不同於做學問而僅僅只站在講臺上傳道授業解惑，在中國這個國家裡，如果僅靠打口水仗似的議會鬥爭來掌握政權無異是癡人說夢。從古至今天下是靠自己打出來的，若抱有依附某種力量而奪得天下是絕對行不通的，更何況是依靠政見絕然不同的其他政黨，其結果必然是竹籃打水一場空或賠了夫人又折兵。

「共產黨若要發展壯大首先要做好如何保障組織和個人安全的工作，必須加強情報系統的建設，要選派精明幹練的人來從事這一工作。譬如說要想知道汪先生會不會動手？不僅要從國民政府中獲取情報，還要仔細觀察駐防部隊和警察局的動態，更要留心居住地的周邊環境和是否有何種異常。據說常有肩負秘密使命的人往返於武漢、開封和上海之間，類似這樣的情況出現，共產黨人應該不會無動於衷。所以，及時而又準確地獲得情報，能把災禍降低到極小的

程度。一個合格的情報人員，在關鍵的時刻可立下不世之功。

「蔣先生在上海清共之後，廣東、上海、湖南、福建、浙江、江西各省都有所行動。現在是四面八方的共產黨人都跑到武漢三鎮來，據說共產黨的中央機構也遷徙於武漢城中。玉林，你想想看，在你居住地的周圍多了一些操持南腔北調口音的人，你難道會沒有一點察覺？那些警察局的密探和租界巡捕房的『包打聽』並不是吃乾飯的？況且抓到人他們會得到獎賞，這些人見了白花花的銀元，當然就會像蒼蠅見了血一樣地叮上去。自從拒絕周佛海後，各分舵已嚴喻幫中之人不得介入任何黨派之爭，但幫眾中龍蛇混雜，也難免會出現害群之馬。

「你是在嚴西湖畔和沙湖之濱長大的，漁民很熟悉湖中魚群的習性。他們捕魚時是先在湖中設下長網，然後從相對的方向駕船出發，以敲擊船板、擂鼓、吆喝和竹竿擊水驅趕水下之魚，從而將魚群趕入網內。張網以待這個詞極為形象生動，你應該有深切的體會。魚在湖中被捕撈的可能性要多一些，魚能游進長江後生存的機會要更大一些。生活在武漢三鎮的人，一般都認為武昌和漢陽有城牆圍繞，住在城裡要安全一些。我總覺得漢口的城牆全部拆除以後，東西南北任人遊，再加上有各國租界的特殊性，漢口比起武昌和漢陽來的確自由自在得多。

「俗話說，狡兔三窟，大隱於朝；中隱於市；小隱於野。說的是一定要多準備幾處能遮風避雨的歇腳之地，只有小心謹慎，方能駛得萬年船。本幫開創初年，血的教訓經常會發生，這才總結和完善了那套聯絡制度和嚴密的紀律規定。自打北伐軍進武昌後，共產黨在武漢鬧騰的動靜是大了一些，他們的頭面人物所居住之地及活動場所早已在警察局的視線之中，一旦得到汪先生之令諭，這些地方自然會首先被光顧，覆巢之下，焉有完卵？我覺得共產黨他們應該寧可信其有，不可信其無。應該未雨綢繆而早作準備以防萬一。

「毛澤東在他所寫的那本小冊子中並沒有把幫會列入革命的對象，而是納入可以爭取和團結的力量之一，看來共產黨目前與幫會還不存在根本的利害衝突。說實話，我很同情這些人，但我無法去幫助他們。我們這是在閒聊，你不會笑三叔是在聽評書掉淚──盡替古人擔憂吧。還有一件事，我總是忘了告訴你，你小姑姑在雲鶴劇場裡早已為你立了一個戶頭，你若遇到為難之事需用錢時可向劇場的吳管事支取。」

「三叔，我覺得共產黨並沒幹什麼出格的事，怎麼有動靜過大的說法？」

「收回英租界動靜大不大？他們的全國代表大會動靜還不大？他們幹的事太多了，諸如工運、農運、學運、兵運；在商界中也有人活動；還滲入到國民黨內部去了。他們已經有了如此眾多的黨員在社會各界中活動，今後還要生根、發芽、開花、結果，假以時日，大街上跑的十個人中可能就有一半是共產黨人以及他們的追隨者。國民黨現在幹的是要打天下和坐天下，蔣先生、汪先生、馮先生等人怎能容忍共產黨人今後會去向他們爭奪天下？」

緊急應變

玉林在晚上八時才趕回農講所，將馮雲卿的談話向眾位先生作了詳盡的彙報。

夏明翰告訴玉林，說李子芬和石烈凡等人有事找他商量。

在座之人一致認為形勢嚴峻，黨的「五大」並未解決挽救時局的問題。眾人各抒己見，皆覺得共產國際的代表鮑羅廷、羅易、維經斯基和黨的總書記陳獨秀等人對於今後形勢的發展估計不足；對汪精衛抱有不切實際的幻想；只看到了革命形勢高漲的一面卻忽略隱蔽的漩流和致命的危機。

陳潭秋率先講述了自己的觀點和看法，「馮雲卿是在經過深思熟慮後才以閒談的方式而提供了示警的訊息和重要的情報。馮雲卿表明了雲鶴堂在今後政治風雲變化中所持的態度和立場，他們不會助紂為虐，也不會公開地支持和擁護國民黨和共產黨中的任何一方。實際上他們嚴守中立就是幫了我們的忙，否則，雲鶴堂的情報系統查出黨的中央機關和湖北省委機關設在漢口的所在地點並非難事。覆巢之下焉有完卵？這句話耐人尋味且寓意深刻，可以作多方面的理解，諸如遷移機關；分散隱蔽；轉移家屬；防諜防奸；改進和改變聯絡方式以確保組織安全及集中力量應付突發事變等等事宜。

「雲鶴堂的情報系統相當完備，雖然情報的來源渠道甚多，但經過梳理和甄審後應無錯訛，我們應慎重從事。汪精衛和馮玉祥的鄭州相會，馮與蔣的徐州密談，這些事我們全然不知，對密使在武漢、開封、上海三地的頻繁往來更是毫不知情。蔣、汪、馮之間素有隔閡，矛盾極深，若不能達成共識，相互疑忌之人決不會貿然晤談。能讓他們一拍即合的關鍵所在，一是他們的政治利益

得到了平衡，再就是在反對共產黨人的問題上結成了目標一致的政治同盟。汪精衛是利用共產國際的信任和我們的支持在與蔣介石討價還價，一旦他的目的已然達到，撕下偽裝而舉起屠刀只在旦夕之間。」

「不是一家人，不進一家門。把儒、釋、道三家揉合在一起而成為一派是絕對辦不成的，信仰不同、目標各異，最終分道揚鑣也只是時間上的問題。蔣、汪等人一直是把馬列主義之階級鬥爭的理論視為異端邪說。蔣介石的清共是為了消除異己，汪精衛的限共是為了限制共產黨的發展，二者只是異曲同工而已。當務之急，是應當讓全黨的同志都能認清汪精衛假惺惺的左派面目，將其之反革命的嘴臉暴露在光天化日之下。雖然要說服維經斯基和陳獨秀同志改變觀點有很大的難度，但為了無產階級的革命事業，一定得讓他們丟掉幻想而準備戰鬥。」滿腹經綸的董必武義無反顧地說。

惲代英在黃埔軍校任政治教官時與蔣校長一直是針尖對麥芒，倆人見面後說不上三句話，蔣介石私下裡對其以黃埔四凶之首譽之。惲代英見大好革命形勢將毀於一旦，心情十分激動。大張撻伐地言道：「共產黨是為了消滅一切剝削制度和為勞苦大眾謀解放而奮鬥，我們拋頭顱、灑熱血，就是為了打倒一切軍閥和反動派！天下者，乃天下人之天下也，有德者居之，無德者失之。我們不僅要抓軍隊，還要抓人才，更要抓民心。我們不能引頸受戮而要堅決予以反擊！共產黨不僅要和一切反動派爭天下，還要打天下、坐天下！我覺得那張網以待和漢口城牆拆除後東西南北任我遊的話語是有心之談，弦外之音是讓我們的同志須分散隱身於三鎮之中和漢口的租界之內，而不能聚集在武昌城內以免墜入羅網之中。」

「如果沒有人在背後支持或暗中授意，許克祥區區一個團長怎敢冒天下之大不韙，在長沙發動『馬日事變』而公開破壞中山先生的三大政策？事發後汪精衛和35軍軍長何鍵為何又不查辦肇事之首惡許克祥？汪精衛這是一箭雙雕，既向蔣介石表明了他的反共立場；又在試探共產國際和黨中央的態度。汪精衛調35軍衛戍武漢是在獎賞和重用何鍵，他是準備要下手了，他是要用何鍵來鎮壓共產黨人。寧可信其有，不可信其無的這句話是在向我們示警，若我們掉以輕心或渾然不覺，當有滅頂之災。我們要利用各種關係從35軍和警察局裡獲取情報，要未雨綢繆，只有把損失降低到最小的程度，才能有效地保存革命力量。」一向以老成持重著稱的夏明翰真知灼見地說。

　　周以栗說在35軍和警局中他有熟人和朋友，主動承擔了去那裡獲取情報的重任。

　　「樹大分杈，親兄弟長大後都要自立門戶，況且是外姓之人。天要下雨，娘要嫁人，這是沒有辦法的事情。在廣州時，我就寫信給陳獨秀同志，提出全力發展農運和組建農軍，為我黨今後組建幾個軍的武裝力量打好基礎。他老先生卻說操之過急會影響國共合作不利於大局，民主革命應以國民黨左派為核心領導。在湖北省委的領導下，湖北的農民運動如火如荼，我又向中央建議應起碼爭取到二個軍的編制，但到手的卻只有一個師，以致勢單力薄。腰杆子硬了才能說得起話，要搞無產階級革命，就必需要擁有自己強大的武裝部隊。

　　「幹革命是應該向老師學習，是要學習他們的成功經驗，但不能死搬硬套。俄國『二月革命』後的權力中心集中在彼得堡，其他的城市力量薄弱，鄉村更是鞭長莫及，所以攻佔了冬宮就基本上奪取了勝利，再相繼佔領幾個大城市便穩定了大局。但在中國就不是這麼回事了，太平天國和捻軍的起義波及近20年，雖然動搖了滿清王朝的根基，卻造成了各地軍閥的割據勢力。我們現在力量微弱，集中全部力量在一個城市裡開花可能辦得成，若要在其他城市裡一同開花就辦不到了。我們的部隊戰鬥力強是事實，但畢竟力量有限；臨時組合起來的工人和農民因未受過嚴格的軍事訓練而戰鬥力無法保證；即使佔據了一個城市也不能困守孤城，有限的力量實在無法與反動派合剿的虎狼之師抗衡。

　　「在反動派的營壘中有的軍閥成功的經驗我們也可以借鑒，張作霖起家時也沒有多少人和槍，那時東北土匪的山頭林立，他是從小到大，從弱到強，後來統一了東北。在廣東、湖南、湖北、江西四省，我們的群眾基礎好，那裡的生存空間和活動地域遼闊，避實就虛，以實擊虛可運用自如。汪精衛不讓我們在武漢待，我們就到農村去，我們在那裡鬧土地革命是天時、地利、人和，是魚躍長江，龍游四海，真正是東西南北任我遊。那時候我們是要風有風，要雨得雨，只要看準了，就猛吃一口，去那裡瀟瀟灑灑地走一回，反動派豈奈我何？悠哉遊哉，豈不快哉、美哉。

　　「我的這些主張並不是要放棄城市，我們的同志仍然可以在城裡搞工運、學運、兵運，也可以爭取和團結社會各界人士結成統一陣線，這是革命隊伍中的另一條戰線。我們的武裝力量可以在反動派勢力薄弱的地方鬧它個七處冒火、八處冒煙，時不時地還順手牽羊攻打一些周邊的城市，這樣兩條腿走路和

配合多路出擊，鬧得反動派雞犬不寧，我們既得到了生存，更能發展和壯大我們自己的武裝力量。汪精衛不給共產黨增加部隊的編制，我們又何必要在那棵樹上吊死或抱著他的腦殼搖，我們只能夠自己給自己的部隊多批些番號和編制！」毛澤東高屋建瓴談笑自若地說。

在座之人達成了共識：1、迅速向黨中央和湖北省委彙報。2、凡身份已公開之人應遷居避險。3、原已公開的機關應另覓處所並暗中轉移，作好檔清理及銷毀等項工作。4、通知周邊各縣縣委作好應變的準備工作。5、以各種方法妥善地轉移婦女和兒童。

因中央機關和湖北省委均設在漢口的租界內，眾人商議後決定分頭行動，由惲代英、毛澤東、劉伯垂等人去中央機關；陳潭秋、董必武、夏明翰去湖北省委；周以栗、李子芬、劉子谷負責與35軍和警局中的人員聯絡；石烈凡等留守農講所；玉林仍去三道街馮雲卿處理事。

時任湖北省委書記的張太雷在中共第五次代表大會當選為中央委員，還擔任著共產國際代表維經斯基的翻譯，他對共產國際代表所傳達史達林作出的須注重國共兩黨團結的指示和總書記陳獨秀所採取之順從的態度頗有微辭。在聽完陳、董、夏三人的述說後，熱衷於城市暴動的張太雷義憤填膺，沒想到汪精衛口裡喊哥哥，手裡掏傢伙是這樣的陰險歹毒。他毫不猶豫地說：「拼了！箭在弦上不得不發！我們要集中力量攻擊南洋大樓，擒賊先擒王！同時在武漢三鎮發起武裝暴動，打汪精衛一個措手不及。」

陳潭秋、董必武、夏明翰等人都認為此舉過於冒險，毫無成功的可能。

「目前雙方的力量過於懸殊，僅在武漢三鎮之內何鍵、陳克鑒、程汝懷各部及桂系的留守部隊和國民政府的警衛團，再加上三鎮的員警合計應不少於四萬人槍，且戰鬥力不可輕覷。我方在三鎮之內的武裝僅工人糾察隊400人，農講所學員150人，軍事政治學校內的男女學員200餘人，合計不足1000人槍。武昌、漢陽、夏口及周邊各縣的農民自衛軍總計不過20000人，各式步槍不足2000支，其餘的全是鳥槍和土銃及大刀長矛。況且各交通要道均有國民黨的部隊扼守，農民自衛軍進城都很困難。我們的力量對付警察是綽綽有餘，但攻下南洋大樓卻是望塵莫及。」陳潭秋直抒己見，因敵眾我寡故不宜輕舉妄動。

董必武和夏明翰等人贊同陳潭秋的意見，應面對敵強我弱的現實情況而作

出審慎的決策。目前的形勢是東面的九江，西邊的宜昌和荆州，南面的岳陽及北面的襄陽都駐紮有國民黨的部隊。在強敵環伺的情況下即便是葉、賀部隊貿然動手也難操勝券，況且現在力量懸殊如此之大。發出指令雖然容易，但辛辛苦苦積蓄起來的革命力量將會蕩然無存。

「在我強敵弱時，應該集中優勢兵力去戰勝敵人。如果是敵強我弱，就要善於保存自己，做到能逃之和能避之，不要和強大的敵人去硬拼硬打。汪精衛磨刀霍霍，我們應佯作不知，他唱他的高調，我們也繼續吹我們的號。這一來就可麻痺敵人，爭取時間做好各項應變的準備工作。存地失人，人地兩失；失地存人，人地兩存。劉邦先入關中理應為王，因勢單力弱只得貶居漢中。但最終劉邦仍然戰勝了項羽，驕橫不可一世的西楚霸王卻烏江自刎，落得個可悲的下場。」董必武引經據典述評利弊安危。

「張良有敬履之謙，乃君子之身可大可小；韓信受辱胯下，是丈夫之志能屈能伸。我們共產黨人難道說就不能忍受暫時的屈辱和挫折？留得子胥豪氣在，三年歸報楚王仇。終有一天，我們會將敵人打翻在地後，再踏上一隻腳！現在我們暫時地避一下鋒芒，這不是逃跑，更不是貪生怕死！我們只是收回拳頭和藏身於暗處等待時機，為的是能給反動派以致命的一擊！三鎮如此之大，我們隱身於茫茫人海之中，敵人打起燈籠也難找到我們，這叫燈下黑。越是危險的地方反而越安全，只要看準機會該出手時就出手。」夏明翰義正詞嚴地說。

張太雷決定由他和陳潭秋、董必武三人一同去向維經斯基和陳獨秀彙報。

山雨欲來風滿樓

馮雲卿閒談之言並非空穴來風，更不是危言聳聽，確實是真有其事。

汪精衛躊躇滿志，因形勢的發展對自己越來越有利而心情格外舒暢。汪精衛和夫人陳璧君一致認為周佛海確實是個不可多得的人才，他運籌帷幄算無遺策，以旺漢之陳平譽之並不為過。周佛海對馬列主義及其學說曾精讀深研，熟知中國的國情和熟悉共產黨人的套路，因知己知彼故其所進之言是面面俱到，且有上、中、下三策供斟酌取捨真算得上是滴水不漏。北伐軍攻佔武漢後，陳獨秀曾提出應批准共產黨二個軍編制的要求，鮑羅廷、羅易和維經斯基也在旁邊敲著邊鼓。幸虧周佛海深謀遠慮，及時地獻上佯作依靠重用、實為限制抑控

的兩全之策。現在看來，將獨立團擴編為一個師，並讓葉挺出任武漢衛戍司令一職真是畫龍點睛的神來之筆。他不僅堵住了共產國際洋大人的口，也封住了陳獨秀的門，又平衡了與李濟深、李宗仁、唐生智等各派將領之間的關係，更重要的是還能起到威懾眾位尊神的作用和效果。

周佛海所提出的容共、限共、反共的政治理論更讓汪精衛由衷地感激和佩服：大唱特唱聯俄、聯共、扶助工農的高調，那國民黨內中流砥柱的美譽和革命左派首領等等的耀眼光環便會相繼降臨頭上。就能繼續得到共產國際的信任、支持和援助；就能哄得共產黨人高高興興地吹喇叭，不遺餘力地抬轎子和心甘情願地去衝鋒陷陣；至為關鍵的是共產黨會發動群眾和領導群眾，只要共產黨人大唱讚歌，則民心唾手可得。諸如讓李漢俊當教育廳長和詹大悲當財政廳長；在黨部和農委裡多給幾個職位；他們辦農講所或去軍校裡當政治教官都滿足其要求；只要不是反對您和武漢國民政府的事，他們要去搞集會、遊行、示威就由著他們去鬧個夠，您還可以坐收漁利。像這次收回英租界，得罪英國人的是共產黨，您的國際聲望和政治地位卻更有提高，更會讓英國人對您刮目相看。

所謂「限共」，是要把共產黨人的一切活動控制在一定範圍之中和納入視線之內。他們的人可以在軍隊裡去當黨代表，而不能當軍長、師長、旅長、團長或參謀長；他們的部隊只能給一個師的編制、裝備和糧餉，在他們的周邊應有我們部隊駐防；無關緊要的官銜、職務多給幾個也無妨，反正鹽再多也不會壞醬；以加強三鎮的治安和社會秩序的管理為由，農民自衛軍持械進城需經國民政府和衛戍司令部批准；不讓共產黨人涉足警憲和情報部門和擔任地方行政長官；不利於武漢國民政府的言論、宣傳及政治活動均應堅決制止和取締等等。「容共」只是政治策略，「限共」卻是必要的手段。

「反共」是我們的最終目的。在一個家庭中若婆媳間性格不合，經常會因矛盾不斷出現而無法相容。共產黨與國民黨因信仰截然不同，兩者的革命對象、革命目標和社會制度也完全不同，就像麵粉不能和泥土揉成一團，狼和羊怎能關在同一個圈內？一個國家裡只能有一個主義，只能有一個執政的政黨和一個有絕對權威的領袖。如果二者組成一個聯合政府，共產黨要搞社會主義，國民黨又要搞三民主義，那只能是這二個黨派天天爭來鬥去，把一個好端端的中國搞得亂七八糟四分五裂。目前中國共產黨正值起步階段，他們只能把國民

黨當作是朋友以求得生存和發展。一旦他們的羽翼已成，堅持要在中國實行三民主義的國民黨勢必成為無產階級革命的對象，就成了他們革命道路上的絆腳石或攔路虎，其結局可想而知。史達林的本意是要搞社會主義陣營，他怎會願意中國成為又一個資本主義的國家？事與願違，豈不是賠了夫人又折兵？豈不是搬起石頭去砸他自己的腳？

君臨天下是汪精衛夢寐以求的夙願，他心裡早已盤算過這個問題。共產國際的支援是要收取回報的，那就是在民主革命的進程中讓中國共產黨得以發展壯大。一個蔣介石就讓他心力交瘁，他更不願意身邊還站著一群虎視眈眈的人。共產國際現在雖然已完全不信任蔣介石，但他覺得共產國際只是在表面上對自己極為讚賞，而實際上是希望自己能成為戲文裡或傳奇故事中的忠心耿耿輔佐幼主的老管家之類的人物，能把小少爺扶上路再送一程。汪精衛決不會心甘情願地為共產黨人作嫁衣裳，他更不允許共產黨成氣候時來與自己爭天下搶江山。

據周佛海獲悉的準確情報，蔣介石已與英、美等國外勢力掛上鉤，目前已是能一擲萬金的豪客，所以，夏斗寅之類的新軍閥才會陸續被其收買而供其驅使。

密使的往返奔走已收奇效，汪精衛與蔣介石、馮玉祥結成了政治利益一致的盟友。蔣先生所作的承諾讓汪精衛心動，那就是二個「一把手」並駕齊驅，共同開創一個嶄新的中華民國。

蔣介石所開出的條件是趁現在共產黨人把武漢當作是革命中心而齊聚三鎮的大好時機，汪先生和武漢國民政府應畢其功於一役把共產黨人一網打盡，將今後會與國民黨爭奪天下的共產黨人扼殺於搖籃之中和消滅在起步階段。

據可靠情報：葉挺所部排級及以上的軍官都是共產黨員；賀龍部隊中也容納了一大批共產黨人；1926年初開始，共產黨湖北省委令全省各地的下屬組織大力發展成員，估計人數已超逾萬人以上；自蔣介石在上海清共之後，原來設在上海的中共中央領導機關及各地之漏網人員都來到了武漢，當前在武漢活動的共產黨人應有上萬人之多，但共產黨組織嚴密，現在所掌握的只有經常拋頭露面的人員之相關情況，汪精衛覺得若要一網打盡確實極端困難。

鄭州會議後，汪精衛多次召集周佛海、陳公博、曾仲鳴等智囊團成員密議。周佛海提出：1、不宜用清共一詞，那樣會貽人口實。若以分共為名而行肅共之實，則更為有理、有利、有節。因兩黨之信仰和政治主張全然不同，志不

同道亦不合，分道揚鑣乃理所當然之事，共產國際雖有意見也只得無可奈何。2、蔣先生在上海是利用杜月笙誘殺汪壽華，再以青幫與工人糾察隊的械鬥為由調周鳳岐的第26軍彈壓。因武漢的洪幫不願捲入政治漩渦，只能以武漢工人糾察隊擁有槍械不利於治安管理為藉口，派人與共產黨人協商解決此事。若共產黨同意交出槍支，則今後下手時更少些麻煩；若共產黨不同意交槍，則可借機擴大事端。3、以加強戶籍管理和穩定社會秩序為名，讓各警局派人逐戶登記，應重點對單身無固定職業且操外省口音的男子登記備查。4、汪先生和武漢國民政府對共產黨要更加親熱友好，更要加大對三大政策的宣傳力度和高唱武漢國民政府東征討蔣的決心，以麻痹共產黨人。5、調葉、賀所部為東征主力和開路先鋒，讓張發奎、唐生智率部後繼，名為增援實為堵其歸路。時機成熟時，可以召開軍事會議為名逮捕葉、賀，解除二人的兵權。這一點至為關鍵，待葉、賀部隊遠離武漢後，再多共產黨人也不堪一擊。6、何鍵有功當予以獎勵，應委其接任武漢衛戍司令之職。第三十五軍堂而皇之地駐防三鎮，這次定讓共產黨的秀才們遇上了荷槍實彈的大頭兵，再多再好的理論也是枉然。

　　陳公博建議要對共產黨人加強分化瓦解工作，共產黨人也不是鐵板一塊，殺戮與懷柔並濟才可奇功全收。對捕獲之人，應分三類甄別處置：1、攻心為上。蔣介石在抓人才，汪先生要想超越他和壓倒他，則需要更多的人才。共產黨中人才濟濟，如果讓共產黨合法存在，這些人會推波助瀾以實現其個人的政治抱負；如果共產黨的組織已土崩瓦解或不復存在，而這些人又身陷牢獄且有性命之憂，若能委以高官厚祿，為求生存而改變其信仰僅在一念之間。2、剛柔並用。刑訊之餘再餌以重利，必有變節之人，彼一旦吐口則永無回頭之日。共產黨最恨叛徒，誓必除之。這種人後路已斷，只得甘當走卒，終生效力賣命。3、殺一儆百。對於無利用價值之人，可明正典刑而一殺了之，並張貼佈告曉諭百姓。既能消除隱患禍害，又達到了震懾蠢蠢欲動之人的目的。

　　智囊團的進言深合己意，汪先生決定依計而行。

　　武漢國民政府令駐漢各部隊在操練之餘增設講授《三民主義》的基本理論，為的是盡快地完成對中、下級軍官和兵士的洗腦工作。

　　夏明翰奉中央之命調任湖南省委常委兼組織部長。翌日，夏明翰夫婦和楊開慧帶著三個孩子去了湖南長沙。

　　農講所的學員和軍政學校的學員每天早晨仍分別在大堤口和文昌門附近的江畔跑步，看不出有任何異常。《武漢星期評論》和《群眾》二刊物仍如期出版，湖北人民通訊社門前的街面上時常有陌生人在那裡溜達徘徊。

　　周以栗、李子芬、劉子谷分別找到在35軍和警局中任職的熟人和朋友，所瞭解的情況完全相同，每個士兵都領到由武漢國民政府印發的一本三民主義的小冊子，教官在講課時往往抒發一些對共產黨不滿的情緒和攻擊共產黨的言論。

　　三鎮上的警察局都接到了國民黨湖北省政府要清查人口和按期完成此項工作的通知，所幸的是並無具體的要求和安排，辦事的警員也只是應差點卯敷衍了事而沒有認真地查問和逐個地落實到人頭，致使在汪先生精心構思的大網中出現了很多很大的漏洞。

　　時任湖北省委組織部長的陳潭秋對玉林下達了應作長期隱蔽的指示。潭秋先生告訴玉林，在益豐醬園裡幹推銷產品的蔡雲光也是秘密黨員，今後若遇緊急情況時可與他取得聯繫並約定了接頭暗語。

　　中共中央召開了緊急會議，決定在敵強我弱力量懸殊太大時不宜盲動蠻幹，應暫避鋒芒以保存革命力量；為麻痹敵人和贏得充裕的時間更好地作應變的準備，在三鎮內同時舉行幾次大規模的群眾集會，揭露蔣介石等國民黨反動派破壞三大政策和國共合作的罪行，號召民眾積極行動起來，以實際行動支持「東征討蔣」；若對方提出要收繳工人糾察隊的槍械時不宜硬抗，以軟拖的方法進行協商交涉，進一步觀察對方的態度和動向；派員去九江將武漢可能將要發生的政治變化通知葉挺和賀龍，請他們務必要提高警惕和預作防備，切記將不離兵、帥不離營。

黑雲壓城

　　1927年6月29日，國民黨第三十五軍軍長何鍵在其所轄各師中公開發出反共訓令，令全軍遵照執行。

　　7月3日和7月10日，共產黨湖北省委與國民黨湖北省黨部兩次聯合行動，分別在武昌閱馬場、漢陽月湖駐軍演武場和漢口中山公園舉行了紀念孫中山先生和擁護三大政策促進國共合作及支援東征討蔣的群眾集會，會場的秩序分別由

三鎮的工人糾察隊負責維持。在召開集會之後，工人糾察隊的槍支按兩黨協商的意見，交至所在地的警察局。

見共產黨人已入彀中而渾然不覺，汪精衛心中竊喜，對一網打盡的行動方案充滿信心。

7月12日，全副武裝的武漢軍事政治學校和農講所的部分學員及衣著農講所學員服裝的糾察隊員共500人在陳蔭林和劉子谷等人的帶領下離開武昌，按擬訂路線沿粵漢線至咸甯後再向東折至黃石進行野營拉練。【注：這支小部隊參加了南昌起義，當時在軍校當武術教習的二叔先俊亦在其中，後無音訊。】

7月14日，汪精衛秘密召開了由高層人士參加的分共會議，確定實施收網計劃。令各部門各司其責，迅速貫徹執行，以迅雷不及掩耳之勢將計劃中的各項措施落實到位。次日上午，繼續召開了分共的擴大會議，公開提出「寧可錯殺一千，不使一人漏網」的行動綱領。當天的會議之後，武漢三鎮同時展開了抓捕行動。

7月15日，三鎮的街面遍佈崗哨，盤查過往行人，對中、青年男性尤加注重。常有面現驚惶之色和操持外地口音的行人被繩捆索綁，倉皇逃走之人即遭槍擊斃命。車站內外和碼頭上下及城門等處兵士荷槍實彈，如臨大敵。部隊官兵手持名單在員警的引導下，突擊闖入原已掌控的重點單位及宅院實施抓捕行動。諸如武昌城中的高師附小、農講所、都府堤41號、高等師範、共進書店、湖北人民出版社、黃土坡武昌縣委機關、巡道嶺的省委機關及武漢一師、女子師範、武漢中學、共進中學、崇實中學等處和共產黨頭面人物的所居住之地都是首當其衝，讓帶隊之人始料未及的是，榜上有名者及其家屬皆杳如黃鶴，只得將認為可疑之人集中關押起來再逐個甄別審查。

大搜捕歷時一周，員警和兵士挨門逐戶執行公務，甚至在夜深人靜時也闖入民宅檢查，鬧得雞犬不寧。經國民政府與各國領事交涉，漢口的各個租界內也實行了搜查，仍無顯著的收穫。需要抓捕歸案的共產黨人彷彿從人間蒸發，讓汪精衛大失所望。

各警局局長願以人頭擔保，前期的排查工作謹慎細緻並無遺漏。此次帶兵搜捕的軍官均信誓旦旦，聲稱未放任何蛛絲馬跡。

想像中那一隻隻被煮熟的鴨子卻活生生地消失得無影無蹤，汪精衛簡直懷疑是自己的聽覺出了問題。像前幾天還在為工人糾察隊的槍支談判的李立三和

劉少奇，分別在武昌、漢口、漢陽的群眾集會上慷慨激昂彰善癉惡的陳潭秋、董必武、吳德峰、張太雷、鄭超麟、賀昌、馬峻山等人不僅無一人落網，就連軍政學校的惲代英和農講所的毛澤東、夏明翰、周以栗等人及高師附小內拖家帶口的錢亦石也無跡可尋，難道說共產黨人全都上天入地了不成？

汪精衛和智囊團認為共產黨內雖然不乏睿智之人，但絕對不能未卜先知而全部漏網逃逸。思來想去，覺得問題可能是與會人員中有人洩露了秘密，遂暗中對兩次參會人員嚴密審查，但查來查去仍無結果。為邀功請賞和排斥異己，眾人絞盡腦汁終於找到了問題的癥結所在，何鍵公開發佈的反共訓令調子唱得太高太響幫了一個大大的倒忙，打了草而驚了蛇，引起了共產黨的警覺，致使他們預作了準備而聞風而遁。為山九仞而功虧一簣，讓張網以待的汪先生後悔不迭。早知他們如今會全體漏網而逃之夭夭，倒不如提前動手抓一個是一個來得實在。

覺得可穩操勝券，汪精衛這才撕破臉皮決心將共產黨人一網打盡而建功立業名垂史冊。不料抓雞不著又蝕了一把米而得罪了共產國際，只落得竹籃打水一場空。原以為大功告成可壓過蔣介石一頭，不料事與願違，因徒勞無功反而在氣勢上還輸掉了幾分。汪先生羞愧憤恨急怒攻心，幾至暈厥。眾謀士跑前跑後亂成一團，勸兆公保重貴體，來日方長。

汪精衛也認為癥結應在何鍵的身上，遂調第三十五軍駐安徽，嚴令何鍵所部於東進途中兵分二路，務必將黃陂、新洲、黃岡、浠水、蘄春、黃梅和黃安、麻城、羅田、英山等十個縣的農民協會組織連根剷除，並恢復各縣的縣、區、鄉各級政權和組建鏟共團。何鍵為再立新功幹得更加賣力，部隊所到之處大開殺戒，各縣之農民協會組織一掃而光。

國民政府下令搜捕工作繼續進行，對怠忽職守者將嚴懲不貸。至七月底，陸續處決了幾百名涉嫌之人，但共產黨中的知名人物卻杳無音信。

因首逆陳潭秋和錢亦石在逃，二人的家眷也去向不明。警察局雖然對高師附小的教職員工進行了全面的審查，終因查不到任何人有污點的痕跡而只得作罷。

武昌警察局私下裡對玉林的家庭及個人情況也作了甄別，他只是一個家世清楚且為了生計而在多個學校裡代課的青年人，查明他既無政治傾向，又未參加任何政治活動和社會活動，而且還不是雲鶴堂中的一般成員。警察局裡的

上上下下都和幫會有些淵源或瓜葛，誰都不敢對這個大有來頭的年輕人妄下評論，最後以查無逆跡具結了事。

此後，國民政府湖北省教育廳奉命行文查封了高師附小、共進中學、武漢中學、崇實中學、共進書店和湖北省人民出版社等處，將武昌中華大學與省高等師範專科學校合併成武漢中山大學（後遷至珞珈山更名為國立武漢大學）。

武漢國民政府行文：嚴令各省取締農民協會。在緝捕農會負責人的同時，恢復和加強鄉、保基礎政權的建設。此令頒佈實施之後，武漢各縣的鄉保政權與農民協會和農會幹部之間基本上還很少有過激地敵對情緒和行為；在一些偏遠的地方，當地的豪門富戶原來已和農會勢同水火，現在當然會以牙還牙，對原農會中人開始了嚴厲的清算。

7月16日，在辦理移交手續時，張太雷囑託羅亦農在履行省委書記職責時應辦好兩件大事：1、應堅決採取進攻的策略和手段，籌備一次有社會各界參加的總同盟罷工，徹底揭露國民黨中央和武漢國民政府的反革命面目和反動本質，盡最大的努力爭取群眾的支持和最大限度地孤立國民黨反動派。2、希望新的省委對秋收暴動應有一個長期的規劃，要在群眾基礎好的鄂南、鄂西、鄂北、鄂東、鄂中及沿平漢線的襄棗六個地區全面開花，主要的工作和任務是殺土豪劣紳和進行抗租、抗稅及沒收地主土地的革命鬥爭。

羅亦農已徵求過陳潭秋、董必武、吳德峰等人的意見，對目前的局勢和敵我雙方的力量對比已有清晰的認識。現在是敵人在明處而我方在暗處，敵人已張好了網而正愁找不到對手的蹤跡，這個時候還要去搞全市統一行動的大罷工，只會暴露黨的組織和黨的力量，是睜著眼睛往死胡同裡鑽。民眾的呼喊聲和血肉之軀怎能抵得過劊子手高舉的屠刀和傾瀉而來的槍彈？幹革命不能逞匹夫之勇，更不能讓擁護共產黨的人民群眾遭受到無謂的犧牲。羅亦農覺得舉行全市同盟大罷工實際上就是張太雷所主張搞全市暴動的翻版，是想借敵人的鎮壓來激發革命力量發起暴動，是極端冒險的錯誤主張，只會對黨的事業造成無法估量的損失。搞全市統一行動的同盟大罷工是能造成一些政治影響，但要用成千上萬人寶貴的生命去換取確實太不值得！

羅亦農認為發動秋收起義搞土地革命切實可行，組建和發展了革命武裝力量才能抗擊國民黨反動派。敵方在農村裡力量薄弱，發動起義是以強擊弱。況

且農村地域廣闊，便於和敵人周旋且更利於保護和保存革命力量。羅亦農決定要把秋收暴動的這篇文章做好做活，做得盡善盡美，而對張太雷建議搞全市大罷工的主張隻字不提。

在軍警緊鑼密鼓繼續進行抓捕行動的同時，中共中央在漢口特二區（原俄租界）內召開緊急會議，針對剛接任湖北省委書記職務的羅亦農所提出的關於舉行湖北秋收暴動的計劃進行討論。在漢的中央委員一致同意羅亦農的計劃並決定了三件事：1、七月底在武漢召開中央緊急會議，由瞿秋白、張太雷、李維漢三人負責籌備。2、採納了李立三等人的建議，由葉、賀部隊在南昌發動南昌起義，由李立三、鄧中夏、惲代英、譚平山等一批人先前往江西。3、在群眾基礎好的湖北、湖南、江西、廣東等省發動秋收起義，確定湘鄂贛粵四省的農民暴動和開展土地革命，是奪取政權的唯一途徑，只有用武裝的革命鬥爭才能針鋒相對地反抗國民黨反動派。

7月25日，周恩來、張國燾等人化裝離開武漢潛往南昌。

秋收暴動

1927年8月7日，共產國際代表羅明那茲主持召開了「八七會議」，正式將陳獨秀免職。並指定瞿秋白擔任臨時中央政治局常委，並主持中央工作。此次會議堅決糾正了右傾機會主義的錯誤，確定了土地革命和武裝反抗國民黨反動派的總方針。

會議決定：以武裝的革命來反擊武裝的反革命。湖南和湖北的農民暴動，在中國革命委員會領導下必須開始於9月10號，應各有中心區域，各創獨立的暴動局面，但總的政治目標、口號與行動須一致；各暴動區域應自鄂南開始，鄂中、鄂西即須大暴動與鄂南聯絡，創成一獨立局面而威脅武漢，或從鄂南攻岳陽以威嚇長沙；軍事方面所有的武裝合稱為工農革命軍。在暴動成功後，須無限制地擴充為正式的革命軍隊，同時保持地方軍隊性質的工軍、農軍，執行各地的警衛，以之為革命政權新員警的基礎；暴動的口號為：打倒武漢國民政府、殺盡一切土豪劣紳和反革命大地主及一切反動派，為死難民眾復仇，沒收地主土地實行耕者有其田居者有其所，抗租、抗糧、抗捐、抗稅，恢復一切民眾團體，實行一切政權歸農會，民選革命政府；掘斷鐵路和破壞水陸交通等等。

「八七會議」之後，毛澤東去了湘南。

湖北省委決定成立中共鄂東區特委，指派吳致民為書記，特委機關駐黃梅，管轄黃梅、廣濟、蘄春、浠水、英山、羅田、麻城、黃安、黃岡、大冶、鄂城等11個縣的暴動工作。後因此十一個縣地跨大江南北，不易集中指揮，遂將鄂東分為大陽、黃蘄、黃麻三個起義區，各設特委分別指導。黃蘄區轄黃梅、廣濟、蘄春、蘄水四縣，區特委仍駐黃梅。

石烈凡奉命應潛回黃梅，玉林在雲鶴劇場裡支取了200銀元以作盤纏並護送其返回家鄉。8月16日兄弟二人在義字排的四個弟兄隨同下乘火輪過江至粵漢碼頭，再搭乘東去的客輪。

在安全抵達小池口聯絡站後，玉林告辭歸家，石烈凡送至渡口雇船，途中玉林叮囑石烈凡應謹慎小心，若有急事可寫信寄至武昌三道街四號，信封之左上角須留品字形的三個針眼；右下角留二個針眼；信箋之空白處應用明礬水書寫，表面上只宜書寫些平常的話語。

9月8日開始，鄂南各縣相繼發生秋收暴動，其勢若暴風驟雨迅猛發展。

玉林回家後不久就收到了石烈凡的來信，說他負責全縣農運和中心區（縣城）的工作，全縣分為東、西、南、北、上西、下西等七個區，在負責人中不乏黃埔學生。只是全縣城鄉總共能行動起來參加暴動的人數，跟預計的相差很大。

9月中旬，石烈凡在來信中說道：黃蘄區特委改組黃梅臨時縣委，成立中共黃梅縣委，他任書記，下轄六個區委。根據湖北省委的指示：10月上旬必須舉行黃梅秋收暴動和進攻縣城。先組織暗殺隊去暗殺土豪劣紳，殺後再沒收其財產，以達到迅速發動群眾的目的。現急缺短槍及子彈，若有可能，望盡力購置，短槍及子彈送至小池口通達貿易貨棧交王老闆即可。

10月初，石烈凡在來信中說五支短槍和2000發子彈全部收到，黃梅縣農民革命軍已逾千人，擁有長短槍600餘支。殺土豪劣紳、殺貪官污吏、殺流氓地痞和抗租、抗債、抗捐、抗稅行動高潮迭起。

此後，廣濟、蘄春、浠水等地亦相繼暴動，殺抗行動也全面鋪開，各縣之土豪劣紳和大、中地主均受波及。自1927年9月起至1927年11月15日止，湖北省內秋收暴動舉行了17次之多。各暴動區域的農民在共產黨的領導下開展土地革命，打土豪、分田地、分浮財，幹得熱火朝天。

　　武漢事變之後，汪精衛和蔣介石原來因容共和清共之間的矛盾已不復存在，經馮玉祥從中斡旋並與各方反復電商，於7月20日提出協商解決寧、漢合作的具體辦法。8月上旬，寧、漢雙方基本達成一致，汪精衛表示願和平解決和遷都南京，並嚴令軍警加大搜捕力度，盡力摧毀共產黨在漢的各級組織，武漢三鎮仍處於白色恐怖之中。

　　八、七會議後，中央機關遷往上海，時為中央政治局委員的羅亦農仍兼任湖北省委書記。共產黨內有些思想激進的人以為新的革命高潮再次到來，他們對羅亦農等人在武漢按兵不動的行為頗有微辭。9月23日後，中央決定羅亦農調任中央組織局主任，由陳喬年接任湖北省委書記。10月10日羅亦農任中央長江局書記，玉林也隨之成為中共長江局內的情報人員而與湖北省委組織中人無任何聯繫。

　　1927年10月至11月，在武漢的國民政府和南京的國民政府之間爆發了戰爭，交戰的雙方是武漢的唐生智部與新桂系李宗仁、白崇禧部，故稱為李、唐之戰。

　　湖北省委及其下轄的武昌市委及各區區委加緊了聯絡老黨員的工作和加快了發展新同志的步伐，決定乘國民黨內部爭鬥的大好時機，積極準備積蓄力量以適應革命新形勢的需要。在各個階層中都有一些原來加入過組織的人，現在卻表態不願再捲入政治鬥爭的漩流之中，這些人都立下誓言：不洩露秘密和不出賣他人；但今後仍可以為組織做一些力所能及的工作。

　　根據臨時中央政治局的指示，湖北省委及下轄的各級組織仍著手進行在三鎮內舉行暴動的準備，發展革命力量吸收新鮮血液的工作已有成效。但讓湖北省委始料未及的是，一些思想過於激進的人和持有投機心理的人也相繼加入了革命隊伍的行列，這些人卻為日後湖北省的各級黨組織帶來了慘重的損失。

第二章　腥風血雨又幾年

胡陶聯手大開殺戒

　　甯漢之戰以桂系大獲全勝而告終，湖南、湖北成了新桂系的勢力範圍，李宗仁和白崇禧麾下的部隊已達到20萬人。

　　民國十六年11月，桂系主力之一的第十八軍駐防武漢，李宗仁決定以鄂籍將領治理湖北，遂委任該軍軍長胡宗鐸和副軍長陶鈞為武漢衛戍司令部的正、副司令；任命胡宗鐸為鄂省清鄉督辦；任命陶鈞為鄂省清鄉會辦。

　　為擴充新桂系的勢力，李宗仁決定釋放在牢獄裡被關押的劉佐龍，條件是劉的舊部陳克鑾和程汝懷二個師接受桂系整編。李宗仁將這二個師擴編為第十九軍，委任陶鈞和程汝懷為正、副軍長。

　　劉佐龍聽從了胡、陶二人的勸告，舉家遷入漢口租界內當了寓公，每日裡吃齋念佛虔心地做了一個方外的居士，以致修成功德圓滿往登極樂世界。

　　胡宗鐸是湖北省黃梅縣人，陶鈞是湖北省浠水縣人。胡、陶二人不僅是同庚且皆是富家子弟，二人還同是保定軍官學校第四期步兵科的同學，畢業後一同前往廣西軍中。胡、陶二人相交莫逆，同進共退，時人皆以「焦贊、孟良」譽之。胡、陶二人因軍功卓著屢獲升遷而光宗耀祖，二人之家庭早已躋身於黃梅和浠水二地的名門望族之列而富甲一方。

　　此次秋收暴動，分別在黃梅和浠水的胡、陶二家及其親戚當然是首當其衝而難逃厄運，胡宗鐸和陶鈞二人對領導農民暴亂的共產黨自然是咬牙切齒恨之入骨。胡、陶二人一向視馬列主義所主張的階級鬥爭和消滅私有之理論違背綱理人倫，一直把共產黨人看作是蠱惑人心攪亂天下的亂世梟雄。此次重兵在手和大權在握，正好借此機會報仇雪恨而將湖北省內的共產黨斬草除根。

　　胡宗鐸和陶鈞聯名電請駐防於安徽的第七軍軍長夏威派部隊進剿鄂東各縣的農民革命軍，他倆在鄂北、鄂南、鄂西各地也同時鋪開了清鄉剿共的軍事行動。

　　鄂省清鄉公署和武漢衛戍司令部頒佈了以殺為治的政策法令，在廣泛張貼舉報有賞條例規定的同時，嚴令軍警在全省範圍內緝捕共產黨人。陶鈞並發出「寧可錯殺三千，也不可漏掉一人」的指令。

　　大開殺戒之後，一時間狠戾肅殺之氣籠罩江城，軍警密探遍佈於三鎮之內；對旅館、茶樓不定時突擊檢查；十字街頭的樓上派人守候指認；電影院和劇場中也派人在台前幕後偷窺。許多流氓無賴為貪圖賞金也自願加入到搜捕中來，像沒頭的蒼蠅一樣在街頭巷尾四處亂竄。陶鈞下令：一經捕獲即嚴刑逼供，對不降之人予以槍斃。

　　11月下旬，正逢武昌中山大學學生聲援震寰紗廠女工為增加工資和抗議工頭凌辱女工的罷工鬥爭。胡宗鐸和陶鈞認定工人罷工和學生聲援乃是共產黨操縱作祟所致，需採用治亂世用重典的雷霆手段予以鎮壓。

　　武漢衛戍司令部在三鎮張貼佈告：堅決取締罷工、罷市、罷課、示威、集會等破壞社會穩定的極端行為和過激的舉動，對為首及作祟之人當嚴懲不貸。

　　幾天後，9名學生和15名女工在紫陽橋遭槍殺，妄殺之事震撼人心引發軒然大波。社會名賢達成共識，推舉時任省政府財政廳長的詹大悲（辛亥武昌首義領導人之一，共產黨員）和時任省政府教育廳長的李漢俊（中共一大代表，因與陳獨秀等人意見不合而脫黨）、石瑛等八人去面諫胡、陶二人，要求武漢衛戍司令部收回成命和撫恤死難者的親屬，以及不能讓屠戮民眾之事再度發生。

　　第三次面諫時，因各執己見且據理力爭鬧得不歡而散，眾社會賢達皆憤憤不平；胡、陶二人佯作笑顏卻含恨於心。

　　12月6日上午10時，三鎮內同時舉行群眾集會，要求當局應嚴格遵循中山先生的三民主義建國大綱，應賦予民眾的民主自由的權利，但遭到了軍警的抓捕和武裝鎮壓。以後，群眾的飛行集會時有發生，軍警們疲於奔命忙得不可開交。

　　為殺一儆百，12月17日下午5時，詹大悲在李漢俊家中與之下棋時被捕。未經審訊，便被陶鈞按共黨首惡定罪，並於當晚9時遭到槍殺。詹、李二人殉難之後，社會賢達皆噤若寒蟬，胡宗鐸和陶鈞二人為此後耳根清靜而樂不可支。

　　1928年4月，胡宗鐸和陶鈞覺得以殺為治只是穩定湖北政局的必備手段之一，但若要長期統治鄂省則需加強對人才的網羅和培訓工作，才能最終達到鄂人治鄂的政治目的。胡、陶決定在武漢開辦以青年學生為主體的黨務幹部訓練班，加大力度對省、市、縣各級黨務人員的培養，讓一大批年輕有為的青年人

投入到三民主義的營壘中來，從而成為他們雄踞鄂省的社會基礎。

1929年3月，蔣介石西征討伐李宗仁，桂系潰敗，4月間退出武漢。僅在一年半的時間內，胡、陶在武漢殺戮共產黨人達千人以上，逮捕判刑者不計其數。

1927年7月15日武漢事變後至12月上旬，湖北省委兩次改組，省委機關駐漢口租界內。原有的組織、宣傳、軍事各部取消改設為科，另設職工、農民、士兵、破壞反革命軍隊等委員會。省委常委分散居住且只分管工作而不兼科主任，為確保安全，由省委交通員負責相互之間的聯繫。全省黨員人數由原來的17000餘人銳減為3800多人。

12月中旬，中共湖北特委召開省委擴大會議，會議決定：長江局遷往上海；重組湖北省委；加強發展黨員和在暴動條件不具備時繼續妥善地作好武漢暴動的準備工作。

1928年1月底，夏明翰調任湖北省委常委。2月初，設在漢口裕泰旅館的省委接頭處被破壞，導致30多人被捕，省委委員王達祥、鄂南特委書記熊映楚、京漢特委書記鄧雅聲等20多人遭槍殺。2月下旬，中共黃梅縣委書記石烈凡奉命調省委機關工作。

玉林依約來到在漢口保華街保成里石烈凡居住之處，相見之後互訴衷腸，在仔細詢問了對方親屬的相關情況後，石烈凡對黃梅暴動的相關情況作了簡明扼要的講述。

石烈凡告訴玉林，夏先生在上月30日調任省委常委，分管農運工作，並轉達了夏先生對玉林的問候。石烈凡說他在省委農民科分管農運工作，這段時間雖然很忙但是得心應手，待一切步入正軌後他會抽空回到武昌家中。

玉林說自己隸屬於長江局後仍在幹情報的收集工作，但和湖北省委未有任何聯繫。臨別之前將馮雲卿在法租界宅第的地址和管家的名字相告，讓石烈凡若遇緊急情況和危難之時可去那裡暫避居住。

3月初，由於共青團湖北省軍委負責人黃佑南、中共江岸區委書記丁超、橋口區委書記張夢谷、省委交通員宋若林等人先後被捕叛變，導致從黨、團省委機關到武漢各區委、各支部、省總工會、京漢鐵路總工會及各級工會被破壞。省委常委唐鑒、夏明翰、符向一，秘書長任開國和省委委員黃五一、夏桂林、省黨刊《大江報》主筆向警予及省委各科負責人石烈凡等相繼被捕而英勇犧

牲。從3月20日起至5月1日，黨團幹部犧牲的達310幾人。

此後，湖北省委屢次組建均被破壞。由於武漢白色恐怖嚴重，湖北省委機關暫設九江。

1928年7月中旬，湖北省委遷回武漢。根據中央指示，省委取消了「秋暴」計劃。11月6日，省軍委秘書董恕等人在漢口旅館被捕叛變，接著武昌市委書記張作賓等5人被捕叛變，致使此屆省委結束。之後，每屆省委多則半年，少則二月就要改組一次，省委機關一度曾遷往上海。

磨刀不誤砍柴工

民國十八年4月新桂系潰敗後，胡宗鐸和陶鈞宣佈下野。

蔣介石任命心腹之人劉文島（1893—1967，湖北省廣濟人）為武漢特別市市長，並親點其在日本士官學校的同學何成浚由北平行營主任調任武漢行營主任、湖北綏靖公署主任、湖北省省政府主席。

民國十六年一月，由廣州遷治的武漢國民政府將三鎮的城區及近郊合稱武漢，定為京兆區而設立武漢特別市。現武漢國民政府已不復存在，何成浚當然不願在省府駐地多了一位不受他節制的父母官。遂以機關設置重疊必然會令出多門而導致政令不暢為由，鑒於汪精衛在漢鎮共失敗之教訓，呈文請國民政府將武昌、漢陽兩城區分別劃歸武昌、漢陽二縣；設立漢口特別市，讓精通律法且熟諳外交的劉文島市長能專心致志地抓好經濟貿易和漢口市政建設及協調融合各國駐漢領事館的工作。何成浚在呈文中極盡其能把行政區重新設定說得無懈可擊，將令出多門必相互推諉及秘密外泄以致延誤抓捕良機；租界內易藏垢納污而無法集中指揮和統一行動，是共產黨人逃脫由汪精衛所布之網的根本原因和癥結所在。說共產黨運動群眾之能量巨大，而政府機關重疊責權難分，只能讓共產黨有機可乘和利於他們死灰復燃。

蔣介石從其所請，批准設立漢口特別市。劉文島對何成浚雖耿耿於懷，卻無可奈何。

何成浚覺得只要因勢利導和輔以政策攻心及酷刑相脅，人的政治信仰和思想觀念定會因為求得生存和功名利祿的欲望而將有根本的改變，步胡宗鐸、陶鈞二人的覆轍難以達到治省安民和穩定政局的最終目的。以殺為治僅能治標，

乃是頭痛醫頭、腳痛醫腳的下下之策，亂殺狂戮，弊大於利，其結果只會喪失人心；為長治久安，須政治洗腦而讓三民主義深入人心，揚湯止沸遠不及釜底抽薪切實可行，只有讓世人皆能認識到馬列主義乃是有違天理人倫的異端邪說且根本不適合於中國的國情，才能使共產黨人在社會各界中再無立足之地。

鑒於胡宗鐸、陶鈞從去年二月上旬開始至今年二月初先後5次的收網行動大獲成功，共產黨從省委機關到武漢三鎮的基層黨組織或被摧毀，或失去聯繫，共產黨人因損失慘重而偃旗息鼓。何成浚認為政府若再沿用劍拔弩張的搜捕辦法只能是事倍功半或甚至是徒勞無益，只能採取外松內緊引蛇出洞的策略，在共產黨人重新露頭時再一網打盡。

為使自己能穩踞省主席的寶座之上而成為名副其實的湖北王，何成浚認為當務之急是要扎扎實實地做好以下七個方面的工作：1、培養和造就一大批年輕有為的黨國精英。通過陸續開辦黨務訓練班和高級黨務研究室，將那些家世清白、身世清楚並具備正規學歷且學有所長的青年人招納進來，在經過嚴格的訓練後先分派往省、市、縣、鄉各級政權中任職，然後根據其業績認真考察再選入黨務研究室重點培養。2、加強對學校的掌控與共產黨爭搶人才。選派忠誠可信之人去擔任中山大學、省立師範和各中學的校長、副校長；在學校內設督導室或訓導主任，並配備專職工作人員，此類人員應接受所在地域之省、市、縣黨部的領導；對教師嚴格進行甄別考核，清除害群之馬，讓共產黨無隙可乘；仿照黃埔軍校中孫文主義學會的組織模式，在學生中組織社團並在督導、訓導主任領導之下開展活動，讓共產黨無法在學校內繼續蠱惑毒害學生。3、開辦員警學校訓練新型的警務人員和加強戶籍管理及印發新戶口簿，重新編定門牌號碼和審定保甲管理條例規定，讓再次滲入的共產黨人無法存身。4、寬猛相濟，加強分化瓦解共黨營壘的工作。清理司法檔案與甄別審查服刑人員，嚴格執行首惡必究，脅從開釋，立功受獎的法律條款及獄政管理章程。對脅從之人可交保釋放，但被釋放者須由本人填寫悔過登記表；對有一定社會影響之人，應登報申明其已迷途知返、棄舊圖新；家居鄉村者當交由宗族祠堂代為管束，在城中居住者當由警局派員在保、甲的協助配合下暗中監控。5、對共黨變節之人，可委以高官副職並設置政治平臺及提供條件和方便，讓他們以現身說法來點悟和警醒世人；亦可安排去特務隊、偵緝隊中任要職，蛇鑽的洞蛇最清楚，餌以重利讓彼等赤膊上陣可事半功倍。讓他們盡力發揮其聰明才智，為破獲共黨組

織再立新功。6、在工廠內設立稽查隊，密切注視工人的一舉一動，查出端倪後再順藤摸瓜加以突破。7、加強政府輿論的宣傳力度，在抨擊胡、陶虐政和揭露共產黨險惡用心的同時，將自己的施政綱領和政治主張曉諭民眾。

武漢三鎮又恢復了平靜，社會秩序有明顯地好轉。

1929年11月中旬，玉林收到了陳潭秋先生化名孫傑從上海寄至武昌三道街的信函。

玉林取出碘酒將三張信箋空白之處盡行塗抹，未發現任何字跡。仔細地看閱二遍之後，覺得信中之內容看似平淡卻隱含弦外之音且寓意深刻，見字如晤應理解為要自己立足於悟，意即閱信後應領悟文字中之隱言的含意。揚子江畔憶故人，表明先生現寓居上海，應當在中央機關內任職；按組織紀律之規定，隸屬關係改變後任何人不得與原來同線之人保持聯繫。潭秋先生為黨內要員，絕不會帶頭違例，唯一的解釋是，先生與長江局有不解之緣；所謂弟有百里之才，今後宜當從政，兼課謄寫終非長遠之計。是對自己下達任務和指明方向，是讓自己今後要滲入到國民黨政權內任職。

父母在不宜遠遊，既能造福桑梓，又能兼顧家庭。是在給自己定位，是要自己留在武昌工作。武昌為全省政治、經濟、軍事、文化之中心，官署林立，情報來源極其廣泛。武昌縣為荊楚首縣，縣署及各機關均設在城內，若今後能在縣署內任得要職，上可出入省署及所屬衙門，下可巡視鄉里，行動自如而不受任何限制。作此決定之人匠心獨運，確實是高人一籌。

要關心政治和留意時局及學習專業理論，應注重社會關係和人際交往，好風憑藉力，送我上青雲。須對遠親之人要多作瞭解及適當交往。說的是讓自己幹一行，精一行，專一行。吹奏出來的音韻要合節合拍，對國民黨中的要員和握有權柄及有借助其力為己所用之人的一切情況要摸得一清二楚，投其所好而建立關係網和尋求保護傘，夯實基礎方能站穩腳跟徐圖進取；敏於事而訥於言，官場上雲譎波詭更須謹慎行事，切忌急功近利。是告誡自己要心思縝密，對人對事須敏於觀察分析，去偽存真，精益求精。不可墮入圈套，偶爾失足亦會留下終生遺恨。

君子矢志不移，丈夫之身能屈能伸，君子有所為有所不為。小不忍而亂大謀，任重道遠應保重身體。講的是既要有堅定的信念，還要為了黨的事業和黨

的利益去忍辱負重，不得計較個人的得失，不怕被人誤解，不怕留下罵名，甚至不惜獻出自己的生命。要善於隱蔽和保護自己和服從組織決定。決不可意氣用事，言談舉止不能貽人口實和留下蛛絲馬跡。當官難，從基層做起更難，學無止境，磨刀不負砍柴工，應力求完善自我。書到用時方恨少，開卷有益。諸如農田水利、課賦稅捐、律法獄政、佛道經書、陰陽風水、看相占卜之類的書籍也值得一讀，閒時備著忙時用，全面發展方可脫穎而出。此段話不難理解，這是治理一縣的官吏必須具備的素質和應通曉的知識。

結識新朋友，莫忘老朋友，交遊遍天下，朋友越多路才越好走。是讓自己在與這些人交往的同時，仍應與洪幫保持親密關係，這條情報渠道不能廢棄。

省政府在開辦的政訓班，是年輕人從政之必由之路，弟當作爭取。不宜操之過急，好飯不嫌遲乃確有其事。須心態平和，精進隨緣，自然會水到渠成。弟所缺之物兄當代為籌辦，屆時將有人前來送上。萬事俱備，只欠東風，已臨近冬季，春天亦將到來。這段文字是讓自己把握機遇，通過黨訓班、政訓班步入仕途。此類訓練班會經常開設，不必急於求成。師傅引進門，修行在各人。把根基紮穩扎實，在歷練中增長才幹，才能達到長期隱蔽的目的。所缺之物當是學歷文憑，先生已托人代為操辦，為的是讓自己能順利地通過考核且不會露出破綻。

八弟因積勞成疾，病逝已有二年。芝固弟和俊弟去南方後亦無音訊，故無法與之聯絡。是說先生之弟陳蔭林已去世，劉子谷和先俊參加了廣州起義已血灑天南。思及胞弟已捨身取義，玉林禁不住潸然淚下。

前赴後繼

何成浚在主鄂期間，他與武漢警備司令夏斗寅在防共、鏟共的問題上有明確分工，何成浚注重於「防」，即以三民主義思想體系教化民眾的同時，輔以得力的措施及行之有效的辦法隔斷共產黨人和社會各界群眾的聯繫；夏斗寅著力於「鏟」，即負責偵破共產黨的組織，若有所獲則相機擴大戰果，以嚴厲的手段予以鎮壓。何、夏二人密切配合頗見成效。

漢口特別市市長劉文島雖然與何成浚矛盾加劇，但同為蔣介石的親信和秉承蔣之意旨，他們的反共的立場完全一致。漢口市政府與租界工部局達成了反

共協定，並簽署了引渡協議。租界巡捕房的密探因有利可圖，也加大了在租界內搜捕共產黨人的力度。

夏斗寅是一個以反共著稱的將軍，他在1926年投靠了蔣介石並與之結為兄弟後便把共產黨人視為危害黨國的頭號敵人。1927年5月，夏斗寅聯合四川軍閥楊森發動了反對武漢國民政府的兵變，一路之上勢如破竹逼近武漢，形勢大好令夏斗寅趾高氣揚。不料，在武昌縣境內遭到葉挺部隊的英勇反擊和農民自衛軍不斷地襲擊騷擾，夏、楊的聯軍被殺得丟盔卸甲退回宜昌而一蹶不振。因元氣大傷，夏斗寅對共產黨人更是恨之入骨。

如今，武漢三鎮的軍警憲特皆聽命於夏斗寅，其手握生殺予奪之大權，恨不得將在鄂省及三鎮活動的共產黨人斬草除根以絕後患。夏斗寅重用共產黨的叛徒黃佑南、宋若林、丁超、張夢谷、董恕、張作賓、姚玉山、傅士倬等人，將他們分別安排在三鎮中的偵緝隊或特務隊任職，讓他們帶著軍警密探以各種方式捕殺共產黨人。1930年1月至7月，黃佑南、黃昌恒等人帶隊相繼破獲了中共鄂省、市黨團工會組織及中共長江局所設的各種機關，逮捕數百人，被槍殺的有200餘人。其中，遇難者有湖北省委書記歐陽洛、省委秘書長胡英生、常委馮任、長江局秘書長張米真及軍委參謀劉雲、武漢市委常委陳洪周、鄭漢先等黨內知名人物。湖北省委及基層組織又被完全破壞。

因湖北省及漢口特別市政局穩定和鏟共卓有成效，蔣介石頒令嘉獎何成浚、劉文島、夏斗寅等股肱之臣。

近兩年來，妹妹正英經常是沉默寡言思想情緒波動較大，讓玉林很是擔心。因恪守組織對秘線人員所作出之深入隱蔽、長期潛伏、保存力量、以待時機的紀律規定和擔心正英難以承受那巨大悲痛的打擊，他又不能將石烈凡已被捕和犧牲的消息向妹妹吐露。

正英轉為正式黨員已有三年，但一直作為隱蔽待命的對象而未安排具體的工作任務。正英曾多次求兄長代她去向組織提出請求，說投身於轟轟烈烈的革命鬥爭中去才是她夢寐以求的理想和畢生的願望。

1931年1月3日傍晚時分，正英從城裡返家後鬱鬱不樂，匆促用餐後便推說頭疼回了自己的臥室。

見妹妹神情異常似有重重心事，待孩子們安歇之後，玉林讓妻子去探望

正英。

　　運姑比正英僅大二歲，二人從童年時起便朝夕相伴，現雖為姑嫂卻情同姐妹。

　　在清油燈微弱的光亮下，運姑見妹妹淚流滿面。未待嫂子相問，正英便伏其肩上泣不成聲，「他已被軍閥殺害了，我一定要為他報仇。」

　　「誰被人殺了？你快點告訴我。」

　　「是石烈凡。」

　　「他是什麼時候被殺的？你又是怎麼知道的？」

　　正英強忍悲痛將從報紙上看到的消息向嫂子講出：這幾年都未聽到李子芬和石烈凡及錢瑛等人的任何消息，也沒有人前來聯繫，又不便向大哥詢問，心裡一直在擔心他們的安危。這幾個月來經常去省圖書館看閱省內出版的舊報紙，才得知王平章帶領紅軍在湖北和安徽相鄰的地方打仗，石烈凡卻在大前年（1928年）的3月20日與夏明翰先生等人在漢口余記里刑場被殺害。

　　「我不知道你哥哥是否曉得石烈凡和錢瑛他們的情況，這些事你最好找個時間和他談一下。他瞞著你也是怕你心裡難受，人死不能復生，你要保重自己的身體才是。」

　　應妹妹的請求玉林將當年所發生的情況如實相告：1928年2月，湖北省委接頭處裕泰旅館被破壞，導致30多人被捕，省委委員王達祥等英勇犧牲，同時犧牲的還有20多人。3月初，共青團湖北軍委負責人黃佑南被捕後叛變，黃帶著警探在漢口街上密捕了省委交通員宋若林，宋叛變後帶領警探先後抓捕了夏明翰、唐鑒向警予等人。石烈凡是在3月18日晚上被捕的，受刑後因拒不投降，才在20日那天與夏先生等人在餘記裡刑場被殺害。

　　組織上可曾派人營救？正英插言問道。

　　「當然是作了安排。因敵人看守嚴緊和胡宗鐸、陶鈞下令立即處決，故無法營救。後來，組織上派人將烈士們的骨骸安葬於漢陽鸚鵡洲。每年的3月20號我都要去墓前祭奠。」

　　「他是什麼時候到武漢來的？和你見過面沒有？能否帶我一道去祭奠夏先生和他？」

　　「他是在二月中旬由夏先生點名調到省農委工作的，我和他見過一次面，他說待工作步入正軌後就回家來的，沒想到竟成了永訣。下個月初一我就帶你

去，那個墳墓比較大，墓前立有石碑，碑上鑴刻著百友先生之墓。前年我還在墓前栽了二棵柏樹，就更好辨認了。」

三鎮上還有黨的組織在活動，為什麼這幾年一直沒有人來與我聯繫和下達指示？

「按組織紀律規定，任何人不得擅自與他人發生橫向聯繫。你和他們不隸屬於同一條線，當然就不能與你聯絡和對你下達指示。去年8月間，中央決定撤銷湖北省委和改組長江局。9月16日，漢口區行動委員會委員宋惠和被捕後叛變，由憲兵三團轉歸叛徒黃佑南指揮。11月間，武漢黨組織準備乘蔣介石去漢口商會時用炸彈襲擊老蔣。漢口區委書記陳華等人在街上行走時被宋惠和指認逮捕。陳華叛變後供出行動計劃及參與者姓名。從9月下旬到12月，市委各秘密機關相繼被破壞，被捕後犧牲的有100多人。現在石烈凡早犧牲了，王平章在鄂皖邊境活動，李子芬也無消息，你只能耐心等待組織的召喚。而今白色恐怖籠罩江城，你的行動更須小心謹慎。」

「你別打馬虎眼了，組織嚴令不得發生橫向聯繫，你是怎麼知道石烈凡回武漢的消息的？難道說是你能掐會算？還是你有先見之明？」正英急不可耐地問道。

「我並沒有違反紀律，長江局中有湖北省委的負責同志，石烈凡回到武漢是夏先生讓省委秘書長任開國告訴我的。去年12月，中央決定長江行動委員會撤往上海，我也和組織上失去了聯繫，也只能隱蔽待命和靜候上級的指示。」

「當初我要去報考軍事政治學校，被你們以組織上另有安排而攔下了。讓我去紗廠裡上班，而又不允許我參加公開的社會活動我也服從了。這一等就是三年多，你們還要讓我等到猴年馬月才是個頭？我已打定主意了，若組織上不派人來聯絡，我就去找組織要工作，至於是去找王大哥還是去找李大哥，或是去往上海都是我自己的事。反正我找不到組織我就永遠不會回到這個家裡來。」正英情緒激動態度堅決地說。

見妹妹已下定決心，玉林覺得若強行勸阻只能會適得其反。既然組織的意圖是讓正英從事秘線工作，讓她早點去經風雨見世面也是一件好事情，故決定助妹妹一臂之力，選擇一適當的機會把正英送離武漢，讓她能儘快地投身於革命洪流之中。

「以組織的要求和目前的形勢看來，你並不適宜留在省內工作，我努力爭

取早日與組織聯繫上，儘快地能讓你遂心如願。在這段時間內你要不動聲色，裝著什麼事都沒有發生過。再過二個月便是夏先生和石烈凡他們逝世三周年的祭日，我同你一道去祭奠英烈後再把你送走。」[注：那年二月間，姑姑正英離開武漢後便再未回來，此後也沒有她的任何音訊。]

接受指令

　　1931年2月1日，何成浚下令組建武漢行營緝查處，由青幫頭目楊慶山（湖北黃陂人）以少將軍銜出任處長。另以原中統局派駐武漢的特派員蔡孟堅（江西萍鄉人，因去年破獲襲蔣案有功被蔣召見並破格提升為少將）為副處長負責緝查處的全面工作。

　　為再立新功，何成浚制定了恩威並施、感化自新、利用叛徒以毒攻毒的策略，調來中共叛徒黃凱、宋惠和、陳謙、陳華、張作賓、傅士倬等一大批人為密查隊員，由他們帶領警探及楊慶山麾下的嘍囉們在武漢三鎮上的主要街道上蹲點佈防，名曰守株待兔。因擒獲共產黨人會立功授獎，這些軍警憲特及叛徒和流氓們均格外盡心盡力，起早貪黑不辭勞苦地在繁華的街道上和茶樓酒肆及劇場裡守候魚兒上鉤。

　　長江行動委員會委員尤崇新（1925年加入中共，原武漢工人糾察隊負責人）被捕後旋即叛變，經其指認，4月24日警探在漢口逮捕了中共中央政治局候補委員顧順章（化名黎明，四、一二後曾任武漢工人糾察隊總指揮）。顧順章的叛變，導致紅二軍團駐漢辦事處、中央軍委武漢交通大站、原湖北省委交通處、武漢市委交通處等20餘處機關連續被破壞，數百名中共黨員被捕，100多人遭殺害。此後，共產黨在湖北武漢的組織元氣大傷，呈空白狀態，直至抗日戰爭爆發後才得以逐漸恢復。

　　玉林在益豐醬園與蔡雲光對完賬後，蔡雲光拿出一個已封口的紙質檔袋交給玉林，說是由其下江的表哥托人送來，讓玉林回家後拆閱。

　　袋中有一張寫有玉林名字的於民國十年九月由武昌中華大學所開出之該校中文系的肄業證書，上面蓋有中華大學的方方形紅印。有一張已泛黃色的該班之30餘名同學在入校後的合影照片及一封信函。因這張照片尺寸不大且保管不

善，照片中眾人之面目已不清晰。

在幾張信箋上，按每個人在照片中的排列位置，依次寫明其姓名、年齡、籍貫、個人喜好與特長及其家庭的簡明情況。在約定的空白之處塗上碘液，潭秋先生的留言便顯現出來：1、當時國內各學校皆自主招生，故各校之學生流失和流動較大。校方應學生及其家長之請求，出具肄業證書乃常有之事，並不足為奇。2、該班學生中並無武漢市人，均來至鄰近各省份。今時過境遷，該班學生早已是風流雲散。經查證，並無人留在三鎮上從業。3、照片應妥為保存。其中之人的相關情況，當熟記於心，可備不時之需，以防漏出破綻。4、官場之中交遊甚廣，極有可能遇上該班之人的故友舊交，當應對如流。言語須謹慎，若有不詳之事，應以退學較早或未有深交以作搪塞。5、等待時機，積極備考。機不可失，失不再來。仕途上雲譎波詭，當謹慎從事。此信閱後即毀，留之有害無益。

閱信後，玉林思及陳先生在上封書信中的教誨之言，心情十分激動。組織上已決定對自己下達了任務，那就是讓自己長期生活在一個特別的環境中，去擔負特殊的使命。黨組織在保護自己的安全和對自己日後的發展等問題上都作了精心的安排，未雨綢繆用心良苦，既補齊了自己應考所需之學歷文憑，又把今後可能會發生隱患預先作了清除。

玉林決定去童年時的好友胡亦愚的家中向其瞭解相關的情況。

民國十一年，胡亦愚從省高等師範學校中文班畢業後在鄂城縣立中學教了三年書，後轉行在漢口的一家報館裡擔任編輯，在此期間，二人常有往來。民國十七年，胡亦愚曾邀玉林一同去報考由湖北省政府和省黨部開辦的第一期黨務訓練班。胡亦愚從訓練班結業後先被分配到省黨部當了一年的科員，其因品行端正和富於工作能力而被選派至武昌縣黨部任幹事之職。

胡亦愚告訴玉林，「今年省政府準備再開辦一個黨務訓練班和一個鄉政人員培訓試點班，這二個試點班暫定為100人，培訓期限為三至四個月，學員結業後將分派到周邊各縣，省裡可能也要留用少數人。省政府打算在辦試點班時積累經驗，今後再分期分批地辦下去，力求在三年內使鄉鎮幹部的素質有個根本的改變。對你來說這應該是個機會，如果你願意，我會設法幫你爭取到一個名額。」

「我已是快30歲的人了，估計希望不大。」玉林心存故慮地說。

「三十而立，正是年富力強的大好時光。據內部消息，省裡的大佬們議過，若讓不諳世事的毛頭青年在接受幾個月的訓練後，便把他們放去當鄉長那必然會貽誤黨國的大事。故擬定這試點班學員的年齡段應在25歲以上至35歲之間，尤為注重德才兼備和實際工作能力，而對學歷文憑並無嚴格規定。我斷言你定能入選，切不可貽誤這大好的機會。再告訴你一件事，我現在又加入了一個團體，你從政之後我們兄弟可相互幫扶，前景定會一片光明。」

「你加入了個什麼團體？這個團體又是屬於哪個方面的？」

「當然是國民黨方面的，目前還在試行階段，但這個團體今後定是國民黨內部的核心。會員入會，須經中央幹部考核合格，或經省、市幹部會議通過並報請中央幹部核准。凡經核准為會員者，須填具中國國民黨忠實黨員宣誓書，並履行忠實黨員宣誓手續。」

見玉林仍茫然不解，胡亦愚將該團體相關情況作了簡明的解釋。

「這個團體的宗旨和奮鬥目標又是什麼？」

「信奉一個領袖，以絕對集權制為組織原則，犧牲個人之一切權利、自由、幸福、甚至生命，以求本會目的之實現。」胡亦愚微笑著說並許諾今後一定幫助玉林加入到團體之內。

回家之後，玉林心馳神往，決定要把握機遇，圓滿地完成組織所交付的任務。既然黨組織能夠及時、準確、妥善地作出如此的安排，則表明今後自己在對方的營壘中並不是孤身奮鬥，一定有許多素不相識的同志也在這條戰線上，默默無聞地為黨的事業和革命利益而英勇無私地奉獻他們自己的一切。

正月初六日上午，子雅先生的大兒子劉源來告訴玉林，說其父有事讓大哥哥前去商議。

玉林走進子雅先生書房時，見王子克先生已然在座。

「玉林，有個學生家長撿到了一份報考登記表交給我，我和子雅兄商議後覺得你是最適合去應考的人選。我倆都認為你當一個教書匠或種田佬是埋沒了人才，應該步入仕途去建功立業才會有光明的前途。我們已代你草擬了一份履歷表以供參考，並在具保人處簽上了我倆的名字。家庭成員應當填上，社會關係越簡單越好。我們認為你一定會考得上，我們的意願是你今後能造福於民，

多為民眾辦些好事實事。」

「玉林，王先生之言極是，你應前去赴考。以往12年的長學及經過這近十年來的歷練，你已非百里之才，若見棄於街閭裡巷而毫無建樹確實可惜。人生的道路雖然漫長，但重要的時刻卻是要邁對那至為關鍵的幾步路。我亦認定你適宜從政，仕途之上雖然兇險詭詐，你只要能抱定忠孝仁信之宗旨為民造福，定能前程似錦而為民眾所敬仰。」

「玉林，你長年習學山谷先生的書法已頗具根基，尤其在楷書上更有造詣。俗話說，字如其人，未睹其人先見其字。一手好字更能加重他人對你的印象，這比說上十句、百句的好話都頂用。你先認真地把表格填好，再踏踏實實地作好應考的準備。張榜公示之日，子雅先生當備酒肴為你慶賀。」

在收到組織上送來的物件和與胡亦愚相見後，玉林已著手進行報名應考準備工作。讓其始料未及的是，黨組織未雨綢繆早已將此事提前辦妥，既不顯山又不露水地借二位先生之手，巧妙地將報名登記表送到了自己的手中。子克先生和子雅先生的簽名具保頗有份量，令人關注的是二位先生家世清白德高望重屬地方名流，他倆在武昌執教多年桃李遍及三鎮，且親朋故舊多為社會賢達。由二位先生聯名具保可在接受政治審查時省去許多不必要的麻煩，黨組織為確保自己能順利滲入國民黨內的確做了巧妙、細緻、周密的設計，真是環環相扣無懈可擊。

防微杜漸

在面試、筆試、複試、體檢、政審各道關卡順利通過之後，玉林因各方面的素質均屬優等，被指派為省第一期鄉政人員培訓班的學員班長。

在鄉政人員訓練班開學典禮大會上，湖北省主席何成浚、武漢警備司令夏斗寅、漢口特別市市長劉文島、武漢警備司令部政治部主任方覺慧等黨政大員都作了訓示。

夏斗寅沒喝過多少墨水，話說得很直白，「中國要繁榮昌盛，只能靠國民黨、靠三民主義、靠領袖蔣介石。共產主義根本不適合中國的國情，共產黨主張的階級鬥爭和所宣傳的理論都是欺世之言，他們最擅長製造矛盾和挑起矛盾，再擴大矛盾和激化矛盾，唆使民眾跑在前面去為他們賣命。像他們那樣

今天鬥過來再明天鬥過去，國家和社會怎麼會有安寧？老百姓怎能安居樂業？我看得很清楚，只要是有工人、學生、市民鬧事的地方，暗中就一定有共產黨人在操縱，在興風作浪。這幾年我們採取了雷霆手段，那些蠱惑人心的害群之馬就偃旗息鼓逃之夭夭了。嚴厲打擊只能是治標，只有讓三民主義理論深入人心，而讓共產黨在民眾中無立足之地，才能是治本，才是國民政府的根本目的。

「老百姓是靠政府委派的官員去治理的，你們今後的職責是要教化他們和引導他們，用三民主義的治國良策去曉諭千家萬戶，這樣才是釜底抽薪。共產黨現在是把強搶得來的土地和財產分給老百姓，就是為了哄騙老百姓去為他們賣命。如果他們今後得了天下，他們一定會說天上飛的，人世間跑的及埋在地下的都是屬於他們的，他們絕對不允許老百姓去共他們的產。若是共產黨再騙不到人了，他們就成了癩子頭上的蝨子，就很容易捉得一乾二淨。你們這些人今後就是國家政權的堅實基礎和黨國的棟樑，這個試點班辦成功了，省政府將陸續地辦下去，我們在社會基層的力量加強了，共產黨就孤立了，就無能為力了……」

訓練班由省政府民政廳主辦，雖然也講授一些馭民之道，但重點是用三民主義的理論洗腦和傳授一些行之有效的防共、鏟共的具體辦法。

一個月後，玉林和雷重遠（湖北省羅田縣人，後為華中日報副總編。）等五人被第一批發展為國民黨員。六月中旬，此屆培訓班提前結業。

由省民政廳呈送到省主席書案上之五名優秀學員留省錄用的材料中，有四份已順利地通過了審查。在仔細看過劉先志的全部材料後，卻讓何主席喜憂兼半而難作取捨。

何主席對玉林留在報考表上的字跡頗有好感。其摯友蔣介石先生特別鍾愛黃庭堅的墨寶並已獲真諦，其筆力遒勁，令人羨嘆。劉先志在報名登記表內書寫的字跡中規中矩，看來這青年人習學宋代大儒山谷先生之書法已有多年且具有相當的根基。

劉先志家世清白，其家庭雖與洪門雲鶴堂淵源極深也不足為奇。幫會中並不乏忠勇仁義之士，況且中山先生早年也曾是洪門致公黨的徒眾。當年自己在上海與蔣介石交遊時，亦常執世家子姪之禮拜謁青幫首領陳其美，因受陳都督之青睞而成為其府邸中的常客。劉先志在幫中雖職司書辦，因馮家之人視其為子姪故在幫中身份特殊。其實，幫會中人並非洪水猛獸，關鍵在於執權柄者是

否駕馭得法。自己禮聘青幫首領楊慶山為緝查處長便收得奇效，楊之徒子徒孫在緝捕共產黨人時功勞卓著。雲鶴堂的勢力遍及華中，東連江淮、西通巴蜀，若因重用此人而得與雲鶴堂改善關係，還真是大有裨益；劉先志在塾館中讀書13年，又兼習武學，在同齡之青年中算得上是個人才。自已要穩踞鄂省，勢必要多多網羅人才、奇才為己所用。時下風氣不正，官場上劣習難改，此人若置身其中，耳濡目染，恐難成大器。若置入一複雜環境中加以磨煉，果係真金定能閃光。屆時再召至麾下，僅發一言即可定奪；履歷中其曾在武昌高師附小和崇實中學等處任教，應與陳潭秋、錢亦石、吳德峰等人相識。共產黨人無孔不入，當然會極力籠絡誘其加入組織之中而決不會輕易放過。若其果係叛道作亂之人，在汪精衛分共之時其應有所行動，或去江西或參加省內暴動。但據省、縣警察局具結之詞：這些年來，其行為舉止如常人無異，遵紀守法並無絲毫劣跡；若其受命長期蟄伏，雖屬隱患亦不足為慮。小小的泥鰍又能掀起多大的浪？不妨令其去往一環境複雜之鄉鎮和提供一個大舞臺讓其盡情地去表演，再暗中監控嚴格考核。放長線才能釣到大魚，待其得意忘形之時予以收網，再順藤摸瓜一定會收益更豐。

何成浚閱人無數且自認並無差池，故一貫主張用人不疑，疑人不用。何況人才難得不可輕易相棄，即便是妖魔鬼怪再狡黠也難以逃過真佛的慧眼丹心。他對武昌縣各鄉的情況了然於心，湖泗鄉與咸寧、大冶、鄂城三縣相鄰，那裡民風敏捷勇猛，宗族械鬥時有發生，匪患頻發且政令不暢，那裡是一個令武昌縣政府感到憂心頭疼的地域。

思慮已定，何成浚提筆揮毫，寫下了宜派往武昌縣湖泗鄉歷練的批示。

六月底，玉林帶上任命文書和衣物乘火車至賀勝橋站，再雇騾車去了湖泗鄉公所。

何成浚主鄂後為適應防共、鏟共的政治需要，進一步地加強了戶籍管理的基礎工作，在城鄉各地保甲制度已日臻完善。

在交接手續辦理完畢後，玉林即著手清理文書和修改擬訂鄉公所工作人員分工職責及各項規章制度。並讓鄉文書李祖光邀請集鎮上有聲望的人士及派鄉丁分別通知各保的保長於明日已時來鄉公所議事。

玉林對眾人所提出的與政令相合的建議和意見全予採納；對各保主動承擔

在村民中禁賭和聯保禦匪及里甲防盜的責任表示感謝；讚揚靠宗祠化地為獄實施監督來管束家族中不良子弟是行之有效的良方妙策。至於洪門興華寨在當地開設賭檔、煙館及幫會中不法之徒欺行霸市、為非作歹等事，當由鄉公所盡力去設法調停和派出鄉丁予以懲戒制裁。

湖泗鄉之地理條件優於賀勝橋、山坡、安山等地，這裡土地肥沃且水資源不缺，是一個較為富庶的地方。在對歷年來的積案未結之卷宗仔細查閱和分析之後，發現此地並未發生過歹徒聚眾明火執杖洗掠村落或搶劫大戶的案件。雖然，在白日裡在荒野僻靜處搶劫單身行人的案件時有發生，但眾多的案件皆是雞鳴狗盜的之徒於黃夜撬門入室，持刀脅迫農戶人家而搶劫錢財。據眾多受害人聲稱，所見之歹徒皆以黑巾蒙面且話語甚少，得手後便倉皇逃竄未留下任何痕跡。

玉林認定這些案件並不是外地流竄的慣匪所為，而是本地的那些遊手好閒不務正業的流氓無賴為籌措賭資、毒資而相互勾結冒名強賊伺機作案。這類案件在發生後應不難偵破，但要從根本上穩定社會秩序和讓民眾安居樂業，須得社會各界協力同心在綜合治理方面作不懈的努力。為達此目的，當務之急應從根本上解決以下幾個方面的問題：

1、鴉片與賭博是危害社會和民生的兩大毒瘤，是滋生罪惡的土壤和源頭。玉林深知當地的煙館和賭檔是洪門興華寨籌積經費的聚寶盆，寨主唐子山每年還要按一定的數額向雲鶴堂繳納費用。省裡的何主席與夏司令都是癮君子，他們對查禁賭、毒都是睜一眼閉一眼而放任自流。想讓唐寨主關閉寨中下轄的煙館和賭場是不可能辦到的事，但用釜底抽薪的辦法來管束賭徒和煙客卻能達到一定的效果。具體的作法是：1.鄉公所可請人製作賭、毒危及生命和禍及家人的宣傳專欄，再分別繪製於鄉公所和各祠堂的牆壁之上以曉諭告誡民眾。若迷戀於賭博和吸食鴉片，便是自陷於萬丈深淵而無可救藥；利用宗族的力量，將賭徒加吸毒之人圈禁於祠堂之內嚴加管教，再尋覓偏方熬製藥劑助其戒毒，或安排勞務讓他們無時間和精力再涉足於賭場之內。

2、瘋狂的賭徒和成癮的煙民往往皆是天良喪失和人性泯滅之人，故在煙館和賭檔內常有典讓妻女（寫下契約後收取錢財，將妻子和女兒在規定的時間內讓於他人為妾、為婢、為僕，或入妓院接客）和出賣兒童的事件發生。這類喪天害理的事情在民國的律法上也是嚴令禁止的，若查證

確實，即可嚴厲追究查封賭檔和煙館。洪門創立後奉行孝悌忠信禮義廉恥，持其之矛以攻其盾，唐寨主縱想偏袒其下屬，也只能因理曲詞窮而隱忍了事。

3、內鬼倚仗外賊而壯其膽，外賊因內鬼指路而獲其利，二者缺一則難以作祟。只有外賊與內鬼的相互勾結，方能選定目標有針對性地實施犯罪和事成後順利逃脫。將不務正業、遊手好閒且有劣跡之人嚴密控制並施以教化，也是從根本上消除盜患之得力的措施之一。此外，鄉、保還應加強對村民安全防範意識的教育。真正做到一戶有難，全村奮力相助。盜賊常以黑巾蒙面且很少言語，足以證明賊人中應有鄉里間熟識之人，只有將為禍鄉民的害群之馬繩之以法，才能確保一方的安寧。

4、宗族間的械鬥和政令不暢，讓宵小之徒有了可乘之機。縣與縣接壤之處是一個極為複雜的地域，若民事糾紛因處理不當而矛盾加劇，往往釀成宗族之間的持械爭鬥。又因雙方俱蒙受損失和傷亡且未能得到妥善化解，有宿怨的宗族之間，雖雞犬之聲相聞但老死不相往來之事屢見不鮮。鄉公所應與鄰鄉增進聯繫和作好協調化解的工作，將漏洞逐一堵塞。鑒於盜賊常是在此處作案而於異地躲藏，一處發案後，相鄰各處應聯合排查，群策群力，作奸犯科之人才無藏身之地。

玉林將湖泗鄉之施政計劃及實施細則呈文至武昌縣政府。李縣長令人謄寫後留下附本，而將湖泗鄉呈文的原件親自面呈何主席。

何成浚閱後極為讚賞，覺得這篇施政計劃十分切合蔣先生安內除奸之治國良策。若在省內各地城鄉予以推行實施，共產黨人縱然善於蠱惑人心和挑動民眾，亦難有用武之地。遂於呈文之扉頁上作了釜底抽薪，防微杜漸；思慮周密，可造之才等十六個字的批示。

「孺子可教，應勤加督導。可相機挪動，當構築一個更大的平臺供其施展抱負。」

何主席一言九鼎，李縣長頻頻點頭，應諾稱是。

興華寨的成渠奉唐寨主之命前來下書，邀請劉鄉長去寨中晤談。

玉林請李文書作陪，在鎮上宴賓樓款待這位興華寨的紅旗五哥。

成渠在武昌、咸寧、大冶、鄂城這四縣接壤之地算得上是一個響噹噹的知

名人物，鎮上之人見平日裡氣宇軒昂八面威風的紅旗五爺，而今卻對新來的鄉長甚是謙恭大惑不解。民眾議論紛紛，均認定這位新鄉長大有來歷。此後，有關劉鄉長經歷的傳言是傳得越來越玄乎，說該鄉長是省主席重點培養的得意門生，是何主席親作批示讓其來湖泗鄉暫作歷練。

原來，在玉林由武昌城動身來湖泗赴任之時，雲鶴堂忠字排首座馮舜卿的信使林通便來到了興華寨。寨主唐子山在閱過馮二爺的書信後，當即回書：遵照辦理，鼎力相助。

唐子山與雲鶴堂馮家交情深厚，十幾年來，他能穩踞於寨主的寶座之上與馮家兄弟的大力扶持極有關聯。其在得知玉林的來歷後當然不敢怠慢，他對寨中可能會在利益上受到一些損失並不十分在意，況且整肅紀律和約束幫眾，只會讓自己的地位更加穩固。

唐寨主對玉林所提出的意見和要求均表示贊同。他也認為在賭場內放碼子錢和簽署典讓契約及設套誘人參賭皆是傷天害理之事，表示定會傳下令諭：嚴禁此類事情在煙館和賭場中不再發生；煙館內不再接納賒欠煙款的癮君子，禁止收取田契、房契及各種抵押物品，更不得簽署任何契約；嚴令幫眾不得為非作歹、欺壓良善和參與偷盜，違者，鄉公所可依律懲處，另按幫規嚴厲制裁；願匡扶正義，協助鄉公所維護民眾的安寧。

唐子山覺得這次玉林依約拜會而並沒有令其難堪是給足了他的面子，唐寨主許諾可派出寨中得力的親信馬欽武和成渠隨玉林一道去作與鄰縣各鄉及各宗族間的協調化解工作。

湖泗鄉順利地與周邊各鄉公所簽訂了聯合禦匪防盜的協約。半月之內，本鄉內保與保之間的聯防協約亦相繼履行。因裡甲聯合防盜深入人心，村民的安全防範意識日益增進。

7月中旬，湘、鄂兩省陰雨連綿，川水東下與長江中下游洪水相遇，造成荊江大堤下段漫潰，沿江兩岸有54個縣、市受災，一片汪洋。武漢三鎮地勢低窪之處平地水深丈餘，陸地行舟，百業俱廢，物價飛漲，瘟疫流行。湖泗鄉因地勢偏低，已全部沒入洪水之中。

此次洪澇災害歷時四個多月，玉林因恪守職責而忙於救災賑濟，在此期間從未回過家門。夜深人靜時常因思及家中老幼的安危而潸然淚下，惟仰望蒼天，祈佑全家人平安康健。

第三章　深度隱蔽

三分軍事七分政治

農歷正月初六日，玉林離別家人去了湖泗鄉。

四日後，武昌縣政府下達公文：擢任玉林為青山區區長。

青山區與玉林在武昌城北郊之家庭居住地武豐鄉毗鄰，下轄武東、白玉、鐵鋪、建設、湖港、臨江、天興等10個鄉及青山鎮，區公所設在青山鎮上。

在常人眼中看來，玉林真是官運亨通，鴻運當頭，僅在那遠離家門的湖泗鄉里待了八個月，便得到了上司的器重而委以青山區長之重任，如同一個大餡餅從天而降掉在了他的面前，讓人歆羨不已。

其實，擢升玉林任青山區長一職乃是老謀深算的李縣長在對何主席的批示作反復地揣摩後，經過深思熟慮而制定的一個進退自如的兩全之策。把玉林放在青山鎮上，既能勤於督導，又便於嚴加考核。若玉林果係可造之才，自己既能穩享伯樂之美譽而又能受到省主席之青睞，今後之升遷亦大有希望；若其乃受命於異黨之人，定會有所行動。其縱然善於偽裝，仍然會顯露出蛛絲馬跡。順藤摸瓜再直搗巢穴，亦是大功一件。

在玉林之報名登記表中，雖然填有其在國民革命軍北伐時曾被武豐鄉農民協會聘任為該鄉農會的錢糧委員，但這並不能證明他已加入了異黨的組織。國共合作時期，因兩黨共同奉行中山先生的三大政策，兩黨都在暗地裡組建農會以爭取民眾的支持。自國民政府清黨以來，加大了查緝的力度，亦有不少共黨頭目被捕後歸順反正，這些人為保全性命和急欲立功，全都是將原組織中的秘密合盤托出。因玉林其人從未受到波及和牽連，李縣長覺得他絕對不會是異黨之奸徒。既然何主席看好他，作下屬的理應再錦上添花，將這個青年人扶上馬且再護送一程。

民國二十一年3月，夏斗寅接任湖北省省政府主席。夏斗寅為切實掌握部

隊，任命親信將領萬耀煌為武漢警備司令。借整肅吏治為由，又在省政府內和各地市、縣政權機構中之關鍵位置上走馬換將，提拔了許多親信之人。

在中共長江行動委員會撤往上海後，武漢三鎮及武昌、夏口、漢陽三縣之中共各級組織已呈空白狀態。青山區區公所派人於各地醒目之處，分別將政府所頒佈的防共、鏟共之法令法規及各類政令條例和鄉保聯防、裡甲防盜之實施細則刷寫於牆壁之上以曉諭民眾，而將工作的重點放在興利除弊、改善民生、加強教化、整治頑劣、禁賭戒毒等諸方面。

青山區轄境之內民風淳厚人心穩定，土地肥沃物產豐富，一派太平景象。

因人地熟悉，玉林經常下鄉走訪。每至一處，無論是鄉長、保長及社會賢達，還是族中長老或農夫村民及婦女孩童，都能和睦相處談笑風生。因政通人和，轄境之內生機盎然。

民國二十一年，蔣介石為了加強對黨政軍上、中層人物的嚴密掌控和防共、鏟共的政治需要，決定以黃埔系統為主體再吸納黨、政青年精英而組建其御用團體中華復興社（藍衣社）和在江西廬山海匯寺創辦中央軍官訓練團。

這幾年，蔣先生依靠楊永泰的謀略，用經濟收買的方法瓦解了馮玉祥的第二集團軍；以政治分化的方法收服了閻錫山的第三集團軍；以軍事打擊的方法解決了李宗仁的第四集團軍；以外交方法對付張學良的東北軍等諸方面都收到了奇效。各路諸侯均已無力與之分庭抗禮，從而穩定了自己在國民黨中絕對的領導地位。蔣先生覺得政學系中以張群、黃郛、楊永泰、吳鐵誠、熊式輝、王世傑、翁文灝等為首的領軍人物都是忠心耿耿、學有所長、精於政務、才華出眾、足智多謀的安邦定國之才，他們不結黨營私和不因爭權奪利去自立山頭，是他自己完全可以信賴和應予依靠及重用的股肱之臣。

令蔣介石心憂的是，盤踞在湘鄂西、鄂豫皖的紅軍和江西的中央紅軍卻乘機發展坐大，尤其是共黨的中央紅軍和在鄂豫皖的紅軍更是蔣先生的心腹大患。此二處之戰略地位特別重要，共產黨的部隊能直接威脅到京滬杭地區的安危。且共黨的軍隊擅於打運動戰和慣於長途奔襲，稍有差池或鬆懈，他們就會乘虛而入直逼京畿。臥榻之側豈能容共產黨在一旁虎視耽耽，共產黨的目的是要在中國搞赤化，是想從國民黨的手中搶天下。為防患於未然，國民黨只有決定連續發動圍剿以求採用武力消除匪患。

　　鑒於前三次進剿失利的經驗和教訓，首席智囊楊永泰適時地敬獻剿撫兼施，變軍事剿共為政治剿共的良策：一、澄清吏治和安撫民心尤為重要。民眾與共匪合為一家，實與地方官吏貪贓枉法和土豪惡霸橫行鄉里手段滅絕相關。吏治腐敗和法制失控致使共黨有見縫下蛆之機，從而進一步煽動民眾對政府不滿之情緒而興風作浪，致使民眾為共黨所利用；加強對共匪之險惡用心予以剖析，使民眾能通曉是非和明辨黑白；對貧窮困苦及孤獨無助之人給予救濟，對匪區民眾之日常生活給予切實可行之指導和幫助，嚴禁部隊官兵擾民害民。禍害匪區民眾無異於抱薪救火，爭取民心才能釜底抽薪，才是消彌匪患之萬全良策。二、對江西共匪和湘鄂西賀龍部採用先堵後剿的戰略戰術。重兵壓境且穩步推進，營造出一種尋求共匪主力決戰的態勢卻暫緩攻擊，逼迫各處共匪的部隊固守巢穴而進行防禦，目的是不讓其分散在三處的武裝力量能相互支援。三、鄂豫皖戰場是重中之重。鄂豫皖之共匪武裝直接對國民政府的首都南京和華中重鎮武漢構成威脅，除去這個毒瘤是當務之急。力求全殲實為上上之策，若力所不及時可於鄂豫邊境放開一個口子，逼張國燾、陳昌浩、徐向前率部西竄巴蜀山區，將這股禍水引向劉湘、楊森、劉文輝等人，為中央軍日後圖川埋下伏筆。四、此役功成後轉擊湘鄂西賀龍所部，務必將此處的共匪武裝也逼入四川、雲貴接壤一帶，可借劉湘、龍雲及王家烈之力重創該匪部。於此同時，中央軍之追擊部隊亦可隨之跟進，在川、黔覓得立足之地。五、盤踞在鄂豫皖和湘鄂西的共匪西竄之後，江西之共匪勢單力孤已無反擊之力，須集重兵於東、北、南三方而留下西面的豁口任彼向廣西、貴州、四川等地逃竄。若共匪中央紅軍主力強渡湘江欲與賀龍、張國燾匪部匯合，當設重兵堅決攔截阻擊，以絕後患。若繼續西竄，則中央軍再緊隨其後，即可兵不血刃奪取天府之國而完成一統神州的千秋霸業。

　　蔣介石覽此「策論」大喜過望，自己絞盡腦汁百思難解的困惑於剎那間煙消雲散，情不自禁地手擊書案連聲說道：「天助我也！」他覺得書案上楊永泰所獻之策，確實可與諸葛亮之《隆中對》相提並論。楊永泰果具匡世奇才算無遺策，並不遜於西漢初年六出奇謀而佐定漢室江山基業之陳平。得此人相輔相助，自己定能成為那青史上前無古人後無來者之千古第一人。

　　蔣介石緊急召見政學系諸位幕僚商議軍國大事。

　　在翁文灝將「策論」誦讀後，蔣介石笑著言道：「暢卿兄之大作字字珠

機，實乃治國安邦之驚世奇文，為國民政府構畫出一幅重振河山之精美藍圖。望座中諸君各抒卓見，讓暢卿先生未竟之言至臻完善，以作為黨國勘亂救國再創輝煌之行動綱領。」

吳鐵誠率先言道：「以鄂豫皖之共匪開刀祭旗乃畫龍點睛之筆，然鄂省夏主席資質平平恐難以擔此重任。自其主政以來，狂傲不馴，竟將雪竹兄治鄂幾年之成功經驗一概廢棄，其濫用親信執掌權柄，將好端端的鄂省政局倒騰得烏煙瘴氣。夏某反共的確賣力，但其氣力不僅未用到正點子上，反而還幫了倒忙。其亂殺狂剿無異於為淵驅魚、為叢驅雀，反而助赤禍愈趨繁多。依某之愚見，若想一戰成功或驅逐匪部令其西竄巴蜀，讓夏將軍發號施令只能是適得其反，縱然再好之謀略和將士之浴血奮戰亦將會功虧一簣。」

政學系諸公都瞧不起夏斗寅這位草莽將軍，因眾人皆與何成浚交情甚篤，故一直對夏斗寅為謀取鄂省主席一職而不惜落井下石，借洪水災害逼何成浚引咎辭職之事耿耿於懷。今日正好借蔣公徵詢進剿良策之機暢抒己見，合眾人之力將夏斗寅推入泥淖而令其無回噬之能。

熊式輝順風駛船，「吳兄之言甚是有理。夏將軍行伍出身，若任封疆大吏而希冀其能執政安民的確是勉為其難。既然是剿撫相兼這個大方針已定，介公高瞻遠矚，心目中定有能肩負此重任之合適人選。夏將軍也是本黨之老同志，應能以黨國利益為重而權衡利弊。愚意以為，夏將軍以往功勞卓著，此次為顧全大局而退位讓賢，政府應為其鋪設個體面的臺階。」

見蔣介石的目光注視著自己，黃郛遂笑著言道：「夏將軍之為人暴戾剽悍，若讓其俯首聽命應沿用挖老馮牆腳的辦法先拔去他的虎爪。他既把軍權交給了其親信萬耀煌，首先就要設法讓萬耀煌不再聽命於他，失去了爪子的老虎就威風不起來了。夏將軍驍勇善戰，讓其去軍委會任高級參議應是一個極適合的安排，況且出謀劃策也是為進剿出力。」

「膺白兄，你不妨將此事如何運作之高見合盤托出，何人可勝任鄂省主席之職？」蔣介石與黃郛、張群早年曾是日本振武學堂的同學，且又是拜把兄弟，故說話要直白一些。

「既是要進剿鄂豫皖之匪部，剿匪總司令部應設在武漢，由介公掛帥任總司令，暢卿兄任秘書長隨侍左右出謀劃策。可令萬耀煌為前敵總指揮率部進駐黃安、麻城一線，再由雪竹兄派人接任武漢警備司令。不到年底，就能讓老夏

俯首貼耳地來南京報到。岳軍兄有經天緯地之才，深諳官場內幕及運作方式和強國富民之道，與雪竹又是莫逆之交，二人攜手可謂是珠聯璧合。膚白以為，岳軍兄乃是主政鄂省最合適的人選，定能與雪竹同心協力將剿撫兼施的國策發揚光大，所創之豐功奇勳當為各省勘亂治國保境安民之先進楷模。」

蔣介石駐蹕武漢後，省主席夏斗寅被完全架空而形同虛設。萬耀煌心口不一虛與委蛇更令其寢食難安；其因治鄂無所建樹且缺乏良策常遭蔣介石的訓斥羞辱而進退失措；整肅吏治懲貪除惡更讓其心驚膽戰；夏斗寅覺得大難即將臨於頭上而惶惶不可終日。

幸得蔣公念及舊誼網開一面，於好言撫慰之後又在軍委會內為他安排了一把椅子。夏斗寅心裡縱然懊恨，但也只能俯首聽命忍氣吞聲。民國二十一年十月底，鄂豫皖張國燾部已竄入陝南和川北。半月之後，夏斗寅便帶上家眷和幾個隨從乘船東下去南京赴任。

張群主政後果然能與湖北省綏靖公署主任何成浚精誠團結和衷共濟，二人為穩定華中之政局極力在湖北推行了賑災濟貧、調整稅率、加強宣傳教化和基層政權建設、促進地方工業、提高行政效率、整肅貪腐、選拔縣長、召集省參議會和社會賢達及有識之士共商保境安民大計、改革獄政、甄別在押人犯、設立青年感化院等幾個方面的工作。

鑒於共產黨採用建立農村根據地和以農村包圍城市的策略，張、何二人商議後決定針鋒相對，在進一步加強農村基礎政權建設的同時，把蔣先生之攘外必先安內的政治主張在鄂省城鄉全面貫徹，以開展創建模範區、鄉的活動形式將共匪赤患斬草除根。省政府頒佈了模範區、鄉的考核考評條例，將各市、縣模範區、鄉的達標數額與考核當地市、縣長之政績掛鉤。

湖北省政府與湖北省黨部聯合行文，令省教育廳、省民政廳、省警察局協同配合，組織了一大批文人學者和原共產黨中反正歸順人員在報刊上撰寫文章和發表評論，將共產黨煽動民眾蠱惑人心的種種伎倆及約制黨徒之嚴酷手段公諸於文字，奇聞異事源源不斷地從各條渠道流向社會和注入百姓的心目之中。

張群和何成浚對省黨部在報刊上特定為反正歸順人員所開闢的專欄中的內容極為滿意並高度讚揚。說這些迷途知返的人以親身經歷的現身說法，與剿撫兼施的國策十分切合，對教化民眾大有裨益，尤其是對涉世不深且熱情洋溢的

年輕人更具有現實的指導意義和將產生更深遠的影響。

湖北省警察局披露了原中共中央政治局候補委員顧順章被捕投降後，其家庭成員在上海被中共特科紅隊處決的消息，引起了人們的關注在社會上反響很大。張群授意省警察局局長蔡孟堅今後要多刊登這類的消息和案例，可作簡明扼要的序言和介紹，但不要發表什麼連篇累牘的評論。只有將是非功過留待民眾去鑒別，會更利於達到教化民眾的目的。

夏斗寅任武漢警備司令和省主席時，堅決主張對共產黨人不可心慈手軟，寧可錯抓、錯殺，也不可輕易放過一人。其下屬得此令諭更是變本加厲極盡全力，因抓得過多而未能及時甄別處置或釋放，故武漢三鎮之監獄中早已是人滿為患，其中有許多青年學生亦囚禁在內。

英雄所見略相同，何成浚和張群都覺得僅憑砍頭和判刑的鎮壓手段，是無法肅清隱藏在城市和鄉間裡的共產黨人，只有恩威並施、分化瓦解、悔過自新、利用反正人員以毒攻毒才能迅捷地摧毀其組織。共產黨人並不是鐵板一塊，其組織中既有冥頑不靈之人，更不乏政治投機而欲謀取私利之貪生怕死的軟蛋。否則，怎會有原共產黨的總書記向中發、特科負責人顧順章、白鑫及在武漢活動的黃佑南、尤崇新、陳華等人會充當鷹犬而不遺餘力地去追捕他們昔日的戰友和同志？

何、張二人認為讓幾年前因參加示威遊行和群眾集會而被捕的青年學生仍羈押在獄中是最愚蠢的做法，只會讓那些年輕人會更加偏激和仇視政府。監獄中雖有反對政府的共產黨人，亦有各類刑事犯罪分子，讓年輕人置身其中恰如將整潔的白布丟棄於染缸之中。因朝夕相處，他們會與那些共黨囚犯日益親近，無異於用我們之手將這些青年推入共產黨的懷抱之中。他們在繼續接受赤化教育的同時，又因耳濡目染還可能習練到宵小之徒作奸犯科為禍社會的技能和技藝。獄中的共產黨一定會不失時機地引誘這些青年人加入其組織，這些身兼各項本領的青年在被釋放後不僅很難得為政府效力，反而對社會的穩定與和諧有極大的危害性和更大的破壞力。更令人憂心的是這些青年多為殷實富戶和小康人家的子弟，他們的父母及家族在當地都有一定的影響力，勢必會因子女被羈押判刑而遷怒於政府，共產黨無孔不入定會進行遊說攏絡以求得借這些學生親屬之口舌來擴大反對政府的社會影響。

張群與何成浚在對持不同政見者的處置意見上達成了共識並作出決定：1、

利用原已查封的共進中學的校址及教學設施予以修葺後改建成青年感化院，對外掛牌為三民主義青年幹部訓練所。由省黨部副書記長黃格君和省警察局局長蔡孟堅擔任訓練所正、副主任，以省黨部常委艾毓英、劉鳴皋等人為政治教官和政治指導員，學員對象為監獄中被關押之無確鑿證據的青年學生。2、在關押共產黨人和重刑犯人之武漢警備司令部的監獄中設立反省院，因反正歸順人員的指認，各在押人犯之黨內職務及個人身份已然清楚，經甄別後將那些誤入歧途之家世清白且僅僅從事搖旗吶喊的人員納入其內學習，重點是進行洗腦的思想改造而助其幡然悔悟棄舊圖新。3、將共黨要犯與刑事重罪犯人囚居一室，他們的馬列主義之高談闊論只能被束之高閣。階級鬥爭的學說在那些為非作歹之人的面前毫無用武之地，縱然是妙舌生花而講得唇乾舌燥也只能無濟於事，無異於對牛彈琴。4、感化院中青年學生之食宿條件應相應改善，並可安排其親屬定期會見，只有讓政策攻心與親情感召密切融合，效果才會更加顯著。在經過一段時間的教育後，可視其之表現分期分批予以具保開釋，但開釋之人應寫下悔過書留檔存查，對此類人員可根據其要求安排就讀和從業。5、對反省院中之囚徒在嚴加審核的同時，亦可安排與其親屬的會見。立功者當予減刑、授獎以至釋放。對具保開釋之人可量其才幹安排從業以利其養家糊口，但獲釋之人應寫下脫黨聲明或自首書並刊登於報刊之上。對才識過人且矢志忠於政府之人應予重用，其所寫之自首書、悔過書當存檔保管以便日後掌控。6、只有對怙惡不悛之共黨要犯當明正典刑，殺一儆百，恩威並施才能落到實處。

　　張群、何成浚二人配合默契相互幫扶，在那兩年的時間內全省之吏治改革、改善民生、降低課稅與弘揚法制、剿匪保境、安民恤民等各方面大見成效，雖然稱不上是風清弊絕，但仍不失為國內各省學習仿效之典範。

改弦易轍

　　民國二十二年十月上旬，馮雲卿派人至青山鎮區公所送來了孫傑先生由福建省湖北會館寄給玉林的信函。

　　潭秋先生在信中言及了五件事情：1、對玉林這兩年來所作的努力予以肯定，對其已取得的成績表示祝賀，希望能謙虛謹慎以爭取更大的進步。因起步較晚，切忌急功近利，欲速則不達乃至理名言。2、在幹好本職工作的同時，亦

應設法照顧好家庭及相關的事宜。從政之後更應留意政治和關心時局,去其糟粕而取其精良,能為己所用則於今後大有裨益。3、二表哥(鄂豫皖邊區紅軍)去年的生意折了大本,資訊不通和行情不明雖然也是主要原因,但二表哥為人固執己見而聽不進朋友的忠告才是最重要的原因;九弟(王平章)才華過人卻不幸於今年三月意外身亡,其英年早逝讓家中之人及親戚朋友分外悲痛。九弟未竟之志,當由吾等繼承。4、上海的陳老闆(CC系)是一個手眼通天的人物,他與社會各界的知名人士均有往來,其之生意很紅火且做得相當大。陳老闆已決定在武漢開設分號並付諸實施,聽說正在審查和錄用分號及各個支店中主事之人選。應勸你的朋友去爭取一下,跟著陳老闆去做生意不僅可保得穩賺不賠,今後還將前程似錦。5、若有可能應設法挪動一下為好,況且在武昌城裡辦任何事情都比置身於鄉鎮上要方便得多。機遇雖要等待,但只有心明眼亮的人才會發現機遇和抓住機遇。

這封信由福建寄來證實了潭秋先生已平安抵達江西瑞金,同時也表明了黨組織一直在關注著自己,否則,不會對自己的情況瞭解得如此清楚。與同屆的學員比較起來,自己在仕途上的進展還是最快的一個。先生在信中明確地轉述了組織的指令,是要自己充分地利用此次由陳果夫、陳立夫兄弟二人所發起的「護黨運動」的大好契機,改弦易轍設法躋身於CC派系的行列之中。

今年三月,胡亦愚從原來省第一期黨務培訓班的同學張導民和錢雲階處打聽到消息,省裡新上任的張主席書案上甄選縣長的名冊中列有他自己和玉林的名字,只不過因資質尚淺且聲望不夠而被排在了後面。據說省黨部對二人的考核意見分別是:玉林雖政績突出且具備才幹,尚須留縣歷練一段時間後再予擢升;省黨部已內定由胡亦愚接任國民黨武昌縣黨部書記長之職。

去年三月,楊永泰提出應集中黨政軍大權於剿匪總司令部,才可避免政出多門而使黨政軍各部門能號令統一;惟融黨於政軍之內,才能集中國民黨的力量完成勘亂剿匪之大業。

蔣介石下令:鄂、豫、皖、贛四省之國民黨各級組織應予變更,省、市黨部設主任委員,由該地主管軍政大員兼任;主任委員下設書記長,直接聽命於主任委員;各縣設書記長,由書記長負全責;各省、市、縣與剿匪相關之工作報告可直接送剿匪總部黨政處。

　　此令頒佈之後，原國民黨省黨部之執行委員和監察委員要麼被送走、要麼被罷免，不僅鄂豫皖贛四省國民黨各級黨部中之CC派系的精英骨幹全部被打入冷宮，且CC系在各省之政治地位也一落千丈，各級黨部因而變成了當地軍政部門的附庸。

　　陳氏兄弟不甘心大權旁落而任人擺佈成為俎上之肉，遂竭力對楊永泰予以攻訐，以抵制融黨於政軍的打擊。一方面運動國民黨中重量級元老人物向蔣進言，提出融政於黨才適合中國之國情，乃安邦定國之良策。理由是：在各剿共區域人才缺乏，黨務人員應對各級政府有監督制約之責權，尤其是在組織的建設和發展、宣傳黨國之政策方針及法令法規、輿論導向、學校管理、共案核審、執政監督、紀律檢查、民政教化、監督財政合理使用等方面責無旁貸。眾元老常去國民黨中央常委會慷慨陳詞，指責政學系旨在進行毀滅國民黨的陰謀活動，將黨務置於各級政權的領導之下，乃是本末倒置的歪理邪說。另一方面暗中策動各地之CC幹將發起護黨運動，指示各級黨部直接向國民黨中常會告狀，說政學系的目的是在排斥異己而用心險惡，讓已按正常秩序運轉的各級黨部陷於混亂之中，融黨於政就是否認國民黨在現政權中的領導地位。讓中山先生所設立健全的黨務之職權形同虛設，就是破壞勘亂剿匪的大業。

　　CC派系空前團結起來，不遺餘力地展開反擊。經過不懈的努力，陳氏兄弟終於奪回了鄂豫皖贛四省黨部書記長的位置，將瀕於星散的黨部骨幹人員又重新聚集在一起。

　　蔣介石之由地方軍政首腦兼任各省黨部主任委員的組織形式並未改變，而且推行到其他的省、市，縣一律改為書記長負責制。為此，CC派系對楊永泰恨之如骨。

　　玉林與省裡的達官要員拉不上任何關係，若想僅憑自己之力改弦易轍而投入CC派系統確有難度，雖然陳家店正在招兵買馬，但既無靠山且又無門路的人，還真是邁不進那個門檻。

　　據三叔馮雲卿講現在雲鶴堂與綏靖公署和省政府的關係大有改善，由雲鶴堂出面為自己在省黨部裡謀一個委員的差事並不是難事，但那裡的同僚及上司又將會用怎樣的眼光來看待自己這個有幫會背景的人？他們只會在表面上與自己虛與委蛇，在內心裡卻會將自己視為另類之人而遠遠地排擠於圈圈之外。玉林覺得這條捷徑走不得，在各方面條件並不具備的時候，再好的意願都只會是

空中樓閣。要想今後自己能在CC派系中站住腳和有所發展，離不開精進隨緣這四個字，即既要努力地去創造條件，還要穩打穩紮把握機遇順其自然。

在縣政府辦完公務後，玉林去了設在中正路上的武昌縣黨部。

在橫街上一家由陝西人開辦的酒樓之雅室內，胡亦愚與玉林二人邊吃邊聊。

當玉林說到家中的實際困難而他又因公務繁忙而無暇顧及時，胡亦愚笑著說道：「這件事情極易解決，你挪動一下就行了。鄉下的風景再好也難以畫出傳世之精美的佳作來，城裡的世界才是多姿多彩。省裡的張主席在年初才放了一批縣長，這些人若無意外起碼要幹個四年，那你就只能待在青山鎮上苦熬時光。你在鄉下幹得是很不錯，縣裡也已有公認，即使想提拔你又能把你攔到哪裡去？若賢弟真想在城裡另謀一個差事，愚兄當極力促成。」

「談何容易？難道說仁兄已有門路？口袋裡還裝有現成的官憑不成？」

「佛曰：不打誑語。翻年後即可兌現，我正準備去動員你和我一道共事。我倆是同鄉、同學，又是義結金蘭誓同生死的兄弟，理當相互幫扶同舟共濟，為服務鄉梓而盡職盡責。」

胡亦愚娓娓而談：「原剿匪總部的秘書長楊永泰自以為獻了奇謀而討得了蔣先生的歡心，殊不知他不僅得罪了陳氏兄弟，還得罪了一些國民黨的元老，更得罪了我們的何主任。官場上最忌諱的是翻燒餅，湖北省之省市縣各級黨部原是何成浚組建的班底，一下子被楊永泰否定得一無是處，險些兒被他捅得七零八落，何主任心裡會怎麼想？蔣先生在鄂省時何主任自己兼任省黨部主任委員，任命CC系的幹將吳醒亞任省黨部書記長。楊永泰隨蔣先生返甯後，除未再設監察委員外，省黨部的一切仍然是外甥打燈籠──照舅（舊）。

「何主任與蔣先生是早年在日本的同學，歸國後又同在滬軍都督陳其美麾下任職，故何與陳果夫、陳立夫兄弟二人交情頗深。所以何成浚認定楊永泰表面上是為了打擊二陳的勢力，暗地裡是存心與自己過不去。何主任決定撥亂反正，一切按其治鄂時的既定方針行事。何主任有孟嘗君之雅譽，他與政學系中張群、熊式輝、黃郛、王世傑、翁文灝等人都是摯友，卻鄙棄楊永泰這種搖唇鼓舌無事生非的為人。何主任與蔣先生的交情極深，在國內諸多封疆大吏中他是唯一的一個敢於公開抵制和頂撞蔣先生的人。

「省主席張群足智多謀老成持重，因與何成浚相交甚篤且其之秉性正直為人謙和，與楊永泰之鋒芒畢露相較簡直是判若二人。張主席並不想在湖北久待，他只是為救蔣先生的燃眉之急才來過渡一下，所以，他不願意較真或從雞蛋裡挑骨頭而去惹惱這位湖北王丙招致昔年老友的忌恨。張群對冗雜紛亂的政務並不上心，他只喜好著書立說、吟風弄月或放浪形骸暢遊於名勝古跡和青山綠水之間。他深信何成浚不會做下違背治國方略的出格之事，故樂得少操點心，你好我好大家好以求得一團和氣和功德圓滿。

「何主任重視和培養青年才俊並能委以重任，其於用人之道不拘一格，不問出身貴賤，不計較門第閥閱，不看重文憑學歷，只注重資質能力，唯才是舉，而不存在有任何世俗之偏見。說他自己若能承先啟後而讓鄂省之父老民眾安居樂業則可慰平生之志；說青年人朝氣蓬勃、勇於實踐、開拓創新、勤奮不息，可將官場中腐朽沒落、拖遝疲憊之劣根性一掃而空。因其慧眼識英才，才有許多青年人得遂心願，而有了報國救民施展才華的機會。」

「省黨部對仁兄今後的職務作何安排？是否仍在縣黨部任職？」玉林插言問道。

「任武昌縣黨部書記長。據說謀此職位的人不在少數，因而競爭相當激烈，最後由何主任拍板才定下來。明年，武昌縣被列為一等縣，湖北省僅此一處。縣黨部實行書記長負責制，縣黨部執行委員和幹事的設置和任命由書記長提名呈報。再告訴你一件事，中央黨部決定將漢口特別市黨部與武昌、漢陽、夏口三個縣的黨部合成忠實黨員同盟會的一個區，九名幹事的名額分配是：漢口市黨部三人；武昌縣黨部三人；漢陽縣黨部二人；夏口縣黨部一人。其實，各級黨部不過是忠實黨員同盟會用作掩護的一個軀殼，而實際活動皆是由忠實黨員同盟會之幹事會來推行和實施。此乃本會之至高機密，賢弟切勿外泄於人。」

「你們那第一期黨務訓練班畢業的學員現在是否都成了忠實黨員同盟會的會員？看來十年以後省、市、縣各級黨部豈不是全被你們的同學所把持？現在職務最高的有幾個人？」

「同學中有劉先雲等人從了政或在軍隊裡搞政治工作，有幾個人在三鎮上的知名中學或縣立中學裡當校長，繼續搞黨務工作的基本上都是各縣的黨務負責人和幹事。賢弟，你確實錯過了一個大好的機會。當初報考須知上寫得很

嚴格，其實對學歷文憑並不苛求，有許多報名者是在校的學生，像年紀最小的張導民進培訓班時年僅19歲。話說回來，你現在也歸隊也不遲，你兄弟同進共退，以弟之卓越才幹再加上愚兄保駕護航，我敢擔保原培訓班裡的眾位學友決不會對你另眼相看。在那批同學中劉鳴皋現在是省黨部的常委，王維時和王紹佑二人是省黨部委員。何成浚主任最看好年紀最小的張導民（1910—2001，湖北省廣濟人，後與劉先雲、黃格君同為蔣經國之總統府國策顧問），並斷言他今後前程遠大。」

「劉鳴皋的為人怎樣？你與他之間的交情如何？」

「劉鳴皋為人工於心計，有一定的組織能力，在社交方面的能量很大。民國十九年由他和張導民、陶堯階、崔從灝、王延烈等人發起並邀約周宗頤、袁雍、錢雲階、王維時、王道義等人，以換『蘭譜』的方式結為兄弟，共同組織黨訓學習勵進社。以研究學術，聯絡感情和政治上相互提攜，經濟上互相援助的名義，結成了政治小團體『十人團』。同學們戲謔地稱之為童子軍，老大劉鳴皋是鼻涕團的團長。因為其團體中人員年齡偏小，在光緒31年後出生的人所占比例很大，尤其是張導民加入時才剛滿20歲。

「他們在省黨部主辦的《湖北黨務通訊》上刊登了黨訓學習勵進社成立的宣言和宗旨。之後，陸續發表了由他們撰寫的豆腐塊式的研討文章和關於攘外安內的評論。由於旗幟鮮明、立場堅定、思想激進，很快便引得了時任湖北省主席何成浚的關注。黃格君受命對十人團作了考核，何主席決定召見這些初出茅廬而立志報效黨國的年輕人。劉鳴皋等10人執弟子禮拜謁了湖北王。此後，十人團奉何主席為後臺老闆和湖北家長，如眾星捧月般地經常圍聚在何主席的身邊。其中張導民長於吟詩填詞，更對何主席的胃口，更對其青眼相看。今年五月，劉鳴皋持何成浚的書函去南京面謁陳立夫，十人團的成員全部順利地加入了忠實黨員同盟會。劉鳴皋一躍而成為湖北省黨部的常委和湖北幹事會的常務幹事。

「我們那批同學相互之間的關係都處得很不錯，眾人捧柴火焰才會高。前幾天，劉鳴皋和楊錦昱、王紹佑還從紅樓裡跑到我這裡來相聚，我們四人也是在這裡涮火鍋和高談闊論。劉鳴皋開玩笑說他那個省黨部常委是上面有人管，腳下又是虛的，遠不及這楚天首縣的書記長威風八面。我說只要他願意換，我就在大中華裡做東設宴款待我們在黨訓班的全體學友。武昌縣黨部在『區支

會』裡占三個幹事的席位就是那天中午在餐桌上定下來的，你願意來就領一個去，其餘的事由愚兄負責運作。」

水到渠成

　　民國二十二年11月，省政府行文對各地之已達標的模範區鄉進行復核驗收。

　　因武昌縣青山區下轄之10鄉1鎮皆已被評為模範鄉鎮，張主席決定輕車簡從，只令省黨部副書記長黃格君及省黨部常委艾毓英、劉鳴皋和武昌縣呂縣長陪同前往青山區查驗。

　　區公所之外牆上白底黑字格外醒目：政府之剿匪訓令；省、縣之政令法令；鄉保聯防條例、鄉民公約及戒毒禁賭的告示均列於其上一目了然。

　　隨行之人見張主席頷首微笑均讚言不已，呂縣長說此類宣傳專欄在青山區各鄉也隨處可見。

　　因事先未接到通知，區長劉先志已去戴湖鄉公所視察須到傍晚才能回來。呂縣長說劉區長每月裡騎馬去往各鄉巡查一至二次，他覺得現場辦公簡捷便利，不僅能體察民情，還能加強對鄉公所之各項工作檢察和督導的力度。張主席認為這種腳踏實地的工作態度和工作作風值得表彰和推廣，令勿需派人前去通知。呂縣長遂令區公所文書杜慕陶代為彙報。

　　區公所協理員將各鄉鎮的材料擺放在會議桌上後退出，杜文書對張主席等人所提出的問題逐一解答。讓眾人頗覺驚異的是，這位年約30歲的杜文書之記憶力超越常人，對各鄉鎮的情況瞭若指掌，竟能不看材料而回答得準確無誤。

　　省主席張群對會議室牆上所張貼的各種文告上的字跡十分留意，見顏筋柳骨躍然紙上而面現笑容。劉鳴皋插言說這些都是杜文書的手筆，區長劉先志習練的是黃山谷先生的書法且已有相當的根基。

　　離開區公所後張群令眾人不必隨侍左右，讓他獨自在集鎮上漫步以便採訪民情。

　　一路之上，於醒目處之牆壁上各類政令、訓令、法規、條例隨處可見。張主席喜歡與年邁之老者閒談，聊及的內容五花八門，諸如風俗、民情、物價、課稅、區公所執政有無作為、戒毒禁賭之具體措施及治安狀況如何？還真是面面俱到。

在問及鄉民對劉區長的評價時，有幾位老者的話語讓張主席頗感興趣。他們說劉區長人雖年輕卻是文武雙全，在湖泗鄉任職時就敢赤手空拳闖入洪門興華寨，雙手打槍百發百中讓寨中的頭目佩服得五體投地；湖泗鄉的裡甲防盜和鄉保聯防大見成效，連破歷年之積案，很快就將那盜患頻發的鄉間治理得風平浪靜。玉林調任青山後在羅港鄉勘破疑案之事，被他們說得神乎其神；說區公所依照政府律法對設局誘人參賭及高息放貸逼人傾家蕩產的賭場勒令關閉和對以賒賬招睞煙客及涉足簽署契約、逼人典讓妻女及買賣兒童之違法煙館予以查禁，真是大快人心。

「賭檔和煙館據說都是道上之人用以招斂錢財的產業，就這樣被查封了，難道說那些如狼似虎之人他們會無動於衷而心甘情願？」張群半信半疑插言問道。

一年逾古稀而精神矍鑠的老者笑著說道：「區公所先是與他們約法三章而訂立協議，若有違犯當予查禁。那些人誤以為區公所不會動真格的，只是遮人耳目的官樣文章而依然故我，被查禁之事順理成章。聽說這位青年區長大有來頭，讓那些飛揚跋扈之人一反常態而俯首聽命。否則，誰敢有這樣的膽量去捅那些蜇人的馬蜂窩。」

當問及民眾對省、市、縣各級政府有何看法和意見時，仍是那位老者答言：「本屆省政府賑災濟貧、懲肅貪墨、降低課稅、改善民生真是功德無量。官清民自安，民富國勢強，此乃千古之理。自古以來官逼則民反，黎民百姓決不會去反抗能為他們辦好事辦實事的清官和好官。今年，省政府頒令對無確鑿證據而被關押之年輕人具保開釋真是順天理恤民心。我的孫子在城裡中山大學念書，前年十月，參加了反對日本侵佔東三省的遊行和散發了傳單而被捕，衙門裡硬說他是共產黨，托人說情和打通關節均於事無補，全家人惟對衙門之昏天黑地有所怨恨外而一籌莫展。

「老弟台您想想看，監獄裡關了那麼多年輕人對政府而言只能是有百弊而無一利。每個人都有三親六眷，關押一個年輕學生就等於關押了好多個家庭的人心和希望，只能增加百姓對政府之抵觸情緒。把那些青年學生都放了，豈不是既尊重了民意、又消彌了仇視、更贏得了民心？老百姓是最知道好歹的人，再高再大的豐碑也抵不上老百姓心目中的口碑。說句真心話，老朽真想發動民眾分別給省裡的張主席和何主任各送上一塊『德澤三楚』的匾牌。」

俗話說：千穿萬穿，馬屁不穿。人人都喜歡聽好聽的話，張群這位封疆大

吏真沒想到在這鄉間集鎮之上竟會有年高德望的老丈對他如此地歌功誦德。

老者無心之言，讓張群心裡樂滋滋的，覺得模範鄉中民眾之思想覺悟就是與眾不同。

呂縣長提出戴湖鄉恰好在回城的順道上。張群妙趣橫生地說：「摟草打兔子——順帶。」

上車後，張主席說那位杜文書也是個可造之才，所欠缺的僅是魄力不足，今後應予以機會培養歷練。黃格君和呂璉點頭稱是。

戴湖鄉鄉長方之平與玉林是鄉政訓練班的同學，恭恭敬敬地將張主席等人帶往李家灣。

若不是已明瞭其之身份，張群簡直難以相信站立於眼前的這位身著青色便服、褲腳高挽且足蹬草鞋之純樸魁梧的青年竟然會是管轄五萬餘戶人家的一區之長。

艾毓英笑著說道：「玉林同志出身農家，除當教書先生時穿西褲長衫外，回到其家中便是這身裝束。」

張主席對玉林印象極佳，笑容滿面地拉住玉林的雙手親切地說：「上馬為官，下馬為民，好！不忘本色尤為可貴，更好。今後，你無論公事還是私事儘管去省政府相見，老夫熱列歡迎。」言罷示意秘書遞給玉林一張印製得極為精緻的名片。

劉鳴皋乘張主席與李老漢敘談時，附在玉林耳邊低聲言道：「玉林兄，張主席有兩樣名片，你這張是特別通行證，請妥善保存，日後可能會派上大用場。」

張主席讓呂璉坐後面的車，令劉鳴皋坐於其身旁將玉林的情況詳明相告。

劉鳴皋簡明扼要地將玉林因家道中落，10歲時隨父母遷居於城北郊的武豐鄉，傭身為伴讀書僮以抵田租而在塾館裡又附讀了八年，其孜孜不息，已習研《四書》、《五經》。見張主席留意在聽，又繪聲繪色地講述了其之家庭與洪門雲鶴堂及佛堂將軍劉佐龍的因果淵源，以及在中華大學念書時因何故輟學而在高師附小及崇實、共進等學校當兼課教員卻又與共產黨人毫無瓜葛及從未參與任何政治活動的一段奇特的經歷講出。

張群對初次見面的劉先志產生了極大的興趣，這個青年人文武雙全，兼有過目不忘的奇異天賦；既有清白的家世，又有複雜的社會背景；既有貧窮困苦

的經歷，又有視權勢如敝芥的豪邁氣概；看似極為矛盾的狀況卻交集於一身，似乎於無形之中又著意地給他披上了一層神秘的色彩。更讓張主席為之動心的是，此人敏於事且訥於言，但勇於拼搏和敢於承擔責任，既有謀略更具魄力。張群覺得自己的身邊正缺少像劉先志這樣的助手，這個青年人真是一個能將心腹秘書和貼身保鏢這兩付重擔融於一身之最佳人選。

「你認為劉先志今後應向哪方面發展最為適宜？」張主席含笑問道。

「他去武昌縣湖泗鄉歷練是何主任的批示，調任青山區長也是何公的安排。何公意欲讓他去武昌縣黨部繼續歷練，至於其今後如何發展職下就不知道了。」劉鳴皋謙恭地回答。

既然何雪竹已看好此人，張群也只能忍痛割捨，他犯不著為了這個青年人而與何成浚產生隔閡。何成浚一貫主張任用鄂籍之人來治理湖北，他能青眼相看的人當然是預先做好了安排。

胡亦愚、劉鳴皋等人辦事效率真高，很快便運作成功。一個月後，湖北省黨部的調令下達：劉先志調任國民黨武昌縣黨部執行委員。武昌縣政府行文，任命杜慕陶為青山區羅港鄉鄉長。

玉林赴任的當天下午，武昌縣黨部在大中華酒樓設宴為其接風，原漢口黨訓班政治指導員艾毓英及省黨部委員楊錦昱和「十人團」中的劉鳴皋、陶堯階、錢雲階、袁雍、張導民、王維時等六人被邀請來共同慶賀。

胡亦愚將楊錦昱、陶堯階、錢雲階、袁雍、張導民、王維時等六人逐一向玉林引薦，眾人均對玉林能加入團體表示祝賀和熱情歡迎。

劉鳴皋代表座中諸君致歡迎辭：「我們既是有共同政治信仰的革命同志，又是榮辱與共、患難相扶的異姓兄弟。今後，更應精誠團結努力拼搏攜手前進，在為團體壯色增輝的同時，共同開拓錦繡前程和迎接更美好的未來。」

責權利弊

上班鈴聲一停，胡亦愚便笑眯眯地踱了過來，將黨部之主要任務及各項工作的要領對玉林詳盡相告。

「楊永泰之所以要搞的融黨於政，最終的目的是想扶植他們政學系的勢

力，削弱和打擊我們CC派系在中央黨部及各省黨部中的領導地位和力量。何主任與陳氏兄弟及其叔父陳其美有二代人的交情，陳家老店可以說是何公在南京的耳報神，滬、寧方面的任何風吹草動，雖遙距千里何公都能了然於心。因二位陳老闆與何公親密無間，何公實際上就是我們CC派系在湖北分店的後臺老闆。

「何公對楊永泰極為反感，在關鍵時刻力挽狂瀾重拳出擊，不僅由他自己兼任省黨部主任委員，還點名讓吳醒亞來鄂省任黨部書記長，使楊之陰謀落於空談而保得CC系在湖北的力量免受滅頂之災。省黨部不再設監察委員的職務，是何公看在蔣先生的金面上而不讓楊永泰過於難堪。何公反其道而行之來了個融政於黨，首創之東西南北中、黨政軍民學獨樹一幟，黨是領導一切的高論精妙絕倫無懈可擊，讓素有首席智囊之名的楊秘書長巧舌難辯而啞口無言。

「為防止楊永泰再度尋縫下蛆和杜絕彼攻訐的口實，何公進一步擴大了黨部對政府中各級部門監督制約的權力和職責，唯一的弊病是讓我們這些黨務工作者今後要受累一些。打個確切的譬方說，黨部管的是黨組織的建設和發展，黨票的審核和發放就緊緊地握在了我們的手裡，與我們不同心的人他就難得邁進這個門檻。人無完人，金無足赤。人人都是有缺點和毛病的，尋得其疵跡再嚴加考核，最終雖然放其入門，但也讓其錯過了大好之機遇。

「目前省裡的各級黨部都在團體的掌控之中，我們擔負著光榮的使命和艱巨的任務。我們不僅要鏟共防諜，還要監督和制約政府機關內的各級官吏。黨部有審訊、審核共黨份子和共案嫌疑人的權與責，還要復核法院對人犯的量刑判決是否符合法律條款的規定及法官是否有弄權罔法的行為。陳老闆授權各省之分會、支會，可直接向中央組織部調查局檢舉和彈劾官吏。這可是一個通天的權利，我們加鹽可以不鹹，但加醋卻特別酸。」

「直接向南京的調查局反映情況和舉報他人，難道說何公及省黨部會沒有意見？蔣公對團體所採用的手段難道會不聞不問或持有異議？再說縣黨部裡只有這麼三十幾個人，每個人都有具體的工作，那鏟共防諜之事豈不是形同虛話？」玉林插言問道。

「我們手下的那些人跑腿聽差倒還可以，他們怎能擔起鏟共防諜的重擔？只怕是共產黨人站在他們的面前都認不出來？我們武漢區支會裡行動科下設有站長，站長的手下有幾十號人，都是一些有反共經驗且受過特別訓練的人，他們的能力並不低於警局的偵緝隊。共產黨真是無孔不入，他們在徐局長身邊都

安插了間諜。民國二十年，蔡孟堅抓到了顧順章，本來就可以將共黨設在上海的中央機關一舉摧毀和將他們的首領一網打盡。既然共黨的總書記向中發都能投誠，被捕的人中應不乏反正歸順者，照單抓藥其戰果將是何等輝煌？不料，錢壯飛、李克農竟然會是共黨的臥底，致使穩操勝券的驚天業績而功虧一簣。為此，陳老闆痛心疾首，嚴令總會及各地分會、支會應不遺餘力地把隱患徹底清除。

「何公及省黨部決不會怪罪分會和支會直接把問題捅到中央調查局。你想想看，何公是我們團體在湖北的後臺老闆，省分會和區支會都是按何公的眼色和旨意行事，又怎能幹出有違其意願之出格的事情來？何公是利用團體去幹那些他想幹卻又不便出面的事，這現成的利刃他當然樂於借用。《三國演義》中曹操把彌衡送到夏口交於黃祖，就是要借黃祖的刀來泄除他所受彌衡羞辱的怨恨，他自己還落了個氣度寬宏的美譽。省黨部只不過是個虛有其名的空殼，吳醒亞等人怎會出面干預各區支會的行動？況且政治利益和行為目標又是完全一致。陳老闆對應予打擊的對象決不會心慈手軟，因為在風雲變幻無常的政治鬥爭中和在雲譎波詭的官場上，不是東風壓倒西風，就是西風壓倒東風。現在有這樣的幾句話真是經典之談，即政治鬥爭無誠實可言；組織鬥爭要結成死黨；路線鬥爭要引誘對手犯錯誤；掌控好輿論導向至為關鍵。

「蔣先生日理萬機，他既要忙於剿共，又要籌劃駕馭各路諸侯良策妙法，他根本顧及不到黨務和組織方面這些繁瑣的事情，更何況利用矛盾分而治之，乃是他最為得意的構思和慣用的謀略。即便蔣先生對某人或某件事情持有異議，他也不便深究。一方面陳老闆早已備好了應對的說辭而師出有名；再則是物必自腐蟲才蛀之，雞蛋沒有裂縫怎會招來蒼蠅去叮？既然是木已成舟，根本沒有再把船隻重新拆散的必要，更何況被攻訐的廳長、市長、縣長等人，在蔣先生的心目中都是一些無關大局的小棋子而已。雖然是有人對團體的做法心有芥蒂而憤憤不平，但他們腳再癢也只能在鞋子裡拱，他們還會擔心有一天石頭會砸在自己的頭上。」

「經過幾年的嚴厲打擊，共產黨的湖北省委被迫撤銷了，他們的長江局也遷往了上海，在武漢三鎮的組織已土崩瓦解了，這世面上也平安得多了。現在，學生也不鬧學潮了，工廠裡的工人也不搞罷工了，市民也不罷市了，再也沒人去遊行、集會和示威了，根本原因是沒有共產黨人再在暗地裡操縱作亂

了。其實，共產黨裡人才濟濟，但也混進了許多品質低劣的市井無賴及投機鑽營之徒。這幾年共黨的組織在三鎮上不能立足，確實與他們胡濫收納的組織路線相關。何公很鄙棄那些變節之人，說只能把他們當作鷹犬以供驅使。

　　「何公之所以器重王維時是因為看中了他的人品而並非是照顧同鄉的關係。王維時也是參加了共產黨的，民國十七年他登報聲明脫離共產黨後並沒有出賣昔日的同志。何公對此大加讚揚，說君子絕交不出惡聲，實在是難能可貴。原來，我一直把君子不黨奉為座右銘，現在看來堅持那種觀點只宜當個教書匠。官場上積習難改而今是愈演愈烈，仍然是重用了溜鬚拍馬的；提拔了弄虛作假的；放任了拉幫結夥的；養肥了貪贓枉法的；錯選了心術狡詐的；嬌慣了忘恩負義的；辛苦了當牛作馬的；冷落了單槍匹馬的。這些話寓意極為深刻，真是經驗之談。

　　「一個人的能力和精力再強也是有限的，若不會搞公共關係也只能四處碰壁，朋友多了路才能越走越寬。從明天起我就帶你到處走走，無論是團體內的同志或原黨訓班內在漢工作的同學，還是我這幾年在社會各界新交往的朋友全部給你引薦到，如魚得水才能事半功倍。你這次能順利地調過來和加入團體，劉鳴皋是出了不少力，但他也在何公與張主席的面前給你下了個『墜子』。他不該說起你曾在那些地方兼課的往事，特別是政府在將防共、鏟共定為第一國策的現階段，那種事情足以讓人生疑。我說他不該口無遮攔，他說自己的這個壞毛病是劣習難改，一旦說順了嘴便忘記了把門關上。」

　　「仁兄，黨部的組織結構如何？我們打轉轉走訪是否會誤了黨部的公務？」玉林微笑問道。

　　「省黨部的攤子要鋪得大一些，所以人員相應地多一些。市黨部裡設總務、組織、宣傳、行動等四科，站長及別動隊歸行動科具體指揮。我們這裡下設總務、組織、宣傳、行動四室，由那四個秘書各負其責。他們都是敬業務實的本份人，即便是我們轉出去旅遊幾天，這裡也都是一切正常平安無事。在城裡城外抓共產黨人有蔡孟堅的偵緝隊無須我們操心，又沒有報刊需要審查，幾所中、小學都是定期讓人去過問一下只是例行公事。賢弟但放寬心，在這裡是既得了清閒，又能照顧好家庭。

　　「雖然宣傳輿論、文化教育及思想淨化等項工作是黨部主要的工作職責，這些事情提起來重逾千鈞，但放下去不到四兩。這幾年共產黨人在武漢三鎮上

都絕跡了，到處都風平浪靜了，連省黨部裡的主管艾毓英、楊錦昱、王紹佑等人都過得很清閒自在，我們還有什麼公務可耽擱的？我們走走轉轉是在幹更重要的工作，是在將上面的指示精神落實到位。」

見玉林有些茫然，胡亦愚笑容滿面地說：「我們是去『捉蟲』，整天待在辦公室裡和趴在文案桌上只會貽誤陳老闆的頭等大事。我們肩負著對各級官吏之執政廉明和弄權枉法的考查、考核重任及使命，既要捕風、也要捉影，更要洞若觀火察明坐實。能將有價值和有份量的材料呈報到中組部調查局，是陳老闆對我們工作業績進行考核之重要指標。」

胡亦愚確實對玉林真心相待，每天下午都要帶著玉林去走訪相關的部門，公私兼顧地將玉林引進本團體之堅強有力的關係網中。

第四章 未雨綢繆

常務理事

在胡亦愚真誠地幫助之下，加上自己的努力，在不到二個月的時間內，玉林已和周宗頤、王延烈、崔從灝、黃寶實、曾慶錫、汪世鎏、黃格君等33人都成了彼此間能開誠佈公和推心置腹的好朋友。因為有他們極力幫忙和照應，玉林在省府各衙門辦理公務時都十分便當順利。

胡亦愚當著全體下屬的面鄭重宣佈：今後縣黨部的各項工作，全由玉林同志負責裁決，勿須再越級向他請示彙報；若有不遵安排或怠忽職守者，當按規章制度從嚴懲處。

玉林覺得這雖是胡仁兄為提攜自己的盛情美意，但卻容易讓人產生各種誤解，會以為自己是在喧賓奪主。遂私下向盟兄表明了自己的心意，願全力輔助和守好營壘而讓賢兄集中精力再創輝煌業績。故婉言力辭，請盟兄收回成命。

「賢弟無須謙讓，這與《三國演義》中陶謙讓徐州有天淵之別。愚兄這樣做既是團體的意旨，也是我自己的決定，再加上你定能不負所托，這真是合三好而為一。說心裡話，除賢弟外我對任何人都不想讓更不會讓。別以為這武昌縣黨部的衙門小，這裡真是一塊風水寶地，腳下有大路，舉目見青天。風吹不著，雨淋不著，上可通天，下可接地。愚兄以個人的體會總結了24個字，即：能上能下，進退自如；利多弊少，取捨隨心；悠哉樂哉，前程似錦。既然共產黨處心積慮為的是要覓得一塊能立足的根據地，本團體和愚兄慘澹經營了幾年的成果又豈能輕易地拱手讓於他人？

「撫衙與首府、首縣之間的關係相當微妙，自古以來皆是如此。明太祖之子朱楨貴為楚王，但他對官秩僅為七品的江夏縣令也不敢輕易得罪，因為他的安危及身家性命也在那看似官卑職小之人的掌控之中。武昌縣列為一等縣後，不僅攤子擴大了幾倍，還要設立警察局和建立自衛隊，這些雜亂無章的事只有

靠你我兄弟聯手和衷共濟才能順利地收入麾下。從今日起愚兄瞪大眼睛『捉蟲』，賢弟須運籌帷幄多動點腦筋，只有讓縣政府各衙門主事的人對我們心存畏懼而惟命是從，才不辜負組織的精心安排和重托。

「呂縣長是個有名的好好先生，他也知曉我們與雪公的淵源及團體的根基所在，更何況選擇和考核警察局長和自衛隊長的許可權還在省、縣兩級黨部的手中。所以，只要我們願意挑擔子，呂縣長會絕無異議而極力贊同。袁雍已推薦了他昔年在員警訓練所的幾個同學作為縣警察局長和警長的人選，只要我們運作得當，難道以後的縣警察局長會聽從他人的發號施令？

胡亦愚呷了口茶後又點燃了一支煙，「縣自衛大隊的編制是一個獨立營，有人槍各600，為的是保境安民，團體決定這支武裝只能緊緊地抓在我們的手中。愚兄已和呂縣長商量妥當，組建自衛大隊的事由縣黨部負責運作。這件事情交由賢弟具體去操辦，務必在一個月內組建完畢。關於自衛大隊的軍事幹部的人選，艾毓英等人已向何公請示，何公同意暫時從綏靖公署的部隊中抽調一些營、連、排級軍官來擔任。自衛大隊的經費由兩個部分組成，一是省政府財政廳按月撥至縣政府；二是由各區公所籌措一部分錢糧。

「此次甄選縣政府所增設科、室的負責人一事，呂縣長同意和縣黨部一同來考查和考核，並由縣黨部牽頭負責。人員確定後報省民政廳備案，由縣政府頒發委任狀。何公希望我們縣黨部將上述的這兩件事做得穩當妥實，為今後各縣做個引路的典範。並說融政於黨才符合現階段中國的國情，自衛大隊的職責是防共防匪，是為了確保黨國的利益，所以它只能置於黨部的監督和領導之下。我的想法是在自衛隊成立後，你去當督導員，在各區隊裡也要設指導員，這樣打仗和政治工作都有人管，自衛隊才能軍紀嚴明和確保戰鬥力。」

胡亦愚把組織的意圖轉告玉林，說團體今後對他會另有任用。因武昌縣所處的地理位置至為關鍵，組織上不願意看到日後武昌縣黨部的實權和書記長的位置落入其他派系的掌控之下。他這段時期的工作任務是保駕護航，為的是讓玉林以後能平穩過渡順利地接任縣黨部書記長一職。

胡亦愚離去之後，玉林耽於沉思之中。

這幾年來中國的時局發生了很大的變化：九‧一八事變後日軍佔領了東北全境，扶持早已廢黜的清朝末代皇帝溥儀而成立了滿州國。一、二八松滬之戰後，日軍已進入上海駐紮；1932年10月，鄂豫皖的紅軍主力被迫撤往川、陝邊

境；此後，湘鄂西之紅軍二、六軍團也被迫離開根據地而進入湘、川邊境。據近期從省綏靖公署及省政府內所察覺到的政治動向和攘外必先安內的輿論宣傳中，以及在洪門中收集到的各類情報看來，種種跡象表明蔣介石的國民政府正在調兵遣將，準備發動一次更大規模的軍事行動，極有可能是要對盤踞在贛南的中央根據地和中央紅軍發動第五次圍剿。

在忠實黨員同盟會的內參消息和時事評述中所看到的文字記載，更令玉林怵目驚心。近幾年來共產黨內部的路線鬥爭從未停止過，諸如反AB團、反改組派、肅反、反流寇主義及逃跑主義等等，其酷烈之程度並不遜於國民黨內部的派系鬥爭，甚至是有過之而無不及。內刊上有名有姓之師級及以上的將領如原來認識的葉挺獨立團第三營營長許繼慎、原農講所學友李駿、蕭大鵬、劉格非、趙文允、戴克敏、陳慕平等30餘人，都是喪命於那些自詡為純粹的布爾什維克之既說不清楚且道不明白的路線鬥爭和殘酷無情的打擊之中。

在團體之內參刊物上有一篇署名為帷幄客所撰寫的《論共匪內部路線鬥爭之功績》的評論更令玉林憂心。其在文章中寫道：張國燾在鄂豫皖、夏曦在湘鄂西及王明等人在贛南開展的肅反等政治運動之功績，於摧毀匪部之有生力量及匪部戰鬥力等方面，遠遠地勝過了國民政府的十餘個裝備精良的正規軍的軍事進剿行動。當前，共黨之中央領導人在贛南根據地大反流寇主義和逃跑主義而採取禦敵於國門之外的決策，更是有助於國民政府對匪區的軍事圍剿。匪部揚短避長而實行陣地戰，一方面是赤匪不願捨棄贛南那塊可便於四處劫掠的風水寶地，另一方面是王明等從蘇俄歸來且僅會紙上談兵的書呆子，自恃有共產國際的扶持和誤以為蘇俄之經驗能放之四海而皆準，自以為足以能雄視天下主宰神州而睥睨排擠原周恩來等上海派系之人，更瞧不起那些草莽出身的綠林豪傑和主張游擊運動作戰的毛澤東之輩。固守城鎮消極禦防，無異於螳臂擋車，乃是自入甕中。若國民政府全線圍剿，定能犁庭掃穴而畢全功於一役。剿滅贛南匪患已指日可待，蔣公攘外而先安內之國策定能馬到成功……

自衛大隊

看完縣黨部送來的關於組建縣自衛大隊的全部材料後，呂縣長十分滿意。

呂縣長對暫時由他自己兼任大隊長之職並無異議，寧缺毋濫是他一向的工

作方法和作風，故很對他的味口。

年初，省政府欲設置武昌市的呈文未得到國民政府行政院的批准後，省府決定在武昌老城區內設立武昌辦事處，將漢陽城區從漢陽縣分離出來而劃歸武昌辦事處所轄。

因此，除武昌城區外，在武昌縣境內下轄的13個區裡各設一個區中隊的部局極為合理。區中隊受命於區長，主要的職責和任務是保境安民和防匪緝盜，由各區區長兼任區中隊督察指導員。

呂縣長覺得今後只要加強鄉保聯防，有區中隊的武裝力量以作後盾，各區保得一方平安應無問題。如果各區之間的聯防得以全面落實並付諸實施，縣境之內定會是風平浪靜，而他這個當縣長的方能高枕無憂。

各位區長皆認為在本區內設置區中隊，是於民有益且於己有利的特大好事。有一個中隊的武裝力量以作堅強後盾，腰杆子硬了，說出的話語就更有力度。舉足輕重可讓轄境裡的民眾對其望而生畏而敬若神明。各位區長精神抖擻，雷厲風行地將縣政府的指令迅速地落實到位。通過預選的在冊人員經區長們交換審察後，各區均有46人被錄用為自衛隊員。

呂縣長當眾宣佈：縣自衛大隊在縣黨部掛牌，由他兼任縣自衛大隊的大隊長；委任縣黨部執行委員劉先志為縣自衛大隊督察長。

600名自衛隊員報到後均穿上了軍服和領到一支漢陽造步槍，隊員每月的薪餉與兵士等同。與正規部隊有所不同的是，每個隊員左胸前佩帶著縣自衛大隊特製的方形符號牌。

駐軍營地裡抽調出13名連、排級軍官及26名兵士負責自衛隊員的軍事訓練。在訓練期間，省主席張群、省綏靖主任何成浚、武漢警備司令萬耀煌等軍政要員曾二次來軍營觀看了自衛隊員的軍事訓練和實彈射擊，並大加褒獎。三個月後，全體隊員均通過考核而返回各區駐守待命。

組建縣自衛大隊的工作進展得如此順利讓呂縣長大喜過望，張主席、何主任、萬司令等封疆大吏和黨國要員的褒獎和讚賞更讓他倍覺殊榮。看來，這劉先志還真是個可造之才，交付他經辦之事，不僅勿須自己勞心費神，且能坐收其功。

在議及縣自衛大隊所需經費供給問題時，呂縣長覺得每月支付5000銀元縣財政難以保證，意欲由縣政府專題呈文請省政府酌情處理予以資助。

　　胡亦愚和玉林兄弟二人於傍時分在武昌城中正路上的鴻賓樓以縣黨部的名義宴請了艾毓英劉鳴皋、楊錦昱、陶堯階、袁雍、王維時、錢雲階、王道義等八人，十個人圍桌而坐，談笑風生格外歡暢。來賓們頻頻舉杯，慶賀武昌縣黨部開張大吉，麾下已聚集了一個加強營的兵員。

　　艾毓英率先言道：「雪公對二位仁兄十分關注，老爺子是想以武昌縣的成功經驗為典型繼而在全省推廣，今後各縣的自衛隊會相繼組建，全省的自衛隊就是綏靖公署轄下的預備隊。楊永泰想搞融黨於軍，老爺子大智大慧，反其道而行之來了個黨部不僅要管組織建設和發展，還要要管軍管槍。各地的治安穩定了，全省也就安定了。良好的開頭就是成功的一半，如果各縣、市的黨部都能像武昌縣黨部一樣盡心盡責地把自衛隊握於手中，諸位想想，那將是怎樣一個嶄新的局面？」

　　「湖北省有80餘個縣市，80個營的建制相當於二個軍。黨軍第一軍奠定了領袖的統一大業，我們若能掌控住這二個軍的預備隊，楊老廣豈敢再胡說八道？黨政軍民學，黨是首位。只有融政於黨、融軍於黨，才能上馬管軍、下馬管民，黨部的地位才能堅如磐石和穩於泰山。」王道義不假思索地說。

　　楊錦昱是黃埔第四期的學員，在蔣桂戰爭時負重傷而調至省黨部任職，其對部隊中的事宜知之甚悉。「王仁兄過於樂觀，即便是全省都組建了自衛隊，滿打滿算也只有一個軍，能否掌控在省黨部手中就更難說了。這裡面也有個天時、地利、人和的問題，中央要剿匪鏟共這是天時；武昌乃全省政治、軍事、經濟、交通、文化的中心，此乃地利；上有雪公撐腰掌舵，下有呂縣長行事開明和玉林兄深諳兵戰策略，當為人和，才有了如今的大好局面。至於在其他的地方我們省黨部是鞭長莫及，若欲納入掌控之中不僅絕無可能，而且是吃力不討好的事。」

　　袁雍時任省黨部委員，他和張導民二人深得何成浚的喜愛，經常至其府邸與之陪伴，何公之指令常由他倆傳達於圈內。因座中並無閒雜之人，其出口之言近於直白，「雪公對伯超兄、玉林兄十分倚重，誇讚二位仁兄是青年才俊。雪公言道若各縣、市黨部的同志皆似二位仁兄敬業求實，則鄂人治省之業績定更加輝煌。如今在武昌縣已將融警於黨和融軍於黨成為了事實，假以時日融政於黨已翹首可待。雪公治鄂之方略應靠吾輩發揚光大，任重道遠，弟與諸位仁

兄當不懈努力。」

　　在當時官場中省黨部可謂是個清水衙門，劉鳴皋雖已是常委職銜卻囊中羞澀，他只想等待時機，為挪成一個富廟的主持而預設鋪墊。「座中諸兄皆年富力強，當力圖進取更上一層樓。咱們兄弟是有後臺老闆，且都是才智過人的精英，但窩在一口鍋裡吃飯終非長遠之計。愚意以為，應及早分流各掌門店，一人高吟而八方呼應，可事半而功倍。我覺得教育、財政、民政、交通、建設、田糧處等部門前途光明，不妨多作努力而擠身進去，從多種渠道將雪公之施政方略付諸實施。」

　　陶堯階、王維時、王道義、錢雲階等人點頭贊許，說定按劉老大之高見分頭行事，將此遠見卓識的設想逐步地變為現實。

格外春注

　　按省府秘書處預約的時間玉林進謁了張主席。

　　朝裡有人好做官，近水樓臺先得月，果不其謬。張主席一改平日威嚴的面容和顏悅色地示意其坐下，微笑言道：「玉林，武昌縣自衛大隊所需經費的呈文老夫已作了批示交省財政廳遵照辦理，由省財政承擔70%，另外的30%由縣裡自籌解決。目前，省財政也是捉襟見肘，入不敷出。長江、漢水兩岸的堤壩加固要錢；市政工程修建要錢；賑災濟貧改善民生要錢；疏通內河水道要錢；按中央政府之規定數額資助江西剿匪的軍餉更是刻不容緩……總之，每天來這裡開口討錢的人讓老夫應接不暇。各提各的號，各吹各的調，龜兒子們伸手就要錢，啷格還是一個比一個更重要。」為緩和氣氛而使玉林不再拘謹，張群用他那濃郁的川腔以詼諧的語言娓娓而談。

　　「老夫是力排眾議，飭令省財政廳特事特辦，每月由他們按時向縣財政科劃撥。說句大實話，省府是想以此為試點摸底探路，總結經驗以便日後在全省各縣、市推行。對娃兒你老夫是信任有加，但恐你疏於督察，以致用這些來之不易的錢而豢養了一幫魚肉鄉里禍害百姓的丘八爺。」

　　玉林據實回答：說各個中隊返回駐地後仍按原預定的方案進行訓練，由綏靖公署抽調的軍事教官皆能恪盡職守以身作則。各中隊毫不鬆懈，不僅在擒拿格鬥和射擊、擲彈、佈雷、排雷、狙擊等單兵科目上要求每個隊員能達標合

格，還結合攻堅、防衛、阻擊、伏擊等整體實戰範例嚴加操練，以期在兵戰之時達到召之即來，來之能戰，戰之能勝的理想效果。

早年曾在日本學習軍事的張主席含笑點頭，興致勃勃地說：「老夫聽說你娃兒這些日子幹得挺不錯，才破例作出如此優惠的批示。你能身先士卒以身示範這很好，只有強將手下才會無弱兵。衰將帶疲兵是上不了陣仗的，一支部隊有無戰鬥力關鍵是看帶兵的人究竟是孬種還是英雄好漢？帶兵的人要賞罰分明，言必信，行必果。還要像對待親兄弟一樣的關心和愛護兵士，更重要的是把他們都引上正路。在今後的日子裡，不僅不能放鬆軍事訓練，還要加強思想教育，換句話說就是要套好籠頭和韁繩。否則，軍紀不嚴明必導致風紀渙散，任由一群野馬胡衝亂撞其後果將難以收拾！你別小看了這支只有幾百人的自衛大隊，太平時日他們能緝盜剿匪保境安民，戰亂時期說不準還能擴充為一個師或一個軍哩！」

「玉林，你那訓練方案是無懈可擊，當務之急是要落到實處。要把他們訓練成鐵牙鋼爪的真老虎，不能把他們養成虛有其名的假大蟲，清朝的八旗兵就是因為長年嬌養懶惰而變成了廢人。你要加大督導和考核的力度，巡迴檢查是必要的，至為關鍵的是還要出其不意地殺它幾個回馬槍。發現的問題要及時處理，讓軍令如山深入人心。帶兵和領著百姓修堤有相似的地方更有不同之處，僅有愛兵如子是不夠的，重要的是讓他們懂得只有制敵於死地才是保全自己的最佳途徑。為達此目的，就要艱苦訓練、嚴格要求，務必將平時多流汗，戰時少流血的道理牢記於心。」

見玉林欲起身告辭，張主席微笑示其坐下。笑容滿面地說：「近日來諸事順當，心情極佳。老夫想與你娃兒擺擺龍門陣，聊聊官場之外的逸聞趣事。橫街頭上有個巴蜀酒家，是成都袍哥的產業，店老闆與我是華陽老鄉。那裡的川菜做得很地道，待會咱爺兒倆去那裡小酌幾杯鬆弛鬆弛，順便聽店家擺擺袍哥的事。」

「玉林，人們常說湖北人不怕辣、湖南人辣不怕、四川人怕不辣，今天就在這裡來個一較高低，看不怕辣和怕不辣究竟是哪個厲害一些。」

玉林覺得這位王老闆與張主席相當熟稔，暢所欲言時看不出其有絲毫拘謹之神態。

王明義離去之後，玉林把從三叔和小姑姑處聽來的關於洪門創建初期與清

廷抗爭的歷史隱秘及洪門與清幫的淵源和分道揚鑣的緣由講了一些，讓張主席聽得津津有味。

「玉林，老夫聽說緝偵處長楊慶山原是洪門中人，洪門對他叛幫後在武漢大開香堂和廣收門徒有無異議？」

「楊慶山原是雲鶴堂漢口分舵中人，後來去上海拜在青幫首領張嘯林的門下。蔣公在上海清共時，其因功勞卓著而被授予少將軍銜。因洪門不願捲入政治漩渦，楊受命返漢開設香堂廣收門徒，某些希圖進身之人趨之若鶩，其中不乏原幫會中的成員。天要下雨、娘要嫁人，本門因人各有志未予制止而准予申請離幫者『拔香』。堂主認為：既然本門不願捲入黨派爭鬥，亦勿須與政府分得一清二楚，故採取了開籠放雀的態度，允許願為政府效力之人去謀取他們自己的前程。」

二人邊吃邊聊，在近二個小時內聊的都是江湖上的逸聞趣事。臨別時，張主席勉勵玉林應再接再勵，律己修身，於盡忠報國之日再創業績。

省主席張群降尊紆貴單獨宴請玉林且親切交談長達二個小時的消息在官場中不脛而走，聞訊之人皆莫明所以。一時間眾說紛紜，有人說岳公與玉林的長輩乃是世交，張主席重情重義，故對玉林青眼相看；有人說張主席慧眼識珠，是看中了玉林的才幹而欲刻意栽培。

眾友人皆為玉林慶賀，說張岳公樹大根深，有此強硬的政治背景無異於好風兼助力，送彼上青雲。此後，不僅外人對其另眼相看，朋友之間亦更加親密。

合力驅楊

民國廿四年10月，國民政府調張群出任中華民國外交部長，決定由楊永泰接任湖北省省主席之職。

張群主鄂雖不足三年，但與湖北王何成浚配合默契相得益彰。這期間為穩定華中政局功勛卓越。鄂省之民生得以改善，人們安居樂業。實施民主政治，加強監督制約和察劾力度，吏治得以整肅而風清弊絕。因共產黨的各級組織已呈空白狀態和紅軍已無法在省內立足，全省形勢穩定，城鄉社會秩序井然。

湖北省重要的戰略地位日益突出，鄂省之大好局面更讓蔣介石大喜過望，為再創輝煌他決定派首席智囊楊永泰執掌鄂省政局，讓大好形勢繼往開來。

讓蔣先生始料未及的是，他苦心孤詣卻疏漏了一個重要的環節，以致於命令頒佈後在鄂省引起軒然大波。

三年前楊永泰所獻之融黨於政軍的謀略幾乎讓CC派系陷入滅頂之災，故中央黨部的陳氏兄弟對楊永泰恨之入骨，必欲置之死地而後快。

這三年來，表面上張群雖然是鄂省行政首腦，但湖北的軍政大權卻在何成浚的掌握之中。現在卻換來了楊永泰，一山難容二虎，何成浚當然不願楊永泰來湖北當省主席，以免這大好局面又被楊永泰捅得七處冒火、八處冒煙，又被他搞得一塌糊塗。

陳氏兄弟對楊永泰視若仇敵，恨不能食其肉而寢其皮，只因楊永泰乃天子之股肱近臣而不易下手。此次，楊永泰奉調離京，二陳決定與湖北王聯手全力出擊而快意恩仇以泄心頭之恨。於是，CC派將所搜集到與楊永泰不利的相關情報和資料源源不斷地發往湖北，以便攜手合作共報昔日一箭之仇。

何成浚與CC系幹將方覺慧密議後，在其之府邸召見了艾毓英、劉鳴皋、袁雍、張導民、楊錦昱、王唯實、周宗頤、陶堯階等門下之精英，耳提面命，令他們分頭行事，把動靜鬧得越大越好。有其在暗中保駕護航，根本勿須擔心天會塌下來。

社會上傳聞楊永泰只是個自詡為清流名士，而實為蠅營狗苟之卑賤政客。其早年投身北洋政府而甘願為虎作倀，是一個名副其實的親日賣國之漢奸國賊。其反對抗日是真，禍國殃民為實之類的流言在武漢三鎮之茶樓酒肆和大街小巷廣為傳播，成為了各界民眾議論的熱門話題，湖北民眾反對楊永泰來接任省主席的不滿情緒很快地被調動起來。

武昌各校的學生自發地組織上街遊行，強烈呼籲國民政府應收回成命；打倒賣國賊楊永泰的口號聲震耳欲聾，揭露楊永泰醜惡面目和險惡用心的傳單四處散發張貼。社會各界人士聯名向省政府請願，懇請省府呈文國民政府改派精忠愛國之賢臣主鄂。省內各縣、市的民眾也隨之行動起來聲援武漢民眾的義舉，各縣、市政府和黨部皆有呈文分別報送至省政府和省黨部。「驅楊保鄂」群情振奮，反楊情緒十分高漲。

黃鶴樓上看翻船是何等地輕閒自在，驅楊運動如火如荼，勢如暴風驟雨迅猛異常，更讓何成浚賞心悅目。那幫年輕人頭腦就是靈活真是一點即透，掀起了軒然大波卻不露半點痕跡。各界民眾的聯名請願和學生娃兒的遊行吶喊全部

是反對日本侵略和仇恨漢奸賣國賊的愛國主義行為，當局只能支持而不能妄加干涉，更不能加以阻止或明令禁止。從歷屆黨訓班、政訓班中畢業的這一大批青年人都是可造之才，只要引導得法，他們不僅都是黨國的精英，日後更是國家的棟樑。這些人唯自己馬首是瞻，並把自己奉為湖北的家長，這批青年人就是何氏基業的牢固基礎。何成浚決定重用他們，分期次適時地把他們輸送到各個重要的部門和崗位上去擔當重任，那時的湖北政局一定如同水潑不進、針插不進的獨立王國，自己這個湖北王會當得更有滋有味。

楊永泰知道自己是依靠蔣先生的恩寵才得此高位，更清楚歷年來之進言獻策而樹敵太多，尤其是融黨於政軍之策略的實施已與CC系接下了深仇大恨。CC派系在湖北的勢力雄厚，何成浚與二陳交情甚篤且與自己一向是面和心不合，若何雪竹在暗中掣肘，自己縱有經天緯地之才亦難以施展抱負。更令其憂心的是，楊永泰認為要自己出任封疆大吏是蔣先生為平息國民黨內部對己之不滿而作出的變通之決定。自己在蔣先生的身邊，儘管CC系與眾多政敵格外忌恨，但也只能是無可奈何。一旦離開這保護傘，政敵便會陰謀暗算而讓自己防不勝防，楊永泰決定以身體狀態欠佳為由暫不能前往湖北，因其遲遲不肯赴任而令蔣先生很不高興。恰於此時，在湖北省發生的反楊行動讓楊永泰為其不去就職找到了理由充分的藉口，CC派系公然發難反對楊永泰主鄂，令蔣先生更是惱怒。

蔣先生認定這決非是共產黨人煽動民眾犯上作亂，而是CC系與何成浚聯手作祟，因查無實據而只能隱忍不發。為平息湖北之反楊風波和讓楊永泰儘快赴鄂省上任，盛怒之下的蔣先生電令何成浚，若查證屬實，可將湖北省黨部負責人軍法從事。

湖北省黨部的調查結論是：因楊曾是輔佐皖系的謀士，故湖北民眾對楊主席有所誤解。稱打倒賣國賊楊永泰的口號實與省黨部無關，乃是愛國學生自發行動而喊出來的……

何成浚暢意揮毫寫下呈辭：——以莫須有之罪責濫殺無辜，職期期以為不可。

在黃郛、張群、熊式輝等人進言之後，蔣先生怒氣始消。令湖北省省黨部派員向中央黨部述職。

　　劉鳴皋和楊錦昱來到南京，受到了二位陳先生的褒獎。後又幸蒙蔣先生接見，二人非但沒有被斥責，各人還收到了一份不菲的獎金。

　　反楊行動平息之後，楊永泰攜家人逆江而上，住進了省主席之官邸。

第五章　風雲突變

受訓廬山

　　坐於省主席寶座上的楊永泰心裡十分窩火，其安邦治國之雄才大略俱成了空中樓閣，所頒佈之政令皆因無法施行而被束之高閣。各地的呈文令楊主席搖頭歎息哭笑不得，下屬之各種難處及形形色色的理由均可概括成一句話：事出有因，暫緩實施。

　　省政府所頒佈之諸多政令中唯有保甲連坐法倒是執行得中規中矩，這讓楊永泰多少也得到了一點安慰。沒想到在二個月後，竟有人乘夜色將一塊牌匾送到府邸街對面的牆邊，黑漆牌匾上有以白漆描寫的楷書「禍國殃民」四個大字。

　　而今，湖北王何成浚對自己的態度仍是不冷不熱，省黨部的那班人對自己卻是敬而遠之；諸位廳官僅按步就班守著各自的衙門，但施政效率和業績難盡人意；省參議會的那幫人很是活躍，半個月便召開一次例會並有公文呈交過來。省警察局長蔡孟堅倒是畢恭畢敬，坦言因共產黨的組織在湖北已銷聲匿跡，警察局之職責只是維護社會治安。蔡局長說貫徹實行保甲連坐法於防止赤禍滲入和通匪資匪行之有效，現全省雖有少數縣、市略顯跡象，但於查處時卻如同是捕風捉影。

　　原本躊躇滿志的楊永泰不由得黯然神傷，自己若想在湖北站穩腳跟只能依照老友張群之言而行，即：維持穩定徐圖進取，忌標新立異，更不能急功近利。當務之急須網羅人才，培植精英以備日後之所需。楊永泰決定調整思路重作規劃，採用以退為進的策略來挽回劣勢。

　　楊永泰在武昌縣呂縣長和縣黨部執行委員劉先志的陪同下先後視察了縣境內的金口、紙坊、花山、青山等鄉鎮，還順道去拜謁了龍泉山下的明王墓群。

　　在十天近距離的接觸和觀察中，楊永泰覺得張群慧眼獨具所言非虛，這質樸的青年不僅文武雙全且膽識過人。其敏於事但訥於言，待人謙恭有禮，行事

卻一絲不苟雷厲風行，的確是一塊未經雕鑿的璞玉，確實是個可造之才。

眼前的這位青年才俊的卓越表現，讓原來一直對江湖幫會心有微詞的楊主席刮目相看，英雄不問出身確係至理名言。楊永泰認定劉先志的才幹應高於在省黨部任常委和委員的那幫同齡人，只不過是因無政治背景或入門較遲錯過了機遇而屈居下位。思及於此，他不禁默誦上月游荊門白雲樓時所看到的那篇序文中之精美文字：木之美者，其根必深；才之美者，其質必厚。然使根既深質既厚者，無有人培而植之，抑與草木同腐，慨可歎也。

楊永泰決定要將像劉先志這類的青年人收於自己的門下培而植之，在目前無所作為之時，網羅更多的青年精英再悉心栽培才是當務之急重中之重。

黃埔的成功經驗讓蔣先生更注重人才的培養和儲備，他恨不能將普天下之有才志的青年全收於轂中。經蔣之授意，黃埔系賀衷寒、桂永清、戴笠等人發起而組建了中華民族復興社。中華復興社是三民主義革命同志力行社的週邊組織，是以黃埔系精英軍人為核心所組成的一個帶有情報性質的團體。蔣先生自任名譽社長並決定吸納黨、政部門之優秀青年加入團體。

從1933年7月起，蔣先生決定在江西九江廬山海匯寺附近陸續開辦中央軍官訓練團，旨在將營、團級及以上的軍官都收入自己的麾下。

因成效顯著，1936年，蔣先生再駐廬山，決定繼續開辦軍事、黨務、政訓、縣政等綜合性訓練團，稱為第一屆廬山暑期訓練團。蔣先生自任團長，委任陳誠為副團長。南昌行營迅速將最高軍事委員會的指令向各省下達。

楊永泰與何成浚商議之後，軍事、黨務、政訓等方面學員的選派由湖北綏靖公署和省黨部負責；縣政方面的受訓人員由湖北省政府確定。

劉先雲等八人被湖北綏靖公署選定為政訓班學員；袁雍等八人由湖北省黨部輸送至黨務訓練班學習；劉先志等八人由湖北省政府派遣為縣政訓練班的成員。

艾毓英、劉鳴皋、王紹佑、楊錦昱、胡亦愚、錢雲階等十人在漢口六渡橋老會賓酒樓設宴為赴廬山學習的袁雍、劉先志、陳鵬、楊虔洲等八人送行。

艾毓英致祝酒辭：「在座之諸位同志皆為鄂省之精英和黨國之棟樑，值此浩然兄、玉林兄等人臨行之際，余轉致雪公的問候，老爺子願你們勇猛精進，早日學成歸來。」

「欲窮千里目，更上一層樓。恭賀諸位同志躍身為天子門生，衣錦榮歸之日前程不可限量。雪公未雨綢繆，讓諸位仁兄分別於黨務、縣政、政訓三個方面進行深造，就是預作分流，為的是人盡其才，為諸兄營造一個更能發揮聰明才智和施展抱負的平臺。老爺子說入軍事班的人雖然在結業之後都能獲得一柄中正劍，但蔣先生對文職人員也預備了一張價值連城的『派司』，即中華民族復興社的證照。藍衣社這個團體是蔣先生的御用組織，一入龍門即身價百倍。這是個絕好的機會，望諸兄格外珍惜，務必努力爭取，以不負何老爺子之殷切希望。」劉鳴皋微笑著說。

「此次廬山所開設的五個類別的訓練班下達給鄂省的名額就有40人之多，可見蔣先生對九省通衢的鄂省是何等的關注和倚重。雪公在吾輩中遴選了八人，其眷顧之深情可見一斑。望諸兄百尺竿頭再進一步，至臻完美再創輝煌。吾等既是志同道合的革命同志，又是肝膽相照榮辱與共的親密兄弟，為了今後的共同發展，攜手並肩去迎接更美好的未來。」胡亦愚意含深情地說。

袁雍代表赴廬山受訓之人感謝諸友人的情誼與厚愛，表示定不負雪公的期望和朋友們希望，一定會把握機遇而去努力創造。

黨務、政訓、縣政等三個訓練班均設於白鹿洞書院附近。因紀律嚴謹，每週僅有一個休息日可自由活動。縣政訓練班內主要由教官講授三民主義和一個政黨、一個領袖、一個主義，灌輸只有國民黨才可以救中國和蔣介石是當然領袖的理論，為鞏固其統治地位奠定思想政治基礎。此外，也講授一些關於縣、區、鄉、保四級政權的建設和發展問題及馭民之道。

玉林因表現突出，一月後便順利地加入了中華民族復興社。據訓練班馮指導員透露：其能通過考核，既與其之努力相關，更為主要的是鄂省楊主席認定其為可造之才而寫下了批示。

各訓練班結業時，分別受到了陳誠等黨國要員的接見和合影留念。

袁雍私下裡告訴玉林：說他已接到團體的通知，調往忠實黨員同盟會北平分會任幹事，公開的身份是北平市黨部委員。

談天說地

玉林去了涵三宮八號。

姑姪二人已有一年多未曾相見，所聊及的話題自然很多。

「玉林，目前在南京、上海和香港等地的社會各界人士都對中國的政治局勢十分關注，他們都認為日本對中國虎視眈眈，中日之間的戰爭全面爆發只是個時間問題。你已是從政之人，你們的那黨國對日本人占了東北和駐軍上海持何種態度？」

「蔣先生覺得國民黨內持不同政見的各個派系都只是癬芥之疾，他認定共產黨人是定要與他爭奪天下的敵手，故以攘外必先安內為其治國安邦之雄才大略。共產黨的紅軍在閩贛、鄂豫皖和湘鄂西發展壯大讓他寢食難安，這些年來的五次圍剿，為的就是要徹底地根除赤禍以消除其心腹之患。但剿共耗費了數額巨大的人力、物力和財力，以致國庫空竭民不聊生。」

「在官場上我曾聽過一些奇談怪論，諸如：蔣先生敵視共產黨人如同洪水猛獸，誓必要將彼輩斬盡殺絕而後快。他是要把共產黨徹底消滅後才去抵制日本人的侵略；蔣先生曾留學日本軍官學校，他和日本內閣和武裝部隊中的高級將領早已達成默契，借極力剿共為名而行不抵抗賣國之實；甯贈友邦而勿予家奴乃慈禧之名言，蔣先生在這方面較之慈禧太后是有過之而無不及；究竟是張學良畏敵如虎為保存實力而下令撤退，還是蔣介石下達不抵抗命令而將東三省拱手奉送，國人眾說紛紜莫明其然，孰是孰非乃是個難解之謎；日本從清朝末年西方列強入侵中國的史實中嘗到了甜頭，佔領東北和扶持溥儀的滿州國只是為了名正言順地劫掠東北的礦藏和資源；日本乃彈丸小國，且兵力有限，彼會量力行事適而可止。若想征服中國，無異於癡人做夢；蘇俄覬覦東北由來已久，其對清末時因日俄戰爭之慘敗而失去了其在東北的利益耿耿於懷。若蘇俄與日本之明爭暗鬥加劇，因勢同水火必導致兵戎相見，待彼等兩敗俱傷之時蔣先生方可出兵收復東北，坐山觀虎鬥實乃一箭雙雕之妙計。」

「社會賢達和有識之士皆擔心一旦日本發動戰爭之時，武器裝備較差且無海空優勢的中國的軍隊難以抵禦日軍強有力的炮火攻擊。玉林，你對此有何看法？」

「日本軍隊武器裝備好戰鬥力強且有海空優勢的確是事實，但中國的軍隊也決非是不堪一擊而令人宰割的羔羊。在民國廿一年的一、二八淞滬抗戰中，中國軍隊英勇抗擊了日軍的精銳部隊7萬人並予以重創，事實證明日本軍隊的戰鬥力並不像人們傳言中的那麼可怕。愚儕以為，只要當局指揮得當且投入優勢兵力，參戰將士定能同仇敵愾英勇殺敵，定能重創日軍而讓其無反噬之力。」

「玉林，我的朋友們都認為淞滬抗戰是功虧一簣，且認為淞滬協定是喪權辱國，他們認定日本人還會得寸進尺。去年冬季發生的一二、九學生愛國運動雖已波及全國，但日本人策動華北自治的行動卻仍在緊鑼密鼓地進行著。若最高當局一味地容忍退讓而任由日本蠶食中華，亡國奴之恥辱真令國人擔憂。」

因不便公開表明自己的觀點和立場，玉林委婉地說：「此一時彼一時也。前幾年閩贛、鄂豫皖和湘鄂西的紅軍將近有40萬之眾，令蔣先生寢食難安，他一門心思要剿滅共產黨故才會對日本人暫作退讓。而今共產黨已被驅趕到陝北的貧脊之地，且紅軍之人數已銳減為三萬人已不足為患。現在危及到蔣先生根本利益的只是日本人，所以，當局對日本侵略擴張的行為絕不會掉以輕心而不聞不問。蔣先生極力推行一個領袖、一個政黨、一個主義的實質和最終目的，是為了他能統一中國，所以，他決不會把歷經千難萬險而得到的江山拱手送與日本人。只要日本人再擴大侵略中國的軍事行動，蔣先生定會拼命抵抗放手一搏。」

「蔣先生當然要拼命抵抗而全力一搏！」馮雲卿進入書齋，並示意玉林不必起身相迎。落座後繼續言道：「雄視天下的一國之君，較之仰人鼻息的兒皇帝不啻有天淵之別。蔣先生與滿州國的溥儀有根本的區別，溥儀乃亡國之君無兵無將，他只能向日本天皇俯首稱臣而心甘情願地當個傀儡天子；蔣先生握有國柄且麾下有幾百萬軍隊，他豈能自取其辱而步溥儀之後塵？讓日本國佔領東北和在上海駐軍只是權宜之計，因為他要集中全力去完成剿匪鏟共一統中華之宏圖偉業。

「蔣先生可以允許共產黨的存在，但前提是共產黨人應如同其他黨派一樣，僅僅只能是打打口水仗的政治團體。共產黨擁有了軍隊就能開展對抗國民政府的武裝割據，這是蔣先生絕對不能容忍的事。臥榻之側，豈容他人鼾睡？據官方人士私下交談所吐露之實情：第五次圍剿時蔣先生有絕對把握犁庭掃穴而全殲共產黨中央機關及紅軍於閩贛境內，紅軍西竄突圍成功並非是中共領導

層指揮得當，而是蔣介石迫於蘇俄史達林的壓力而網開一面。若江西紅軍欲與賀龍、張國燾部匯合則堅決堵截，故湘江一戰中紅軍的損失竟達五萬餘人。若紅軍繼續西行則佯為追擊，以實為歡送言之並不為過。

　　「蔣先生對史達林忌憚三分，一是他想利用蘇俄牽制日本；二是還想得到蘇俄的支持和援助。據來自上海和南京方面的情報：任由江西紅軍西竄，乃是蔣先生另有苦衷難以言表。因蔣經國在蘇俄被扣押為人質，史達林已有明確的態度，即對中共紅軍可剿而不能滅。因顧戀經國太子的安危，蔣先生投鼠忌器，才只能將鄂豫皖、湘鄂西和閩贛邊境的紅軍逐一逼離其之老巢以遠離京畿及富庶地域。恰於此時，智囊楊永泰進獻了兵不血刃而能圖謀西南及四川之高論妙策，移禍江東且一石數鳥，使得中央軍勢力能名正言順地進入廣西、貴州、雲南和四川各省。

　　「因彝人不予配合，黔、川群雄為保存實力而佯作堵截，致使蔣先生欲借川軍之手而讓紅軍重蹈石達開之覆轍的計劃全盤落空。紅軍選擇過雪山草地而避開川軍各部的防地，更令蔣先生大失所望。紅軍領導層內部的爭權奪利，卻讓蔣先生轉憂為喜。看來共產黨人也決非是鐵板一塊，利用矛盾各個擊破仍是大有希望。」

　　從中央紅軍離開閩贛根據地後，玉林已有很久未接到上級的指示和指令。雖然能從報紙上和在團體的內部通訊上看到一些有關剿共成果的消息和報導，但只能作為參考資訊而應當與事實有一定的出入。前幾天他在內部通訊上看到了陝北紅軍於第二次會師後組建了西路軍而準備西征寧夏的消息和國民政府電令馬鴻逵、馬步芳予以堵截的命令，他對這支孤軍西進之部隊的安危十分擔憂。

　　「三叔，紅軍組建西路軍是何意圖？對這支部隊的前景您有何看法？目前中央在陝北剿共的形勢進展如何？」

　　「風蕭蕭兮易水寒，壯士一去兮不回還。愚意以為這支西征之部隊必敗無疑。《孫子兵法》云：軍無輜重則亡，無糧食則亡，此其一也。軍爭為利，軍爭為危。舉軍而爭利，則不及；日夜不處，倍道兼行，勁者先，疲者後，則無法集中優勢兵力。此其二也。不知山林、險阻、沮澤之形者，不能行軍；不用鄉導者，不能得地利。此其三也。胡天八月即飛雪，饑餒交迫，天寒地凍，豈宜行軍征戰？此其四也。馬家軍之騎兵稱雄西北且以逸待勞，征戰之時無異於猛虎噬咬羔羊。此其五也。孤軍深入，無後援可繼，乃兵家之大忌，焉能不

敗？此其六也。西路軍勞累奔波且饑餒交迫已成衰兵疲將，奪心奪氣奪力皆已具備故前景黯淡。

「外界傳言中共組建西路軍是基於以下兩個方面的原因：一、欲開闢連通新疆的路徑，以便獲取蘇俄的物資援助。二、中共內部的派系鬥爭加劇，原第四方面軍欲另立山頭而與原中央紅軍分道揚鑣。我認為是兼而有之，一方面是中共既離不開蘇俄的援助；另一方面是派系鬥爭激烈已如同水火而不得已出此下策。

「張學良的東北軍戰鬥力並不強，東北軍將士思念家鄉和親人，對中央攘外必先安內的政策均很反感，一門心思要打回老家去。據說張、楊已與紅軍達成了《抗日救國協定》，正醞釀組建西北聯合政府而與中央國民政府分庭抗禮。因張學良的東北軍和楊虎城的第十七路軍剿共不力，蔣先生準備駕抵洛陽督戰。我認為，如果張、楊已與中共結成了同盟，蔣先生此去西安督戰無疑是火上澆油，說不定中國的政局會產生巨變。」

柳暗花明

玉林將廬山受訓及加入中華民族復興社組織之事簡略告之。

「鹽多不壞醬，韓信將兵多多益善。」馮雲卿笑吟吟地說道，「玉林，藍衣社是個神秘的團體，也可以算作是御前的組織，其職責和職能與明朝時的錦衣衛可相提並論。那個團體不僅對每個加入者都要經過嚴格的考核，還要履行莊重的宣誓儀式，至為關鍵的是由何人為其引薦，人們戲謔地稱該團體之成員為天子門生。」

「三哥，官場上派系林立，即便是系統內部也是爭鬥激烈。玉林既已從政，理當奮力進取，亦應提防暗箭偷襲。拉大旗作虎皮又未嘗不可，有團體為靠山，即便有人想使壞也得掂量掂量。國民黨內部有爾虞我詐，共產黨內部也有勾心鬥角，往往是內部的清洗要比外來的打擊還要殘酷無情。岳飛屈死風波亭、于謙和袁崇煥受戮於京師，石達開金陵遺恨於歷朝各代皆屢見不鮮。總之，欲成大業者須精進隨緣，還須確保己身無虞，無論仕途再多艱險亦能化險為夷。」

見玉林微笑聆聽並不言語，馮雲卿將攜帶的一個公事包交給侄兒，「玉

林，這裡面是一些武漢周邊各縣的地圖，我留之無益而你可能會用得著。你現在仍管理著縣自衛大隊，平時不僅要在訓練上加以督察和指導，還要熟悉和利用地形地勢進行實地演練。磨刀不誤砍柴工，說不定哪一天這些圖紙還真的用得上。」

玉林抽出武昌縣域圖在書桌上鋪開，見圖紙上山丘、溝渠、鄉鎮、村莊、湖沼、大道、小路等各種標識一應俱全毫無遺漏。這幾年下鄉的巡迴檢查和督導，自己對武昌縣轄境內的山山水水已相當熟悉，故覺得這定是一套可用於行兵佈陣的軍事地圖，而繪製此圖者應是受過專門訓練的特殊人才。

「三叔，這套圖紙你從何處得來？難道說幫內還有這等奇才異士？」

「幫中哪有這種人才？乃從一偷兒手中所購得。那人坦言此物得自日租界之一家酒樓內。這套圖紙我實在用它不著，見你從廬山受訓回來便記起了這檔事，你若認為有用盡管留下，雖談不上是變廢為寶，但總比閒置無用要強。」

玉林佩服三叔慧眼獨具，這的確是一套繪製精細的軍事地圖。看來日本國為圖謀中國真是煞費心機，早已派員對中國各個地域的地理形勢作了精密的測繪。

「謝謝三叔，這真是好寶貝，愚侄自當仔細揣摩且牢記於心。一旦於此地發生兵戰，應與許多人之性命攸關。這幾年我曾讓各區的自衛隊調換駐地，為的是讓他們能熟悉多處的地形以便今後能攻守兼備而進退自如。三叔之深情厚誼，侄兒我銘記於心，惟恪盡職守以身許國，方不負您之殷切期望。」

民國廿五年10月25日晚，省主席楊永泰在漢口江漢關遇刺身亡，省主席一職暫由省民政廳長嚴重代理。嚴重與何成浚私交甚好，故鄂省之黨政軍大權全在何雪公的掌握之中。

武漢三鎮民眾齊心協力抵制日貨，愛國熱情日益高漲。因查不到有共產黨人在暗中推波助瀾的任何痕跡，故省、市黨部和各警局對民眾之行動未作干涉。

在團體的內部通訊上刊有紅軍西征失敗和當局準備在西北發動第六次圍剿的消息，蔣先生已決定調中央軍嫡系部隊進入陝西和山西二省。

12月9日，武昌學生舉行紀念一二、九一周年的遊行集會，呼籲民眾抵制日貨和要求國民政府停止內戰一致抗日。武漢警備司令部和省警察局下令軍警只能維持秩序而不得與愛國學生發生衝突。

《民國漢口日報》登載的張學良和楊虎城於12月12日夜發動「兵諫」在西

安臨潼扣押蔣介石的專題報導引起軒然大波，一時間成為倍受民眾關注的熱門話題。

何成浚深感形勢嚴峻，致電張學良務必要保證蔣先生的生命安全。揮毫作書並令萬耀煌偕夫人飛抵西安面呈張學良將軍，請張學良務須全面權衡三思而後行，親者痛而仇者快之事斷不可為之。

何成浚認為在當今之中國唯有蔣先生才能駕馭和制約各路諸侯，一旦漁翁高臥閒居，那一簍子的鱔魚都會爭著把頭露出來。何成浚分別致電國民政府、張學良及諸位黨國要員，力陳利弊，主張西安問題和平解決。

社會賢達及有識之士皆贊同雪公之議，只有和平解決西安問題，才能停止內戰一致抗日。各界民眾達成共識，覺得只有蔣先生才能總領全局，否則，陷於混亂狀中的國家根本無法抵禦日本發動的侵略戰爭。

在團體的內部通訊和洪門的情報中提及：何應欽等人主張用武力解決西安張學良的東北軍和楊虎城的十七路軍；中共準備在延安公審蔣介石；蘇俄史達林指令中共，希望放蔣並以蔣介石為中國抗日之領導人。

12月24日，蔣介石接受了改組國民黨和國民政府、驅逐親日派、容納抗日份子、釋放上海愛國領袖及一切政治犯、保證人民自由權利、停止剿共政策聯合紅軍抗日、召開各黨各派各界各軍的救國會議和決定抗日救亡的六項協議。

12月26日，張學良護送蔣先生乘飛機回到南京，西安問題得以和平解決。

喚起民眾

1937年2月，國民黨中央改組漢口特別市黨部，調原北平市黨部委員林尹任主任委員。

5月初，玉林收到陳潭秋先生由西安寄至武昌三道街四號的信函。

先生在信中言道：其二年前因患重病不得已離開閩西而出國治療，痊癒後留在那裡重操舊業。欣聞國內之行情有所好轉，更加思念昔時的親朋和友人。言其之朋友們準備去武漢開設公司和貨棧，為的是把今後的生意做得更大更活。說來漢經商者皆務實奮進之人。其中可能還會有原來相識之人，若有機會相見時望盡力予以資助和關照。交往時勿須過於客套，按常理即可。先生說經營之道雖貴在積累，但更重發展，雪球要滾得越大越好。並說韓信將兵多多益

善，自己這幾年小有成就讓他及其朋友們格外高興，應百尺竿頭再進一步。

　　玉林全然明白這是組織在呼喚自己。國內行情有所好轉，指的是蔣介石已接受和平解決西安問題的六項協議，釋放政治犯和停止剿共及聯合紅軍抗日，標誌著內戰的結束和允許共產黨人合法存在。朋友們來漢經商準備開設公司及貨棧，表明中央已作出安排而準備派出特殊機構常駐武漢和籌建恢復中共湖北省委及其下屬各級黨的組織。把今後的生意做得更大更活，說的是廣泛地發動民眾及發展和壯大黨指揮下的抗日武裝力量。今後來漢之人中應有昔年與自己相識之人，但自己應牢記和嚴守組織的紀律，在不得暴露個人的隱秘身份的同時另以合法的面目予以配合行動。雪球須越滾越大和韓信將兵，是要求自己在已掌握縣自衛大隊的基礎上，按以往組建農民自衛軍的辦法多吸收一些能許身報國的青年加入以發展抗日救亡的有生力量。

　　國民黨湖北省黨部、漢口特別市黨部及各縣、市黨部按中央黨部傳達的指示精神，著手對在押政治犯的甄別審查工作。分期分批地對一般共案涉嫌人員具保釋放，而對證據確鑿且拒寫悔過書的共產黨人則秘密轉移易地關押。

　　於此同時，省黨部加強了對武漢三鎮各學校的督察和訓導，將一個領袖、一個政黨、一個主義的理論在武漢大學、省立師範、高等商專等重點學校內大力貫徹。目的是為確立蔣介石是指揮全國抗日戰爭的最高統帥而奠定堅實的思想和政治基礎。省黨部並指示各校督導政訓部門對學生們宣傳抗日的行動應正面引導而不作干預，必要時還可資助筆墨紙張以作書寫標語和印發傳單之用。規定各學校政訓督察人員應隨學生們一道去向民眾宣講國民政府所頒佈的政策法令，只能在暗中留意學生中的思想動態和政治傾向。

　　湖北省政府、漢口特別市政府、武漢警備司令部聯合發佈通告，嚴令軍警須維持治安確保穩定，支持學生的愛國行動和保障民眾的自由權利。但對惡毒攻擊國民政府和刻毒誹謗黨國領袖及製造騷亂的歹徒當嚴懲不貸。

　　通告頒佈之後，值勤的軍警們一改往日兇神惡煞的面孔，滿面春風地維持秩序並向演講之人行禮致敬。

　　武漢三鎮之中僅武漢大學內有共產黨的組織秘密存在，雖然目前局勢發生了變化，但根據其上級的安排仍以學術研究團體的名義開展社會活動。

　　在人口稠密的三鎮街頭經常可以看到社會賢達和學生的演講，臺上台下群情激奮，團結抗日反對日寇侵略的口號聲不絕入耳。廣大市民紛紛解囊，捐獻

錢財資助政府購置飛機大炮以抗擊日本侵略者。

湖北省政府、湖北黨部聯合行文：要求省內各市、縣立即行動起來，選派得力人手深入到各區、鎮、鄉級政權，將國民政府關於發動民眾聯合抗日的各項方針和政策迅速在基層貫徹實施。

民眾激情高漲，一致表示願意與國民政府風雨同舟共赴國難，並以實際行動投身於抗日救亡運動之中。

各區鄉共選送2100名青年去武漢行營投軍，另規定鄉自衛隊須加強盤查外來人員和清查流動人口的反奸防諜工作。

各區、鄉公所要求各宗族祠堂應進一步嚴格對家族內有劣跡之人的各項管理，絕不能任由此類害群之馬脫離拘束而在社會上自由活動。

省政府行文推廣武昌縣的先進經驗，令各縣、市加大力度將進一步發動民眾和盡力支援國民政府的抗日救亡運動推向新高潮。

攜手合作

民國廿六年7月7日，日軍進攻蘆溝橋，抗日戰爭全面爆發。

8月13日，日軍進攻上海。11月12日日軍佔領上海，淞滬會戰歷時三個月，侵華日軍遭到中國軍隊的頑強抵抗。

西北紅軍改編為國民革命軍第十八集團軍，簡稱八路軍；南方的各省游擊隊改編為國民革命軍陸軍新編第四軍。

9月上旬，董必武等人來到武漢。幾天之後，中共武漢地方工作委員會成立，楊學誠任書記。

10月下旬，中共湖北省工作委員會成立，郭述申任書記；陶鑄任副書記兼宣傳部長；錢瑛任組織部長。此後，共產黨的組織和成員已在三鎮上公開活動。

11月，湖北省政府主席黃紹閎調離，省政府主席由何成濬接任。

12月13日，南京陷落，日軍在南京城中瘋狂屠殺中國軍民。

12月14日，蔣介石來漢，次日在武昌發表《告全國軍民書》，號召全民抗戰。

12月23日，中共長江局在漢成立，對外稱中共中央代表團。王明任書記；周恩來任副書記；軍事處由葉劍英負責；秘書處負責人李克農；組織部負責人

博古；董必武分管民運部工作。

民國廿七年1月，陳誠任武漢衛戍總司令部司令之職。

1月24日，為保存實力不戰而放棄山東的韓復榘在武昌被槍斃。

因國共兩黨已再度攜手合作，在中共中央代表團掛牌辦公後，何成浚、陳誠等人與周恩來、董必武、林伯渠、博古會談協商，達成協議由湖北省政府、省黨部選派幹員協助中共中央代表團開展工作。

玉林和王維時作為國民黨方面派出的聯絡代表被安排在中共代表團民運部工作，並接受民運部負責人董必武的領導。在中共中央代表團之眾人中除董必武先生外，知曉玉林真實身份的僅有周恩來。因恪守組織紀律而彼此心照不宣，見面時惟微笑致意以示問候。

王維時在武昌念書和加入中共組織時與董必武原本相識，再次共事時已間隔十年，免不了互致問候和暢敘離情。

民運部的首要工作任務是宣傳國共兩黨及國民政府的政策、方針、法令和發動及組織各界民眾聯合抗日，主要工作對象是工人、農民、學生、工商各界及市民群眾。董先生在拜會武漢三鎮社會賢達和看望工商界、教育界知名人士時總是帶著玉林相陪，其去學校或工廠作公開演講時多由王維時與之同行。

先生將其於七、一五事變離開武漢後的經歷簡略告之，重點講述了其在蘇聯學習時的體會和感受：

「隨著政治風雲的變幻無常，且情報獵取工作直接關係到勝敗存亡，故當今之諜戰是愈演愈烈。你所擔負的任務應與鑽進鐵扇公主腹中的孫行者無異，埋得越深藏得越嚴至關重要。為了抗日救亡國共兩黨應予合作，若抗戰勝利而驅除了日寇，蔣先生要一統天下，豈能容許共產主義在中國紮根開花結果？那時你將處身於風口浪尖之上，擔負著更危險更艱巨的使命。對於像你這樣有特殊身份的人來說生存就是勝利，成於密而毀於泄要牢記於心。

「我黨已有一大批優秀的同志因革命的需要成功地滲入到國民黨的各個部門，即便是侵華日軍內部也可能有我黨的精英存在，他們都是當之無愧的無名英雄。你現在已具備了一定的條件和基礎，應再接再厲徐圖發展。武昌縣的自衛大隊你要牢牢地把握在手中，別小覷那支只有600多人的隊伍，一旦時機成熟擴充壯大起來並非難事。從全民抗戰的發展形勢看來武漢會戰已不可避免，那

將是一場攸關民族存亡的惡戰，交戰雙方必傾注精銳兵力作拼死一搏。

「根據洛川會議的精神，我黨的中心任務是放手發動民眾和開展游擊戰爭及建立敵後根據地。故迅速發動民眾和組織抗日力量已是當務之急，要把日軍在南京屠城的滔天罪行公諸於眾，讓國破家亡和保國才能保家的道理深入人心。宣傳發動工作做得越扎實，三楚的父老鄉親才會把他們的子弟送來扛槍殺敵和全力支持抗日救亡。

「在南方各省堅持鬥爭的游擊隊已組建成新四軍，因目前兵力有限故這支部隊活動的地域僅限於在皖南和江南一帶。鑒於華中將成為抗日主戰場之一，中央和長江局已決定在鄂豫皖三省邊境和湘鄂贛川四省邊境建立抗日武裝和根據地以堅持敵後鬥爭。此後在此地域內必有多股武裝力量並存，因魚龍混雜彼此之間當有明爭暗鬥。武昌縣自衛大隊應打著國民黨的旗號才利於站穩腳跟，才利於生存和發展。你在當地人熟地熟，只要運籌得當應是能如魚得水。」

第六章　武漢會戰

群情激奮

抗日戰爭爆發後，1937年8月，國民黨政府軍事委員會設置了五個戰區，由軍政大員出任司令長官。9月—11月，中國軍隊進行了抵禦日寇的太原會戰。太原會戰之忻口戰役是中國軍隊取得成功的防禦戰役，沉重地打擊了日軍的銳氣，使得日本叫囂的三個月滅亡中國的計劃徹底破產。

民國廿七年1月18日，蔣介石在武漢以國民政府名義發表了《維護領土主權和行動完整的聲明》，表示堅持抗戰到底。蔣先生心裡十分清楚，只要控制了武漢，他就能吸引住全國、全世界的目光。他就能自豪地向世人宣告：中國並未受制於日本，中國政府依然存在，由他所統率之國共統一戰線下的中國軍人正在抗擊著日本侵略者。

非常時期和特殊的形勢，使得九省通衢之武漢三鎮的地位顯得尤為重要。

2月—5月，中國軍隊進行了徐州會戰。徐州會戰之台兒莊戰役是抗戰以來正面戰場取得的最大一次勝利。徐州會戰鼓舞了全國人民的抗戰鬥志，在抗戰史上具有重要的戰略意義。

3月29日，中國國民黨臨時代表大會在武昌召開，大會通過了《抗戰救國綱領》和選舉蔣介石先生為總裁。

4月7日，武漢軍民慶祝台兒莊大捷，當日晚上舉行了10萬人的火炬遊行，寓意為在強敵面前中華民族沒有屈服，以她特有的堅韌和不屈不撓的精神，在血雨腥風中與日寇英勇奮戰，誓必將侵略者埋葬於民族解放戰爭的火海之中。

何成浚、陳誠、萬耀煌、周恩來、王明、董必武等國共兩黨要員分別在三鎮上民眾集會之各主、分會場發表講話，說抗日戰爭是中華民族一百多年以來第一次由全國軍民同心協力抗擊帝國主義侵略中國的民族解放戰爭，是中國人民在亡國滅種的危境中進行的一場驚心動魄、艱苦卓絕的民族自衛戰爭。只有

堅持抗戰才能挽救中華民族，只有英勇拼搏才能顯示炎黃子孫無比堅強的生命力，只有抗戰到底才能對整個人類的和平作出偉大的貢獻。

7月6日下午3時，國民黨參政會首屆會議在漢口兩儀街上海大戲院裡隆重召開。大戲院裡黨國軍政要員濟濟一堂，中共中央代表團的主要負責人王明、周恩來、秦邦憲、董必武等人也列坐於其中。

站在講臺中間的蔣介石神采奕奕精神煥發，在其之一生中，此時此刻無疑是他政治生涯中絕無僅有的最值得紀念的節日。令他最為陶醉的是，台下為他鼓掌喝彩的不僅僅是他的嫡系黨羽，更多的卻是與他不共戴天的生死政敵。台下座無虛席且都在微笑鼓掌，不管是出自真心還是虛情假意，那就是他們皆已承認自己是全國軍民抗日救亡之最高統帥的地位。主宰神州第一人的冠冕和手握三軍統帥的權柄，讓其豪情萬丈神彩飛揚。

當日晚上，沖天燃燒的火把燒紅了武漢三鎮的天空。游動在三鎮中各條街道上的火龍及雄壯的口號聲讓武漢民眾和駐軍將士精神振奮，更讓他們看到了民族解放戰爭的希望。

7月7日，中央電影製片廠拍攝的紀錄片《抗戰特輯》向民眾播放，如同引發抗戰激情的雷管將民眾抗日救亡的運動推向了新高潮。

武漢民眾的抗戰熱情空前高漲，漢口車站擠滿了數以萬計參軍上前線的熱血青年，父母妻兒與親人告別的場景慷慨激昂。

湖北省政府和漢口特別市政府在三鎮上設有固定獻金台和流動獻金台，僅幾天時間內便募得法幣100餘萬元，參加獻金的人數達100萬人次以上。

獻金台前懸掛有「抗日救亡，匹夫有責！」的橫幅，參加獻金的孩子們拿著紙幣和捧起鎳幣列隊走向獻金台。在綿延不絕的獻金隊伍中，包羅了武漢三鎮的各色人物。當時報章載文抒發感歎：匹夫有責同仇敵愾，商女也知亡國恨！

敵我態勢

在自家書齋內，馮雲卿就交戰雙方之態勢向妹妹馮眉卿和玉林二人講述了自己的看法：在花園口決堤之前，日軍集中兵力橫掃淮北、席捲豫東，在佔領了安慶城後，日本海軍將領們力主在長江汛期時乘勝前進。花園口決堤讓參加徐州會戰的國軍跳出了包圍圈，讓日軍沿平漢線南下的企圖破產。從淞滬抗

戰、太原會戰和台兒莊等戰役中可以看出，抗日戰場上中國軍隊之雄厚的武裝力量和兵員優勢，在飛機坦克裝甲車大炮面前顯得微不足道。國民黨參謀總部不得不承認，裝備精良的中央軍若要取得戰場上的均勢，投入的兵力應為3：1；雜牌軍投入的兵力當在6：1及以上。蔣先生認為南昌方向可能有大的主力決戰，才把心腹愛將薛岳放在江西主戰場上。鑑於日軍重兵集結於徐州一帶，蔣先生決定以第五戰區駐守北線抵禦日軍南進之兵，另以第九戰區堵截日軍沿長江向西推進。日本大本營已對侵華戰爭的策略有所調整：1、武力逼降。即尋求決戰，企圖消滅中國軍隊的主力以盡快結束戰爭。2、政治誘降。即全殲中國軍隊主力後再以厚餌相誘使國民政府就範。

「我的看法是，此次武漢會戰國民政府是力求戰而不求決。乃是為保衛武漢而進行的消耗作戰，目的是在最大限度上打擊和斃殺日軍的精銳力量。沿長江東線和北線國軍均執行的是三線佈陣、交替防守、輪流殲敵、步步為營、層層抵抗的戰略方針，讓日軍每進一步都需付出極大的傷亡為代價。統帥部是在總結淞滬會戰、南京保衛戰、太原會戰和徐州會戰的經驗教訓後採取的應變策略，最終目的是保存有生力量以作今後打持久戰的基礎。

「三叔，據您所知此次武漢會戰，敵我雙方所投入的兵力各有多少？您對戰場形勢的發展持何看法？」

「據相關情報統計：徐州為四戰之地，淮北平原適宜敵方之機械化部隊展開且無險可守，故中國守軍處於被動地位。此次國民政府決定利用大別山、鄱陽湖和長江兩岸之有利地形組織防禦戰，只要指揮得當和各部隊協力同心，可將以往之劣勢化轉為均勢或優勢。我方投入主戰場的兵力有50個軍、130個師約110餘萬人，有各型飛機200餘架、各型艦艇和佈雷輪40餘艘；日軍已投入的兵力為25萬多人，有飛機500架和大型艦艇。【注：後日軍五次增兵，投入戰場之部隊共有40萬人。當時日本陸軍總兵力約為90萬人。】

「為粉碎日軍中間突進南北包抄夾擊的軍事計劃，統帥部命令第五戰區司令長官李宗仁率23個軍負責江北防務；第九戰區司令長官陳誠率27個軍負責江南防務；第一戰區之部隊在平漢鐵路的鄭州至信陽以西地區設伏以防備駐華北日軍南下增援；令第三戰區所轄之部隊防備日軍經浙贛鐵路向粵漢鐵路迂迴夾擊武漢。據不完全統計，此次四個戰區中國軍隊為武漢保衛戰所投入的兵力超過160餘萬。

「統帥部決定利用地理優勢構築工事節節抵抗步步設防，故於九江至德安間設立三道防線。從廬山戰區地形來看，以九江為頂點，以修水為底線恰似一個三角形，所以一、二線抵抗應有寸土必爭的拼死決戰之氣概。江北的地形於我方有利，也是層層抵抗、交替防守、輪流殲敵。總之，都是力求拼搏而避免決戰，旨在挫其銳氣且消耗敵方之精銳兵力。」

「三哥，此次國民政府力求避開決戰，日本卻是想依靠空中優勢和先進武器裝備及精銳之師全殲我方主力而奪取武漢，看來三鎮淪陷只是個遲早的問題。武漢保衛戰真是一場惡戰硬仗，百萬將士馳騁疆場抗擊倭寇，應是中國近代軍事史上最大規模的戰役之一。」因關心戰局，馮眉卿插言說道。

「因中國軍隊佔據了有利的地形並構築了防禦工事，日軍的飛機轟炸已構不成致命的威脅，坦克和裝甲車也難以活動自如，雖以密集的炮火開路也難見成效，總之，敵軍每前進一步將須付出血的代價。如果此次保衛戰能殲敵10萬以上，那將是一次偉大的勝利，今後的戰局將朝著於中國有利的方向發展。隨著日軍大本營速戰速決的計劃徹底破產，元氣大傷不僅可以讓日軍兵士產生厭戰恐戰情緒，更能鼓舞全國人民的抗戰鬥志和堅定了全國軍民繼續抗戰的決心。

「中國空軍的力量目前雖處於劣勢，但英勇奮戰，自馬當要塞失陷後也加強了對日軍長江艦隊和陸軍的攻擊，不僅炸沉炸毀日軍艦船10多隻，也讓其陸軍部隊飽嘗了炸彈的滋味。據我的看法，武漢保衛戰不宜拼得太猛，更不宜退得太快，所以，這個仗就特別難打也就特別需要戰爭藝術。中國軍隊且戰且退可以麻痺敵人不再增加兵力，勢均力敵才能達到消耗敵之兵員的設想和目的。

「七妹，據悉第九戰區和省政府已預作應變決定：1、省政府和省黨部及直屬機構遷往恩施。2、各縣、市政府和黨部率當地民眾堅持敵後鬥爭……

「你盡可放心地離開武漢，那筆款項我已處置妥當，日後會專款專用且保證用在刀刃上。玉林因職責所繫當隨縣自衛大隊行動，我會在暗中鼎力相助。今後若有風吹草動定有人預先向其通報消息，他只須牢記官不離兵即可安保無虞。

我已購置了一批短槍和子彈交興華寨唐子山代為保管，玉林若需用時可隨時去取，另安排劇場的李管事已給玉林家裡送去200銀元以作遷住鼓架山的費用。」

玉林莫明所以，忙問姑姑這是怎麼回事？

馮雲卿笑著說道：「說的是你家裡的那10萬銀元的事，你小姑姑代為管理

且生財有道已獲利甚豐。你帶的隊伍要擴充，彈藥補給及傷亡撫恤都需要錢，今後省政府又不能足額發放，這筆錢剛好為你解燃眉之急。這筆錢能用於抗日救亡，應該是功德無量，你們劉家的列祖列宗會因為有你這個報效國家的後代而感到榮耀和自豪。」

戰略疏散

1937年8月淞滬抗戰前，國民政府沒有採取有力的措施，直至戰火已燒紅浦江時，內遷的工廠不足十分之一。而整個華北、華東及沿海城市的工業，包括絕大多數的華商紗廠都落入敵手，成為了日軍以戰養戰的成功範例。

湖北省省政府飭令省財政廳、民政廳、建設廳聯合負責武漢工廠拆遷和疏散市民的工作。民運部組織了10餘個宣傳隊在三鎮及周邊鄉鎮宣傳演講，把日軍在南京大肆屠殺中國軍民的滔天罪行曉諭市民百姓，號召民眾舉家搬遷避住鄂西及四川等地以保障生命及財產的安全。

武漢行營責令漢陽鐵廠於二月中旬停產，三月一日就開始拆卸搬運，在堅決保衛大武漢的口號下，將拆卸的屋頂屋架用於構築防禦工事，責令漢陽兵工廠全體員工加班加點，力求把庫存之原材料全部製成槍械、迫擊炮和手榴彈，五月底停工拆遷搬往重慶。

省政府決定國立武漢大學遷往四川樂山，省立師範、高等商專等學校分別遷至恩施及四川。省教育廳決定中、小學提前放假，學生應隨家長西遷鄂西和四川等地。

1938年5月一7月，武漢三鎮20家國營工廠和近60家私營紗廠、織布廠、米麵廠、酒廠全部搬到了湘鄂西及四川、陝西境內，原來機器轟鳴的工廠現已是悄無生氣和斷壁殘垣。

工廠和學校的陸續搬遷震動極大，市民百姓憂心忡忡，或走或留舉棋不定。

三鎮上的豪門巨室相繼舉家遷徙，殷實人家也作好了隨時離去的準備。

在貧困市民百姓的心目中，武漢是守得住的。「誓死保衛大武漢！」這雄壯的口號太深入人心且激勵鬥志，百萬雄師及堅固的防禦陣地定會讓入侵之日寇死無葬身之地。

報紙上和廣播中天天的重要新聞都是前線捷報頻傳，日軍的傷亡數以萬

計。隔三差五的盛大集會，使市民百姓陶醉在響徹雲霄的口號裡。市民普遍認定中國軍隊必勝，日軍在戰場上投入的總兵力僅35萬人，而中國四大戰區的參戰部隊竟超過160萬，受誤導的民眾激情高漲鬥志昂揚。

宣傳隊員在員警的陪同下就遷徙之事挨家逐戶地進行說服動員，皆被市民認為是杞人憂天，得到的答復經常是那句本地格言，要死×朝天，不死萬萬年！老子們哪裡都不想去！

市民們在西去的人流之中經常可以看到路邊和街巷內所遺下的外鄉逃難人的一具具屍體，扶老攜幼神情黯然的人群漫無目的地向那落日的方向艱難地移動。亂世之中現有的房屋和田產無人購買，兩個肩膀扛著個腦袋且一貧如洗的家庭，又能逃到哪裡去立足活命？

在民運部的宣傳隊員苦口婆心地勸說下，主動和願意離開原居住地的市民僅占市民人口總數的十分之二。

玉林於掌燈時分回到家中，見堂姐群英、堂兄先河和表兄立春已在家中等侯。

妹妹桂英已隨夫家避居蔡甸鄉下，臨行前將其年僅二歲的兒子可榮留於娘家交嫂子代為撫養。玉林此時已有二子四女，老六荷英在二個月前才降臨人世。

年已六旬的雙親和妻子運姑帶著七個孩子西遷巴蜀談何容易，玉林決定讓四家人全部回到鼓架山老宅以避戰亂，並囑舅弟少懷全力護佑一家老小作此決定並非玉林欲置家庭安危於不顧而讓親人們以身涉險，他是經過反復籌思權衡利弊後謀定而行之。一、大劉村、小劉村位於鼓架山之北麓，瀕臨嚴西湖，千百年來任憑改朝換代之風雲變幻戰火紛飛，那裡卻從未受到波及。

二、按第九戰區和湖北省政府之應變決策，守軍撤離武漢後仍留有幾支正規部隊在武漢周邊牽制日軍並相機出擊；各縣政府、黨部及自衛隊當堅持敵後鬥爭以游擊戰形式對敵展開騷擾、破壞及除奸反諜和建立區、鄉、鎮之兩面政權。

三、縣政府和縣黨部聯席會議決定，由玉林負責領導堅持敵後鬥爭。經過認真分析和結合武昌縣之地理形勢，玉林計劃以湖區為依託將13個區中隊分於四處集中：1、第一區隊在東湖、嚴西湖、嚴東湖、湯遜湖等地域活動。2、第二區隊在鴨兒湖、牛山湖及梁子湖以東地域活動。3、第三區隊在大溝湖、湖泗鄉、梁子湖南面活動。4、第四區隊活動於後石湖、魯湖、法泗鎮一帶。

四、駐華中日軍攻佔武漢後必元氣大傷，已無法再組織和發動大規模的軍事行動。侵略者下一步將像其在東北和華北駐軍一樣致力於以戰養戰的物資籌集準備和整頓治安等項工作，為達其以華治華的目的會採用懷柔的策略來糊弄中國民眾，故而對日軍官兵燒殺姦淫的行為會有所約制。

五、當地的父老鄉親彼此之間能相互照應，自己又在這一帶活動，亦可抽空回去探望父母和照顧妻兒。只要在區鄉兩面政權的組建工作運籌得當，自己的家人在原籍居住諒無大礙，應比背井離鄉遠遷巴蜀要平安得多。

雙十節後，玉林的家人遷回了嚴西湖畔，堂兄、堂姐和表兄也帶著家中之人隨之遷至大劉村、小劉村內。

碧血楚天

民國廿六年12月5日，蔣介石駐蹕武漢。

1938年1月4日，日軍的10多架驅逐機和轟炸機在武漢的上空盤旋了幾圈，丟下炸彈便揚長而去。從這天起，武漢市民告別了昔日處身於中原腹地的安全感，接踵而來的爆炸聲，讓民眾切身體會到自己可愛的家園已成了戰爭的前沿。

在消防隊員奮力撲滅火災和醫護人員忙於搶救受傷人員的同時，民運部的宣傳隊員不停地奔走在三鎮的大街上，向市民宣講防空及自救的安全常識。

由宋美齡一手扶植起來的中國空軍在武漢空戰中戰功卓著大振國威軍威。那時，300多架飛機全靠美國和蘇聯的大力援助。中國空軍在蔣介石的嚴令下，由空軍副總指揮毛邦初具體負責，緊張地部署保衛武漢的空中決戰。

中國空軍的戰鬥機秘密地調至武漢周圍待命出擊。

第一次大空戰發生在1938年2月18日，近40架日機溯江而上，10多架轟炸機目空一切地在半空中飛行，20多架戰鬥機在高空護航。讓趾高氣揚的侵略者做夢也沒有想到的是，等待著他們的竟然是充滿仇恨的密集炮火，艷陽高照萬里無雲的武漢上空，早已設下了十面埋伏。

26架蘇式E15型戰鬥機和27架美式霍克戰鬥機已騰空而起，近百架飛機在武漢上空絞殺一團。雙方戰機上的的紅、白徽號在長空上飛旋流瀉，劃出一道道紅色和白色的閃電。此次空戰中，中國空軍擊落了13架日軍的紅膏藥，中國空軍大隊長李桂丹、中隊長呂基淳、飛行員巴清正、王怡、李鵬翔等五人陣亡。

　　爆炸的轟響震聾了人們的耳朵，膽大的市民還登上高樓和屋頂觀看這激戰藍天的空戰奇觀。

　　原來從日機上扔下的炸彈和燃燒彈讓人們談虎色變，自從在二、一八空戰中目睹了中國空軍的英雄形象後，武漢軍民的抗戰熱情頓時高漲。每遇空戰之時，市民們爭先恐後地爬上屋頂和擁上高樓去看空軍打仗，為我國空軍搖旗吶喊擂鼓助威。

　　4月29日，日軍派出了最出色的空中武士和自以為在數量上也是絕對優勢的機群攻擊武漢，日軍的策略是先以36架戰鬥機與中國空軍交戰，然後再出動69架殲擊機參與合圍，試圖將處於劣勢的中國空軍一口吃掉。

　　近200架飛機在武漢上空拼搏絞殺，槍炮聲、呼嘯聲、爆炸聲和市民的吶喊助威聲聲震雲天。中國空軍第4大隊飛行員陳懷民在擊落一架敵機後，不幸被另一架偷襲的敵機擊中，民眾見搖搖下墜之時陳懷民駕駛的飛機卻突然仰首升空，再往下俯衝迎著向自己開火的敵機撞去。兩架飛機凌空爆炸，玉石俱焚。英雄用年輕的生命詮釋了精忠報國的真諦，碧血藍天，浩氣長存。當時觀戰的市民都目睹了這英勇悲壯的場面。此次空戰進行了30分鐘，共擊落敵機23架，大振國威軍威。

　　5月31日，日軍出動36架戰鬥機和16架轟炸機襲擊武漢，我方採用合圍攻擊的戰術，展開猛烈攻擊，30分鐘的交鋒，日寇又損失了14架飛機。6月15日，7月16日，18日，19日下午以及後來的日子裡，武漢的天空上正經歷著一次又一次近代化的殊死決戰，三鎮的樓頂之上，依然是人頭攢動，武漢民眾繼續為高入雲空且迫在眉睫的空中搏殺而悲歡啼笑，如癲若狂。

　　武漢市民早已把政府頒佈和宣傳的防空條令視若無睹而置之腦後，一門心思只在尋找最佳的觀景台，以便在最短的時間內儘早地登上高樓欣賞那奇特的壯觀。

西遷巴蜀

　　九江失守後，汪精衛、周佛海等人極力鼓吹焦土抗戰，計劃將武漢三鎮夷為平地。為造成日軍前進的障礙以阻止日軍進程，應於日軍即將攻佔的城市和

農村，實行徹底地摧毀政策。因武漢市民顧戀家園，只有將鳥巢全部搗毀後，才能逼使民眾因無居住之房屋而向西部遷徙。

何成濬堅決反對，認為武漢保衛戰只要能按預定計劃堅持幾個月和消耗日軍所投入兵力之三分之一，戰局將朝著有利於中國的方向發展，戰略之相持局面已然形成。將繁華的武漢三鎮夷為廢墟實乃千秋罪人，況且收復武漢僅只是個時間長短的問題。

第九戰區司令長官陳誠決定在加快工廠搬遷和動員民眾撤離步伐的同時，選擇適當時機首先破壞日租界的全部建築，然後在撤離武漢前炸毀水廠、電廠。並決定湖北省黨部、武漢行營、漢陽兵工廠、漢口機場、大智門車站及工業區悉在焚毀之列，讓日本人得到的只是一個武漢的空殼。

湖北省政府和漢口特別市政府印製佈告廣為張貼。由省政府、省黨部、中共中央代表團民運部所組成的眾多宣傳隊仍堅持不懈地深入到大街小巷去動員市民向西部搬遷，對願意西遷巴蜀的市民和外地湧入的難民分別發放印有預定日期的火車票和船票。

離漢的人們秩序井然地陸續南撤或去往陝西、四川；民生輪船公司的客輪和貨輪每天都運送民眾溯流而上。

武昌縣政府飭令各區鄉鎮加大工作力度，說服動員民眾西遷，對願意遷往外地的人們囑其應帶好房地契約和金銀細軟及有價證卷，以備戰後重返故園；對執意不肯外遷的居民，囑其應深藏糧食及值錢物品，避離通衢大道和軍事要地。武昌縣黨部的日常事務由書記長胡亦愚全力承擔，縣黨部協力配合縣政府的各項工作；玉林仍遵從省黨部的命令去中共中央代表團民運部協助董必武等人處理各項工作。

玉林經常奔走於武昌、漢口、漢陽的商會之間，為商賈西遷排難解紛。因恪盡職守，他與三鎮上商界中人均結下了深厚的友誼。

雙十節後，因北撤的鐵路線已被日軍截斷，武昌北站擠滿了驚惶失措的人群。這些人大都是老實本份且貧窮的人們，昔日的豪言壯語已為哀聲歎氣所取代，悔不該未能儘早地離開故土，以致全家人將遭受到滅頂之災，皆期盼列車能儘快地將他們帶往那遠離戰火的異域他鄉。

10月24日下午，在金口擔負著長江航道空防任務的中山艦，與六架進犯的日機持續血戰了一個半小時後沉入江底，該艦有25名官兵壯烈殉國。

10月25日凌晨3時，民生輪船公司的江興號客輪駛離了江漢關碼頭，有三層艙位僅能裝載2000乘客的江興輪，此次卻滿載著10000多名乘客逆江而上。江興輪行至洪湖新堤江面時遭到日本飛機的轟炸，炸彈和燃燒彈從天而降。在火光和爆炸聲及呼喊哭叫聲中，江興輪漸漸沉入江底。在此後的幾天裡，近萬名死難者的屍體飄浮在廣闊的江面上順流而下，日本侵略者的滔天罪行真是悲天撼地慘絕人寰……

10000多軍民劫後餘生者僅84人，江興輪的沉沒，應是人類歷史上最大的沉船災難了。國人悼念死難同胞，誓與侵略者血戰到底。

10月21日廣州淪陷。23日，軍統局武漢站對三鎮的破壞工作已著手實施，日租界的高層建築及日本大石洋行相繼成為廢墟，第九戰區預定摧毀的目標悉在焚毀之列。風仗火勢，火助風威，方圓幾十裡的濃煙彙集成黑色的雲團籠罩著武漢三鎮。

從安慶失守之日算起，至10月27日三鎮陷落，歷時近五個月的武漢會戰，中、日雙方在贛、皖、豫、鄂四省千里戰場進行決戰，大小戰鬥有數百次。中國軍隊投入120多個師，計140餘萬官兵；日軍參戰12個師團且陸續補充四五次，總兵力達40餘萬之眾。在整個會戰中，日軍死傷近20萬人，中、下級軍官傷亡殆盡。此次會戰中，日軍損失艦艇100多艘和飛機200多架，僅在武漢空戰中日寇損失的飛機就有100多架。

武漢會戰是中國近代史上投入兵力最多、戰場地域最大、作戰時間最長的一次規模空前的大決戰，也只有在兵力資源最為豐富的中國土地上，才能創造出這樣恢弘博大的戰爭奇觀。

武漢會戰歷時四個多月，戰況相當激烈，浴血奮戰前赴後繼。先父於1938年11月曾寫詩一首，記述了會戰的酷烈情景：

炮火烽煙蔽雲霄，犯鄂敵軍狂如潮；惡戰四月保武漢，百萬將士膽氣豪。誓斬倭奴不惜身，勇士喋血染征袍；數萬賊兵終殞命，荊楚半壁土亦焦。

第七章　移孝作忠

山頭林立

民國廿七年10月25日晚中國軍隊全部撤離武漢。

10月27日，日軍佔領武漢三鎮。讓入侵者始料未及的是，歷時四個半月的武漢決戰且傷亡兵員達20多萬人，佔領的卻是一座空城。三鎮上十室九空，廢墟隨處可見。不僅水廠、電廠、漢陽兵工廠和鐵廠、醫院、軍事設施、重要部門各處悉被焚毀，紗廠和各類工廠的機器設備及原材料也幾乎全被轉移，就連糧庫內儲存的糧食亦是顆粒無存。日軍高級將領雖面呈笑容卻憂心忡忡，大本營叫囂之「三個月內滅亡中國」的設想已化為泡影，未來戰爭的前景不容樂觀。

武漢會戰結束以後，日軍以重兵屯駐鄂南。日軍第六師團奉大本營之令駐防於武漢，負責對武漢三鎮的防衛和對武漢周邊地區的進剿事宜。

日軍第六師團在入侵中國後，先後慘絕人寰地製造了濟南慘案和南京大屠殺，該師團官兵極為兇殘，以姦淫燒殺著稱。1938年1月，原師團長官谷壽夫奉調回國，由稻葉四郎中將接任司令長官。該師團參加了徐州會戰和對國民黨第五戰區撤退部隊的追擊，但在此次武漢會戰中卻傷亡嚴重。

日軍第六師團司令部設在武昌珞珈山武漢大學內。

稻葉四郎嚴令工兵大隊全力修建水廠、電廠，儘快完成碼頭設施的修復和被破壞的公路及鐵路線，電請大本營速調糧食、藥品及各類急需物資以確保駐軍官兵日常生活之需要。

日軍第六師團因忙於救治傷患、整訓新兵和維護治安及防範偷襲等項工作，已無餘力對廣袤的鄉村採取任何軍事行動。

武漢淪陷後，武昌梁子湖周邊地區軍事勢力錯綜複雜，國民黨地方政府的國民自衛隊和潰軍，以及土匪或民眾自發成立且活躍在武昌縣境內和與之接

壤的嘉魚、咸寧、大冶、鄂城等縣邊境一帶的抗日武裝力量有30多支部隊。其中：兵力最強的是王勁哉的128師，王勁哉行伍出身，驍勇善戰，常揮舞大刀衝鋒陷陣，王老虎之威名不脛而走；方步舟（原名項升平，生於1900年，湖北大冶人，大革命時期入黨，1927年參加南昌起義，後潛回武漢。1928年任中共陽新縣委書記並創建鄂東南根據地，1933年任紅十七軍政治委員。1937年因故脫黨後被捕而投靠國民黨。）為司令的第二縱隊；盛瑜（安徽和縣人，戴笠之表妹夫，軍統骨幹）的鄂南挺進軍；國民黨大冶縣黨部書記長田維中為司令的第一縱隊；中共武裝有張體學的獨立游擊第五大隊和梁湖抗日游擊大隊及樊湖游擊大隊，咸寧第二大隊。

此外，還有很多由江湖人物拉起的隊伍，勢力較大的有成渠、馬欽武、周筱山、熊彪、吳為正、余化龍等部。這些隊伍相互之間關係微妙，時而為友親如兄弟合作禦敵，時而為仇拼得你死我活，讓這一區域內的軍事形勢變得更為複雜。

原武昌縣自衛大隊遵照既定的佈署劃分為四個區隊在規定的區域內展開活動，相互間按特定的聯絡方式互通訊息，有時是單獨行動，有時就近聯合出兵襲擊。鑒於梁湖大隊、樊湖大隊和咸寧第二大隊被吞併或覆滅的教訓，玉林決定將武昌縣自衛大隊掛靠於128師麾下，從根本上斷絕其他部隊弱肉強食的覬覦之念。

128師在瑞昌阻擊戰中傷亡慘重，此時的王勁哉為重振雄風而擴充隊伍極欲招兵買馬，故玉林的到來令他十分高興。雙方約定：一、武昌縣自衛大隊建制不變，其軍需給養問題自籌解決。二、縣自衛大隊的軍事行動獨立自主，所制定之作戰計劃勿須向師部稟報。三、若有重大軍事行動且兵力不足時，128師可全力支援。四、戰場上之繳獲，應按五成之比例呈交師部。五、若其他部隊敢於對其進行挑釁或發起攻擊，128師當堅決予以武力制裁。

王勁哉極為爽快地簽發了委任狀，任命玉林為國民革命軍第一二八師上校參謀。

王勁哉令人迅速將武昌縣自衛大隊加入第一二八師的消息通知了各友鄰部隊及周邊那些打著抗日旗號的山大王。

別看那些草頭王皆是天不怕、地不怕的兇狠角色，但他們卻對王勁哉這隻西北虎卻十分怯懼。雖然他們彼此間可以在暗中互捅刀子，但從未有人敢公然

去捋王勁哉的虎鬚。在他們的眼睛裡看來，王勁哉無異於催命的太歲和奪命的閻王，一旦冒犯和惹惱了勝似兇神惡煞王老虎，就是為他們自己招來了滅頂之災。雖然武昌縣自衛大隊之各個區隊的人與槍確實讓他們看得很眼饞，但這眼前的香餌絕不能貪求，否則，他們將會被王老虎犁庭掃穴而殺得寸草不留。

在此後的日子裡，各路人馬對駐地附近的武昌縣自衛大隊的每個區隊都另眼照看，有時還將所獲取之日偽的軍事情報准時送達，以示友好。

兩面政權

武漢會戰之後，中國的抗日戰爭進入了戰略相持階段。

日軍大本營的侵華政策，由原來的軍事打擊為主、政治誘降為輔，改為政治誘降為主而輔以軍事打擊。由以往之主要兵力進行正面戰場的決戰，改為轉移兵力進行敵後戰場的治安作戰。

為達到以華治華和以戰養戰的目的，駐鄂日軍一反常態而採取了懷柔安民的策略，在組建偽政權和擴充偽軍的同時，在佔領區域內的城市和鄉村裡成立維持會以安撫民心，意圖站穩腳跟穩步進取。侵華日軍改弦易轍，在佔領區內加緊經濟掠奪和實行殖民統治。

國人中並不乏卑劣之人。一時間，大漢奸粉墨登場為虎作倀；市井中無恥之徒為利祿所動，充當侵略者之鷹犬而混跡於三鎮內民眾之中。

1939年2月春節後，玉林收到馮雲卿托油坊嶺福和酒樓王老闆轉交的密函。得知三叔已和其大哥、二哥及八弟離澳門經上海、南京乘船於五日前返漢。

王老闆將馮壇主囑託之言如實轉告，並對玉林所詢諸事作了詳明的回覆後告辭離去。

四位叔叔重返武漢，無疑是自己今後行事之有力的臂助。至於所提及仁丹廣告和牆壁上所畫的暗記，是警示自己在抗倭殺敵時首先應注重防奸除諜，只有將隱患徹底地清除乾淨，才能進退自如和確保安全。家中之親戚故舊均很平安，係指堂口中原設於各地之聯絡點未受到破壞或損失而仍可啟用，必要時能為自己提供幫助和傳遞消息。

玉林借用一二八師的電臺呈電向省保安司令部請示。省保安司令部當即回

覆：從快、從重、從嚴，為消除禍患應以雷霆手段除諜鏟奸。

　　原各中隊在各區輪換駐防，故對當地的基本情況十分熟悉，仁丹廣告的各種圖像為此次清查敵諜和奸細的工作帶來了極大的方便。經明查暗訪，貪圖小利而受人驅使而涉嫌者竟有230餘人。嚴格甄別後，幕後操縱者皆浮出水面。半月後，各區隊均呈報清查和處置結果，在武昌縣境之內神秘失蹤者竟達40餘人，另有6人銷聲匿跡不知去向。查實的結果證明了馮三叔所言確鑿無疑，敵諜人員如此之多且活動猖獗，實在令人瞠目結舌。

　　玉林先後收到國民黨湖北省黨部和湖北省省政府的電文。

　　省黨部的電文是：原國民黨武昌縣黨部書記長胡亦愚調省黨部另有任用。武昌縣黨部書記長一職，由劉先志代理。

　　省政府的電文內容是：飭令在淪陷區堅持鬥爭的同志在鏟奸除諜的同時開展游擊戰、破襲戰。還要千方百計在淪陷區內擇選愛國志士建立為抗戰需要和出力的區、鄉兩面政權，以釜底抽薪之法粉碎日寇以華治華和就地籌集糧款以戰養戰的陰謀。對身在曹營心在漢的愛國人士，應想方設法予以保護。對賣國求榮而死心塌地為敵寇效力的漢奸走狗，決不能心慈手軟，當嚴懲不貸以警效尤！

　　因武昌縣自衛大隊的四個區隊長及各位中隊長原來和駐防之地的區、鎮、鄉長皆有袍澤之情誼，故玉林決定由他們按預定的對象登門拜訪逐一進行說服動員。在曉以民族大義的前提下，講明此舉攸關抗日大局，目前雖忍辱負重靦顏侍敵，日後當因造福鄉梓而倍加受人尊崇。凡選定之人皆真誠表態，願堅決執行省政府之命令，赤膽忠心為國效力，絕不會幹出任何賣身求榮禍害民眾的罪孽而愧對祖宗和先輩，一致表示在護持民眾和敷衍敵寇的同時，為抗日救亡獻策出力。

　　武昌縣境內各區、鎮、鄉偽政權相繼成立，基本上仍是原班人馬粉墨登場。有的地方連原區、鄉公所的鄉丁、保丁也未予更換他人，與以往不同的是僅換了門口的那幅招牌。

　　原來的保長亦隨之改頭換面榮膺了維持會長之職，這些拋頭露面的保甲長雖然在表面上對蒞臨之日偽人員打恭作揖，但仍然是各宗祠家族的代言人，置身於各族族長的集體監督和領導之下。

　　天下興亡，匹夫有責。國難當頭，民族利益已高於一切。鑒於國民黨和共產黨因抗日救亡而再度合作，各個家族的族長對原來宥禁於祠堂中思想激進之

有識青年已不再另眼相看，而是鼓勵和資助他們以身許國，允許和支持他們投筆從戎去殺敵報國。

各家族祠堂對於那些有劣跡惡行之人，仍按國家法度和宗族戒律嚴加管束並嚴令禁止外出，若再有作奸犯科之舉動或行為，當按家法和族規從嚴懲處，或沉塘、或活埋，決不寬宥。

日軍第六師團師團長稻野四郎中將在看閱由武昌縣駐軍原田少佐、渡邊少佐、塚本少佐等人所寫的關於武昌縣區、鄉政權組建的稟呈後喜出望外，表彰嘉獎他們為建立大東亞共榮圈所作出的卓越貢獻。並圈定武昌縣為強化治安模範縣，下令將武昌縣共存共榮的成功經驗向佔領區其他縣、市大力推廣。

兩面政權的成功建立，使當地民眾看到了希望和增強了信心。在此後的日子裡，鄉民對日偽堅壁清野，卻節衣縮食簞食壺漿支援縣自衛大隊。由玉林掌控的武昌縣的區、鄉的兩面政權，使各個區隊在武昌縣境內來去自如，而讓日偽軍對這支平民穿束的隊伍無計可施。

變生不測

地處中日正面戰場的前沿、日寇的近後方，存在著國民黨和日寇兩大軍事勢力的對峙，這是相持階段武漢週邊局勢的一個明顯特點。

國民黨在鄂南的部隊，還有第九集團軍的第一九七師、第一三三、第一三四師、第九十五師、第三十二師、第八十二師等部。有作戰兵員近15餘萬人。國民黨最高統帥部還在宜昌至岳陽及九宮山、幕阜山一線設有重兵，以抵禦日寇西進巴蜀和南下長沙。

1938年11月，朱若愚與玉林面晤，言其麾下有支30人的特工隊駐紮營地在崇陽境內，職司鑱奸除諜和破壞日寇在粵漢線北段羊樓司至武昌區間之交通運輸線的任務，請玉林和武昌縣自衛大隊在該特工隊執行軍事行動時給予支持配合嚴密掩護。

玉林欣然同意並命令隱蔽在粵漢鐵路線兩側第三、四兩個區隊務必全力協助配合，且制定接頭暗語以便聯絡和採取聯合行動。

特工隊多次在崇陽羊樓司至武昌紙坊區間之粵漢鐵路線上炸軍車、撬鐵

路、毀橋樑，使日軍公路、鐵路交通屢遭破壞，幾度癱瘓。

為確保鐵路運輸通暢，日軍在相鄰之各個車站裡都配備有鐵甲車不停地在鐵路線上來回巡邏。夜間，鐵甲車活動得更加頻繁。特工隊主要以埋炸藥引爆的方法來炸毀鐵路。他們在賀勝橋至武昌余家灣執行破路行動時，皆武昌縣國民自衛大隊的各個區隊擔任警戒和伏擊，在特工隊得手後再掩護他們平安撤退。

國民黨駐鄂南之主力部隊與地方抗日武裝之間分工明確配合默契，各盡所能抗擊倭寇，迫使日偽軍在大兵力掃蕩之後，只能龜縮於各個據點之內而不敢輕易離開炮樓和據點。

在武漢會戰前在武漢會戰前後及鄂南抗戰中，國民黨軍隊在鄂南土地上与日本侵略軍正面作戰和開展游擊戰，為中國的抗日戰爭勝利作出了貢獻。

武漢淪陷後，玉林大多數時間隨武昌縣國民自衛大隊第一區隊活動於武昌湯遜湖、嚴東湖、嚴西湖一帶。1939年4月的一天傍晚，玉林帶著一個小隊來到了鄰近花山鎮的王家灣。

鑒於日偽軍在武昌縣境內已設有30餘個據點，為防止敵方的突然襲擊和保證自衛隊平安無虞，玉林曾制定規章條例並令各個區隊務必遵照執行。條令中特別強調：各區隊之宿營地須經常更換；為便於隱蔽和減輕鄉民負擔，每個自然村內只能住宿一個小隊且應留人警戒值哨；在鄰近日偽據地附近活動時，吃飯和暫作休息與住宿之地要絕對分開，若戌時進莊內進餐，亥時前務必轉移至相距10裡之外的村莊住宿；各隊於住宿安歇前，務必知會村中之保、甲長，讓其派人於村口及路口暗中觀察動靜。

在保公所用餐時，昔年在尤廟塾館念書時的學友王敬安聞訊趕來，盛情邀約玉林去其家中小酌幾杯暢敘友情。

王敬安在花山鎮上有個榨油的作坊，因打理生意平日裡很少回家。

王敬安言稱今天正好是他三兒子五歲的生日，家裡備有點酒菜且未請外人，請玉林念在同窗之誼，務必屈尊光臨其家。

因近半年來一直是安然無險且盛情難卻，玉林遂令王隊長等人於餐後略作休息，待夜深時率隊員再去張家村住宿。

玉林和王敬安久別重逢，杯來盞去聊得十分高興，直至子時後才臥床憩息。讓玉林未曾想到的是，一時之大意卻導致災厄已經臨近。

此地民風淳厚，家族和祠堂對族中之子弟尚能嚴格約束，但百密一疏，問

題竟會出在一個名叫賴立秋的外姓子弟身上。

這幾日賴皮正因囊中羞澀而不能光顧賭場和妓館而行坐不安，當看到玉林等十餘人進了村子時，賴皮樂得手舞足蹈，彷彿有一大堆白花花的銀元從天而降而落入了他的腰包。

賴皮打定主意要出賣這十幾個游擊隊員的性命以換取賞金，遂乘著夜色摸出了村莊。

駝子店的據點內駐紮有日軍的一個騎兵中隊和一個連的偽軍，日軍中隊長小野少佐獲此情報大喜過望，親自帶著一小隊騎兵和兩個排的偽軍於午夜時分離開據點，決定在拂曉前突襲王家灣。

王家灣約有近70戶人家，日偽軍在保、甲長陪同下挨家逐戶搜查時鬧得雞犬不寧。

玉林將兩支駁殼槍和備用彈匣藏於王敬安家柴灶中煙道的底部，再以灶灰加以覆蓋，吩咐王家嫂子馬上點火做飯切勿驚慌。

玉林告訴王敬安夫婦說他叫廖安平，家住在尤廟鄉廖家台，平常靠打短工維持家計，此次外出幫工時忘了將個人的「良民證」帶在身上。因情況緊急，玉林僅囑咐王敬安須牢記於心，若他此次不幸被捕，務必儘快將此消息告訴花山鎮上福泰酒樓的老闆趙志高。隨即打開後門，在王家育秧田邊脫下布鞋，下到田中去扯秧紮把。

烈火真金

日偽軍在王家灣內的搜查已經結束，游擊隊毫無蹤跡，被抓獲的只有由外鄉來打短工且未帶良民證的廖安平。

王敬安證明廖安平是其昨天下午在花山鎮集市上雇請回來幫家裡插秧的短工，保長王敬原證明王敬安之言屬實。

賴皮並不認識玉林，說他昨晚隱於僻遠處確曾見到10多人進了村莊，至於廖安平是否在其中之列而無從斷言。保、甲長對昨晚來過游擊隊的事並不諱言，說他們在用餐後便去向不明。

小野訓示全體村民應以賴立秋為榜樣而效忠皇軍，當場獎勵賴皮10枚銀元，拍肩誇讚賴皮是個大大的良民。（兩天後，有人在路邊的一處藕田裡發現

了賴皮的屍體。其屍體附近有許多嘔吐物，村民猜測賴皮是因酗酒過度倒臥田中而以致溺亡。）

玉林被捆住雙手，當日傍晚被作為嫌疑人被押解至武昌珞珈山第六師團司令部。

第六師團情報長官河津次郎大佐為了能儘快地獲得與游擊隊相關的情報，當天晚上河津次郎便邀請翻譯官趙君勵佈置了對玉林的審訊。

坐在審訊椅上的這個壯年人讓河津次郎琢磨不透，這個自稱叫廖安平的農民好像無所畏懼，口口聲聲說自己是外出幫工的農民，唯一的過錯是出門時忘帶了自己的良民證。

廖安平對翻譯官趙君勵所提出的問題逐一回覆，其對尤廟鄉的鄉長和廖家台及廖家台周邊保長的姓名全都知曉且對答無誤。廖安平說自己家田少人多，故只有靠外出打短工維持生計，一再請求皇軍明鏡高懸，早日放其回家去打工掙錢。

河津次郎斷定眼前的廖安平不是個職業軍人，但也不太相信他是一個經常離家在外面打短工的農民。訊問的結果卻讓閱人無數的情報官大失所望，廖安平對農稼耕種之事都瞭若指掌並說得頭頭是道；不僅一雙手掌上佈滿了老繭，雙肩之上因長年挑擔也留下了久經磨練的印痕；其腳下的老繭極為厚實，腳後跟被凍裂的瘡口清晰可見；一套青色的便裝衣褲已呈灰白的顏色，荊楚農夫的形象和特徵在其身上皆顯露無遺，唯獨其臉龐上的膚色並不像一般農人那樣黝黑。

刑訊室內擺設的各式刑具通常令被帶進室內受審之人心驚膽寒毛骨悚然，但廖安平卻神態安然視若無睹，似乎對那些能摧毀人們肉體和意志的刑具無動於衷。

河津次郎覺得眼前的廖安平絕對不是像他自己所說的那樣只是一個替人幫工的農民，極有可能是一個經歷過大風大浪且見過大世面的危險人物。

河津次郎決定對玉林動刑，他堅信即便是鐵打銅鑄的金鋼羅漢也會在酷刑施遍後開口吐言。

僅身著短褲的玉林，雙手和雙腳分別被繩索綁在左右二根鐵柱之上，其健全的體格和強壯的體質，表明其曾是個習武之人。窮文富武的說法，更堅定了河津次郎對其之真實身份所作出的判斷尋到了有力的依據。

行刑者輪番揮動的皮鞭如同一條條口吐紅信的毒蛇襲向玉林，在其前胸和後背上留下了數百道血痕。

玉林強忍疼痛回答河津次郎的喝問，仍堅持說自己不是游擊隊員，你們可以去尤廟鄉公所核實他的真實身份。

兇狠殘暴的河野次郎走近爐旁，拿起一支燒紅的烙鐵走到玉林的面前，威逼他坦白交代。見玉林仍不改口，氣極敗壞的河野次郎令行刑者先後將二支烙鐵頂向了玉林的腹部。

玉林暈厥後被冷水潑醒，行刑者用鹽水浸濕的毛巾塗抹玉林身上的傷口，看到玉林痛不欲生的神情，河野次郎發出野獸般得意的狂笑。

三天之後，玉林再次被押進刑訊室，河野次郎這次為他準備的是老虎凳和辣椒水。堅定的意志和頑強的毅力讓玉林熬過酷刑，刑訊的結果仍讓惡魔河津次郎大失所望。

眼前的這位鋼鐵漢子讓翻譯官趙君勵心儀欽佩，想不到國人中竟有此等寧死不屈的鐵骨硬漢。趙君勵向河津大佐進言，說玉林可能真的是個被誤抓誤捕之人，他應該不是游擊隊的人，所以他根本不知道游擊隊的任何情況，再繼續用刑將是徒勞無功。

九死一生的玉林再次被拖回牢房。在昏迷中他一直重複的仍是那句話，他只是一個外出幫工的農民，他和游擊隊毫無關聯。

在同囚室難友們悉心照料下，玉林終於從鬼門關前走了回來，老虎凳雖未折斷他的雙腿，但強行灌入肺腑中的辣椒水卻嚴重地損害了他的雙肺而落下了病根。

虎口脫險

1938年9月29日至11月6日，中國共產黨在延安召開了擴大的第六屆中央委員會第六次全體會議（六屆六中全會），決定黨的工作重點放在戰區和敵後，大力鞏固華北，發展華中。全會決定撤銷長江局，成立以周恩來任書記、董必武任副書記的中共中央南方局和以劉少奇為書記的中共中央中原局。

花山鎮福泰酒樓的趙老闆迅速地將玉林被捕和已押解至日軍第六師團司令

部的消息向雲鶴堂風雲壇壇主馮雲卿作了稟報。

馮雲卿在與其大哥、二哥、八弟商議之後，決定由堂口中忠義壇和風雲壇聯合行動，調集幫中骨幹精英極盡全力營救，讓玉林儘快地脫離危厄逃出虎穴。

風雲壇的情報系統果真是手眼通天無孔不入，很快便將翻譯官趙君勵個人的相關情況查得一清二楚。

趙君勵是南京城裡的世家子弟，家住在秦淮河畔的烏衣巷內。趙君勵曾留學日本東京帝國大學，與河津次郎同系同班且私交甚篤。日軍第六師團攻佔南京後，河津次郎登門拜訪，禮聘趙君勵隨軍以助其一臂之力。趙君勵為顧忌全家老小之安危，遂不得已點頭應允。

趙君勵正值中年，精力充沛，在街道口寧家巷內一幽雅小院中包養了一個外室。此女名叫梁麗英，年約24歲，風姿綽約且善解人意，頗為趙之寵愛。若無公務纏身時，趙君勵必至伊人家中與之纏綿共浴愛河。

為保護趙君勵的安全，河津次郎令二名士兵駕摩托斗車接送趙君勵，傍晚時送至寧家巷，次日早晨再開車接回司令部。

馮雲卿決定從趙翻譯官身上做文章，再逼其就範後實施營救方案。

六尺高的院牆在江湖高人面前形同虛設，厚實的大門被悄無聲息地打開。西洋門鎖豈能難住榮門妙手，正暢意於顛鸞倒鳳的趙、梁二人被闖入臥室內的一群陌生人按在床榻之上。

鎂光燈頻頻閃爍春光畢現，讓原本已驚惶失措的趙、梁二人羞得無地自容。

待趙君勵穿好衣裳入座之後，為首之人面帶笑容說道：「趙兄勿須害怕，只要趙兄願意合作，今晚之事權當未發生過。若趙兄出爾反爾不守承諾，不僅尊容玉照當刊登在報刊之上讓世人大飽眼福！日後趙兄亦將會坐臥不寧、寢食難安！何去何從，望仁兄三思。」

見來人並無劫財害命之惡意，趙君勵逐漸恢復鎮靜，遂低聲言道：「但憑尊駕吩咐，趙某自當盡力效勞。」

馮雲卿直言不諱，「我們乃幫會中人，因幫中故人之子廖安平被誤抓而關押在第六師團司令部內，故深夜相擾請趙翻譯官務必全力幫忙予以放人。趙兄在那司令部裡春風得意而被倚為心腹，釋放一介平民乃輕而易舉之事，應只需開口之勞即可辦妥。」

趙君勵私忖，看來那廖安平決非傭工種田的農夫，其人大有來歷。否則，幫會中人不會興師動眾而齋夜登門。以自己與河津次郎的深交，讓其釋放查無證據的廖安平並非難事。若廖安平果係身份特殊之人，以此作為籌碼談成今晚的這筆交易而預先為自己留條後路，保不准日後還能為自己排憂解難和讓自己在日本人戰敗後能逃離危厄。

沉思片刻後趙君勵開口言道：「廖安平若扣留在駝子店小野少佐的據點內，僅需自己打個電話即可放人，現在卻關押在師團司令部就相當麻煩了。日本人對抗日份子和涉嫌之人決不會輕易放過，大本營已作規定：證據確鑿之人押解至東北修建工事；涉嫌之人當押送日本本土充當勞工。廖安平已被河津次郎內定為押送日本之勞工，且名冊已報呈師團司令部。若想讓廖安平的名字由該名冊中撤出而予以釋放，辦成此事之難度較大。」

據內線提供的情報，玉林不僅已受過二次酷刑，且關押在重刑犯囚室之中。日本人禁衛森嚴，武裝劫獄已絕無可能。馮雲卿認定趙君勵確有能力操辦此事，其把問題說得如此複雜乃另有所圖。遂笑著說道：「趙兄有何想法和要求儘管明言，幫會中人信守承諾，一言既出，駟馬難追！」

「俠士切莫誤解了趙某的心意，敝人乃炎黃子孫且讀書明理，決非甘心充當漢奸走狗而賣國求榮，更不是貪圖金錢之狡吏惡人。廖安平錚錚鐵骨寧死不屈，實在讓趙某欽佩得五體投地。河津次郎卻對廖安平疑心更重，他準備再動用更酷烈的刑具來迫其招供。河津次郎凶戾殘暴且剛愎自用，若想讓其改變主意，確實要絞盡腦汁和耗費口舌。」

馮雲卿何等精明，當然聽得出翻譯官話語中的弦外之音。趙君勵是有辦法為玉林開脫的，他是想以玉林將有性命之憂為挾，在其為玉林化解危難的同時，為自己預先求得一張今後能保全性命的「護身符」。

馮雲卿坦誠言道：「縱觀中國的抗日戰爭，最終定以日本國戰敗而落下帷幕，趙兄乃人中豪傑當然有遠見卓識。若趙兄能為民族大義辦妥此事，馮某當立下誓言以表心跡，日後定為趙兄洗脫漢奸罪名，確保趙兄能脫出囹圄而平安返回南京與家人團聚！」

趙君勵等的就是這句話，略作沉吟後開口言道：「愚意以為，此事不宜操之過急，應按以下三個步驟進行：一、我可以派人去尤廟鄉公所核實當地是否確有廖安平其人，只是問明其貌相年齡和思想傾向與在押之人是否相似即可。

此舉乃是先為廖安平洗脫抗日的嫌疑，而為今後的營救行動作好鋪墊。二、因水廠和供水系統全被毀壞，現司令部日常生活用水全由苦役隊從東湖擔水以供需用，在湖畔淘米、洗菜等項工作亦由苦役們承擔。近幾天內我設法將廖安平的名字先編入苦役隊中，因其傷勢過重需進行治療，十日後讓其隨苦役隊行動並指定擔任淘米、洗菜的工作，在衛兵的監視下他便可以在湖畔自由行動。三、職司監視的衛兵僅有二個人，馮兄可派人製造騷動以分散衛兵的注意力，若有人駕船在水上接應即可讓他安全脫險。」

馮雲卿點頭認可，當即表示由他負責第一、第三兩項事務的具體安排，讓趙君勵一定設法讓廖安平能順利地在湖畔淘米、洗菜。

經實地勘察，司令部門口禁衛森嚴，因臨近大門口故監視苦役隊的衛兵僅只二人。令馮雲卿極為興奮的是，東湖水面上時有漁舟往來行駛，還經常看見一些漁夫和鄉民在湖畔叫賣捕獲的魚蝦和時令瓜果及菜蔬。

派往尤廟鄉的探員回來向河津大佐和趙翻譯官彙報：說當地確有廖安平其人。廖家原係殷實富戶後因遭回祿之災而家道衰落，廖安平經常外出傭工掙錢養家，廖家之人因其被誤捕格外焦急而請求鄉公所具狀保釋。

趙君勵妙舌生花乘機進言，說誤捕廖安平且嚴加刑訊不利於爭取民心；在押往東北的人犯中少了一個廖安平於大局無礙。建議將其編入苦役隊中勞動，一則可以讓其養傷，還可加以監視對其作進一步地考察。

從早上八時至下午五時，遊弋在東湖水面上撒網的漁舟逐漸多了起來，陣陣漁歌蕩漾於楚天碧水之間。在瀕臨湖畔的日軍第六師團司令部北大門兩側做買賣的攤點有所增加，過往的行人和自由的買賣交易倒給原本戒備森嚴的兵營駐地帶來了安定祥和的氣氛。

河津次郎大佐似乎覺得不太對勁，趙君勵卻另有說法。贊曰：漁舟唱晚，響徹東湖之濱；鷗鷺翔集，春水共長天一色。實在是讓人賞心悅目之美妙景色，乃升平祥和之喜兆。民眾願在司令部周邊進行貿易交往，表明大東亞共存共榮的思想理念和構建王道樂土的愚民政策已逐步深入人心，建設大東亞共榮圈的成功經驗將更有力地推動日本天皇一統東南亞的聖戰大業。

苦役們站立於齊腰深的湖水之中用簸籮淘米洗菜。玉林已被編入此隊行列之內，因傷未痊癒只能坐於湖畔石坎之上職司摘菜。

當日下午，玉林再次隨苦役隊來到湖濱時，見八叔馮敬卿一身漁夫裝束且

手提鮮魚站在一攤點旁吆喝叫賣。

　　玉林頭戴草帽坐在石坎上低頭摘菜時，並未在意有一艘漁船已駛近身邊。見一身著長衫之人正站在自己身旁與船家拱手話別，玉林覺察到明日此時仍於此地相見不見不散的語音聽起來甚是耳熟，扭頭一看，送客之人正是三叔馮雲卿，他也是一身漁夫裝束站於船頭之上。

　　因有衛兵站在柳蔭之下，叔侄二人並未交言，幫中特定的手勢及眼神已讓彼此達成默契而心照不宣。

　　翌日下午，玉林仍坐於石坎上低頭摘菜，見有幾艘漁船已停在附近，漁夫們分別在艙內休息或小酌。

　　這時在右側攤點附近有人因買賣交易而發生爭執，先是口舌之爭，很快便發展到拳腳相向。打鬥叫罵之聲亂成一團，苦役們也丟下手中的活計趕去看熱鬧，看押的衛兵因攔阻不住也只得跟著跑了過去。

　　馮雲卿將玉林接入艙內，原停靠在石坎邊的幾艘漁船按左、中、右三個方向分別向湖中駛去。

大義凜然

　　玉林藏身在向右行駛的漁船之中，輕舟似箭經鵝嘴直駛九廟灣登岸，再按預定之路線乘舟進入嚴西湖。

　　按馮雲卿之安排，玉林在自衛隊員的護送下北渡長江，在洪門復興景寶山堂口內養傷治療，直至一個月後才返回武昌縣。

　　養傷期間馮雲卿曾來過一次，除送來藥品、補品外，還轉交了一封由蔡雲光送至三道街四號的信函。

　　董必武先生在信中寫道：他已轉行在南方做生意且有所發展，並在鄂東和鄂南開設了分號。設於鄂東的張記貨棧（指張體學的獨立游擊五大隊）經營情況良好，鄂南這地方很適宜做生意，只要能做大做活則效益相當可觀。他已吩咐張掌櫃向鄂南發展業務，若其有為難之時，還望賢弟在己身方便時施以援手，助其站住腳跟。

　　玉林的平安歸來讓全家人及眾親友精神煥發喜出望外，其於龍潭虎穴中脫險之神奇的經歷，讓座中之人聽得如癡若醉恍入夢境。

　　為使洪門免受牽連，玉林隱瞞了馮三叔救其脫險的事實真相，而以幸遇神仙搭救而助其逃離虎穴之言告之……

　　滿座之人皆信以為真，齊誦神仙救命之恩，皆感念先祖蔭佑之德。

　　此後，玉林遇神仙搭救之傳奇故事不脛而走，在十裡八鄉廣為傳播。有些鄉民添枝加葉，把老神仙法力廣大故能化險為夷之事說得活靈活現。更有甚者以訛傳訛，說已駕鶴西歸之施半仙曾為玉林測算過八字，彼言玉林乃天上之星宿下凡，日後當為相為將，定能光大門楣而榮宗耀祖。

　　此後，各鄉保送往各據點的糧食皆被武昌縣国民自衛大隊劫掠。各鄉維持會長聯名呈文，請求今後各鄉在按規定之數目轉運糧食等物資時應由各據點派出兵士來武裝押運。

　　其實各鄉、保只是打著為據點送繳糧食的名義虛張聲勢，而實際上卻按照附近之縣自衛大隊各個區隊的指令把糧食物資集中送往指定地點。各鄉公所請求據點派兵押運乃是玉林布的一個局，在據點派出為數不多的兵員時，則圍而殲之；若據點傾巢而動時，則可發起突然襲擊犁庭掃穴，一舉搗毀敵穴和端掉炮樓。

　　因情報網絡已經建成，各類資訊均能及時反饋，故玉林對敵人的動態了然於心。在此後的幾年中，四個區中隊常拋下各種誘餌，視敵之多寡或各自為戰，或同心協力，選擇於己有利之地點和地形設下埋伏，奮勇拼殺速戰速決。各據點派出押送物資之兵士皆有去無回，自衛隊在每次得手後便迅捷轉移消失得無影無蹤。

　　河津次郎和趙翻譯官從各個據點送來的情報和呈文中，才得知原來從苦役隊逃走的廖安平就是國民黨武昌縣黨部書記長劉先志。由其指揮武昌縣國民自衛大隊讓武昌縣境內之各個據點束手無策，他不僅將各鄉繳納之糧食物資盡行搶走，還以零打碎敲的戰術把300多名皇軍和400多名皇協軍送進了閻王殿。惱羞成怒的河津次郎遷怒於原來派去核實廖安平真實身份的探員和尤廟鄉公所的桂鄉長，但核查的結果卻更讓兇殘陰險的河津次郎怒氣衝天。

　　桂鄉長在呈文中寫得清楚明白：那探員只是說要查明廖家台是否果有廖安平其人和廖安平執何業為生計？並未詳細問及和查實其年齡、相貌及其它相應的特徵。況且廖家台村果然有廖安平其人，廖安平約有40歲，其自今年三月

起出外傭工至今未歸。至於那劉先志冒用廖安平之名欺騙皇軍，應與尤廟鄉公所無關。那探員來去匆匆，鄉公所無權干預。鄉公所致力於共存共榮和中日親善，絕不會袒護劉先志而欺瞞皇軍。

氣極敗壞的河津次郎下令緝捕劉先志的親人家屬，擒獲後當就地處決，以震懾民眾和祭奠陣亡人員的英靈。

翻譯官趙君勵勸河津次郎暫息雷霆之怒，說劉先志的親人家屬雖然該抓但不宜處死。殺掉這幾個老弱婦孺僅有百害而無一利，輕則失去民心；重則劉先志將會死心塌地與皇軍為敵，他會變本加厲地去破壞共存共榮的聖戰大業。見河津次郎似有依違兩可之意，趙君勵進言此事當從長計議，若能設法利用和挾制劉先志的親人而誘其改弦易轍歸順皇軍，高官厚祿可化敵為友，唯有化戾氣為祥和才是上上之策。

河津次郎點頭認可，遂派出諜員尋找劉家之人的藏身之處。

年逾花甲的廷璜公被帶至鄉公所，小野少佐令桂鄉長傳話給劉先志，說可由劉書記長選定時間和地點進行談判和協商。

在駝子店據點內廷璜公被奉為上賓，飲食起居有專人侍候，連上茅廁時都有人陪同。終年在田間勞碌的人，一旦閑下來確實有些不適應，但置身於虎穴狼窩之中除靜觀其變外亦無它法。廷璜公表面上看來是意態安然，但心裡卻時刻在籌思應對之策。

為拉近關係以示友好，小野雄一常執子侄之禮前來問安。廷璜公笑著奚落小野，說眼前的這個連打屁都不沾腿的東洋乾兒子還真會孝敬自己。

廷璜公坦言相告，說自己想回家去忙田裡的活計，沒有心思住在這裡養尊處優，讓小野應直言快語，有話快說。

小野雄一和顏悅色地說：「請您老人家來決無惡意，只是想讓您老給你那當書記長的貴公子寫封信，勸他應認清形勢，再不要與皇軍為敵。」

「那你們真找錯了人，老漢我連一個大字都不認識，怎麼能提筆寫信？你想說的意思我懂得，是想讓我出面勸說劉玉林再不打你們日本人。俗話說，翅膀硬了的兒女往往是不畏懼爹娘卻服從官管，況且，打不打你們東洋人也不是我兒子他一個人說了算數。」廷璜公微笑著說。

「皇軍十分願意與劉書記長交朋友，只要他能把隊伍拉過來一同歸順皇

軍，等著他的就是黃金萬兩高官厚祿。皇軍來中國是為了幫助中國人建立王道樂土，跟著皇軍幹，貴公子今後定會前程遠大鵬程萬里。」

「我看你們這是一廂情願，想讓我兒子幫東洋人去打中國人那是癡人做夢。自古以來，那種幫異族人殺中國人的人被世人稱為漢奸，當漢奸的人會被人們看成豬狗不如！不僅該天誅地滅，就連他的祖宗先人在陰曹地府裡都要蒙羞受辱和遭到唾棄！」廷璜公頻頻搖頭，連說不可。

「請您老來據點做客，並不是皇軍有意要為難您老人家，只因貴公子太不夠朋友。他不僅搶了皇軍的糧食物資和藥品，還打死了數百名皇軍。皇軍師團長因愛惜貴公子是個人才，故決定既往不咎而網開一面，只要他肯懸崖勒馬歸順皇軍，以往所作之事一筆鉤銷。」

「太君講的話怎麼把老漢我弄糊塗了？劉玉林一直在本鄉本土過日子，他從未出過遠門，怎能跑到東洋去搶你們的東西了？又怎麼跑到日本國去殺人了？難道說他搶了你們從東洋帶來的糧食和藥品？你們東洋人應該回日本國去建什麼王道樂土，中國的事用不著你們幫忙。俗話說：在家不打人，出外無人打。你們東洋人在海那邊住，跑到中國來打上海、打南京、打武漢，難道說只准你們東洋人動手殺人放火，而不許我們中國人還手自衛？

「你們東洋人不來，我們家在武昌城外過得很自在，現在回到祖居住之地雖然要比『跑反』（意指躲避戰亂）強得多，但讓眾多的中國人拋家捨業而流落他鄉，卻都是你們東洋人跑到中國來幫忙而造成的災難。我們老百姓都認為，中國的事由中國人自己辦，你們東洋人應盡快地回到你們的老家去。據老漢看來，你們的那個皇上喜歡操閒心，放著自己家門前的雪不去掃，卻掃到人家的炕頭上來了。」

河津次郎在聽完小野雄一送來的錄音帶後氣得咬牙切齒，罵人的髒話脫口而出。見河津次郎又萌生殺機，翻譯官趙君勵忙遞上一杯茶，並婉言相勸：「河津君，勸降劉先志一事當徐而圖之，不宜操之過急。誅殺劉先志的親人簡單易行，但這種為叢驅雀，為淵驅魚之蠢事絕不能做。目前只有將其之親屬留作誘餌才能引其入轂，好飯不嫌晚乃經驗之談。」

河津次郎在電話中下達命令，讓小野雄一釋放那個油鹽不進的鄉下老頭，但開釋之前一定要讓那老頭受些皮肉之苦。

移孝作忠

廷璜公躺在牛車之上被送回家中。

桂鄉長對座中之人言道，說三爹大義凜然而拒絕與日本人合作，這才會遭到毒手。說日本人決不會善罷甘休，當轉告玉林務必謹慎從事。

廷璜公原本已積勞成疾，遭此劫難後更是雪上加霜。回到家中後便咯血不止而臥床不起。幾個老中醫在瞧視病症後均搖頭歎息，皆言他們已無力回天，囑家中之人應節哀順變，須為廷璜公準備後事。

躺在病榻上的廷璜公令侄兒先河代筆錄其遺言：囑先志應牢記國仇家恨，務須英勇殺敵，當以岳武穆王為楷模精忠報國。好男兒當饑餐胡虜肉、渴飲倭寇血。當效仿血染疆場馬革裹屍之先賢烈士而捨身為國，才能無愧於中華民族，才是劉氏門宗之孝子賢孫。

下葬之日，劉氏族人無論老幼皆來為廷璜公送行，十裡八鄉之人亦趕來弔唁。廷璜公的葬禮雖不似當年劉老太爺駕鶴西歸時排場喧騰之盛況，但參加悼祭之人數以千計卻遠遠過之。

族長廷珏公派人將堂兄之遺書送交玉林，言廷璜公身後歸葬祖塋之諸事俱備，請玉林酌情定奪，決定是否回家來奔喪守孝？

此時玉林正在湖泗區公友鄉與國民黨湘鄂贛邊區游擊總指揮部第一縱隊司令田維中和第二縱隊司令方步舟洽談聯合搗毀日偽太和鎮據點的軍事行動。

聯合會議決定：一、由武昌縣國民自衛大隊第二區隊堵截敵保安鎮據點的援兵；第三區隊堵截塗家堖鎮據點日、偽軍的援兵。二、方步舟部負責阻擊日軍金牛鎮據點增援之敵。田維中部於凌晨三時發動對太和鎮的攻襲，務必於當日午時結束戰鬥。四、所獲之戰利品，武昌縣國民自衛大隊僅取二成；餘者由田、方二部均分。

在收到堂叔送來的唁函後，玉林悲痛欲絕。因國難當頭和大戰再即，玉林毅然決定化悲痛為力量，在合力拔掉敵太和鎮據點後繼續與各抗日部隊合作，再接再勵相機搗毀敵之東溝、保安、湖泗、塗家堖及安山、土地堂、烏龍泉等地的據點，誓以殺敵報國來祭奠父親的亡靈。

玉林流淚面對祖塋之方向伏地叩首，大聲疾呼：自古忠孝不能兩全，望列

祖列宗恕其不孝。國難當頭，惟以抗倭殺敵以報效國家和中華民族！

　　張體學秘密地與玉林面晤並轉交了董先生所寫的書函。玉林對先生信中所託諸事點頭應允，當相機行事鼎力相助。

　　為便於聯絡，張體學將三個秘密聯絡點告訴玉林。二人商訂好接頭暗語及示警信號後，互道珍重拱手相別。

　　因國共聯合抗日，武昌縣國民自衛大隊與獨立游擊五大隊在鴨兒湖、三汊湖、梁子湖、保安湖等地帶有過多次合作，玉林和張體學二人因惺惺相惜而結成忘年之交。

　　武昌縣境內屬日軍第六師團戍守之防地，各個據點頻遭襲擊和糧食物資屢被劫奪，尤其是粵漢鐵路之賀勝橋至青菱鄉區段屢建屢毀，讓第六師團司令官稻野中將大為惱火。因情報系統失靈和指揮不當，河津次郎大佐屢遭訓斥。稻野中將限其在半年之內務必摧毀轄境內各抗日武裝所設立的地下聯絡點，讓耳目失靈的地方游擊隊無處藏身遁形。

　　諜員報稱武昌縣境內所發生之各類事端，十有八九皆與劉先志及其指揮的縣自衛大隊有關連。羞怒交集的河津次郎命令小野少佐，務必將劉先志的母親及妻兒全部擒獲並押送至師團司令部。

　　族長廷珏公讓人轉告玉林，說幸虧玉林未雨綢繆，已秘密將老母和妻兒全部轉移。否則，其之家人這次難逃劫難。說小野帶日軍馬隊和摩托車隊闖入大劉村、小劉村，為的就是要將玉林的親人全部抓走。

　　桂鄉長也派人傳來口信，請玉林應妥善安置好其老母及妻兒，從此以後決不可輕易地再回到嚴西湖畔之老宅居住。

　　小野雄一少佐得到密報，有一支近百人的游擊隊近日正在石門峰山中集結休整練兵。

　　北起嚴西湖南至三叉湖、湯遜湖一帶乃是國民黨武昌縣國民自衛大隊第一區隊的活動範圍，小野雄一認定隱藏在石門峰山中整訓的游擊隊就是第一區隊。看來燈下黑這句話確有道理，越是危險的地方有時反而會更要安全一些，這支游擊隊在自己的眼皮底下進行整訓，確實超出常人的意料之外。小野雄一決定留下一個騎兵小隊和一個班的偽軍把守據點，由他帶兩個騎兵小隊和二個排的偽軍突襲石門峰，以迅雷不及掩耳之勢全殲那支為禍大東亞聖戰的游擊隊。

約有100名游擊隊在石門峰山中整訓的情報是玉林有意讓人散發出去的，目的是以此為誘餌引駝子店據點的小野雄一上鉤。玉林料定小野欲穩操勝券會帶出大部分兵力來襲擊游擊隊，故與方步舟早有約定，待石門峰交火後由方部攻下駝子店據點，所獲之戰利品對半分成。

玉林決定充分利用石門峰山中的有利地形伏擊來犯之敵。待小野雄一郎率部隊進山後，先以山石和樹木堵住山口；再以密集的火力和引爆溝槽及凹地中的地雷將敵人驅趕至山間低凹地；由軍統破壞隊以八門六零炮轟擊敵人和引發預埋的地雷；然後短兵相接予以全殲。

為畢其功於一役，玉林集中了武昌縣國民自衛大隊第一區隊和第二區隊的全部兵力，馮三叔還挑選了80名精悍勇猛的幫中弟兄予以協助。

伏擊戰僅用了一個小時，進入石門峰山中的日偽軍全被殲滅，兇殘驕橫的小野也魂歸東洋。方步舟部也攻克了駝子店據點和炸毀了炮樓，在清點了戰利品後，參戰人員迅速地消失在廣袤的原野之中。

在戰略相持階段，國民政府對駐紮在敵佔區周邊的國民黨正規部隊的糧餉還能勉強支付，湖北省保安司令部和湘鄂贛游擊總指揮部對所管轄之武昌縣國民自衛大隊和田維中、方步舟等部隊還有部分撥放，武昌縣境內之其他各支抗日武裝均是自籌糧餉。

各部隊之間常因爭奪地盤和籌集糧餉時有摩擦，弱肉強食巧取豪奪之事屢見不鮮。雖然活動在武昌縣境內有近20支抗日武裝，但鄉民們只對武昌縣自衛大隊的各個區隊格外看好。

姑姑馮眉卿捐出的14萬銀元真正派上了用場。從1938年12月起至1945年8月，玉林將這筆錢全部用於購置槍械、子彈、藥品和發放隊員津貼及支付傷亡人員之家庭撫恤。

因情報準確和指揮果斷，再加上自衛隊員同仇敵愾奮勇殺敵，武昌縣國民自衛大隊連戰連捷，武器裝備亦大為改善。現四個區隊共擁有歪把子輕機槍45挺和12門六零炮，隊員手中握的已是輕一色的三八大蓋。

玉林決定將換下來的漢陽造步槍及繳獲偽軍的各式槍械和多餘的物資或送給友鄰部隊，或換取自衛隊需用的藥品及其它物資。這些槍支的流向僅他一人知道，又有多少槍支流入了張記貨棧則更是個謎團。

　　書案上湖北省省政府的一份呈文讓最高統帥蔣先生極為關注。這份請功嘉勉的呈文應出自嚴重老夫子之手筆，但下面具名之人卻讓蔣先生對此份呈文中書寫的內容確信無疑，股肱摯友何成浚和心腹愛將陳誠、萬耀煌等人的簽名赫然在列。

　　呈文中粗略地介紹了武昌縣黨部代理書記長劉先志的從政簡歷，詳細記載了劉先志在武漢淪陷後帶領武昌縣國民自衛大隊在敵後堅持鬥爭的英勇事績。呈文中行筆清晰主次分明，諸如組建區、鄉兩面政權；鏟奸除諜；帶領鄉民堅壁藏糧；劫奪日軍糧食藥品及其它物資和擊斃押運兵員；與軍統特務隊聯手破壞粵漢運輸線等戰功業績均羅列無遺。

　　讓蔣先生精神振奮的是後面的幾段文字，寫得可圈可點，可歌可泣。

　　嚴老夫子匠心獨運妙筆生花，將劉先志身陷囹圄承受酷刑而寧死不屈、裡應外合逃離龍潭虎穴；聯合友鄰部隊頻頻出擊拔除日軍據點以振國威；捐重金購置槍械和支付糧餉以解國難；以大忠全至孝遙拜祖塋而未盡人子之責返鄉守制；伏擊日軍騎兵隊浴血殺敵以雪國仇家恨等近乎傳奇的經歷寫得有聲有色躍然紙上。

　　蔣先生奉行以道德倫理治國安民，對忠孝節信禮義廉恥極為讚賞和尊崇。蔣先生認為，劉氏父子之忠孝節義當予旌表，寧為玉碎視死如歸、大義凜然之高風亮節，實為國人之楷模。值此中華民族危難之際，極需豪傑志士和典型事例來激勵鬥志和振奮民心。對劉先志捨棄個人之孝道而捨生忘死精忠報國之壯舉，當予以大力地表彰和致以崇高的敬意。

　　資政張群的到來更是錦上添花。張先生在看過呈文後笑著言道：「劉先志文武雙全，確非百里之才。只可惜入門較晚且無背景靠山而錯過了大好時機。其之為人忠於國家且恪盡職守，能律己修身為民造福，剛正不阿疾惡如仇尤為可貴。幸得雪竹兄慧眼識英才，拔其於鄉閭之中。職執政鄂省時與其人倒有幾面之緣。職惜其才欲委以隨從副官，但聽說雪竹對其人已預作安排而未作堅持……

　　「職奉調回京後，曾囑暢卿兄應對此人培而植之。民國二十五年，暢卿對其經過全面考查後，擢選其至廬山軍官訓練團學習深造。其深孚所望勇猛精進，在受訓期內便加入了中華復興社團體。可惜的是暢卿兄英年早逝，其人又失去了一個大好的機會……」

「岳軍兄，劉先志乃農家子弟，其所捐出之鉅款從何而來？」蔣先生笑著問道。

張群微笑著將從艾毓英、劉鳴皋等人口中聽來之近乎傳奇的故事娓娓講出，讓蔣先生聽得津津有味。

民國二十五年，蔣介石兼任廬山中央軍官訓練團團長。劉先志在該期縣政班裡受訓，也能算得上是自己的門生。其能加入御用團體中華民族復興社，足以證明，他應該是一個領袖、一個政黨、一個主義的忠實信徒。劉先志與洪門幫會淵源極深讓蔣先生大為放心，因為持有此種背景的人不會與共產黨扯上關聯。

令衛士鋪上宣紙和磨墨後，蔣先生興致勃勃提筆揮毫，題寫了「百折不回移孝作忠」八個大字，上款寫著：「先志同志共勉」；下款書寫「蔣中正」三字。

在場之人皆拍手稱讚。張群笑著言道：「這劉先志與介公真有些緣分。其幼年時便習練山谷先生（黃庭堅之別號）之碑帖，現其之書法雖與名家之墨寶遜色，但亦能登堂入室。」

【注：蔣先生題寫之匾額原懸掛在候補街老宅正廳之內。1950－1951年我家三次被抄查，這幅題詞或被搜走或被家母置於炭火之中銷毀亦未可知。】

第三卷　雲譎波詭

第一章　烽火鄂南

龍蛇混雜

1939年11月，日寇拼湊的偽湖北省政府宣告成立，任命何佩容為省長；任命葉蓬為湖北省保安司令。任命張仁蠡（張之洞之幼子）為漢口特別市市長。任命陶敦禮（原國民黨中將軍銜）為武昌縣縣長。

當時在武昌、鄂城、咸寧、大冶四縣內活動的地方抗日武裝有30多支隊伍，這些抗日武裝的出現，在一定程度上起到威懾和限制日軍的作用。他們雖然為國家和民族利益而抗日救亡，但又不願犧牲個人和小團體的利益。有的甚至占山為王乘機發國難財；有的則機心百出耍陰謀使詭計，伺機吞併較為弱小的地方力量而擴大自己的勢力和地盤。

成渠原是洪門興華寨的紅旗五哥。成渠為人陰鷙兇殘且智計過人，領著隊伍活動於武昌、大冶、鄂城三縣接壤一帶。成渠部在月山島上自辦了兵工廠，勢力擴充很快發展到近3000人槍，成部受編為湘鄂贛游擊總指揮部下屬的一個縱隊。

馬欽武、徐少華、熊彪、周筱山等人亦與偽湖北省政府暗中勾搭，明裡打著抗日的旗號，暗中卻出賣民族利益而為日偽效力。

田維中、明邦國、左洪德、程荊門等部雖力主抗日，卻堅決地奉行《國民黨五屆五中全會》所制定的防共、溶共、限共的政策。

方步舟在武漢保衛戰時任國民黨長江北岸第一游擊縱隊司令。武漢淪陷後，方步舟返回大冶拉起了抗日隊伍，很快便擴充到3000人槍，被委任為國民黨湘鄂贛游擊總指揮部第二縱隊司令。方部下轄三個支隊，亦活動於武昌、咸寧、大冶、鄂城等四縣接壤地帶。在民族矛盾上升為中國社會主要矛盾的抗日戰爭中，方步舟決定放下前嫌，接受共產黨派出一部分黨員在第二縱隊從事政治工作。

　　方步舟曾向玉林談出了那一段令其心酸的往事：因路線鬥爭他在紅軍內受到排擠，心情十分苦悶。恰於此時，他懷孕的妻子因負傷而被捕急需得到治療，國民黨揚言待其歸降後才對其妻進行治療。他私自攜槍離開隊伍打算去營救其妻而不幸被捕，為了保全妻兒的性命這才投靠了國民黨。

　　方步舟坦言他曾立志為工農革命奮鬥終身，才在參加南昌暴動後又回鄉領導秋收暴動。他在創建鄂東南根據地時歷經了艱難困苦，堅持游擊戰爭時更是九死一生。沒想到後來竟會是那樣的一個結局，真讓他心灰意冷。但想到那些屈死在肅反中戰友的冤魂，他又感到很慶倖。如果不是自己急流勇退，保不准早已在九泉之下與他們相依為伴。目前他對國共兩黨之間的明爭暗鬥已不感興趣，他會以自己的實際行動來表明其心跡。偽省保安司令葉篷曾許以高官厚祿誘其倒戈，被他嚴辭拒絕。既然國民政府已決定抗日救亡，為了中華民族的存亡和復興大業，他絕對不會像《三國演義》中的呂布那樣去甘願當三姓家奴而供人驅使及受人恥笑和唾棄，他會不惜性命血戰疆場去殺敵報國。

　　方步舟建議玉林應充分發揮其在武昌縣有堅實的民眾基礎之優越條件，高舉抗日大旗迅速地擴充和發展武裝力量。現武昌縣國民自衛大隊雖然人員精幹且裝備良好，但終因力量有限而無法抵禦大風大浪。只有兵強馬壯，才能轟轟烈烈地幹出一番事業。方步舟估計玉林在武昌縣組建一支5000人的隊伍應該不成問題，有了這支隊伍作為後盾，目前既可殺敵報國建功立業，日後還能為自己鋪就一條更為光明的錦繡前程。

　　「升平兄有所不知，愚弟不諳軍事，對行兵佈陣攻防進退之韜略概不知曉，擺弄這幾百號人已是絞盡腦汁而累得心勞力瘁，焉能指揮千軍萬馬？在武昌縣境內招募5000人的確容易辦到，但是否能管住卻是件難事，倉促中招集之人難免良莠不齊，一粒老鼠屎能壞了一鍋粥，害群之馬從中作祟將會帶來滅頂之災。況且上司規定之任務必須執行，諸如劫糧籌糧、防奸除諜、破壞鐵路、監控區鄉兩級政權等項工作頗耗精力，在上峰尚未安排他人來接替之前弟不敢心有旁騖，只能全力補台，不得有絲毫越位之嫌而貽人口實。」玉林隱下了董必武先生讓其應充分利用合法的地位及有利的條件，盡最大的努力為張記貨棧資助槍械子彈及藥品物資以利其發展壯大之任務，遂以須恪盡職守而婉言對答。

　　張體學在與自己的面晤中，在傳達了中央關於鞏固華北發展華中的指示後，也談出了黨組織欲極力爭取方步舟部的設想。故玉林與方步舟接觸較多，

自衛隊與方部的合作也極為默契。

玉林應允可以為方步舟部輸送兵員，說在發動民眾時只需加大對方部的宣傳力度，就可以讓父老鄉親們高高興興地把他們自己的子弟送來當兵殺敵。

只有在玉林面前，方步舟才敢敞開心扉而說出他心裡的隱憂。因國民黨制定了防共、溶共、限共的策略，第九戰區和湘鄂贛游擊總指揮部的長官們對他這位共黨的叛將一直持有戒備之心。上峰不僅對第二縱隊所撥付的糧餉、軍械及藥品等物資皆少於其他的縱隊，還派遣第五縱隊活動於梁子湖、大溝湖地區。方步舟說盛瑜部有三大任務，一是抗日；二是防共；三是在暗中監督第二縱隊的一切活動。方步舟苦笑著說：他不僅要面對日本人打過來的槍炮，還要防備第五縱隊射過來的暗箭。

1927年7月15日汪精衛分共之後，共產黨人風流雲散，其中脫黨、退黨之人甚多。

中共南方局決定在國共第二次合作時期及全民抗戰的大好形勢下，儘快地發展和壯大中共的組織力量和由中共領導的軍事武裝。中共鄂中區委和鄂南特委在組建各縣中共黨組織的同時，並派人聯絡和動員原脫黨、退黨人員回歸組織，尤以因失去聯繫而停止活動的人員為工作之重點。

1939年3月至5月間，大革命時期曾在武昌縣組織農民協會的王近山、況公僕、黃人傑等人先後來拜訪玉林，意欲說服動員玉林加入他們的中共組織。

1926年，玉林在武昌縣組建秘密農會和農民自衛軍時曾與他們相識，互致問候後，談話便轉入正題。

玉林說他自己很欽佩陳潭秋的人品和學識。但當時只是為了賺取薪酬而在高師附小兼課和在雜誌社幹些校對和編輯的事，卻未加入中共組織。至於隨石烈凡、王平章等人來武昌縣組織農民協會，乃是受雇於國民黨湖北省黨部，更是為了賺點錢養家糊口。因為未曾加入過中共的組織，故不存在以往曾脫黨、退黨和與組織失去聯繫而停止活動一說。

玉林坦言他對共產黨和共產主義的理論並不排斥，也認為服務工農勞苦大眾是造福民眾的好事。說自己加入國民黨已有九年，當遵守國民黨的綱領和組織規定及紀律約束，改弦易轍和另投門庭的事他無法做到。如今國共兩黨再度攜手合作共赴國難，人無分男女老少，地無分東西南北，皆有守土殺敵之責。

當前至關重要的是團結一切力量抗擊倭寇，只宜不計前嫌而不能再計較以往之孰是孰非，不宜再劃分成你的軍隊和我的勢力，只能建立抗日救亡的統一陣線，才能形成強大的合力以抵禦日本帝國主義的侵略和挽救中華民族的危亡。

況公僕等人都提出劉書記長應振臂一呼擴充隊伍以壯大抗日武裝力量，他們還可以派些政治、軍事素質均為優秀的人員加入到縣國民自衛大隊裡來，以便加強思想政治工作。

玉林婉言謝絕，說縣國民自衛大隊的編制已由省保安司令部核定，全部人員的花名冊已送呈省保安司令部備案。況且鄂南保安團已經組建完畢，故省保安司令部已明令禁止各縣自衛大隊不得假借任何理由擴招兵員。

因縣國民自衛大隊之第二區隊與樊湖大隊及梁湖大隊在同一地域活動，雙方就合作抗日的相關問題作了進一步的探討。

玉林鄭重表態，中國人決不打中國人！明確表示可情報共享聯合殺敵，所獲之戰利品，當按各方出力之大小協商分配。

各抗日武裝之間常有磨擦和爭鬥。究其原由除政治因素外，無外乎因籌措糧餉和擴大地盤及相互滲透挖牆角所致。

方步舟精通游擊戰術，雖然在抗擊日寇的鬥爭中屢建功勳，終因其為中共變節人員而受到歧視和冷落。方步舟心情抑鬱，十分擔心不知在什麼時候，那鳥盡弓藏、兔死狗烹的悲慘結局會降臨在自己的頭上。

中共湘鄂贛特委的代表所作的許諾讓方步舟心動。如果中共領導層能不計前嫌而對自己網開一面，他願意易幟回歸再去血戰疆場。

徘徊在十字路口的方步舟思前想後百感交集，中共黨內路線鬥爭的殘酷無情令其不寒而慄，方步舟雖然想重新回到工農革命的隊伍中，但其之前提是一定要把他自己的後顧之憂能全部徹底地得到解決。

對方步舟提出的前幾條要求，中共湘鄂贛特委的代表均予認可，但對方步舟要求恢復他的黨籍且須有中共領導層之集體結論在內的幾點要求，中共湘鄂贛特委的代表卻無權表態。方原係投敵之紅軍高級將領，湘鄂贛特委決定迅速派人向中共南方局請示定奪。

因所提出的要求遲遲未見回覆，方步舟心生疑慮，以為中共領導層還不能原諒自己，遂停止與中共代表的談判。方步舟提出中共鄂南中心縣委應撤走原已安插在方部中的共產黨員，但表態他的部隊決不會與共產黨的武裝兵戎相見。

　　突發的變故大大地出乎方步舟的意料之外。7月間，方部第三支隊廖義華部與駐地相鄰的梁湖游擊大隊因籌措糧餉發生衝突。雙方未經調停，三支隊司令廖義華率部突然發起攻擊，在武昌縣徐家河附近將梁湖大隊打垮。

　　方步舟訓斥廖義華不該擅自作主採取軍事行動，廖義華心中不服而萌生異念。不久，廖義華帶上親信之人投奔文心余，文心余委任廖義華為第五縱隊之第14支隊司令。同時，令軍統特務隊也進一步加強了對方步舟部的監視力度。

　　國民黨第二十七集團軍司令楊森在紅軍入川時，都敢違反蔣先生圍追堵截之命令而不與中國工農紅軍正面交戰。1939年6月12日，其麾下之九十二軍特務營卻襲擊了新四軍平江通訊處，致使平江通訊處主任凃正坤等六人身亡。平江事件發生後，國共之間磨擦加劇。

清鄉掃蕩

　　佔領武漢後，日軍大本營制定了新的部署：駐紮在鄂東和鄂南的部隊，側重於佔領區的治安強化，在組建縣、區、鄉偽政權和擴充偽軍力量的同時，輔以軍事掃蕩。其意圖是：徵集糧食及各類生活物資和掠奪鐵礦、煤礦、銅礦等礦藏資源。以達到其實行殖民統治和掠奪經濟資源的目的，為以戰養戰和進一步擴大侵略戰爭而集蓄物資力量。

　　第九戰區決定針鋒相對，令駐紮在鄂南的正規部隊牽制日軍主力，令湘鄂贛游擊總指揮部各個縱隊與幾個直屬支隊，以及鄂南保安團和各縣自衛大隊與各抗日地方武裝利用地形優勢，靈活運用伏擊戰、游擊戰、破襲戰、地雷戰、夜襲戰等行之有效的各類戰法，粉碎日寇軍事掃蕩和經濟掠奪的陰謀。

　　國民黨正規部隊在通山、崇陽、蒲圻、咸寧等地頻頻出擊，將日軍主力部隊牽制得無法動彈。日軍的掃蕩計劃因兵力不足而只得進行調整，只能調動一個大隊的兵力再集中周圍據點內的守軍和偽軍對所轄之地區進行分片分段的掃蕩。

　　武昌縣境內湖泊多且水域闊，再加上河汊密佈。日軍無法使用裝甲車助陣和展開大規模的行動，僅只能以騎兵和步兵在偽軍的配合下，在夏收和秋收時節分區域地對游擊隊經常出沒之地區進行軍事掃蕩。日軍根據縣內各區鄉的治安情況按模範區、非治安區、強化治安區進行劃分：模範區多為鄰近據點和交通方便之平原地區；非治安區乃是丘陵地帶和河汊密佈地區，且經常有游擊

隊出沒之地；強化治安區即地方抗日武裝的常駐之地，多在湖區與各縣接壤之地。日軍把掃蕩的重點放在非治安區和強化治安區，故丘陵地帶和各個湖區更是他們軍事行動中的重中之重。

武昌縣各抗日武裝為確保自身的安危，故對防諜除奸工作格外重視，皆以雷霆之手段嚴厲處置那些賣國求榮和為虎作倀的漢奸走狗。與此同時，各抗日部隊還仿效孫行者鑽入鐵扇公主腹中的辦法，派人滲入到日偽保安隊、偵緝隊、皇協軍內去獲取情報。或者採取金錢收買的方式在日偽保安隊、偵緝隊和偽軍中發展己方的情報員。有的還利用漢奸們都貪生怕死和貪婪無厭的卑劣性格，以金錢相誘和以刀槍相逼兼而用之，逼迫他們提供情報和散佈虛假消息。

與日偽軍相關情報源源不斷地通過各種渠道流入抗日部隊之中，因事未發而密先泄，致使日偽軍的設想和計劃往往落空，費盡氣力卻徒勞無功。

方步舟採納了玉林的建議，率所部進入武昌縣境西南部的斧頭湖、魯湖一帶。這裡與咸甯、蒲圻、嘉魚三縣相鄰，部隊的活動範圍很大。更主要的是避開了盛瑜第五縱隊的監控。另一個有利條件是，這裡是武昌縣國民自衛大隊第四區隊的隱身之地，方步舟部便於和第四區隊採取聯合行動。

縣自衛大隊第三和第四區隊仍與軍統特工隊聯合行動，致使日軍粵漢鐵路線和公路運輸線時常陷入癱瘓狀態，為各抗日部隊的反掃蕩行動創造了有利條件。另外的兩個區隊也沒有閑著，或獨自行動，或聯合其他的隊伍在敵據點周圍頻頻出擊，截擊敵人水上運輸船隻和公路上的軍用車輛，破壞敵人的通訊設施，搶奪糧食等物資，搞得據點內的日偽軍人心惶惶。

日偽在武昌縣境內的清鄉掃蕩以粵漢鐵路線為界分東、西兩個方向進行，各調集日偽軍3000人，在各個據點守軍的配合下展開行動。

日偽軍在平原地區以清鄉安輔為主，具體方式是核對農戶家庭人口及檢查成年老百姓中男女之良民證。對丘陵地帶和湖區則是武力掃蕩，重在剿滅游擊隊。

湖北省保安司令部和湘鄂贛游擊總指揮部命令各縱隊、支隊、保安團和各縣自衛大隊須密切配合，應充分利用日偽軍兵力不足和己方佔據有利地形的優勢，以各種戰術靈活運用，務必盡最大的努力殲滅敵有生力量，徹底粉碎敵人對治安區的政治清鄉和對非治安區的軍事掃蕩。

區、鄉、保三級的兩面政權之功能得到了盡量的應用，讓日偽軍的政治清鄉如同走過場而徒勞無功。3000多名日偽軍集於一處因受地形的阻礙和限制而

不便開展軍事行動，只能是編為多股以分片包段的形式穩步推進。

因耳目不靈，日偽軍恰似盲人騎瞎馬胡衝亂撞，很難捕捉到戰機。所到之處皆風平浪靜，抗日武裝的行蹤無跡可尋。

大敵當前，為了求得生存和發展，各支抗日武裝倒是能捐棄前嫌和衷共濟。各友鄰部隊配合默契、進退自如。夜襲戰、伏擊戰不分晝夜出擊，打得有章有法。讓日偽軍始料未及的是，有的抗日武裝竟會乘據點內兵力空虛時去攻打炮樓。

從1939年1月起，至成渠、熊彪等部公開投降日軍前，武昌、大冶、鄂城、咸寧等地的抗日武裝以各種形式組織軍事進攻，從而掌握了游擊戰場的主動權。

各逞機心

1939年8月至9月，為防止共產黨在敵佔區利用民眾的抗日熱情發展武裝力量，國民黨第九戰區統一收編了湘北、鄂南、贛北的大小游擊武裝且分別給予建制和番號，全部劃歸湘鄂贛游擊總指揮部領導，任命樊松蒲為總指揮。此後，軍令和政令逐漸趨於統一，各部之間的爭鬥也明顯減少。形成合力後的各縱隊、支隊抗擊日軍的戰鬥力逐漸增強，但對共產黨在鄂南地區繼續開展抗日救亡活動也形成了很大的障礙。

日軍陸軍主力第十一軍憲兵司令部仍設置在武昌城內。因日軍急欲西進和南下，鄂南的戰略地位更顯得重要。日軍第四十師團和偽湖北省政府、偽省保安司令部、偽武昌縣政府決定對武昌縣境內及周邊地區的抗日地方武裝，實行以武力征討為輔和以收買、策反為主相結合的策略。

因各地方武裝為保存實力和急欲擴大勢力，彼此之間明爭暗鬥時有發生。日偽決定以此為契機，以高官厚祿和物資利誘來加大策反工作的力度。

自1939年5月起，各偽縣政府將策反計劃具體實施，派出甘心附敵之人充當說客秘密地與地方武裝的首領私下接觸。

成渠、馬欽武、周筱山、吳為正、徐少華等人是日偽政權的重點對象和目標，他們都在暗地裡接受過日偽軍的糧餉、藥品和各種軍需物資。

日軍和偽政權為達到目的而機關算盡，一方面對這些地方武裝施以利誘收

買，一面又派諜員把他們與日偽勾結之亦真亦假的消息廣為傳播。

湘鄂贛游擊總指揮部和國民黨武昌縣政府、大冶縣政府奉第九戰區和省政府之命徹查此事。成渠為掩蓋真相不僅派人暗殺了來調查核實的大冶縣縣長，還派部隊假冒日偽軍以武力吞併了鄂南專署保安隊。

第九戰區派員以軍委會特派員的身份來核實取證。成渠見事情即將暴露而兇相畢露，索性一不做、二不休，暗中派人襲殺了特派員和軍委會的諜報員。

第九戰區下達命令，由湘鄂贛游擊總指揮部司令樊松蒲率部隊剿滅成渠部。成渠為保全自己，遂於1940年公開投降日軍。為讓成渠死心塌地為大東亞聖戰賣命效力，日偽軍決定由南、北兩個方向同時行動，對梁子湖區進行掃蕩。

由於成渠、熊彪、馬欽武、周筱山、徐少華等部相繼投降日寇，鄂南的局勢呈現惡化，敵我雙方的力量對比趨於平衡。日偽對武昌縣境內丘陵地帶和湖區及縣境接壤地帶掃蕩的次數增多，對老百姓的生命和財產安全構成了更大的威脅。

偽湖北省省長何佩容、偽鄂省保安司令葉蓬及石星川、陶敦禮等人彈冠相慶，在偽省府禮堂接見了成渠、馬欽武、熊彪等投降歸順的民族敗類。

偽省長何佩容、偽鄂省保安司令葉蓬兌現了對歸順之人官升一級的承諾，成渠授銜為偽國民政府陸軍中將和兼任鄂南保安司令；馬欽武、熊彪被授以少將軍銜；對其他歸降之人分別被授以上校、中校軍銜。

日軍第四十師團長天谷直次郎等日軍將佐出席了授銜儀式，天谷直次郎中將代表第十一軍司令部厚賞歸降之人。

眾日酋和汪偽大漢奸們頻頻舉杯，為以華制華的策略馬到成功而互致慶賀。天谷直次郎更是興高采烈，一直視為心腹之患的湖區水域現在卻因形勢逆轉而雲消霧散，他彷彿看到那載滿糧食及生活物資的大車正排列成行且源源不斷地運往各個據點之內。在他們看來高官厚祿和金銀財寶確實比大炮更具威力，不戰而屈人之兵和因糧於敵乃是《孫子兵法》中精髓中的精髓。若能擴大戰果，平定戰略要地鄂南的勝利曙光已呈現於眼前。

馬欽武部號稱有三千人槍，近二年來一直盤踞在大屋陳、甯港、烏龍泉鄉一帶，對日軍攫取烏龍泉之鐵礦資源頗具威脅。因馬欽武部的歸順於日軍的經濟掠奪大為有利，天谷直次郎才會力排眾議，儘管馬欽武有虛報兵員冒領糧餉之嫌，仍破格授予少將軍銜以示籠絡。

　　成渠所部確有四千人槍，成部的戰鬥力在眾地方抗日武裝中數一數二，成渠的歸降讓天谷直次郎如獲至寶，恰似三伏天喝上冰涼的酸梅湯十分愜意。

　　成渠所部活動於梁子湖東南隅之保安、沼山、東溝、太和、舒安等地，此一帶進可攻、退可守，至為重要的是直接威脅到靈鄉、大冶、金山店、銅山口和銅錄山的鐵礦和銅礦的開採及冶煉的安全。

　　天谷直次郎對成渠青眼相看有求必應，不僅為成部設在月山島上的兵工廠送去了車床、刨床、銑床、磨床、發電機及工具、模具，連各種型號的無縫鋼管和火藥都是無償奉送。

　　成渠得此援助無異於為虎添翼，由原來僅能生產漢陽造步槍和刺刀、大刀的手工作坊，一躍而成為能製造輕機槍、重機槍、迫擊炮及各類子彈的兵工廠。成渠部的兵員又得以擴充且裝備精良，戰鬥力更令人側目。

諜網密佈

　　日偽政權的警察局、偵緝隊、便衣隊在武漢三鎮上緊鑼密鼓地搜捕抗日份子，為維護和鞏固漢奸政權不遺餘力。

　　1941年4月25日，在漢口堅持地下鬥爭的原漢口特別黨部主任委員林尹及部分委員先後被捕，原漢口特別市黨部的工作處於癱瘓狀態。

　　因有陳立夫與何成浚等黨國要員保薦，國民黨中央組織部任命原中統鄂南調查室主任袁雍為漢口特別市黨部主任委員。

　　胡亦愚任湖北省臨時參議會參議員。

　　國民黨湖北省省黨部行文，任命劉先志任國民黨湖北省武昌縣黨部書記長。

　　鑒於原市黨部全軍覆沒的經驗教訓，袁雍決定：由黃煥如兼任書記長，領導漢口辦事處的情報工作；陳鵬兼任中統局鄂南調查室主任一職；漢口特別黨部在武昌縣與大冶縣接壤地區設郊外辦事處；各位委員輪流進入市區，利用各種關係打入偽組織，爭取偽政權內的工作人員為新組建的漢口特別市黨部效力。

　　1941年秋至1945年8月，漢口市黨部郊外辦事處輾轉遷徙於湖泗、羅橋等地。袁雍對這一帶極為熟悉，且又有武昌縣國民自衛大隊第四區隊在暗中保護，郊外辦事處在一定程度上求得了相對的平安。

在經歷了營救玉林的行動後，趙君勵和馮雲卿有了更進一步的接觸。見趙翻譯官有幾次話到嘴邊欲言又止，馮雲卿心知肚明，這老趙一定是想收回那些在寧家巷宅院裡被拍攝的風流照片。

馮雲卿微笑言道：「趙兄但放寬心，那天晚上冒昧闖入貴宅驚擾鴛夢，實乃不得已而為之。其實相機裡並沒有膠卷，鎂光燈空閃了幾下只是虛張聲勢而已。洪門素以道義為重，挾人之隱私而行敲詐威逼之卑劣手段決非英雄本色。好朋友當患難與共推心置腹，焉能以私欲微利而不顧及江湖道義？」

1939年9月第一次長沙會戰時，日軍第六師團被調往湘北作戰，趙君勵留在武昌城中日軍憲兵司令部內供職。

馮雲卿在武昌城後長街為趙君勵購置了一幢房產，送去了一個眉清目秀的女孩專門服侍梁麗英，另派去了一個老媽子在趙家職司炊事。

趙君勵琴棋書畫樣樣皆能，馮雲卿常去趙宅與之紋枰論道。因情趣相合，二人結為通家之誼。於談天說地之中各類情報源源不斷地流進了雲鶴堂風雲壇，馮雲卿在篩選後再讓聯絡點將相關情報傳遞給玉林。[注：趙君勵後成為中統華中調查室情報人員。]

趙君勵從司令部諜報隊翻譯官李文清處得知，日軍和皇協軍在佔領區各地及各支抗日隊伍中都安排了情報人員和設有秘密聯絡點。李翻譯官說那些吸食鴉片者和賭徒、嫖客都是人渣，為了弄到錢連自己的祖宗都可以出賣。共產黨鄂南中心縣委在葛店夏家榜村召開擴大會的情報，就是該村的潑皮混混胡二狗子向葛店據點密報的。在村裡開會的共產黨人幾乎被一網打盡。李文清講各區各鄉中都不乏這種潑皮無賴和好吃懶做的二流子，各據點皆餌以厚利把他們收為諜員和坐探，若有風吹草動，那種人便會急不可待地跑到據點裡去邀功請賞。正因為情報準確，葛店、華容、廟山、段店等據點的駐軍又採取了一次聯合行動，在共黨獨立第五團第三營從白馬洲向季家畈轉移的途中設伏，當時擊斃了40餘人並俘獲營長熊輝祥等20餘人。

這幾年來，武昌縣國民自衛大隊師出必捷且平安無險，與玉林所掌控的情報網資訊準確且回饋及時大有關聯。

在確定與張記貨棧聯絡的人選問題上，玉林冥思苦索仍未有良策。

而今在敵佔區內諜網密佈，諜員相互滲透各為其主，敵中有我、我中有敵

之事讓人防不勝防。基於以下幾方面的原因，更讓玉林難以決定：1、上級嚴令自己深度潛伏以待時機，故絕對不會再增派人員來擔當此任。2、按組織之規定未經上級批准，自己不得私自發展任何下線人員。3、按以往之約定，張記貨棧不得派員來與自己接觸，只能在秘密聯絡點進行情報交接。4、按秘線紀律之規定，自己絕對不得公開真實身份，更不能親自去聯絡點傳遞情報。

玉林打算啟用自己的親屬來完成此項任務，遂按家庭成員之個人情況逐一權衡後，決定由自己的老母親來擔任與張記貨棧傳遞情報的聯絡員。

母親廖氏已年逾花甲，這類小腳老太婆在鄉間村落裡比比皆是，在路上行走也不致於會引人注意；這幾年家中之人在梁子湖畔輾轉遷徙，母親對這一帶的鄉鎮村莊已相當熟悉，以走親戚為由且持有良民證應無大礙；母親雖不識字卻深明大義，且懷著國仇家恨，絕不會因顧及個人的性命而供出自己的兒子；母親精明能幹且記憶過人，往往在聽人口誦幾遍後便能熟記於心，轉述寥寥數百字應無錯訛；書寫之重要情報力求簡明扼要，藏於隱秘之處諒能平安送達。

至為重要的是讓母親牢記接頭暗語和辯明示警訊號，要教會她在遇到緊急情況時該如何應對和儘量能做到全身而退。老母親果然不負所望，傳遞情報均能準確及時，已具備交通聯絡人員的合格素質。

【注：1942年4月20日晚在易角屋村，老母親廖氏和大女兒祖芳和其他三人一道加入了中共組織。入黨介紹人是玉林和其幼年時的同學沈義山。】

第二章　三足鼎立

抗日武裝

　　皖南事變後，1941年2月18日，中共中央軍委決定將豫鄂挺進縱隊編為新四軍第五師，任命李先念為第五師師長兼政治委員。

　　1942年4月，新四軍第五師根據中共中原局和新四軍軍部的指示，令十四旅主力之一部挺進鄂南，創建鄂南敵後抗日根據地。

　　張記貨棧決定再於長江以南重建分號，仍以武昌、鄂城、大冶、咸寧等地之丘陵地帶及湖區作為開展游擊戰爭的抗日根據地。

　　鄂豫邊黨委派李平等人來鄂城，重新組建中共鄂南中心縣委和集結已潰散的人員。5月間，第十四旅主力從田家鎮和長圻寮秘密渡江，分別進入鄂城縣境之三山湖、保安湖、和大冶縣太子廟、龍角山一帶。7月，這二路部隊在咸寧縣之高橋橋會合。於此同時，五師師參謀長劉少卿率師部特務團也南渡長江，統一指揮鄂南的抗日鬥爭。

　　渡江部隊先拔掉了茗山、陳貴等幾個日軍據點和解除了湘鄂贛游擊總指揮部挺進軍程金門第十九支隊第一大隊的武裝，後以借道南進陽新和西進武昌受阻為由，先後襲擊了田維中的第一縱隊和第五縱隊之第十四支隊廖義華部，一舉殲滅田維中部2000多人，廖義華部之主力亦被殲滅。

　　日軍調集了大冶、鐵山、金牛、保安、大畈等據點的兵員約4000人前來掃蕩。因田維中、廖義華二部受創嚴重，第九戰區和湘鄂贛游擊總指揮部也惱羞成怒，決定以1個師和9個游擊縱隊的兵力來圍殲夾擊。

　　因情報準確及時，渡江部隊當機立斷放棄南進，避開敵鋒而大步跳回江北。

　　進行掃蕩的日軍與湘鄂贛游擊指揮部的各個縱隊在談家橋、傅家山、劉仁八、大泉張、馬橋坳、陳貴等地發生激戰，雙方互有傷亡。

　　8月中旬，劉少卿、楊學誠率鄂南政務工作團和第十四旅主力再次渡江，在

金牛、保安一線殲滅了偽軍成渠部的一個大隊，進駐鄂城談家橋。先後開闢了鄂大、咸武鄂等三塊根據地，成立了三個縣級工委和政務委員會。同時，還組建了縣大隊、總隊和區、鄉民主政權。從此，張記貨棧的分號在武昌、咸甯、鄂城、大冶等縣接壤地域站住了腳跟。

鄂皖湘贛指揮部決定在沿長江地區成立中共鄂南工作委員會。

此段時間，在武昌縣境內活動的武裝力量（國民政府正規軍除外）計有：國民黨武昌縣國民自衛大隊的四個區隊；湘鄂贛游擊總指揮部第二縱隊（方步舟部），第五縱隊（盛瑜部）；偽軍鄂南保安司令成渠部、偽定國軍馬欽武部、偽人民自衛軍第八十二師一六四旅吳為正等10餘部；另有10餘支打著抗日旗號的土匪武裝；新四軍五師第十四旅四十二團及縣大隊和武工隊。再加上近30個日偽軍據點的人員，在武昌縣境之內駐軍之總人數應超過22000人以上，日耗糧食當在四萬斤以上。為了生存，故各支部隊皆把籌措糧食作為首要任務之一。

另外的10餘支小規模的地方抗日武裝，這些隊伍既不姓國也不姓共，他們也襲擊日偽軍，但為了籌措糧食也經常去禍害鄉民，風高放火月黑殺人形同綠林中的草寇。

明爭暗鬥

中共武鄂工委曾派王近山、舒江皋等人和吳為正秘密會晤，吳為正以部隊糧餉無法解決和其受不了貴黨政治約束為由婉言拒絕。

因武昌縣國民自衛大隊第一區隊常在湯遜湖、青菱湖周邊一帶出沒，為避免與自衛隊發生衝突和減少今後不必要的麻煩，吳為正決定與玉林晤談，通過友好協商來化干戈為玉帛以保證雙方共同的利益不受損害。

按理說吳為正手中握有2000人槍，在這弱肉強食的亂世中，應該根本不會把縣自衛大隊第一區隊的200條槍放在眼睛裡。吳為正之所以要這麼做是出於以下四個方面的緣故：一、劉先志目前雖然官階不高，其人卻在湖北省省政府和國民黨省黨部裡有強硬的後臺，蔣公為旌表其之業績的親筆題詞不僅為其壯色增輝，也諭示其今後之前程不可限量。二、劉先志在一二八師裡也身兼官職，對其下手，無異於公開向一二八師發難。日本人對王勁哉都畏懼三分，貪圖小利將會給自己帶來覆巢之禍。三，湖北省保安司令部和湘鄂贛游擊總指揮部原

來就準備對自己痛下殺手，是自己見機開溜才免遭劫難。而今立足未穩就萌生綺念，只能是自取滅亡。四、自己原是洪門黃陂分舵中人，幫中已曉喻劉先志在雲鶴堂中的身份特殊，若其人因自己之所為而受到傷害，自己勢必會遭到三刀六眼、分筋銼骨之刑。

在面晤時，吳為正坦言願赤心報國，說自己是身在曹營心在漢，因報國無門和無法籌集糧餉而不得已靦顏侍敵。鄭重表態其之部隊絕不會與國民政府的軍隊為敵，也會嚴令禁止官兵去禍害鄉民百姓。即便是在日軍強令掃蕩時，他的部隊對於第一、第二兩個區隊隱身之駐地都將是蜻蜓點水一掠而過之。

吳為正誠懇地拜託玉林，請他務必將其之苦衷向國民黨鄂省政府和省保安司令部轉告。並許諾在時機成熟時，他定會易幟歸順報效國家。

為避免雙方之部屬發生衝突，吳為正承諾在其防區之內可替第一、第二區隊代為行動。事後再向日軍呈文，稟稱乃是縣自衛大隊或中共游擊隊偷襲所致。

鄂省保安司令萬耀煌在閱過玉林的呈文後作了批示：吳為正反覆無常，當慎重從事。暫令其因糧於敵，待核其功過再作定奪。

馬欽武雖被偽鄂省保安司令部委以鄂南保安副司令之職，但其心中仍忿忿不平，總認為日本人只看重成渠，而讓原來平起平坐的朋友現在卻被所謂的上下級隸屬關係所取代。馬欽武對成渠發佈的指令不是陽奉陰違，就是頂著不辦。原本已商定好的軍事聯合行動，總會因馬欽武部姍姍來遲或出現失誤而事倍功半或徒勞無功。按馬欽武的話來說，你成渠既然有能耐，就讓你一個人去唱獨角戲。

吳為正部的到來讓馬欽武精神煥發，他決定與吳為正攜手合作，同心協力去抗衡成渠和抵禦湘鄂贛游擊總指揮部之各個縱隊的軍事打擊。為進一步地籠絡吳為正，馬欽武以洪門兄弟的情誼邀請吳為正來其之駐地寧港赴宴。

自古以來，會無好會、宴無好宴，在酒席宴上摔杯為號痛下殺手之事早已是司空見慣。馬欽武為人陰險狡詐乃人所共知，為達目的而不擇手段讓人心懷疑慮。為保全這支2000人的隊伍吳為正已絞盡腦汁，他決不會把自己送到虎狼窩裡去。

吳為正提出會晤的地點定在鄭店據點外的喻家灣，馬欽武欣然認可。

酒宴上吳、馬二人談笑風生十分投合。

馬欽武一飲而盡笑嘻嘻地說：「吳仁兄，與其說我們是在幫日本人，還

不如說我們是在幫自己。在亂世中有槍就有膽，有槍就是草頭王！即便是日本人戰敗了，國民黨也會把我們收編過去，因為他們也需要我們把槍口去對準共產黨。當務之急是咱們兄弟要同舟共濟相互幫扶，還要想辦法把力量再擴大一些。實力就是本錢，實力越大，今後的籌碼就會更大更多。雖然我們現在吃的是日本人的糧餉，但犯不著去為日本人賣命，那蝕本的買賣可絕對不能幹。」

「馬仁兄，你我乃自家兄弟理當禍福相依患難與共。但我部背後有王勁哉虎視眈眈；南面的方步舟、文心余二部都是枕戈待旦；駐地附近還有縣自衛大隊和共產黨游擊隊在不停地搗亂和偷襲。來這裡本想背靠著大樹圖個清閒自在，沒想到還是被攪得寢食難安。吳某今天就是想向仁兄討點妙著高招，望仁兄不吝賜教。」

馬欽武油腔滑調地說：「仁兄只須睜一隻眼閉一隻眼就能睡個安穩覺。具體辦法是：一、用睜著的眼睛去看方步舟，那傢伙油鹽不進，還真得時刻提防，注意不要輕易去招惹他。二、睜大眼睛瞄準共產黨的土游擊隊，來了就往死裡打，把他們能趕盡殺絕最好，起碼要驅趕得讓他們站不住腳。三、對文心余要待之以禮，俗話說伸手不打笑臉人，哪個又會去打前來登門送禮的人？四、對縣自衛大隊你要用閉上的一隻眼，他們只是搶點糧食、割點電線、鋸鋸電杆、炸鐵路、挖公路和順手牽羊敲打散兵游勇。對自衛大隊不能動真格的，他們的後臺咱們兄弟連一個都惹不起。五、對王老虎你更要用閉著的那只眼，你的防區與王老虎的糧食轉運渠道有礙。縣自衛大隊在搶到運往據點的糧食後，其中有一部分是送給王老虎的，這已是公開的秘密，但誰都不會去點穿。運糧的渡口有金水、雙溝等地，無論白天和夜晚，對運往江北的糧船你只當沒看見就相安無事。」

馬欽武告訴吳為正最該提防的人是成渠，說那傢伙的嘴巴甜如蜜，屁眼辣似薑，當面喊哥哥，背後掏傢伙，滿肚子都是壞水。說千萬不要聽信他的花言巧語。說成渠常用的伎倆就是先餌以小利讓人銷除戒心，然後用猛下殺手的方式吞併了一些地方武裝力量而擴展和壯大其勢力。

嫁禍栽贓

吳為正和馬欽武在喻家灣見面的消息很快便傳進了成渠的耳朵裡。

　　成渠雖然無從得知吳、馬二人商談的具體內容，但他能斷定這是馬欽武又在暗中使壞，其目的是拉攏吳為正組成聯合戰線一起來與自己唱對臺戲。

　　據安插在偽省政府和偽保安司令部的內線傳來的情報，馬欽武為謀取鄂南保安司令的寶座，一直在想著怎樣把自己置於死地後取而代之。在馬欽武呈交的密函中，不僅詳明地記錄了自己克扣下轄各部之糧餉的數額，還羅織了一些令人咋舌的罪狀。諸如：私自賣出槍支彈藥以獲取暴利；仍與第五縱隊文心余暗中往來並提供日軍的軍事情報；為保存實力而對丘陵地帶和湖區的掃蕩敷衍塞責；濫殺無辜鄉民且謊報軍情及戰績欺瞞皇軍等等。

　　成渠憎惡馬欽武，恨不得食其肉而寢其皮，但對其羅織的罪狀卻根本沒放在心上。查無實據的罪名只能算作是是空穴來風，那些連中國話都講不流利的太君焉能從哪裡問得清楚？又豈能在何處查得明白？

　　在成渠的心裡巴不得共產黨和國民黨把動靜鬧騰得更大一些，他們為日本人製造的麻煩越多，自己的地位反而就會更穩固一些。日本人現在兵力匱乏，只能倚仗自己這5000人馬為其排憂解難，自己就更有資本向日本人討價還價。

　　成渠就如何整治馬欽武的問題向五姨太筱芳求教。

　　筱芳時年25歲，江蘇南京人，乃成渠在投靠日軍後所納之妾，實為軍統特工。伊人風姿秀媚且工於心計，出謀劃策深合成渠的心意，故被成渠納為專寵且言聽計從。筱芳臉龐俊俏體態風流，身著剪裁得當的女式戎裝，更顯得英姿颯爽媚而不嬌。成渠被筱芳迷得暈頭轉向，而將其他的三位如夫人全部掃入了冷宮。

　　待成渠講明原委後，筱芳並未正面回答，而是以她那悅耳的吳儂軟語講述了一段《三國演義》中的故事：關羽兵敗麥城後被孫權所殺。張昭獻計遣使以木匣盛關公首級，星夜送往洛陽獻與曹操。劉備必定認為乃曹操暗中主使而痛恨之。西蜀之兵將不伐東吳而北攻曹魏，東吳則可坐收漁人之利。

　　司馬懿進言此乃東吳移禍之計，其之用心是讓劉備遷怒魏王而揮師北向，東吳卻於中乘便而圖事耳。宜以關公首級，刻一香木之軀以配之，葬以王侯之禮。劉備知之必深恨孫權而盡力東征，大王可靜觀勝負。吳勝則擊蜀，蜀勝則擊吳。二處若得一處，那一處亦不久也。操從其諫，遂設牲醴祭祀，刻沉香木為軀，以王侯禮葬於洛陽南門外之關林。並令大小官員送殯，曹操親自祭拜，傳漢獻帝之旨諡贈關羽為荊王且差官守墓。另傳檄西蜀，將荊州之三個大郡之

郡守官印送往成都。這才引發了劉備興舉國之兵征討東吳的戰爭。

聽到此處，成渠樂而忘形，抱住筱芳一陣狂親猛吻。連稱栽贓嫁禍實在是高。

「整治馬欽武只是小菜一碟，你只需動動口，盛司令就會把那匹蹩腳馬擺弄得昏頭塌腦而找不到北。」

成渠將筱芳攬於懷中置之膝上，催伊快將錦囊妙計合盤托出。

「馬、吳二部每月的餉銀都是派人來按時領取，渡過梁子湖後便進入馬欽武的防區。吳部每月只派一個班長帶10名兵士來領取餉銀9000大洋，可將其領取時間和行經路線告訴文心余。讓文派人衣著馬部的服裝並在其防區內設伏堵截，得手後再折路撤離。這樣的事件隔三岔五地在馬部地盤上發生，吳為正焉能不起疑心？你再以體恤下屬為名派人送去4000大洋以示安慰，吳為正當然會對你心生感激，那吳、馬之聯盟豈不是不攻自破？」

「依你之言，那文心余撿了大好處，而你讓我倒貼4000大洋，傻瓜都不會幹這種蠢事，那我是吃飽了撐的？」

「虧你還是個司令，怎麼腦筋就轉不過彎來？堤外損失堤內補，你那4000銀元可以讓文心余幫你在梁子湖中從馬欽武那裡搶回來。馬部每月領取14000大洋，你和文心余二一添作五，7000大洋豈不又回到你荷包裡了？多賺3000白花花的洋錢，又收買了吳為正的人心，這筆賬是賺還是虧連蠢豬都會划算。」

成渠藉口說筱芳繞著彎子罵他是蠢豬，便抱起尤物扔在床榻之上，以實際行動來嘉獎這位聰明伶俐的女軍師和讓其傾心動情的賢內助。

夫婦二人商議後作出決定，對馬欽武的所作所為在表面上佯為不知，仍與馬欽武在電話中和書函上套近乎，卻在暗地裡布下圈套請馬欽武鑽入甕中。

在日偽共同扶持下，成渠部裝備精良，勢力最大。湘鄂贛游擊總指揮部決定要想方設法挑起該部與日軍的矛盾和衝突，盡力爭取成渠盡快地易幟倒戈。

中共鄂南工委和第十四旅第四十二團在武昌、鄂城接壤地域立穩腳跟後，關於成渠與新四軍私下裡有往來的流言不脛而走。傳言說成渠的一個大隊被新四軍輕而易舉地殲滅掉那是欺人之談，是成渠為賣軍火給新四軍而有意編演的假戲，其目的就是為了曲線救國，明裡是在依附日本人，暗地裡卻在拆日本人的臺腳。更邪乎的說法是成渠故意把他佔據的地盤讓給新四軍，借新四軍的發展壯大來抬高自己的地位和重量，並以此作為其挾制日本人的籌碼。

　　偽軍馬欽武、周筱山、徐少華、熊彪、黃玉潔、陳中全等部均向偽鄂省保安司令部呈文，報稱成渠除克扣軍餉、武裝販毒、虛張聲勢謊報軍情、欺下瞞上縱匪殃民外，還與國民黨第五縱隊文心余部訂有聯合軍事行動的協議，成渠確實是一個吃裡爬外、十惡不赦的混世魔鬼。

　　由於情報來源於各條渠道，讓汪偽省政府和偽省保安司令部莫辨真偽，遂電告成渠赴武昌述職。成渠當然不會自己送上門去挨刀，屢以軍務纏身而無法成行相辭。因此，日軍第四十師團師團長天谷直次郎和偽省長何佩容、偽省保安司令葉篷等人對成渠已有戒心，不再像以往那樣倚重於他。

　　五姨太筱芳是成渠最為信任的人，她被成司令授予上校軍銜並委以副司令之職，儼然成了該部的二當家。筱芳不僅能參贊軍機，還能協助成渠行兵佈陣。

　　成渠覺得五姨太就是老天爺特意送來輔佐自己成就偉業的女諸葛，簡直能與巾幗英雄梁紅玉可相提媲美。他怎能料到這麗質佳人卻是位紅粉羅剎，並非是虔誠拜佛的香客，而是一柄專門用於搗毀佛像和拆除廟宇的大鐵錘。

　　成渠每次去各支隊視察時都讓參謀長隨行，司令部之一切事宜皆交由五姨太筱芳定奪，為筱芳篡奪該部的軍權提供了方便之門。

　　筱芳奉文心余之令委身於成渠，為的就是要牢牢地控制住這位草莽司令及奪取對其麾下的指揮權。近二年來的謹慎運作已大有成效，她手中已握有一支能致成渠於死地的秘密武裝力量。

　　司令部原警衛營長余龍就是那支秘密力量的指揮官。余龍年近30，相貌堂堂一表人才，讓筱芳心儀動情。一年前，五姨太威柔相濟大施媚功，血氣方剛的余龍很快便成了五姨太石榴裙下的不貳之臣，其墜入情網後立下誓言：願為筱芳上刀山下火海，即便是肝腦塗地也在所不惜。

　　收伏余龍之後，筱芳以馭軍之道須持有強有力的武裝才能讓眾草莽英雄服服帖帖，說動成渠組建一支1200人且直屬司令部指揮的獨立支隊。這支隊伍才是創立成渠之基業而真正用得著、信得過、靠得住的御林軍。

　　筱芳推薦余龍任獨立支隊司令，並把訓練的基地定在梁子島上。

　　成渠和筱芳對余龍的忠心大加讚賞，對從各個支隊中經嚴格挑選而組成嫡系隊伍格外放心。

勢均力敵

　　為加快讓成渠倒戈易幟的步伐，筱芳令余龍暗中與金牛據點日軍中佐渡邊太郎秘密聯絡，以聯合「倒成」為誘餌引渡邊入彀，再襲殺渡邊而嫁禍於成渠。

　　日軍第四十師團師團長天谷直次郎正欲除掉成渠而找不到合適之人來取而代之，看來這余龍還真是能頂替成渠之人。余龍部乃成渠之主力，先施釜底抽薪之策拔去其利爪鋼牙，再收拾桀驁不馴的成渠只是時日遲早的問題。天谷直次郎電令渡邊按預定計劃付諸實施。

　　余龍成功地誘殺了渡邊太郎中佐及其隨員，然後依筱芳之令拉起隊伍投奔了文心余。筱芳的努力已大見成效讓盛瑜大喜過望，遂讓人轉告筱芳，說軍統局本部已頒令嘉獎並委任她為中校專員。令她再接再厲加強對策反成渠的工作力度。

　　余龍的率部叛逃讓成渠痛心疾首，筱芳進言應整飭軍紀，以杜絕此類事情再度發生，並借整頓之時排斥異己，將成部中於易幟有礙的絆腳石或架空或逐一剔出。

　　1943年8月，侵華日軍正準備發起常德會戰，為鞏固後方而決定統一行動，以二個月的時間對武昌、鄂城、大冶、咸甯等地發動大規模的軍事掃蕩。成渠聽從筱芳之言以心疾亟需療養為由拒不去赴會，而讓參謀長頂替自己去往咸寧。

　　在武昌縣境內進行掃蕩的日軍有6000人，各據點之守軍及吳為正、馬欽武等部的偽軍幾乎是傾巢而出。令平田赳夫極為惱怒的是，還有4000人槍的成渠僅派出一個支隊的人馬配合行動。

　　日軍在武昌縣境內的掃蕩收效甚微，只是搶到了一些糧食和其他生活所需的物資。令偽省政府、偽省保安司令部和平田赳夫始料未及的是，各抗日武裝竟乘各據點兵力空虛時發動突然襲擊，致使有12個據點損失嚴重。

　　成渠的部隊和該部所盤踞的地方卻未受到任何攻擊，馬欽武等人乘機進言，說成渠應與敵方早有勾結，才會對掃蕩虛與委蛇，其人之狼子野心昭然若揭。

　　接連受到嚴厲訓斥的成渠牢騷滿腹。五姨太筱芳笑容可掬地予以撫慰，「當家的，千萬別當一回事，寄人籬下難免挨憋受氣，當三孫子則更不是滋味。俗話說爺有、娘有不如自己有，仰靠他人總不是長久之計。況且我們如今

是羽翼已成，占山為王，獨立自主是何等的風光。」

「占山為王雖然風光，但那是自尋死路。現在日本人和國民黨的勢力都很大，他們豈能容得下我而放任於我？」

「日本人和國民黨是二棵大樹這話不假，但重要的是你要看清楚誰的根紮得更深一些，關鍵是要倚靠根深葉茂的那棵樹。如今日本人在走下坡路，我看戰勝日本人只是個時間遲早的問題。為了將來能平安無虞，所以一定要想法靠上國民黨的那棵樹。」見成渠心有所動，筱芳及時地向灶膛內添上了一把柴。

「當年我是躲避第九戰區的追殺才不得已投靠日本人的，現在回想起那些事來自己確實做得太過孟浪。我擔心第九戰區會耿耿於懷，如今再歸順過去只怕會受人歧視。思前想後讓我舉棋不定，實在讓人左右為難。」

「當家的真是聰明一世糊塗一時，那往年的黃歷怎麼能再翻？此一時也，彼一時也，國民黨正為如何壯大抗日力量發愁，現在送上門去恰似在那洞庭湖裡賣槳——貨賣當時，國民黨焉會把你拒之門外？當家的不妨先派人去文司令那裡去透個底，如果第九戰區能發下委任狀來，那棵大樹就靠定無疑了。」

文心余很快派人送來了由第九戰區簽發的委任狀，任命成渠為湘鄂贛游擊總指揮部第八縱隊少將司令。成渠欣喜若狂，當即決定易幟歸順。

筱芳為徹底截斷成渠的退路，以賢內助的姿態又用力推了成渠一把，「當家的，若想要人家看重於你，應乘此時機交上一份像模像樣的投名狀。當在日本人尚未查覺之前聯合文司令拔下一個日本人的大據點以作為見面禮，功高可蓋過，既可表明你抗擊日寇的決心，又可顯示你的實力而讓國民黨對你刮目相看。」

成渠和筱芳選定了位於金牛鎮的日軍據點，文心余同意派部隊協助配合，以堵截靈鄉、劉仁八、雙溪橋等日軍據點來援之敵。

金牛據點內有日軍200多人，還有近400名偽軍，在鄂南地區算得上是駐兵較多的據點。據點內設有油庫、糧庫、藥品倉庫，還有軍用物資庫和二個彈藥庫。成渠近期曾派人進行過勘查核准並繪製了詳明的地圖。

1943年9月14日下午，成渠調集2000餘人馬進攻金牛據點。成渠充分地顯示了該部的實力，50多門迫擊炮分佈在據點的四周，且以密集的炮彈準確地轟擊四個炮樓和駐軍營房及防禦工事。戰鬥於16日凌晨結束，此役因全殲日軍200多人和繳獲了大批物資而受到第九戰區的嘉獎。成渠將被俘的偽軍分散編入各個

支隊；藉口將負重傷的偽軍送往駐防地治療為名，令擇隱秘之處全部殺害。

各顯神通

打下金牛據點後成渠繳獲甚豐，雖向湘鄂贛游擊總指揮部上交了一半外，餘剩之各類物資足以讓成渠富得流油。成渠聽從筱芳的建議，索性一不做、二不休，順手牽羊又拿下了靈鄉、雙溪橋、太和等據點。成渠大張旗鼓招兵買馬，依舊號稱擁有5000人槍，且稱雄於梁子湖東南面一帶。

正當成渠趾高氣揚而得意忘形之時，卻不料馬欽武以偷襲的方式在他的背後狠狠地捅了一刀。馬欽武一直被成渠擠壓得直不起腰來，餉銀幾次在湖中遭盛瑜部劫掠更讓他痛恨成渠。只有家賊才會引來外鬼，如果不是成渠故意走漏消息，盛瑜的人豈能下手如此準確？馬欽武打定主意乘日本人惱怒之時來報仇雪恨。

一番籌畫之後，馬欽武決定借助日本人和偽省保安司令部的兵力偷襲成渠的老巢梁子島和月山島，在搶到成部的兵工廠和各類物資後，以利發展和壯大自己的隊伍。1943年10月，馬欽武部在1000餘名日軍的配合下發起了對月山島的攻擊。因成渠的主力在外線作戰，島上的守衛部隊雖拼命抵抗卻無濟於事，只得在炸毀兵工廠及焚燒各類倉庫後由湖上撤離。

馬欽武費了九牛二虎之力得到的只是一片廢墟。本已喪失人性的他更加瘋狂，在島上大開殺戒，不僅對俘獲之人高舉屠刀，連無辜的鄉民都不放過。

日本人和偽省保安司令部對馬欽武青眼相看，任命其接任偽鄂南保安司令。

由於擺脫了文心余的監控，方步舟部仍活動於後石湖南、魯湖以西、斧頭湖北一帶。方步舟部擅長游擊戰和運動戰，往往在日軍據點下鄉掃蕩時，竟能出其不意地去攻擊其巢穴，讓附近據點的日偽軍防不勝防。

方步舟仍堅持要求中共領導層能作出決定解決其黨籍等問題。

中共代表則表示他們會儘快地向中共中央軍委請示，在等待回覆前可讓方步舟在抗日民主政權中兼任要職。方步舟堅決表示：他決不會改變其抗倭救亡的宗旨；更不懼流血犧牲；他會與共產黨人緊密協作一致抗日；至於是否參加民主政權倒是無關緊要。

中共鄂南工委的代表提出讓方步舟無償支持一些槍械彈藥，以資助鄂南工

委壯大抗日武裝力量。方步舟欣然同意，說為了共同抗日救亡他理當盡力資助。

　　1939年3月至1944年8月，日軍的大規模軍事掃蕩常於夏收和秋收時進行，中共鄂南工委根據豫鄂邊區黨委的指示，一直把玉林作為愛國人士看待，將其納入團結爭取的統戰對象並奉令暗中對其之親屬予以保護和提供資助。

第三章　化險為夷

磨擦加劇

　　因國民黨湖北省省政府西遷恩施，對日寇佔領區內各縣、市政權的掌控已經是鞭長莫及。中共及時地制定了一系列抗日救亡的方針和政策並付諸實施，在不同的地區採取不同的方法，建立起不同形式的政權。利用佔領區內國民黨縣、市政權已名存實亡的機會，繼續在抗日民族統一戰線的旗幟下加緊進行舊政權的改造工作，以達到由共產黨人直接掌控的新型政權來取而代之的目的。

　　至1943年底，在日偽、國民黨、共產黨三方交界之處的武昌、大冶、鄂城、咸寧、嘉魚等地都存在由共產黨人掌握的政務委員會。

　　武漢會戰後，省黨部西遷恩施，仍擔負著指揮中統局之華中（轄漢口特別市及武昌、漢陽二縣）、鄂南、鄂東、鄂北、宜昌等九個調查室和省轄各縣黨部的重任。

　　堅持在日軍佔領區活動的國民黨中統局各調查室，定期將日偽軍動態及新四軍五師活動情況和軍事、政治等方面的情報呈送國民黨湖北省黨部。由黨部彙編成《情況通訊》供武漢行營主任何成浚以作裁決奪之參考依據。

　　何成浚真不愧為有遠見卓識的智多星，在日軍發動太平洋戰爭後，他就認定日本人已是強弩之末，兵力分散乃兵戰之大忌，日本人樹敵太多且戰線太長以致根基不穩只會加速其失敗的進程。他斷言國民黨取得抗日戰爭的最後勝利只不過是個時間問題，對中國軍隊必將戰勝日軍深信不疑。

　　何成浚雖對淞滬會戰、南京保衛戰、徐州會戰、忻口會戰、太原保衛戰、武漢會戰、長沙會戰及平漢線和浙贛線爭奪戰時，中國國民黨軍隊因抗擊了侵華日軍總兵力之70%而傷亡慘重極為痛心。但他卻堅信正是因為中國軍人在主戰場上的浴血奮戰而殲滅了日軍的精銳力量，抗日戰爭才得以進入戰略相持階段。

　　共產黨領導的武裝力量迅速發展確實讓何成浚憂心忡忡，他覺得日本國想

要滅亡中國只是不切實際的幻想而絕非是心腹之患。今後與國民黨爭搶天下的就是在蘇俄扶持下，且一心要在神州大地上搞赤化的中國共產黨。

何成浚自民國十八年主政鄂省且兼掌全省黨務、軍權以來，嚴格執行剿撫並施、威柔相濟的策略，鄂省才趨於安定，政局才得以煥然一新。此後，張群主政鄂省時仍沿用此方略，逼使中共地方黨的各級組織退出武漢三鎮。讓何成浚憂心的是，日本發動的侵略戰爭卻幫了中國共產黨的大忙，致使共產黨的隊伍又能捲土重來且在鄂省發展壯大，共產黨的各級組織又得以死灰復燃且公開地在湖北得到生根發芽。

何成浚為認中共大力宣傳所謂他們的部隊抗擊了60%以上的日軍及偽軍之大部分，實在是欺人之談，其誇大其詞為的是要掩人耳目，是為了實現其政治目的之需要而與國民政府爭奪民心，以便日後再爭奪天下。

話不說不明，鼓不敲不響。各縣、市黨部應選擇典型事件披露真相，有理、有利、有節地予以抨擊，告誡民眾千萬不能聽信共產黨蠱惑人心的宣傳。

對社會各界人士和廣大民眾極為關注的皖南事件，何成浚指示應統一宣傳口徑，應說是因為新四軍在黃橋襲擊且重創國軍韓德勤部後，為避免磨擦再次發生，軍委會令江南的新四軍北撤山東。中共中央東南分局書記項英拒不執行國民黨最高統帥部令該軍軍部北渡長江的命令，項英決定將新四軍軍部遷往原堅持游擊戰爭時的大茅山根據地。項英藉口選擇南進再折向江蘇溧陽後北渡長江，故率部南進闖入了上官雲湘部駐地。上官雲湘因未接到上峰指令而不予配合，項英自恃武力奪路闖關，以致與上官雲湘部發生武裝衝突而導致同室操戈兵戎相見。要著重宣講和強調國民黨在抗日救亡中的領導地位，要讓社會各界看清中共的本來面目，是中共在挑起事端和製造磨擦，為的是在渾水摸魚後而把責任歸咎於國民黨。

新四軍的主力部隊在江北活動，而設在皖南的軍部及警衛部隊則已達萬人，可見新四軍發展迅速，該部下轄六個支隊總兵力當超過10餘萬人，實力已相當於國民政府的一個集團軍。因兵員驟增，國民政府所撥之薪餉和共產國際的資助已遠遠不敷所用，故新四軍下轄之各部隊於籌措糧餉及生活所需物資時，難免會與在附近駐防的其他部隊發生糾紛和衝突。為避免磨擦以求得和衷共濟，最高統帥部才令該部遷往江北，皖南事件實因項英固執己見不遵軍令而演成悲劇。

何成浚覺得湘鄂贛游擊總指揮部指令方步舟部在1942年12月13日在咸甯縣白茅山向五師第十四旅第四十一團發動進剿的舉措相當正確，一是對挑起事端而破壞聯合戰線的肇事者予以了嚴懲，二是徹底地斷絕了方步舟倒向中共的念想和途徑。遂令國民黨湖北省黨部電告在日軍佔領區堅持鬥爭之各中統局調查室和各縣黨部的負責人，應加大對白茅山軍事磨擦事件的宣傳和反宣傳工作的力度，讓佔領區的各界人士和民眾弄清楚事件的來龍去脈以澄清事實的真相。不僅要召開民眾大會予以公開揭露，還應印製傳單將新四軍五師第十四旅為搶奪地盤而南渡長江進入鄂南地區，且不遵國共聯合抗日之法令，於1942年7月偷襲田維中部和廖義華部，致使田、廖二部傷亡達三千多人的破壞聯合戰線之事實真相廣為散發，一定要想方設法將國民政府所制定的方針政策落到實處。

箕豆相煎

經湘鄂贛游擊總指揮部、中統局鄂南調查室和第五縱隊盛瑜的聯合行動和共同爭取，馬欽武表示願歸順國民政府而接受了第五縱隊第一攻擊司令的委任狀，表面上仍依附日本人去領取糧餉，暗中卻聽從第五縱隊司令盛瑜的指揮而走曲線救國的道路。對那些與國共雙方全不搭界的地方抗日武裝，湘鄂贛游擊總指揮部派員與之聯絡，對同意收編者供給糧餉和槍械彈藥；對暫未接受收編者訂立聯合協議。

吳為正現在可成了人見人愛的香餑餑，日本人因兵力急缺不得不對他關愛有加；共產黨和國民黨對其也是另眼看待以示籠絡。鉤掛著國民黨、共產黨和日本人等三方勢力的吳為正躊躇滿志，遂引用《紅樓夢》中玉在匵中求善價，釵於奩內待時飛的二句詩，來抒發內心的感慨和喜悅之情。

對國民黨和共產黨所派來接洽的代表，吳為正都熱情款待，雖然未作出確切的答復，但但他的表態卻是擲地有聲，說自己沒忘記祖宗，寄身於日本人籬下只是勉從虎穴暫棲身，有朝一日他必會有所行動。吳為正心裡所想的是目前時機並不成熟，他在等待和觀望的同時還須積蓄和發展力量，只有本錢越大才越有份量，今後在討價還價時才能有充分的迴旋餘地。

除奸防諜、剷除隱患的工作也在湘鄂贛游擊總指揮部之各個縱隊、鄂南保安團、各縣自衛大隊及各區、鄉兩面政權內全面鋪開。經過二個多月的核實查

辦還確有收穫，對證據確鑿之人皆嚴懲不貸。於此同時，各縣政府與縣黨部亦加緊了教化民眾的動員工作，對自願投軍報國之有志青年予以表彰並獎賞其之家庭。

　　1943年3月，中共方面認為《中國之命運》一書臭名昭著，加大宣傳力度予以抨擊。宣稱此書以反對共產主義和反對共產黨為目的，大肆污蔑共產黨及其軍隊為奸黨、奸匪和新式軍閥割據，是蔣介石集團意欲發動第三次反共高潮的反動信號。

　　公開的「口水仗」與暗中的襲殺手段往往是密不可分，口水仗的逐步升級必導致敵對雙方之明爭暗鬥愈演愈烈。隨著雙方之宣傳人員的神秘消失，讓原本並無堅實基礎的國共聯合陣線又出現了新的裂痕。

　　箕豆相煎，使武昌縣境內趨於緩和的局面又發生了急劇的變化。新四軍五師第十四旅奉命力求在鄂南立穩腳跟，國民黨第九戰區電令湘鄂贛游擊總指揮部務必將第十四旅之四十一、四十二團驅過長江。

　　1943年4月初，中共豫鄂邊區黨委決定撤銷鄂南工委和咸崇蒲中心縣委，成立了鄂南中心縣委和指揮部并作出決定：加強黨的一元化領導；實行主力部隊地方化；大力發展縣、區、鄉各級武裝；伺機襲擊和發展力量。

　　國民黨方面針鋒相對，令第五縱隊盛瑜部延伸至陽新、大冶、鄂城的沿江一線，以防止新四軍五師第十四旅派兵支援江南的部隊；馬欽武率部隊進佔樊湖根據地中心的木門、蚱洲等地，進剿中共武鄂總隊和第十四旅第四十二團；第五縱隊第十四支隊司令廖義華率部進佔中共鄂大根據地中心談家橋等地實行駐剿，武昌、鄂城、大冶三縣相鄰地帶頓時戰雲密佈。

　　第十四旅之第四十團、四十一團多次渡過長江，先後於5月中旬、5月下旬及11月分別在鄂城縣橫山、峒山、麥家嶺三次攻擊馬欽武部；還在9月間攻擊了廖義華設於咸甯談家橋附近的司令部。

　　馬欽武部遭到重創後退走，湘鄂贛游擊總指揮部令方步舟率部前來駐防。

　　方步舟只想抗倭殺敵而不願意同室操戈，故對上峰的命令虛與委蛇，並嚴令部屬應維護聯合戰線而不得挑起事端和妄開第一槍。

　　新四軍的部隊與方步舟部未發生明顯的武裝衝突，更讓湘鄂贛游擊總指揮部和中統局鄂南調查室心生疑竇，也注定了方步舟在鄂南的軍旅生涯宣告結束。

　　湖泗區與咸寧、大冶、鄂城三縣毗鄰，這一帶屬湘鄂贛游擊總指揮的勢力範圍，日偽軍只能龜縮於據點之內而不敢輕舉妄動。

　　1942年12月，張橋鄉的陳鄉長暴疾身亡，現任鄉長夏握之乃為民眾投票推選。

　　夏握之（1900－1944年1月，湖北省武昌縣人。）其人大有來歷，1925年其南下廣州並考入黃埔軍校第四期，1926年加入中共。北伐軍攻佔武漢後，夏握之任湖北省警察局第二分局局長。七、一五事變後，夏握之回鄉組織鄂南暴動，1928年3月進入江西蘇區後被派往白區做經濟、情報工作。1934年，夏在參加中央蘇區第五次反圍剿受傷致殘後返回故鄉閒居，以開茶館和客棧來維持生計。1938年11月，夏握之在梁湖游擊大隊負責物資供應工作，1943年1月，被民眾推選為湖泗區張橋鄉鄉長，仍以開設茶館和客棧為掩護而暗地裡擔負著聯絡站的工作任務。

　　王縣長認定這張橋鄉鄉公所是一個貨真價實的三面政權，因當地沒有與之認識的人，遂與曹秘書扮著收土布的客商住進了鴻發客棧。

　　幾天之後的一個下午，王縣長站在臥室窗前觀看圩市的熱鬧時，發現常有身著長袍頭戴禮帽的人帶著隨從住進客棧。王縣長覺得這些人形跡可疑，遂令曹秘書去通知偵緝隊並約定在酉時採取抓捕行動。

　　偵緝隊在進入客棧後遭到頑強的抵抗，約有10幾人邊打邊撤衝出包圍圈，消失於夜幕之中。偵緝隊進入二樓上夏老闆居住的套房時見有四個中年人在打麻將，夏老闆和另外二人坐在旁邊觀看。偵緝隊員先將七人控制後，後在夏老闆臥榻下搜出10支駁殼槍和10個壓滿子彈的彈匣。另外從房內立櫃內搜出三支步槍和100多發子彈及6枚手榴彈。

　　縣長王華仿對此次擒獲的七個人一無所知，因事關重大，遂決定交縣黨部甄別。王縣長令將七人繩捆索綁並由偵緝隊連夜押往縣國民自衛大隊第四區隊的駐地。

以真作假

　　新四軍五師第十四旅政治委員張體學（兼任鄂南地委書記）啟動緊急程序秘密約見玉林，說此次被捕之七人皆是新四軍中縣、團級負責幹部和肩負重

大職責之人，請玉林務必設法讓他們能逃脫劫難。若確有困難，當作出妥善安排，於押解途中由新四軍施用武力搶救的辦法營救他們七人。

張體學簡略地介紹了相關的情況：因日軍發動了豫湘桂戰役，鄂南更是日軍活動的中心，為有效地牽制日軍兵力和有力地配合主戰場抗擊日寇，大鄂、武鄂、咸武鄂政務委員會和第四十一團、四十二團在張橋鄉召開聯席會議，商討如何根據鄂南鬥爭的形勢與特點，進一步地堅決貫徹統一戰線政策，團結一切可以團結的力量，積極開展抗日救亡運動和抗日游擊戰爭。沒想到竟然出現了這場意外。

玉林坦然相告，說已接到縣政府和第四區隊傳來的消息，王縣長已將七個人送交武昌縣黨部甄別審查，自己馬上便要趕往湖泗鄉處理此事。按照國民黨省政府和省黨部《關於涉嫌共案人員之處置辦法》的規定，首逆要犯當押往恩施行營；脅從之人在立下悔過書後即可具保釋放。如果他們的真實身份並沒有暴露，則此事簡易可行，他們只要能謊報姓名、籍貫和虛假身份，再由鄉、保出具保狀即可逃脫劫難。他們的身份若已暴露，那麼營救的方案只能是在押解途中設伏而進行武裝劫奪。

因事發倉促張體學來不及向上級請示和召開黨委會研究決定，故覺得讓他們分別寫下悔過書之事似乎有些不妥，問除此之外是否還有更好的辦法？

「因事情發生時曾有過槍戰，且在他們被捕時又搜出了槍支，確實無法以誤抓誤捕予以開脫。況且經上級組織或負責人同意後，以個人名義寫下悔過文書而出獄之事在黨內已有先例，只要他們並未出賣黨的機密和革命的利益，有你我二人證實應該不會有什麼妨礙，更不會留下任何的後遺症。」玉林直抒己見。

因為別無其他良策，張體學只得點頭認可。為便於營救和免生枝節，遂將此次被捕之人的個人情況簡略告之。

在此次被捕的七個人中，竟有五人與玉林相識。因事發時有槍戰示警，他們七個人應該作好了應變的對策和說辭以解脫危厄。玉林勸張體學儘量放心，只要他們中無變節投順之人或個人真實身份並未暴露，具保開釋應無問題。

身為張橋鄉鄉長的夏握之第一個被提審。因原為相識之人，在略作寒暄之後，玉林首先究其窩藏匪人之罪。

「開客棧自必要迎來送往，那些客人臉上又沒有貼明其真實身份，店夥計疏於核查乃是常有的事。況且律法又未規定對入住之人須搜身檢查的條文，至

於那些持槍拒捕再行逃竄之人，應與開設客棧的店家風馬牛實不相及。」

夏握之坦言那10支短槍和三支步槍及六枚手榴彈乃是自己所購，為的是保家禦匪。在亂世之中，常有盜匪趁夜光顧劫財綁票，持槍自衛理所應當。只要不欺凌鄉民和禍害民眾就是守法之良民，常言道槍壯慫人膽，在匪患頻發之地，家中有槍可令賊人心驚膽寒。

玉林本欲為夏握之開脫，令其將以往之經歷訴出。

夏握之在客棧被圍和發生槍戰之時，就決定拼卻自己的性命來保全況公僕等人脫離險境，已與況公僕等人商定了應變之辭。遂直言不諱地將自己的經歷合盤托出，並說他與況公甫等人原來就是朋友。說此次他們六個人相約來到客棧是為了商討今後的去向問題，他們是嫌新四軍內的生活過於清苦且未得到重用而打算回家務農或另謀生計。夏握之說他已表明了自己的態度，只有抗日救亡才有生存的機會，當逃兵和回鄉務農絕對無法保得平安，可能還會死得更快一些。

抱定必死之心的夏握之大包大攬，講起話來滔滔不絕。雖未公開承認他是共產黨人外，其之振振有詞，讓玉林心中叫苦不迭。

況公僕沒想到主審之人竟然會是玉林，見面後便佯裝互不相識而神情自然。

況公僕對答如流，說自己是家住在武昌縣明禮鄉的況公甫，現在新四軍鄂南物資統制局裡當一名糧庫管理員。因職務低下且生活實在清苦，遂萌生了逃離隊伍另謀生計的念頭。恰好同鄉周鳳廷、張永才和五裡界鄉的潘鏡夫、汪海清、陳雲林等五人亦有此意，故結伴同行。為逃避部隊的追緝，才暫時躲藏在朋友夏握之客棧內以避風頭，沒想到竟會被縣政府偵緝隊抓獲。況公甫再三請求縣政府千萬莫要把他們六個人再交給新四軍，說他們已決定回鄉務農或另謀生計。至於夏握之私藏槍支一事，實在與他們六人毫無關聯。

潘鏡夫、周鳳廷等五人的供詞亦無破綻，他們各人所交代之家庭居住地的鄉長、保長的姓名也準確無誤。

玉林令將此七人繼續羈押，另分別派人去明禮鄉和五裡界鄉去核實取證。

五天後，明禮鄉公所和五裡界鄉公所皆有回函，分別證實況公甫等六人的情況屬實，但未見他們潛回家中，並稱新四軍曾派人分別去到他們的家中欲將叛逃者緝拿歸案。在二個鄉公所的回函中，還附有其家庭和宗祠出具的保釋狀。

況公僕等六人分別以各人所報稱之虛假姓名寫下了悔過書，表示願迷途知

返和遵守國民政府的法令，各人在劃押後得予釋放。

國民黨武昌縣黨部將書寫的結案報告，連同審訊記錄和悔過書的副本一齊交呈中統局華中調查室。袁雍簽署意見後令鄂南調查室主任陳鵬由秘密通道送往恩施行轅。

26天後，國民黨省政府和省黨部發來電文：對武昌縣政府和縣黨部表彰嘉獎，對此案處理及時和處置得當而予以獎勵。

國民黨鄂省保安司令部發來電文：夏握之勿須押往行轅，應以私藏槍支罪和危害抗日救亡罪論處，於驗明正身後執行槍決。

1944年1月，夏握之被槍殺於湖泗橋邊。

化險為夷

1943年12月，方步舟因縱匪殃民罪被捕入獄，所部為湘鄂贛游擊總指揮部拆散後予以改編。

民國三十三年二月初五日，玉林應約至湖泗區祝如祠村會見了漢口特別黨部主任委員兼中統華中調查室主任袁雍，老朋友相逢更是親切。

袁雍取出國民黨省黨部發來的電文：「著令袁雍和劉先志二人速來恩施述職」等文字赫然在目。

「玉林兄，雪公此次特別召見既是殊榮恩澤又兼有審察考核之意。毓英、鳴皋等仁兄已有知會，年前在湖泗張橋鄉發生的夏握之一案原本已塵埃落定，不料，卻因軍統局文心余節外生枝又起波瀾。文某向恩施行轅密報，說此案之處置過於草率行事大有疏漏之處，致使被捕之鄂南共黨的重要人犯況公僕等人得以逃脫法網。依愚之見，此乃文心余用心險惡，意欲捕風捉影而借此莫須有的罪名，以達到其打擊中統勢力和抬高軍統身價的目的。

「愚意以為，仁兄為人謹慎且依據法令應絕無疏漏，況且鄉、保之證詞言確鑿，況公甫等六人原來確係明禮鄉和五裡界鄉之村民方同意具保取釋。若彼等果係假冒之人，其之家庭和鄉、保公所豈會甘冒風險而弄虛作假？為不致貽人口實，仁兄應將案情仔細梳理一遍，查缺補漏，務必做到無懈可擊。若行轅和省黨部問起方步舟的相關事情，當如實回覆，拿捏分寸應准，切莫沾上『火星』。

「人無傷虎之意，惡虎卻有噬人之心。文心余自恃有戴笠為後臺，一張臭嘴四處亂咬，攪得人心惶恐不安。我們因投鼠忌器一向對其敬而遠之，沒想到他竟然會公開叫板打上門來，看來一味忍讓並非良策，須針鋒相對迎頭痛擊，要使出殺手鐧和回馬槍，只有殺得他丟盔卸甲才能徹底滅掉其之囂張氣焰。否則，他更會無事生非到處興風作浪！」袁雍因軍統中人熱衷於內耗十分惱怒故有此言。

「說方步舟縱匪殃民乃是文心余在暗中使壞，主要原因還是因為上峰對老方這位原中共叛逃的高級將領存有戒心。文心余知道我加入過復興社，曾勸我應改換門庭與之攜手，被我以蓮藕本為一體而拒絕。沒想到其竟然會信口雌黃亂咬一氣，這文某人心地夕毒真乃慶父之餘孽。文心余此次是搬起石頭砸自己的腳，他這是弄巧成拙而在太歲頭上動土。對況公甫等六人我已查實無誤，因新四軍欲懲治叛逃之人，他們連自己的家都不敢回，早已遠走高飛跑得無影無蹤。文某人誤將馮京認作馬涼，這明禮鄉的況公甫較之豹獬鄉的況公甫要年輕六歲，後者才是鄂南共黨之重要成員。無憑無據只能算是捕風捉影妄生事端，這次定要拔其狗牙和斬斷其之狗爪，讓其成為一隻人見人惡的癩皮狗。」玉林泰然自若地說。

「弟已電告雪公，本應登門拜謁聆聽家長之教誨。只因身膺重任諸事繁雜，且有軍統之人在一旁掣肘而實在無法分身，故委託兄台代為面稟雪公。雪公從未對文某之幕後主子正眼相瞧，陳司令更是鄙夷其之為人。在諸公面前兄可正義直言，請諸公務必主持公道。毓英、鳴皋、雲階諸兄已在恩施恭候兄台，合眾家兄弟之力，應能讓這場反擊戰大獲全勝。」袁雍未雨綢繆已預作鋪墊，為的是一擊功成而粉碎文心余的陰謀詭計。

原以為移花接木以真作假而讓況公僕等人具保開釋之事做得天衣無縫，沒想到仍被軍統之人從蛛絲馬跡中尋得了痕跡和嗅到了氣味，確實讓玉林心存疑慮。好在已將痕跡清掃得一乾二淨，文心余縱有再大的本領也無法探尋到其中的秘密。看來今後更須謹慎從事，方能保證平安無虞。袁雍決定讓自己代表中統局華中、鄂南調查室去恩施述職，既是他對自己的信任，更是為自己提供了一把保護傘，今後應該更進一步地與之攜手合作，只有相互幫扶才能清除障礙確保道路暢通。

玉林在武昌縣金口碼頭林記木棧搭乘恩施排幫的船隻溯流而上，再由枝城

轉入清江航道去往恩施。

　　抵達恩施碼頭已是掌燈時分，玉林準備次日清晨去省黨部述職。

　　因何成浚仍兼任省黨部主任委員，省黨部日常工作由艾毓英全權代理。值班門衛持玉林的證件前去通報後，只見艾毓英、劉鳴皋、王紹佑三人笑容滿面地迎了出來。自1938年10月在武昌分別後已時逾五年，此次見面更加親密。

　　玉林簡明扼要地介紹了這五年來袁雍和他在敵佔區的經歷和轉達了袁雍的問候及謝意。

　　艾毓英從卷宗內取出行轅轉來的由軍統局鄂南站呈報的一遝材料交給玉林觀看。

　　文心余攻訐中統之理由有三：1、夏握之實屬背叛校長和黨國的共產黨人，其私藏槍械護家防匪乃是託詞。夏握之在武漢分共時棄職離去，足以證明其是參加了共匪在南昌或湖北的暴動，其有八年時間去向不明應能表明其一直在與國民政府為敵。其緣何因傷致殘疑點重重，小小旅館何須購置那些槍械？那旅館定是共黨之秘密聯絡點，鄂南之共黨才會在彼處召開會議。2、況公甫等六人決非共黨之一般成員，夏握之的供詞疑竇重重，夏獨擔罪責為的是保全那六名共匪首逆，捨車保帥昭然若揭。3、劉先志在民國十六年前之經歷撲朔迷離，其與匪酋陳譚秋之關係應非同一般。為解救其之匪友逃脫懲處，故假造偽證和利用國民政府處置附逆人犯法律之空檔縱放況公甫等六名匪逆。

　　在仔細地看閱後，玉林講述了引發這段公案的始末根由：「在武漢淪陷後，自己曾與鄂南軍統特務隊在炸毀鐵路、橋樑及破壞公路、通訊設施和除奸鏟諜等方面有過多次合作，共同之目的是為了抗日救亡。1940年8月，文心余親自來遊說勸我改弦易轍投靠軍統，因師出無功而反目成仇。發生在張橋鄉客棧內的案件自己是秉公辦理毫無差錯，沒料到文某人卻借有兩個姓名相同的況公甫之事而挾私報復。其先是捕風捉影，而後極盡混淆黑白之能，妄圖以此為契機一舉將中統局在鄂南的組織摧而毀之，從而達到由軍統力量取而代之的罪惡目的。」

　　「文心余將此材料先呈報至省保安司令部，萬司令因事涉軍統、中統兩家而不便裁決，而將材料送呈行轅。雪公閱後簽署了以下三十五個字：捕風捉影，查無實據；項莊舞劍，意在沛公；萁豆同根，當和衷共濟；國難當頭，豈

容禍起蕭牆。雪公的態度極為明朗，老先生相信仁兄與浩然兄絕無通共之嫌，文心余之為人成事不足、敗事有餘，但擅於同室操戈，實乃害群之馬。」

「逸農兄所言極是，軍統麾下之人多為慶父之後裔，既有明槍且輔以暗箭，確實讓人防不勝防。雪公火眼金睛言簡意賅，所作之批示鏗鏘有力足以讓文心余及其後臺鎩羽而歸。那天，雪公還念了『諸葛一生唯謹慎，呂端大事不糊塗』二句詩，可見老先生對咱們兄弟寄予的希望之厚重。在今後的時日裡我們不僅要謹慎從事，還要旗幟鮮明，更要掌握火候針鋒相對，有理、有利、有節地予以反擊。對敢於把魔爪伸入我們鍋裡的蛇蠍之人當以滾油潑之，應借此次文心余栽贓陷害的把柄做出一篇絕妙的文章。」劉鳴皋微笑著說。

王紹佑笑嘻嘻地說：「這文某人就是那種自己肛門在流鮮血，還硬要為別人醫療痔瘡的怪物，他說玉林兄沒與共匪發生過武裝衝突就是有通共的嫌疑，其實他勾結共匪的嫌疑最大。第五縱隊有4000人，佈防在鄂城、大冶、陽新等縣之沿江地帶，為的是堵截鄂東的共匪渡過長江進入鄂南。但事實並非如此，從民國三十一年起至去年年底，共匪第十四旅之主力在其之防區頻繁地渡江而毫無阻攔如履平地，在這一點上文心余就難逃通共縱匪之嫌疑。」

艾毓英又從卷宗內拿出中統局華中、鄂南二個調查室在前天中午聯名發來的電文。電文中寫得清楚明白：經再次復查更進一步證實了武昌縣黨部在審理張橋鄉私藏槍支案和讓況公甫、周鳳廷等六人具保開釋並無差錯，明禮鄉和豹獬鄉各有一個名叫況公甫的人，軍統鄂南站為邀功請賞錯把馮京當成了馬涼。

四個人認真研討之後，公推由劉鳴皋執筆並按雪公之授意，以省黨部的名義擬寫《關於查究所謂劉先志通匪嫌疑問題之結論》，連同華中、鄂南調查室的電文一併呈送行轅。

王紹佑對玉林的工作日程作了安排：一、明天由眾家兄弟陪玉林去拜望雪公並聆聽教誨，二、後日由艾毓英陪同玉林去拜謁代省主席嚴重。三、大後天由艾毓英、王紹佑陪同去省保安司令部向萬耀煌司令述職和彙報鄂南的相關情況。

好風憑藉力

上午九時，玉林隨艾毓英、王紹佑、劉鳴皋等人來到何成浚府邸門前時，見錢雲階（時任省教育廳長）、黃格君（時任省防空司令部少將處長）、劉

先雲（1910—2006，時為少將軍銜任恩施縣長）、王延烈（省臨時參議會議員）、胡亦愚（省臨時參議會議員）、周宗頤（省高等法院檢察官）、王怡群、周唯真等十餘人已等候在門前。闊別五年後在鄂西重逢，噓寒問暖忙得不亦樂乎。

這些黨國精英皆奉何成浚為家長，雪公視這班青年才俊為門下之桃李。因常來常往勿需通報，眾人簇擁著玉林有說有笑地進入宅院之中。

眾人在何府花園中長廊內拜謁雪公。

何成浚讓玉林坐於身旁並關切地詢問鄂南的政局風雲和戰場態勢，玉林誠篤地逐一回答。

雪公讓玉林帶話給袁雍，為助其便宜行事而不受人掣肘，他已為袁雍謀得了軍委會特派員的職銜，持有這柄尚方寶劍應能鎮得住那些興風作浪的妖魔鬼怪。

何成浚讓玉林脫去上衣，令眾人看過其腹背上密佈的鞭痕和胸腹上的烙印及身體上的多處槍傷後，握住玉林的雙手親切地說：「只有挺得住苦其心志、勞其筋骨、餓其體膚、九死一生等諸多磨煉之人，日後才更有光輝的前程。老夫決不能讓流過鮮血的英雄蒙冤受屈，決不容忍宵小之人胡作非為而栽贓陷害！武漢乃華中重鎮，鄂南之戰略地位更為重要，你與浩然要甘苦與共患難相依，只有精誠團結親如兄弟，才能戰勝群頑再創輝煌業績。」

雪公在問過玉林的日程安排後點頭言道：「待公事辦畢，讓毓英、格君、先雲等人陪你盡興地暢遊恩施之山水，盡情地觀賞巴地土家之風俗民情。」

玉林在艾毓英和王紹佑的陪同下，去探望了正在醫院療病的嚴重老先生。

嚴重雖然對中統和軍統之行事及作風頗多微詞，但對玉林的印象極佳，恪盡職守的嚴老夫子格外看重能辦實事的人。老先生覺得在當今爾虞我詐的官場中，就是缺少像玉林這樣僅心甘情願補台而從不越位的精英才俊。

在亂世之中，乘民族危難之際擴張自己勢力而謀取私利者大有人在，草莽之人只要拉起了隊伍便能稱霸一方，幾經倒騰便混成了司令和將軍。生於斯地、長於斯地的劉先志在武昌縣任職真算得上是天時地利人和，且手中還握有一支近700人的武裝力量，若劉先志為了個人升官發財的私念而舉臂一呼，拉起一支六千人的隊伍應該不成問題，再擁兵自重則可躋身而入以求取高官厚祿。然而劉先志卻沒有這樣做，他把縣自衛大隊化大為小分散於縣境之內，在除諜鋤奸和建立兩面政權等方面頗有創新且功勞卓著。不僅為劫掠糧食而奮勇殺

敵，還不停地毀路炸橋和破壞日軍通訊設施以牽制入侵之敵，以不懈的努力粉碎了日軍因糧於敵就地取給的陰謀，而源源不斷地將糧食和軍需物資送交抗日部隊。

民國二十八年，玉林移孝作忠捨身許國的壯舉讓嚴老夫子深有感慨且牢記於心。這五年來，又因忙於國難而未能照顧一家老小致使已有五個兒女相繼夭折，這等情景確實令人心痛流淚。

嚴重認定軍統鄂南站的密報是莫須有的罪名，只是誇獎玉林有功於國家和中華民族。老夫子說鐵路是大運輸線，公路是小運輸線，據點就是兵站。只要擾得日軍跑不動、吃不飽和睡覺不安寧，就是功不可沒。

嚴老夫子笑吟吟地數說起他來鄂省主政後與玉林見過三次面的往事，語態親切更顯得平易近人。玉林笑著說他於民國二十五年在廬山中央軍官訓練團之縣政訓練隊中受訓時，還見過老夫子一次。

在艾毓英和劉鳴皋的催促下，便把這段往事講了出來：那一日學員正站在台下聆聽陳誠上將的教誨時，陳長官突然連續喊出立正、向後轉、敬禮的三個口令，他自己也匆匆跑下臺來，雙手握住一位農夫裝束挑擔賣菜之人的手且謙恭地問好。陳長官大聲地告訴學員，說這位老者就是他自己的老長官，就是大名鼎鼎的黃埔軍官學校總隊長嚴重。【注：嚴重任師長時，陳誠為該師之團長。嚴重辭職時力薦陳誠接任師長，陳誠從此青雲直上而成為蔣介石之心腹愛將。】

這段逸聞趣事少有人知，有此佳遇的玉林與嚴老夫子之間的距離彷彿拉近了許多。嚴老夫子神采奕奕，破例地留下艾毓英、劉鳴皋、劉先志三人共進午餐。

萬耀煌能青雲直上而成為蔣介石心腹愛將皆仰仗何成浚提攜之力，其飲水思源，故對何成浚以「師長」視之。在與雪公通話和收到省黨部公文後，又見是艾毓英和王紹佑二人陪同玉林前來述職，萬司令放下架子且摒退隨從，熱情地予以接待。

萬司令絕口不提通匪嫌疑之事，只是勉勵玉林再接再勵再創輝煌。鑒於玉林用自己家中之錢財來補貼縣自衛大隊餉銀欠缺一事，萬司令深表歉意。當即批示省財政廳立即撥給大洋二萬元，以作為歷年來所欠武昌縣自衛大隊的餉銀。

萬耀煌較為詳細地詢問了方步舟在鄂南的相關情況。

玉林如實回稟：方步舟治軍嚴謹，在眾多地方抗日武裝中方步舟部戰鬥力

最強。方步舟在打擊日偽軍時確實是英雄好漢，武昌縣自衛大隊曾與方部聯合行動先後拔掉了12個日偽軍的據點。方步舟嚴令部隊不得禍害老百姓，他決定以拔除敵方據點之所得來補足該部糧餉之缺額。民國二十八年，方部曾重創共黨之梁湖游擊大隊。據方步舟講，此後共產黨曾動員方部易幟而被方拒絕。方步舟部雖未與共黨發生過大的武裝衝突，至於他是否暗中與共黨有所勾搭則不得而知。

在劉先雲和王紹佑的陪同下，玉林持萬司令的手諭去監獄裡探望了方步舟。

方步舟十分感激。說其於民國十三年至二十六年間的那段經歷是真正的禍根，此次文心余的陷害只是個藥引子而已。請玉林務必轉告其之家人，須遠離那說不清楚且道不明白的政治漩渦，惟耕讀傳家律己修身才能保得平平安安。

玉林告訴先雲，「鄂南之鄉、保兩面政權的建設已很有成效，明扶曹操、暗保劉備做得有聲有色。金湖鄉與大冶城關鄰近，那地方已被日偽軍列為模範區。袁雍又讓人知會了當地的鄉長和保長，令他們務必保證兄台之親屬的絕對安全。故這幾年來，金湖鄉劉家一直是平安無事。」

劉先雲連聲道謝，感激朋友們的深厚情誼。

公事已畢，玉林在眾家兄弟輪流陪同下暢遊山川名勝和觀賞巴蜀風情。

在國民黨湖北省黨部主辦的刊物《湖北黨務》上，經常刊載在敵佔領區堅持抗日鬥爭的各縣、市黨部的英勇事績，字裡行間也充斥著對其他組織的怨懟情緒。

第四章　光明在望

禍起蕭牆

　　玉林與袁雍仍在祝如祠鄉公所相見，共同慶賀恩施之行成效顯著。

　　袁雍說軍委會特派員的委任狀已下達，盛瑜和文心余也來電致賀並表示願服從特派員的指揮和調遣，不遺餘力地為黨國大業盡忠效命。

　　從袁雍的講述中，玉林得知鄂南的形勢又有了很大的變化。因日軍集中兵力在平漢鐵路線和粵漢鐵路線上向國民黨駐守部隊大舉進攻，在鄂南地區駐防日軍的力量相應減弱而以偽軍為防禦之主要依靠。這段時間內共產黨的部隊乘虛而入活動頻繁，第十四旅之第四十一團、四十二團和挺進一團、挺進二團及武鄂總隊、鄂南總隊等武裝力量已在鄂南站住了腳和擴大了根據地。

　　袁雍決定將漢口特別市郊外辦事處遷往大冶大幕山之陳金鄉。說此次遷徙的原因是既要防日本人的明槍，又要安全地躲避由共產黨和軍統別動隊射出的暗箭。袁雍由衷地感激這幾年來玉林及其第四區隊對他和郊外辦事處的支持與護佑，而今形勢複雜，面對文心余的陰險狡詐和成渠的手狠心辣及共產黨的無孔不入，他只能預先防備。大幕山鄰近湘鄂贛游擊總指揮部，日偽勢力較為弱小，且第一縱隊司令田維中和周九如等人與自己又有私交，相比之下那地方相對要安全一些才作此決定。為避人耳目和減小風險，漢口特別市郊外辦事處在陳金鄉掛名為大冶縣政府民政科，他公開的身份是主辦文牘的科員何興國。

　　在聊及鄂南今後之政治風雲變幻時，袁雍憂慮地說：「新四軍第五師乘日軍向國民黨大舉進攻之機，全力擴大正規部隊和發展地方武裝及在偏僻地區建立根據地，並極力向湘鄂、鄂贛邊境滲透。共產黨確實是野心勃勃，打著抗日救亡的旗號而為今後與國民黨搶奪天下在積蓄力量。棍可靠情報從四月中旬開始，日寇為了挽救其在太平洋戰場上的失利，挽救它侵入南洋的孤軍而意欲摧毀美軍在華南、華東的空軍基地，首先從河南發動了打通大陸交通線的作戰。

而一向標榜為抗日先鋒的共產黨既未搞破壞鐵路和公路運輸線以牽制日軍，更未搞暗中偷襲和公開進攻以抗擊敵寇，在高喊著要搶救河南的口號時，卻把日寇向國民黨軍隊的進犯當成他們抓槍桿子的最好時機，並借此機會蠱惑人心大肆擴軍和組建地方武裝。」

1944年5月9日，日軍成功地打通了平漢線。5月下旬，又向湖南進攻，於6月至8月先後佔領了長沙和衡陽。此後，日軍集重兵準備向廣西發動進攻，意圖完成打通大陸交通線的計劃。在歷時四個月的戰鬥中，國民黨參戰軍隊損失兵力近35萬人，日軍傷亡人數約9萬人。

在方步舟部被整編後，新四軍挺進二團已將偽軍熊彪部逐出斧頭湖以南地區，武昌縣自衛大隊的四個區隊常根據需要就近攜手採取聯合行動，在圓滿完成護糧、搶糧任務後，常於夜間再繼續幹些毀路炸橋及破壞通訊設施的行動。

8月上旬，湖泗鄉人洪啟發在陳金鄉集鎮上開設了鴻賓酒樓，開業之日，宴請了大冶縣民政科全體成員及當地士紳和社會賢達。

洪老闆在私下拜望何興國時，坦言自己是洪門中人，並轉交了玉林的信函。洪老闆直人快語毫無掩飾，說其受人之托，當終人之事。為朋友雖兩肋插刀，也決不會皺一下眉頭。

新四軍第十四旅四十一團派出宣傳隊員分赴四裡八鄉，對共產主義的理論和中共在抗日救亡運動中的功績廣為宣傳。

在那個年代裡，茶樓酒肆乃上層人士聚集之場所，各種消息都會在那裡得以發佈和傳播。10月上旬，有二個四十一團的情報人員在陳金鄉鴻賓酒樓用餐時，聽到有一衣著長衫的食客正在發表高談闊論。

在那人的言詞中大力宣揚國民黨在抗日戰爭中的主導地位，說正是國民黨軍隊在各個主戰場上殲滅了100餘萬日偽軍，才迎來了抗戰即將取得勝利的曙光。說中國的抗日戰爭即將進入戰略反攻階段，是300多萬國民黨官兵用鮮血和生命才換來了這大好的形勢。又說八路軍只是在平型關伏擊了一支日軍的運輸隊，而在正太路和同蒲路發動的百團大戰，也並沒有殲滅多少日偽軍。還說共產黨擅長欺世盜名和愚弄民眾而大吹法螺，僅憑地道戰、地雷戰、游擊戰、麻雀戰等小打小鬧，怎能抗擊得了60%的侵華日軍和90%的偽軍？其恬不知恥貪天功據為己有之宣傳真是滑天下之大稽，其臉皮之厚簡直是無恥之尤。

衣著長衫之人的高談闊論滔滔不絕：因蘇俄史達林扣留蔣經國為人質，蔣

委員長投鼠忌器而不得不在第五次圍剿戰中，改犁庭掃穴為剿而不滅。從而讓已成為甕中之鱉的江西赤匪得以苟延殘喘而流竄至陝北；共產黨內部殘酷的派系鬥爭，讓共產黨已瀕臨絕境，但張學良和楊虎城在西安發動的兵變，而讓共產黨的地位再次合法化，讓野心勃勃的共產黨又重新獲得了生機。日寇發動的全面侵華戰爭，是幫了共產黨的大忙，讓共產黨死灰復燃，以致勢力日益擴大。

更讓那二個情報人員怒火中燒的是，那人言之鑿鑿地說共產黨是一分抗日、二分敷衍、六分摩擦、七分發展、十分宣傳，共產黨所領導的八路軍和新四軍是遊而不擊，抗日是假，是假借抗日救亡來發展自己的武裝力量及擴大和搶佔地盤。說日本人對國民黨是從正面展開進攻，而共產黨卻躲在暗處不停地在挖國民政府的牆角。其表面上高喊擁護國民政府，而最終目的是想取而代之。

那二個情報人員暗地跟蹤，見發表議論者進入了一幢高門宅院，並打聽到那裡是大冶縣民政科的臨時辦公地點和摸清了周邊的情況。

第四十一團派出二個排於夜間突襲那幢宅院，擒獲了當天住在宅院內的大冶縣政府民政科的工作人員。

袁雍在被捕前囑房主應迅速將其被捕的消息通知鴻賓酒樓的洪老闆，務必請洪老闆設法讓其昔日的朋友前來營救自己。

緊急營救

因事發突然和情況緊急，為保證袁雍的生命安全，玉林決定啟用秘密通道約見張記貨棧的掌櫃張體學。

玉林開門見山直奔主題，將袁雍化名何興國並藏匿在大幕山陳金鄉的大冶縣政府民政科內且於幾日前被捕之事合盤托出，今日相見的主要目的就是想商議一個妥善的辦法讓袁雍儘快地恢復自由。

張體學沒想到第四十一團此次竟然會歪打正著，因口水仗的起因卻意想不到地捕捉到國民黨軍委會華中特派員袁雍這條大魚。張掌櫃的意見是先將袁雍秘密押送到鄂東，再根據形勢發展的需要另作決定。

玉林直抒己見：「袁雍素行中庸之道且握有實權，乃穩定鄂南局勢之必不可缺少之人。若關押不放，弊多利少，於大局有損而無益。愚意以為當從以下幾個方面來權衡利弊：一、國民黨內派系鬥爭激烈，如此重要之權柄當另選他

人。若繼任者乃堅決反共之人，則大好局面亦將隨之改觀。二、扣住袁雍一人確與南方局重點經營鄂南之良策有悖，將引發和激起國共在鄂南之爭端升級，國民黨會以此為藉口再次重兵清剿，則創業艱難的幾塊根據地將不復存在。三、上次成功地營救況公僕等六人和我在恩施能化險為夷，實因仰仗袁雍之力。若非借用了其之龐大的關係網予以遮擋，後果不堪設想。四、袁雍的後臺強硬注定其前程遠大，日後定為一方大員。此次若能網開一面，日後之回報應無法估量。五、我黨的方針政策和中心任務是儘快盡力在淪陷區和國統區建立敵後根據地和抗日民主政權及發展和壯大抗日武裝力量。大戰之後，國民黨的部隊全部轉移，日軍也隨之撤離，原交戰之處已成為空白地帶。此時，正是我黨乘虛而入發動民眾以建立和擴大抗日根據地的大好時機。我認為扣押和處置袁雍利小而弊大，為一個袁雍而捨棄經營鄂南、鄂東的大好局面確實是本末倒置太不劃算。」

　　見張體學點頭沉吟，玉林娓娓而談，「《三國演義》中司馬懿不進西城，並非是畏懼城內設有伏兵，他已料定乃是一座空城，他故作誠惶誠恐猶豫不決之態，乃是為了司馬家的千秋大業才有意地讓諸葛亮逃過那場劫難。羅貫中筆下寫司馬懿取新城、斬孟達、奪街亭和智取列柳城，真可謂一氣呵成有聲有色，可見司馬懿智計過人，其之謀略並不遜於孔明先生。

　　「司馬懿為曹氏宗親所疑忌，被褫奪兵權閒居宛城韜光養晦以待時機。諸葛亮北伐中原兵出祁山，大都督曹真屢戰屢敗，魏主曹睿不得已令司馬懿再度領兵抵禦蜀軍。司馬懿成竹在胸，只打算將蜀兵逼回漢中便是大功告成。遂避實擊虛以柔克剛，決定奪取街亭而絕蜀軍之糧道。諸葛亮智者千慮終有一失，險些把自己的一條老命，斷送於在山言遠志而出世為小草的馬謖之手。

　　「及至西城時司馬懿卻裝癡作呆，簡直是判若兩人。書中寫道，懿笑而不信，遂止住三軍，自飛馬遠遠望之。懿看畢大疑，便到中軍，教後軍作前軍，望北山路而退。見有伏兵突出，懿回顧二子曰：『吾若不走，必中諸葛亮之計矣。』先寫出魏兵棄甲拋戈而走，再寫盡棄輜重糧草而去。書中『十五萬人回馬處，土人指點到今疑。』之二句詩意境深遠，其中之奧妙令人深思。

　　「司馬懿將回西城搬運糧草的孔明先生堵在城中。魏軍只要衝進城內，要麼孔明會被生擒活捉，要麼只能自刎身亡以一縷忠魂去追隨劉先主於九泉之下。在常人看來，這應該是天大的功勞，能封侯拜爵享盡榮華富貴。但司馬懿

卻認定擒殺了諸葛亮，高官厚祿只能是曇花一現，隨之而來的卻是滅門絕戶的慘禍。鳥盡弓藏、兔死狗烹於歷朝各代屢見不鮮，古之伍子胥、文種、、呂不韋、李斯及漢初之韓信、英布、彭越，皆因功高蓋主而禍從天降。司馬懿料定沿武功山小路撤退會遇到伏兵，其棄置輜重和糧草，一是扮豬吃虎故意示弱；二是投桃報李，讓諸葛亮嘗點甜頭後而再度興兵北伐中原。

「司馬懿覺得諸葛亮鞠躬盡瘁矢志不渝，就是為將來司馬家族篡奪曹魏之天下在澆注堅實的基礎。只有在不斷地抵禦西蜀的進攻中，他才能牢牢地把握軍權，並在長年的征戰中培植自己的親信及擴充司馬家族的勢力。待到羽翼已成之時即可給予曹魏政權以致命的一擊。取而代之後再先取西蜀，以天府糧倉和充足兵源為後盾再順江東下，水陸並進徑取金陵而一統中國。因早有預謀，司馬懿才會故意放諸葛亮一條生路，不因虛名小利而毀棄日後的千秋霸業。」

見張體學未曾言語且面帶笑容，玉林繼續說道：「我們共產黨人應高瞻遠矚胸懷天下。西安事變時，中共中央決定不計前嫌而放蔣擁蔣，為的是建立抗日民族統一陣線，是為了在取得合法地位後便於喚起民眾和擴充武裝。我們現在放了袁雍，是為了穩定鄂南和鄂東的政治局面，是為了不使得來不易的成果卻因殺掉一個袁雍而毀於一旦。殺了袁雍於國民黨並無多大損害，還會有李雍、王雍、趙雍之流相繼而來。鷸蚌相爭，只能讓日本人坐收漁利；國共雙方在鄂南戰火重燃，是讓親者痛而仇者快的不智之舉。利害當頭，應權衡利弊宜取其輕，趨利避害為的是鄂南之大業。

「洛川會議確定建立敵後抗日根據地和發展人民武裝是全黨的中心任務，故一切行動應以此為準則來付諸實施。現我方在鄂東立足尚未全穩，鄂南的發展正在起步之中，若此次殺掉袁雍及將其久久扣住不放，國民黨九戰區、五戰區和湘鄂贛游擊總司令部必不會善罷甘休，當舉全力予以清剿。那時，不僅鄂南的大好局面會不復存在，鄂東的根據地亦會隨之而消失，故對袁雍的去留問題不可掉以輕心。」因釋放袁雍攸關鄂南和鄂東根據地的建設和發展，玉林勸張體學應慎重從事。

張體學同意釋放袁雍，但須電呈豫鄂邊區黨委和五師司令部請求指示。二人定於三日後仍於此處晤談。

再次見面時，張體學轉告了豫鄂邊區黨委和五師司令部的決定，二人就如何『釋袁』之運作方式進行了探討。

「我原來有個以物易袁的想法，即籌備一些藥品和布匹、棉絮等部隊急需之物品交給你們，但籌措起來既費時間且動靜太大，若被軍統鄂南站偵悉恐又生事端或再起波瀾。我手頭上現有一萬大洋立可兌現，另在祝如祠鄉王家祠堂的後山坡上藏有100多支槍械和近萬發子彈和藥品，這些都是近幾年所積攢之物，你們可以派人取去。那四十一團的漆少川、石壽堂、湯楚英等人都是你的老下級，你發話後他們定當執行不誤。關鍵問題是以什麼形式放人？對執行此次使命之人作何安排與佈置？又在什麼地方和什麼時間搞好交接？」

張體學提出讓第四十一團去祝如祠去取槍械和藥品，另派幾個人以將何興國押送至鄂大工委副書記林迅處甄別審查為由，待行至大冶毛鋪鄉與靈鄉之間的戴家嶺時讓袁雍藉故逃逸。交接時間定為三日後的晚上十時左右。

二人約定，為防止走漏風聲和免得軍統鄂南站見縫下蛆，此次會晤勿令第三人知道，對四十一團也只能說是上級的決定令他們遵照執行。

失去自由已有九天的袁雍心內忐忑不安，他倚仗著豐富的經驗順利地應付了十餘次的審訊，一口咬定他就是原來居住在大冶縣黃石港吉祥巷的何興國，是大冶縣政府民政科辦理文牘的科員，若有半字虛假甘願受到嚴厲的處置。

袁雍的真實身份未予暴露，他暗自慶倖在這新四軍第四十一團裡竟然未遇到一個以往曾經認識他的人。讓其憂心的是多待一天便多一些危險，保不准災難會在什麼時候突然降臨在他的身上。袁雍覺得此次一定是凶多吉少，他雖然已作了慷慨就義的思想準備，但壯志未酬卻總讓其於心不甘，他在滿懷希望與焦急的煎熬中度日如年。大意失荊州而陷身於牢籠，足以讓他悔恨終身。

袁雍把逃生的希望完全寄託在玉林的身上，在其熟識的朋友中只有玉林具備營救自己脫離劫難的能力。鴻賓酒樓的洪老闆顯然是玉林特意安排到陳金鄉開設酒館的，為的就是要保護自己的安全。玉林當年能從日軍第六師團司令部中安然脫險，只要其能收到洪老闆傳遞的消息，就定會千方百計地施以援手來搭救自己。

在關押期間並未施刑，有幾次輪番審訊累得袁雍筋疲力盡。一日三餐倒是準時由看守之人送來，袁雍為了保持體力之需要，勉強自己吃得一乾二淨。

看守送來早餐後便自行離去，袁雍見方形木盤內有一碗小米粥，在盛有鹹菜的小碟上放有一個玉米窩頭。

袁雍發現在窩頭底部凹陷處有一折疊的黃色紙條，打開一看，禁不住心頭

一陣狂喜。紙的左邊畫有二棵大樹，在一棵樹的枝頭上立有一隻貓頭鷹；一鉤殘月掛在天上，周邊似綴有10顆微顯弱光的星星；紙條的右下部寫有戴家嶺三字，在字的下面畫有一條小路，由右至左逐漸狹窄。

袁雍聰明過人當然知曉畫中之秘，此圖暗示乃玉林傳遞之消息；營救自己的時間是在夜晚十點；營救地點在戴家嶺，讓自己在聽到夜梟的叫聲後向小路左邊方向逃逸，二棵樹隱喻玉林藏身之地，他會在那裡暗中接應。

袁雍將紙條扯碎含於口中，再咀嚼窩頭吞進腹內。人逢喜事精神陡增，很快便將木盤中的食物一掃而光。

衛兵來收拾餐具後將袁雍帶出囚室，將其押進一間掛有地圖的房間內。

團參謀長石壽堂警告何興國：「一路之上須聽從押送人員的安排，只能老老實實，不得亂說亂動。否則，嚴懲不貸！」

袁雍被蒙住雙眼帶進一輛大車之內，有二人在車廂內看押，另一人揚鞭駕車。那押送之人在車內隨心交談並無戒備心理。他們說執行這次任務輕鬆自在，石參謀長說過只要在亥初時分將人犯平安送到戴家嶺交給鄂大工委的人，就能記功。

幸得一路平安，袁雍被解開眼罩帶出車廂，抵達貓兒鋪的時間是下午五時。

在小飯館內袁雍掏錢置辦了酒菜以示友好，另請店夥計購來一條香煙分給押送之人。用餐後已是夜幕降臨，四人徒步上路，行至戴家嶺樹林中時剛過九點。四人在林中席地而坐，敬煙點火談天說地，等候鄂大工委的人前來交接。

袁雍聽見夜梟的啼叫聲後，面呈痛苦之色並請求允其出恭以解內急之患。那三人令其速去下風處排解，快去快回！

押送之人見何興國仍未歸來，便呼叫其名字而起身尋找，但喚來的卻是密集的槍聲。三人寡不敵眾，只得回撤，直等到夜半三更也未見鄂大工委接應之人。

袁雍逃脫劫難而感激涕零，遂與玉林義結金蘭情逾同胞手足。此後，他和漢口市黨部郊外辦事處一直蟄伏在武昌縣湖泗區劉均保、祝如祠等地，直至抗戰勝利前一直在武昌縣國民自衛大隊的護佑之下。

心懷叵測

得知中統局華中調查室在大幕山陳金鄉被一鍋端掉的消息，讓文心余覺

得十分愜意。這些年來，中統在湖北省天馬行空任意馳騁，壓得軍統喘不過氣來。正因為軍統的勢力無法在鄂省立足，戴笠才借抗日救亡之大好時機，在運動國民黨軍事委員會後，終於把軍統別動隊從安徽調入軍事要地鄂南。

六年來，文心余絞盡腦汁但成效甚微，田維中部、鄂南保安團、各縣自衛大隊皆由中統所把持，費盡心機仍無法插進足去。原以為將方步舟送進獄中就可以吞併其之部屬，沒想到樊松蒲老奸巨滑竟然會捷足先登坐收其功，讓自己的如意算盤落得個雞飛蛋打。副司令成渠和支隊司令馬欽武表面上雖然聽話，但二人腦後皆生有反骨，沒想到在餵得膘肥肉滿後他們竟投降了日寇還會反噬主人一口。巧施美人計讓成渠入彀並於1943年易幟歸順，本欲二人聯手合作將武昌、鄂城、大冶、咸寧之地方武裝全部收入麾下，不料老樊卻釜底抽薪命令自己去駐守百里江堤，把既吃虧又不討好的爛球踢給了自己。

為徹底扭轉被動局面，文心余欲通過戴笠為自己謀求軍委會華中特派員之職位，用以打通關節的「黃魚」皆被人笑納，但那柄尚方寶劍卻被袁雍捧在了手中。袁雍被捕真是天從人願，彷彿一個天大的餡餅突然從天而降砸在了自己的面前。

文心余在獲此佳訊的第一時間分別電呈軍統局本部、第九戰區、恩施行轅、省政府和省保安司令部，把袁雍及中統局華中調查室傾巢覆滅的消息捅了出去。並派人將袁雍已成了共匪階下囚的事實真相在各種場合廣為播布，其目的就是讓其之真實身份暴露無遺，一心要把袁雍推進鬼門關，讓袁特派員永世不得超生。唯恐鄂南不亂的文心余決定採用抱薪救火之毒計，讓火勢越發擴大。欲借第九戰區和湘鄂贛游擊總指揮部重兵清剿鄂南共匪之時，借共匪之手殺掉袁雍和摧毀中統在華中的勢力，而由軍統乘亂奪取權柄取而代之。

文心余向樊總指揮請纓出征，表示願傾注第五縱隊之全部兵力去打頭陣，在犁庭掃穴時救出袁特派員及漢口特別市郊外辦事處的全體成員。只要軍委會華中特派員的頭銜搶到手，文心余便名正言順地成了軍委會的欽差大臣，雖不能與樊松蒲平分秋色，但也能讓那老樊對自己要敬憚三分。

果真是謀事在人而成事在天，人算畢竟不如天算，沒想到那袁雍卻毫髮無損地從龍潭虎穴中逃了出來，即將煮熟的鴨子卻又飛上了天。

袁雍輕而易舉地死裡逃生，此事過於玄乎，不啻是天方夜譚。文心余斷定其中定有貓膩苟且，遂決定廣布諜員不遺餘力，定要把這蹊蹺的迷團剖析清楚

和查個水落石出。若有所獲則窮追不捨，務必要打好這場翻身仗。

調查的結果令文心余大失所望。

諜員報稱：共產黨鄂南總隊承認他們的確在大幕山的陳金鄉抓獲過大冶縣政府的工作人員，起因是他們中有人肆意攻擊共產黨人在抗日救亡運動中所起的作用和所做出的貢獻。據審查這裡面並沒有什麼大人物，都是些抬不上筷子的蝦兵蟹將。為了維護抗日民族統一陣線和有利於國共合作抗日，經與國民黨大冶縣政府協商後，已將上述人員在教育後全部釋放。鄂南總隊認為何興國有所嫌疑，故派人將其送往鄂大工委作進一步審查。因鄂大工委所派之人員未能按時到達，而押送之人又疏忽大意，致使何興國乘機逃走。待鄂南總隊得知何興國乃是袁雍時已為時過晚，只能將押送之人關了禁閉而不了了之。椐可靠消息，鄂大工委負責人林迅因下屬辦事不力而受到嚴厲的訓斥。

武昌縣黨部書記長劉先志與袁雍私交甚篤，在袁被捕之後他曾派出八個小組馬不停蹄地到處打聽袁雍等人的關押之地。那天晚上，劉先志及隨從在貓兒鋪用餐時，從店夥計口中得知半個時辰前有一個老闆模樣的人與三個隨從在此地用餐後向戴家嶺方向而去。從店家的講述中，劉先志斷定那人應該是袁雍，一行人等在匆匆進食後便尾隨著追了下去。袁雍獲救既屬巧合，也是袁雍命不該絕。

國民黨大冶縣政府與共產黨鄂南總隊的代表在劉仁八鄉的馬橋坳進行了二天的談判，談判中具體的內容不詳。在被關押之人全部獲釋後，大冶縣政府籌辦了一些勞軍的物資由田維中派人送至鄂南游擊總隊的駐地掛榜山。經查實，所送之物品乃是一些雞鴨魚肉，為的是表示友好和作禮節性的慰問。

根椐劉少奇、陳毅於1944年6月發給五師的指示精神，中原局和豫鄂邊區黨委決定在鞏固和發展現有根據地的同時，相機向河南和鄂南推進。

為加強對鄂南中心縣委和鄂南指揮部的領導，整頓鄂南工作和大力發展鄂東南及長江兩岸的抗日游擊戰爭，時任第四軍分區司令和鄂南地委書記的張體學已將指揮部設於鄂城縣長港鄉，任命羅通為鄂南中心縣委書記；李平兼任鄂大工委書記。此時共產黨在鄂南的部隊已超過5000人。

張體學覺得此次釋放袁雍及漢口市黨部郊外辦事處的人真是一招絕妙的好棋，不僅粉碎了軍統第五縱隊試圖挑起衝突和擴大磨擦的陰謀，將密佈在鄂南上空的戰爭烏雲驅散得乾乾淨淨；以物易人，還在一定程度上緩解了部隊急缺

布匹、棉絮和藥品的壓力；更為重要的是進一步地表明共產黨人在建立抗日民族統一戰線問題上鮮明的立場和態度，共產黨人是在致力於國共合作而不計前嫌。

如果再遲疑不決，鄂南地區大好的形勢將會因國共雙方戰火重燃而毀於一旦，釋放袁雍等人的決定有利無弊，與中共中央關於向南推進的指示極為合拍。

豫鄂邊區黨委下達之加強鄂南橋頭堡的工作，以實際行動迎接三五九旅向南發展的指示在鄂南迅速得到落實。鄂南地委在武鄂和鄂大地區囤糧及籌備軍需物資，並在沿江一帶設立交通站，為大軍渡江收集和提供軍事情報。鄂南中心縣委和鄂南指揮部還在沿江各地組織船隊，並撥糧以補助護送部隊渡江的船民及家庭。

一子活，滿盤活。鄂南地委下達指示：在加大力度宣傳抗日和發動民眾時，應以建立抗日民族統一戰線為中心，那於事無補的口水仗最好不再發生。

中統在湖北根深蒂固基礎雄厚勢力寵大，文心余的所作所為皆落於中統諜員的視線之中，幸虧玉林將營救自己脫險之事安排得無懈可擊，否則，只要被文心余尋覓到任何蛛絲馬跡而後再尋根求源，袁雍斷言那後果真不堪設想。

玉林隱去了他與張體學秘密會晤及向第四十一團提供藏匿於祝如祠鄉的槍械彈藥和藥品之事，僅以拿出一萬大洋用於疏通關節後，為袁雍爭取到了逃逸的機會。說袁之真實身份沒有暴露是主要原因，因鄂南游擊總隊未予重視才有機可乘。

袁雍對心地過於歹毒的文心余恨之入骨，遂決定組織力量和利用樊總指揮與盛瑜、文心余之間的矛盾，有理、有利、有節地予以反擊。

湘鄂贛游擊總指揮部司令樊松蒲對軍統局並無好感，覺得文心余就是一個成事不足、敗事有餘的人。文心余逮著誰便張口亂咬，搞得人人惶恐不安，樊司令認為其留在鄂南有百害而無一利，遂分別向國民黨軍委會和第九戰區呈文請求讓第五縱隊到別的地方去升官發財，湘鄂贛游擊總指揮部的廟宇太小實在無法供奉這位尊神。

不久，盛瑜和文心余及其第五縱隊被調往第六戰區。

風掃殘雲

在戰勝希特勒德國後，蘇聯決定向中國東北出兵。待殲滅日本關東軍後，

史達林打算將東北三省移交給中共，以作為今後中共與國民黨抗衡之強有力的資本和後盾。

太平洋戰爭以日軍失敗而結束，在此期間，日軍雖佔領了桂林、柳州和南寧，因戰線過長兵力匱竭的問題已顯露無遺，日軍只能靠在湘東北收縮兵力而滿足前線戰場之需要。從岳陽至醴陵一線日偽軍只在粵漢鐵路線兩側之狹長地帶設有據點，而在南北250公里及東西200公里之間均無重兵把守。

隨著國際國內形勢的發展，1944年秋，中共中央制定了一項重大的決策：在鞏固和發展華北、華東等抗日根據地的同時，一方面派遣一大批幹部奔赴東北，為日後謀取東北預先打好基礎；一方面派遣八路軍三五九旅南下湘粵，建立五嶺抗日根據地。這樣可使華北抗日根據地、鄂豫邊區和華南東江抗日根據地連成一片，從而築成自北向南的一道堅實的長堤。這一戰略構思，既可以冠冕堂皇地說是為了協同配合全國各戰場對侵華日軍展開反攻，真實目的是在戰勝日寇後為國共之間的交鋒而預設的伏筆。

10月底，中共中央書記處會議決定南征部隊正式授名為國民革命軍第十八集團軍獨立第一支隊，支隊司令員王震，政治委員王首道，副政治委員王恩茂。

南下支隊於1945年1月27日到達了五師駐地大悟山。豫鄂邊區黨委決定：派張體學率十四旅之四十團和四十一團配合三五九旅挺進湘鄂贛，另派羅通組成先遣隊負責渡江船隻和籌備給養。

1945年2月24日，南下支隊分東、西二路渡過長江進入鄂南。

中共的真實意圖為國民黨所查覺，國民政府軍事委員會電令南下支隊應迅速撤回華北，否則，當以違抗軍令而讓第六戰區和第九戰區發兵逐之。

3月中旬，南下支隊更名為國民革命軍湖南抗日救國軍，將原來的四個大隊擴充為五個支隊。3月26日，南下支隊攻入日軍佔領的平江。

4月初，因第九戰區之武力驅趕，湖南抗日救國軍撤出平江縣城，將五個支隊分散到岳陽、臨湘、平江、通城、崇陽等地。各支隊在深入發動民眾、建立中共領導的各級抗日政權的同時，大力收編偽軍和組織地方武裝縣大隊並將有戰鬥力地方武裝編入主力部隊。4月下旬，中共南征部隊被迫退回鄂南。

5月初，中共中央批准成立湘鄂贛臨時邊區黨委，臨時區黨委、行署和軍區下轄三個地委、行政委員會和軍分區。湘鄂贛臨時區黨委和軍區加大了收編地方抗日武裝和爭取偽軍反正投誠的工作力度，決定對冥頑不靈者施以軍事打擊

和武力剿滅。

文心余調離之後，成渠失去了依靠和得力臂助；樊松蒲不冷不熱的態度讓他忐忑不安；共產黨的隊伍勢力驟增讓其憂心忡忡；五姨太筱芳的不辭而別更令其寢食難安。成渠對第十四旅張體學部曾先後殲滅他二個大隊的兵力而恨入骨髓，故對湘鄂贛軍區勸其易幟之事拒而不談。成渠為擺脫窘境，一面向樊松蒲呈文告急請求援助；一面又指使其部屬再次投靠駐金牛鎮據點的的日軍以預設退路；還在南山頭、保安、茗山一帶捕殺根據地工作人員。

為震懾群魔和殺一警佰，湘鄂贛軍區決定徹底消滅這個民族敗類，1945年4月17日，張體學率四十團、四十一團及鄂大總隊等地方武裝，以優勢兵力在南山頭對成渠部發起進攻，一舉殲滅成部1000餘人。成渠率殘部衝出重圍逃進金牛鎮日軍據點。

日軍駐咸甯司令官磯谷大佐奉密令處決成渠及其麾下連級以上的軍官。遂將成渠等人騙至咸寧駐點後予以繳械拘捕，成渠麾下之軍官皆被槍殺，其本人也被繩捆索綁塞進蒸籠內而蒸成一堆熟肉。

偽軍阮寶山、馬振亞、熊雲程、劉老么等部相繼被殲滅。5月間，張體學率部掃清馬欽武部週邊據點後再進攻馬之巢穴梁子湖中的月山島，殲滅馬部700餘人。馬欽武率殘餘人員乘舟渡湖去投靠偽軍保安第一旅旅長吳為正。

吳為正之偽保安一旅分駐於豹獬、花山、九峰一帶。五師參謀長劉少卿曾多次派人與其聯絡勸其易幟，但吳舉棋不定而一直持觀望態度。如今見成渠、馬欽武等人相繼垮臺，吳才下定決心反正起義。吳為正在宴請馬欽武等人時預設伏兵，將馬欽武及其骨幹成員一舉擒獲，並將馬欽武的首級祭旗易幟。吳為正率500餘人宣佈起義投誠，湘鄂贛軍區按先前之約定，吳為正任新四軍第十四旅第四十二團團長。

6月中旬，當偽和平救國軍第二師黃玉潔部及偽和平救國軍第三師陳中和部陸續被殲滅後，在鄂南日軍據點週邊佈防的偽軍全被掃平。孤立的日軍各個據點，完全處在國民黨湘鄂贛游擊總指揮部的各支部隊和共產黨湘鄂贛軍區武裝部隊的包圍之中。

在大好形勢下，中共湘鄂贛行署建立了十幾個縣級政權，在新開闢的根據地裡相繼召開群眾代表會或參議會，組建民選的鄉保政權。在民主政權建立後，立即實行減租減息和徵收田賦公糧及擴召兵員和廢除苛捐雜稅等項工作。

受降前後

1945年7月26日，中英美三國發表波茨坦公告，促令日本無條件投降。

8月6日，美軍向日本廣島投下第一顆原子彈。

8月8日，蘇聯對日宣戰，9日，派遣100多萬紅軍全線出擊進攻日本關東軍。

8月9日，美軍在日本長崎投下了第二顆原子彈。至此，日本的崩潰已成定局。

8月9日，毛澤東發表了《對日寇的最後一戰》的聲明，號召八路軍、新四軍及其他人民軍隊應在一切可能條件下，對於一切不願投降的侵略者及其走狗實行廣泛的進攻。

8月10日至11日，朱德發佈受降及配合蘇軍作戰等七道命令，令華北、華中、華南各解放區的人民軍隊迅速推進，收繳敵偽武器，接受日軍投降。八路軍和新四軍奉命向駐地周邊的日偽軍發動了全面的進攻。

國民黨方面覺得國民政府是中國唯一的合法政府，日本國及其侵華部隊只能向國民政府投降。認定這是共產黨心懷叵測，為發展軍隊和擴充勢力而打著救國的旗號公然地哄搶抗日戰爭的勝利果實。國民黨決定針鋒相對，緊急採取得力措施和強有力的手段以粉碎共產黨顛倒黑白的陰謀及肆意妄為的軍事行動。

8月11日，蔣介石下達了三道命令：一、八路軍、新四軍及其地方部隊應就地駐防待命，不得擅自行動；二、國民黨部隊應加緊作戰，勿稍鬆懈；三、各地偽軍要切實負責維持地方治安，以待國民政府受降。

8月12日，中共中央電令新四軍五師集結主力進佔信陽至武漢一線，並要求五師師部即日發表武漢市市長及湖北省主席人選，立即委派官員，接收公共機關；出安民告示，維護秩序；發動群眾，開展統一戰線工作；堅決鎮壓一切反抗者。

中共中央軍委對侵華日軍發佈命令：在鄂豫兩省的日軍，應派出代表至新四軍第五師大悟山地區，接受李先念將軍之命令！

五師接到延安總部的命令後，立即命令五師各軍分區動員全部力量迅速佔領所轄地區的小城市和交通要道，即令日偽軍在一定時間內繳械投降，並在指定地區駐紮。否則，堅決予以消滅。

8月12日，中共中央致電鄭位三、李先念、陳少敏，同意在鄂豫地區成立華中局，並決定徐向前來擔任華中局書記。因徐患病短期尚難出發，中央指定鄭位三任副書記，在徐向前未到任前代理書記職務。

8月13日，毛澤東在延安發表了《抗日戰爭勝利後的時局和我們的方針》的演講，提出同美蔣反動派的策略是針鋒相對、寸土必爭，準備以愛國正義的革命戰爭，打敗一切中外反動派，建立無產階級領導的人民大眾的新民主主義的新中國。

國民黨的立場亦很堅決，指責共產黨自恃武力公然對抗國民政府。一個小小的邊區政權，竟然敢無視國民政府而爭著任命封疆大吏和叫囂接管華中軍事、政治、經濟、文化重鎮武漢，這簡直是癡人說夢，狼子野心昭然若揭。評論毛氏在延安發表的演講就是要公開與國民黨搶奪天下而準備發動內戰的總動員令，是冒天下之大不韙而重燃戰火的瘋狂舉動，司馬昭之心，路人皆知。

國民政府軍事委員會決定令第五、第六、第九三個戰區立即抽調主力部隊，從東西南北四個方向迅速向武漢推進。

8月14日，日本宣告接受波茨坦公告，無條件投降。定於9月2日在投降書上簽字。抗日戰爭，是近百年來中國人民在反對外國侵略者的鬥爭中所取得的第一次完全的偉大勝利。

8月15日，毛澤東和中共中央指示五師：內戰迫切，你們所處的地位不可能奪取大城市，而應乘機擴大地域，奪取小城市，發動群眾，準備應付內戰。只要手裡能集中一至二萬精兵，什麼也不怕。

從8月中旬起至九月上旬，五師對日偽發出通諜，展開受降工作。在根據地周邊地區攻下了許多敵偽據點，繳獲了大批武器彈藥和軍用物資。在十餘天的受降中，五師共斃傷日偽軍3500餘人，佔領了應山、京山、天門、石首、潛江等中小城鎮12座。

1945年9月9日，中國陸軍總司令何應欽與日本派遣軍總司令岡村甯次大將在南京中央軍校校址分別在日本投降書上簽字。岡村甯次在日本天皇頒佈投降詔書後，便電令駐防於各地的日軍只能向國民政府的部隊繳械投降。

駐守襄樊的第六戰區副司令長官孫蔚如將軍奉命在武漢主持華中戰區的受降工作，並選擇了漢口中山公園的張公祠為受降堂。

國民黨主力部隊宋瑞珂於1945年9月10日到達武漢，宋瑞珂兼任漢口、漢陽

區警備司令。9月下旬，侯鏡如之第九十二軍駐防武昌，侯鏡如兼任武昌警備司令。

國民政府軍事委員會任命郭懺為武漢警備司令、彭善為副司令、吳光朝為參謀長。

1945年9月18日下午3時許，孫蔚如在受降堂內接受了日軍戰區司令長官岡部直三郎大將率21萬部屬投降，岡部在受降書上簽名。

武漢行營、湖北省政府及各職能部門、國民黨湖北省黨部、省保安司令部、省臨時參議會、省高等法院、省警察局陸續從恩施遷回武昌城中。漢口特別市政府各部門重新組建，國民黨漢口市黨部及郊外辦事處也從湖泗附近遷回了漢口。武昌縣國民自衛大隊仍如抗戰前一樣在每個區公所裡駐紮一個中隊，協助區、鄉公所做好撫民懲奸的工作和維護當地的治安秩序。

第五章　和平建國

懲奸除惡

　　袁雍在陳果夫、陳立夫的指使下，在漢口市區內首先掛起國民黨漢口特別市黨部招牌。在第六戰區指揮所尚未抵達武漢前，袁雍還擔任了國民黨中央黨部黨務特派員、行政院政治特派員、軍事委員會特派員等職率其下屬首先進入漢口市區。集黨、政、軍權力於一身，以欽差大臣的身份先後接收汪偽漢口特別市黨部、偽武漢守備司令部、汪偽市政府和警察局以及汪偽在漢口的宣傳、文化、新聞機構，並對汪偽各行業工會、群眾團體進行改組和整頓。一時間，日軍、漢奸對他恭維備至。

　　袁雍擇定位於漢口黎黃陂路上的五花賓館為漢口特別市黨部的辦公地點。

　　「接收」以後，袁雍任市黨部主任委員兼執行委員會主任。市黨部組建後，便將主要力量用在發展組織方面。重點是對在軍、政及各機關團體的人員進行重新登記，大力吸收新黨員，恢復區黨部及區分部，擴大在漢口、武昌、漢陽城區的基層組織和發展其勢力。在登記過程中，恢復原經組織安排在汪偽漢口市黨政機關任職的部分黨員的組織關係。

　　原駐防在武漢及周邊的日軍由第十集團軍集中管理。在武漢的三萬偽軍士兵分別由宋瑞珂部和侯鏡如部整訓後再決定遣散或改編。

　　由武漢軍憲警聯合督察處會同軍委會及省市黨部有關人員，編為21個行動組發動拘捕，第一批落網者有葉蓬、石星川等57人，軍事漢奸、政治漢奸文化漢奸、特務漢奸等各類餘犯亦紛紛就捕，百萬市民聞訊，莫不稱快。

　　在日偽統治時期，確實有一些民族敗類為虎作倀助紂為虐，甘當走狗而危害國家和禍及百姓，國民政府懲奸除惡大得民心。

　　民族正氣高漲，檢舉函和告發信接踵而來，作惡之徒紛紛落入法網。武昌縣政府恢復原來的建制。經省政府和省黨部批准，省財政廳撥款而在縣醫院之

廢墟上修建縣黨部辦公樓和家屬大院。

縣黨部仍在原中正路上的三層樓內辦公。玉林及工作專案人員按查處漢奸條例之規定，每天忙於對武昌縣境內有漢奸嫌疑者的甄別核實工作。抗戰前位於府經廳後面的那座監獄經日本人修葺後更加堅實牢固，除殺人犯和涉毒、賭、盜、淫等危害社會的惡棍外，凡以抗日罪而被捕入獄之在押人員，經縣黨部審核案卷後均予釋放並發給慰問金和撫恤款。原來羅織罪名而邀功請賞把無辜之人送到這裡的那些奸惡之徒，今後只能在這鐵窗牢獄內度過餘生。

經省高等法院核准，那些罪大惡極的漢奸走狗在驗明正身後被押往發案之地執行槍決；另有一批日偽幫兇被判刑關押；對罪行較輕且願悔改者判令其之宗祠具保嚴加管制。

在民眾之舉報信函中，也不乏挾私報復之人，亦有擴大事實以泄私憤之事出現。縣政府刊印告示張貼於城鄉，規定檢舉信件應證據確鑿，具名者應在三人及以上方予受理。若舉報之事實不符當予以教育訓斥；若無中生有借機陷害，當以「反坐罪」和「干擾政府公務罪」而對當事人應處以拘役或交納罰金。

懲奸除霸工作作直至民國三十五年四月才基本上落下帷幕，武昌縣黨部因執法公正廉明而分別受到武漢行轅、湖北省政府、湖北省黨部、省保安司令部的表彰。

風水寶地

重返武漢後，何成浚仍任武漢行營主任，兼任湖北省參議會議長。

雪公門下之諸位桃李齊聚武漢，輪流作東，暢敘友情和進一步增進情誼。

艾毓英現任湖北省參議會副議長之職，代行議長之職權署理日常事務。錢雲階因有陳立夫作後臺，續任湖北省教育廳長；劉鳴皋任湖北省田糧管理處主任；劉先雲任湖北省政府副秘書長、省府委員、國民黨湖北省黨部副書記長、三青團湖北省分部書記長；王維時任省黨部執行委員、中央監察委員；王延烈、崔從灝任湖北省參議會參議員；周宗頤仍任省高等法院檢察官，已是省高等法院院長之繼任人選；王紹佑仍然任黨部常委；王道義原地踏步，仍是省黨部委員兼秘書室主任；陶堯階就任省教育廳督學；黃格君現任湖北省防空部少將參謀長、武漢警備區副司令；黃寶實原任湘鄂贛區特別黨部主任委員，現閒

居武昌等待任命。楊錦昱1938年武漢淪陷後去重慶，經陳果夫介紹，任蔣介石侍從室秘書組長。抗日戰爭勝利後回武昌，任武昌市政籌備處處長；周疇、崔從灝、劉柏芳、楊在春等四人已都是省黨部執行委員；眾兄弟中只有張導民已去廣東任粵省財政廳長。

眾家兄弟共同恭賀袁雍重權在握，祝大掌櫃胡亦愚福體安康。

黨外無黨，帝王思想；黨內無派，千奇百怪。自古以來，官員的人事任命和罷免，是讓官場中人極其關心且極為敏感的問題，在任何派系的圈子內都是最熱門的話題。從諸位仁兄之娓娓而談中，玉林大有收穫，及時地對自己今後的工作思路作了進一步的調整。

艾毓英微笑言道：「而今的省黨部也不是一潭清水。雪公的本意是想讓方覺慧回來挑擔子，沒想到陳老闆卻選中了邵華。還派來了熊東皋、張鐵君、王真民和鄭逸俠等人來打幫手，為的是想在今後把鄂省之黨務實權攬入總店掌控之中。這批人雖然在表面上仍叫喊著要為雪公吹喇叭和抬轎子，但均是出工不出力而虛應其事。

「雪公對你玉林兄極為器重。原準備讓你去黨部任常委兼執行委員，負責教化宣傳和共案甄別審查的那攤子事情。因邵華和吳大宇握住了省黨部的權柄，你忙死累活也只能是為他們作嫁衣裳，故雪公還是決定讓你堅守住楚天首縣的碉堡以待時機。浩然和我的意見一致，你目前去省黨部只能是受人差遣和仰人鼻息，若勉為其難，處境必然尷尬。恰似那鄉間裡剛過門的新媳婦一樣，起早了會讓丈夫心裡不高興，起遲了卻落個不孝敬公婆的壞名聲。」

胡亦愚講話極有風趣，引經據典信手拈來，即便是以鄉俗俚語表達出來也是意味深長。說他自己能上能下，但最根本的原則是寧為雞老殼而不當牛尾巴。無論官職之大小他均能隨遇而安，但必須要當個有職有權的一把手才遂心如意。即使讓他去職司炊務，他也會選擇只當個掌勺領班的大師傅。

玉林覺得胡亦愚講的是真心話，各路神仙聚於武漢三鎮，布壇鬥法將日趨激烈。擅於公關的劉鳴皋好不容易才搶到個省田糧管理處主任的職位，而今果實已被分得乾乾淨淨，若再躋身進去，不僅吃不到羊肉，反而會惹上一身膻氣。

頂著武昌縣黨部書記長的頭銜，就可以憑自己的意願在武漢三鎮上任意行走。假借彙報工作和聆聽指示及探望朋友的名義，就可以自由出入省政府、省黨部、省保安司令部、省參議會、漢口特別市黨部、武漢警備區司令部等衙

署。至於去往各區、鄉視察工作，更是職責所在而名正言順。思前想後，玉林心滿意足，這武昌縣黨部確實是一塊金不換的風水寶地。 腳下有平坦的大路，舉目可見廣闊青天，既通行無阻，又能進退自如。

明爭暗鬥

抗日戰爭結束後，威脅中國和平發展的外部因素開始減少，抗戰中出於共同目標而隱藏於國共兩黨之間的矛盾開始浮現。在東北、華北及中原部分地區，國共兩黨的軍隊競相展開城市管轄權與戰略物資的接收。同時，蘇聯把在東北地區繳獲的原日軍輕重兵器及部分戰略物資，轉移給林彪率領的東北民主聯軍；國民黨則從美國方面取得了軍事援助，由美國海空軍負責運送國民革命軍前往華北、東北地區，兩黨在部分地區對政權的控制展開了零星的衝突。

民國三十四年8月，出於已取得戰略主動權，蔣介石接受了國民政府文官長吳鼎昌的提議，三次電邀毛澤東前往重慶商討國內和平問題。8月28日，毛澤東與周恩來、王若飛在美國大使赫爾利陪同下從延安飛至重慶，代表中共中央與國民黨代表王世傑、張治中、邵力子展開和談。

10月10日，國共雙方簽訂《雙十協定》。

和談期間，鄂豫皖和湘贛邊境乃是戰略要地，蔣介石極為重視，遂以接受日軍投降下達命令，令第一、第五、第六、第九、第十等五個戰區的部隊共20個師及9個游擊縱隊，在受降時搶佔城市和交通要道。

9月中旬，豫鄂邊區黨委根據中共中央的指示建立野戰軍，文建武為縱隊司令、任質斌為政治委員。縱隊下轄第十三旅、十四旅、十五旅。接著組成鄂東、江漢兩個區黨委和兩個軍區，每個軍區下轄一個獨立旅。鄂東軍區包括鄂南、鄂皖邊一帶，原鄂南、鄂東地區部隊編為獨立第二旅。

中共雖然表示同意迅速將其所領導下散佈在廣東、浙江、蘇南、皖南、皖中、湖南、湖北、河南（豫北不在內）各地之部隊，由上述地區逐次撤退，應整編的軍隊調至隴海路以北及蘇北皖北的解放區集中。實際上，中共中央為確保東北勝利而決定縮短戰線，而集中兵力向南防禦以阻止國民黨軍隊北進。待王震、王首道率八路軍南下支隊，王樹聲、戴季英率八路軍河南軍區部隊以及冀魯豫軍區第八團於10月24日在大悟山與新四軍第五師匯合後，原各地之地方

武裝力量均未有任何撤出之跡象。

10月30日，中共中央決定成立中原局和中原軍區。鄭位三代理中原局書記兼中原軍區政治委員、李先念任司令員、王震任副司令員兼參謀長、王樹聲任副司令員、王首道任副政治委員兼政治部主任。

於此同時，中原解放區行政公署成立。

11月1日，蔣介石下令國民黨第五、第六戰區，限於11月底務必將中共部隊逐出中原地區。

光復後，鄂省西遷的報社復原遷回。

在這些報刊中，大幅登載著關於「重慶談判」和《雙十協定》的評論員文章，在向民眾介紹和宣講國共和談之相關情況的同時，不遺餘力地抨擊中共違反《雙十協定》條款之規定而蓄意擴大爭端，以達到挑起內戰的陰謀：一、中國共產黨只是在口頭上承認蔣介石及國民政府對中國的合法領導地位，認同蔣主席所宣導之政治民主化、軍隊國家化及黨派平等合作，為達成和平建國必由之途徑。實際上，卻對國民政府之政令、軍令、訓令置若罔聞，拒不執行軍委會之命令且一再拖延。不僅拒絕將其滯留於鄂省中原地區的軍隊調至隴海路以北及蘇北皖北的解放區集中，還肆意成立中原行政公署以與國民政府分庭抗禮。

二、談判期間，共產黨堅持對原抗日根據地擁有獨立主權，但同意交出分佈在海南、湖北、浙江、河南一帶的13個根據地，由國民黨接收。事實上並非如此，共產黨的真正目的是為了收縮兵力，截斷隴海線、平漢線、津浦線來阻止國民黨軍隊東進和北上，以便讓他們在蘇俄的扶持下，迅速搶佔東北全境的野心得逞。

三、國民黨則堅持除1937年抗日戰爭爆發前即為共產黨所佔有的陝甘寧邊區保持不變外，其他地區應由國民政府收回。國民政府軍委會擬將全國軍隊整編為108個師（其中共產黨擁有18個師，中共索要24個師的編制，軍委會同意增加為20個師），並要求將被擅自更名為中國人民解放軍的中共部隊，重新納入由國民政府領導下的國民革命軍統一指揮之下。共產黨拒絕把軍隊交給只有國民黨控制的政府，只表示會對軍隊減員，並要求再將其指揮的地方部隊改編為縣自衛大隊，只能在建立真正民主的政府後才願意交出軍隊。

四、中共雖然承認和平建國的基本方針，同意以對話方式解決一切爭端。表示願長期合作，堅決避免內戰，建設獨立、自由和富強的新中國，徹底實行

三民主義。會議召開前，兩黨公開表示在談判期間實行停火。實際上，中共方面為取得更多的談判籌碼，令其之軍隊不按劃定之地域且違反國民政府之命令，在接受日軍投降和對戰略要地的佔領與反佔領等問題上所發生的武裝衝突，在談判期間從未中斷。

玉林認為《雙十協定》在實質上並沒有解決兩黨之間的核心矛盾，未能改變分裂局面。所謂和平建國的新階段即將開始，必須共同努力，以和平民主團結為第一基礎，並在蔣主席領導之下，長期合作，避免內戰，建設獨立自由和平之新中國，實行三民主義之類的詞句僅限於空談而已。國共雙方都在緊急部署調兵遣將，只待時機成熟便可放手一搏致對手於死地。

據內參情報而加以分析推測，玉林認為雙方獲勝的概率各占50%。先就戰爭的最基本條件「人」而言。八年抗戰，國民政府軍在正面戰場堅持抗戰，尤其是在戰爭的中、前期，遭到侵華日軍的重大打擊，部隊官兵傷亡、失蹤達340餘萬人以上，精華損失殆盡。國民黨方面現在雖然擁有430萬軍隊，但它包括了近百萬後方人員和一百多萬作戰能力很差的非正規部隊，其實際可用於野戰的正規部隊不過二百餘萬。抗戰結束後，國民黨立即大肆裁軍，將大批有作戰經驗的軍官和士兵趕出了軍隊，更加重了國民黨軍隊慣有的保存實力的風氣。

共產黨方面在抗戰結束後迅速整編部隊，完成軍隊的正規化，使之適應於未來的戰爭。共產黨在數月中將零散的團營級單位組建成軍、師乃至兵團一級的正規軍的主力部隊已達100萬人，地方武裝不下於200萬人。中共軍部隊的平均作戰技術雖不如蔣軍，但其攻防能力卻較為均衡，較善於進行攻勢作戰，從而掌握了戰術主動權，進一步發展成戰役主動權。如此相較，強者越戰越強，弱者必然會屢戰屢敗。

其次就軍隊的主要武器裝備來說。在中國軍隊與日軍作戰中，國共雙方對迫擊炮的運用均佳。蔣軍減少團以下單位的中輕型迫擊炮數量，代之以美製無後坐力炮、榴彈炮等美式裝備，不但未能繼續發揮這方面的特長，而這些新式武器被共軍繳獲後，卻正好用來打國民黨軍的碉堡和坦克。國民黨陸軍的裝備對攻擊能力是加強了，但新的裝備更適合對已經投降的日軍作戰，而對共軍作戰是獅子打蚊子，是根本找不到作戰目標的武器。

兵法云：失地而存人，人地可復得；失人而存地，則人地皆失。國民黨搶佔的大中城市和交通要道越多，則兵力越分散，更容易陷於被動挨打的局面。

若友鄰之部隊再持隔岸觀火之態度而不予救援或敷衍塞責，則被圍困之部隊官兵只能坐以待斃，確實難逃被共產黨部隊逐一殲滅之厄運。共產黨的部隊長於運動戰且同心協力，一方有難而八方來援，戰場上之優劣局勢會發生意想不到的變化。

國民黨當時的確是有較為強大的人力物力、有美國的支持、有日軍的遺留裝備，但這只是戰爭的強力而不是直接的實力，國民黨的軍事實力被遠遠高估。一個軍事集團只有將其擁有的人力物力通過良好的方法組織起來，才能形成戰鬥力，而抗戰結束後國民黨軍卻基本沒有做過這方面的努力。

毛澤東在延安《抗日戰爭勝利後的時局和我們的方針》的演講中，便提出準備以愛國正義的革命戰爭，打敗一切中外反動派，建立無產階級領導的人民大眾的新民主主義的新中國。從談判準備程度看，共產黨是有備而來，在重慶談判中是帶著提案來的。國民黨方面則沒有充分的準備，只是見到共產黨的提案後再提出反提案來進行討價還價。中共一面以故作柔弱謙恭的姿態，來引得蔣介石和國民政府入彀；一面又在爭取輿論和民眾支持的同時，咄咄逼人地提出應迅速結束訓政和實施憲政，迅速召開政治協商會議，邀集各黨派代表及社會賢達，協商國事和討論和平建國方案，及召開國民大會和制定新憲法等各項問題，進一步地將蔣介石和國民政府逼入困境。

關注民生

劫後的武漢三鎮滿目瘡痍，百廢待興。省政府為使民眾得以休養生息，連續頒佈了一系列利民惠民的政策，並加大力度付諸實施。

1945年8月底，國民黨湖北省第七區行政督察專員兼保安司令岳清泉隨省主席王東原、省黨部主任委員邵華等人抵達武漢。

岳清泉是浙江省人，從法國留學歸來後任黃埔第六期上校政治教官，1930－1933年任上海市松江縣縣長，後因官場傾軋而辭職。武漢會戰後經陳誠提名，在恩施出任第七區行政督察專員兼保安司令。

省主席王東原為緩和與陳誠的關係，遂決定讓岳清泉出任湖北省第一區行政專員兼保安司令，為在恩施養精蓄銳已有七年的岳清泉提供了一個更大更好的平臺，以供其施展政治抱負和再創輝煌業績。

　　躊躇滿志的岳清泉蒞任後卻大失所望，武昌、漢口、漢陽三鎮上的事務他根本插不上手。因不諳農稼之事且於風俗民情毫不知曉，空有滿腹經綸卻無用武之地，終日惟搖頭歎息外而別無良策用以興利除弊。

　　讓岳專員始料未及的是，這鄂南的11個縣雖屬富庶之地，卻也是動亂頻發地域，一年以後便因七處冒火、八處冒煙而把他弄得灰頭土臉而一蹶不振。

　　清理外來人口、戶口登記、丈量土地、重新核發田契和房產等項工作在武昌縣全面鋪開，縣政府的職員在區、鄉、保三級政權的全力配合與協助下，有條不紊地逐一落實。省政府為答謝民眾支援國民政府的抗日戰爭所作出的奉獻，頒令在三年內對種田之農戶的田賦課稅可減半徵收；在今、明兩年內對城鎮經商之人酌情減徵營業稅和所得稅；對在抗戰中負傷致殘退伍回鄉之人員，無論是國民黨軍還是八路軍、新四軍，均嚴格按其之級別和傷殘等級發放撫恤金和慰問金；對部隊整編後復員回鄉之人員亦按其之職級或從軍年限發放安家費；對為國捐軀之烈士的家庭發放撫恤金並免徵賦稅，此後按年度撥發補助款；對鰥寡孤獨且喪失勞動能力之家庭或個人定期發放補助費和適當減免課稅等等。

　　武昌縣仍恢復原來13個區的建制，鄉、保、裡甲應積極協助配合縣政府田糧管理處和區公所做好土地產權復查的工作，應向鄉民講清道理，復核的目的是為了堵塞漏洞和確保一勞永逸。

　　武漢會戰時，武昌縣政府和縣黨部已將一大批檔案窖藏於一隱秘之處，有了這些原始檔案，在一定的程度上節省了時間和加快了進度。當年舉家西遷的武昌居民家庭約占總人口85%的比例，在此後的七年裡其中約有40%的家庭陸續遷回，仍有許多房屋和宅院並非由原來之房主居住。

　　因武昌市政府尚在籌備之中，為維護城內治安，經省政府批准，武昌縣政府又從年青人中選拔了200人組建了國民自衛第二大隊。

　　已歸來之房主且房屋存在的均領取了新的證照，今後只須照章繳納房產稅和地課稅，政府即承認其之私有權。若原房屋已坍塌時，當勘定地界准予重建；若房宅存在而原房主未曾歸來之產業，暫由縣建設科代管。若有人租住時，應由保長或裡甲長代收租金並記帳。若房宅已坍塌毀壞時，當拍下照片和勘定地界存檔保存；房宅完好且無人租住時，暫由裡甲長封門上鎖且加以看管。

　　經過縣政府全體職員的勤奮努力，人們安居樂業，社會治安秩序有明顯的

好轉。縣警察局的警員和自衛二大隊的隊員分班次在城中晝夜巡邏，對哄抬物價及欺行霸市和盜竊公有或私人財物的不法之徒，堅決予以懲治。

於此同時，國民黨員的重新登記工作也在嚴格進行，經認真核實，全縣之中符合登記條件者為315人。縣黨部決定開展徵求黨員運動，規定再徵求黨員300人。

二次北伐統一全國後，國民黨建立起以黨治國體制，開始獨掌全國政權。在這一體制下，依次設省黨部、縣黨部、區黨部或區分部，分別與省、縣、區、鄉等行政系統平行對應，形成黨政雙軌制。自此，地方政治系統的運作發生了不同於以往的改變，即黨政之間的權力互動之關係產生。

因玉林被省政府、省黨部、省保安司令部指定為武昌縣接收負責人，除了日軍的受降與偽軍的改編和遣散歸武昌警備司令部管轄外，處理偽縣政府、偽縣黨部、偽縣警察局、偽縣商會和掌管輿論導向和接管學校等各類事務皆由他點頭說了算數。因其為人公正廉明，辦事嚴肅認真，於公務上執法嚴謹，待人平易相處，故大得人心和深孚眾望。縣黨部全體人員精神振奮，縣政府內五室四科一處的近百號人也是令出禁止樂意聽隨。

代理縣長王通權是心有餘而力不足，只能附驥行事而不妄生議論。

第六章　根深蒂固

三駕馬車

　　雙十節後，秋高氣爽，玉林提議：乘此風和日麗之時，暫將繁雜擾心的政務擱下，輕車簡從去龍泉山一遊。

　　胡亦愚和袁雍從未去過那被人們視為山環水繞、湖山鐘秀、林泉幽穆的福地仙壤，也覺得暢遊林泉、吟風頌月，寄情於山水之間，放浪於形骸之外，乃是人生之一大樂事，便欣然認可。

　　抗日時期，玉林帶著縣自衛大隊第一區隊經常出沒於龍泉山中，對這裡的山山水水瞭若指掌，敘說起來如數家珍：「龍泉山古稱靈泉山，因靈泉寺中有色碧味甘的清泉潭而得名。西漢時期。這一地區為舞陽侯樊噲之孫樊建的封地，名為江夏。樊噲死後，就葬於天馬峰下。此後，就有一些文臣武將、隱逸之士及騷人墨客紛紛遷入靈泉幽谷居住，建造亭臺樓閣，花圃蓮池，登山賦詩，憑欄懷古，寫下了不少韻味無窮的詩篇。被視為世外桃源詩鄉福地。

　　「明代之楚昭王將此處改為陵寢後，盎然之生機已大不如昔。江山易代之後，雖然清廷與國民政府仍撥款用以維護，終因所托非人且虛應其事，這裡的景物恰似那鉛華洗淨的衰年婦人風韻全無，頹圯蕭條當在情理之中。

　　在晉代荊州刺史陶侃（晉代著名詩人陶淵明的曾祖父）的墓前，袁、胡、劉三人虔誠地叩拜，並約定待他們百年之後定來相伴這位先賢名臣幽游於林泉之下。

　　玉林和胡亦愚、袁雍二人就陳友諒兵敗鄱陽湖之事作了進一步地探討，均認為陳友諒自恃有40萬水陸大軍兵強馬壯而不聽大漢元帥張定邊之忠諫，盲目東征去迎戰朱元璋，致使鄱陽湖一戰喪盡雄師後中箭身亡。如果陳友諒在朱元璋羽翼未豐之時與張士誠聯手合作揮師東下，兩路夾攻必致朱元璋在劫難逃。歷史將會以新的篇章呈現於世上，這陵寢塋域中安息之人定是陳氏之後裔而絕

非是朱明王朝的鳳子龍孫。

在天馬峰頂之秋爽亭內三位摯友談古論今，歷代興亡之事讓他們感慨萬端。胡亦愚、玉林和袁雍三人均認為如果說政治是不流血的戰爭，那麼戰爭就是流血的政治，兩者之間有著密切的關聯，戰爭就是政治鬥爭的繼續和延展。一旦談判和協商無法達到與保證國共雙方均能接受既得利益，原來雙方所作出的努力將會付之東流，原已訂立的協議將幻化為無任何約束的一紙空文。他們都覺得《雙十協定》的簽訂在表面上看來是個良好的開端，若國共雙方能摒棄前嫌而在政治信仰和權力分配等重大問題上互作讓步且達成共識，真誠地攜手並肩和衷共濟，繼往開來為中華民族的振興作進一步的努力，則和平建國還是大有希望。

《雙十協定》條款中有幾處的內容至為關鍵，共產黨方面要求廢止國民黨的一黨專政，成立多黨平等合作的民主聯合政府。提請國民政府承認其在華北、山東、江蘇、安徽等解放區的領導權力；國民黨方面則表示只承認中共在原陝甘寧邊區的政府，而其他的地區應由國民政府收回，並要求中共應交出軍隊和讓其之地方武裝接受國民政府的改編。

國共雙方之觀點和立場針鋒相對，國民黨說共產黨是心懷叵測地向國民政府逼宮，藉口須成立民主聯合政府而明目張膽地抵制和抗拒國民政府政令及軍令之統一；共產黨說國民黨是在恃強凌弱，仍執意堅持實施獨裁政治而阻礙民主潮流冥頑不靈。

胡亦愚、袁雍和玉林都欽佩蔣先生和毛先生韜略過人，國共雙方的領軍人物皆是玩弄權術的頂尖高手。雖然蔣先生和毛先生已抱定了以武力解決中國問題的決心，但在口頭上卻高喊著和平建國造福民眾的口號，皆欲以各種方法來逼使對方讓步。

袁雍率先言道：「中共主動申明讓出海南島、廣東、浙江、蘇南、皖南、湖北、湖南等大片地域，其真實用心是為了爭取社會輿論的支持來欺騙民眾。因為這些地方是國民政府軍隊的勢力範圍，中共擔心一旦和談不成而戰火重燃，在以上地方滯留的中共軍隊會被犁庭掃穴，故作高姿態表示主動讓出和裁減其所轄部隊之兵員。華南之東江縱隊約有10000人，他們聲稱裁編後只保留了2700人，但提出因路途遙遠而撤往蘇北確有實際困難。

「在蔣先生調用三艘美國軍艦將這支部隊平安地送到了山東地區後，中共

便自食其言，令新四軍第五師賴在湖北不走和利用裁軍整編為由，在讓老弱病殘者復員退伍的同時，又在暗地裡擴充兵員。中共報稱五師僅保留了3萬人，而實際上部隊兵員已達8萬人。打內戰和外戰不同，戰爭發起的一方將在很大程度上失去民心，且在政治上處於不利的地位。共產黨方面同意放棄南方八省根據地，表示在名義上接受國民黨領導，寧可在國民黨軍隊驅逐其撤出湖北時，抱著可能犧牲中原部隊的決心，為的是要爭取輿論、爭取民心。」

「中原，自古以來都是兵家必爭之地。得中原者必得天下！可見歷代兵家對中原地區戰略地位何其重視，中原也因此成為中國歷代王朝更替的見證人。上溯至周王朝的覆滅，秦王朝的興衰，劉邦漢王朝的崛起，直至成吉思汗之元帝國的入主中土，其興衰成敗無不源於中原之爭。中共軍隊在華中賴著不離開，直接威脅到京畿地區和武漢、襄陽、開封等軍事重鎮的安全。如果國民政府能在加緊宣傳中共背信棄義的同時，在戰場上利用重兵圍剿和發起突然襲擊，定能將李先念部趕得作鳥獸散。如果此舉能從戰略上改變整個中原之敵我態勢，那先動手驅逐也是值得的。」胡亦愚態度明朗地說。

玉林認為在抗戰結束後國民黨高級官員忙於爭權奪利，而軍隊的訓練自然無人過問，軍隊在抗戰中出現而未能解決的問題也無人改進。國民黨軍在抗戰中長期對日作守勢作戰，部隊的野外和築城防禦能力較強，但攻擊能力卻差，更缺乏主動進攻的精神，這種部隊若想做到攻無不克、戰無不勝是絕對不可能的。

玉林直抒己見，覺得國民政府能不打時最好不要使用武力。「拙意以為，國民政府已錯過了大好時機。1945年秋季國民黨軍之主要任務就不應是接受日軍投降和佔領日佔區等次要問題，而應將一線部隊迅速對共軍作攻勢展開，同時收編偽軍以作輔助（清剿、防禦）。其精銳主力在美軍幫助下從沿海向共軍進攻，四面夾擊定可盡收全功。在抗日戰爭末期，國民政府軍對日軍作戰乏善可陳，主要軍力又處在遠離抗戰前線的大西北和大西南。因缺乏對日軍作戰的鍛煉，軍隊戰鬥力已無法和久經沙場的共產黨所領導的抗日武裝所比擬。這樣的軍隊素質對比，蔣先生應該是心中有數的。

「當時若立即投入一線部隊進攻，在戰鬥中加入後方之美械主力及其它後備力量（在戰線後方的其他部隊和收編的偽軍），這樣做的好處是在戰略和戰役上均達成突然性。可趁日偽軍投降以擾亂視聽、控制輿論、利於宣傳，且共產黨軍隊未能集中編成，未能繳獲大批日偽軍武裝，未能完成從游擊戰向正規

戰之轉變之時，合力進剿且逐個圍殲當能事半而功倍。

「目前，日偽軍投降已經完成，全國已處在和平狀態，難以控制輿論和辨明真偽及以正視聽。且一部份偽軍已被共軍所解決，共軍已完成集中編成和戰略展開，並有了初步的正規戰經驗。尤為重要的是，八年抗戰造成了中國人民巨大的災難，激起了全國人民對包括內戰在內的一切戰爭的憎恨，和平建國乃是民心所向；國民經濟的恢復發展，需要一個穩定的國內環境；國際上追求和平的潮流對中國也有巨大的影響。這些因素都是國共雙方不能不考慮的，有道是得民心者得天下，歷史的潮流是不能違背的，拉歷史的倒車是很危險的事情。」

胡亦愚旗幟鮮明地說：」毛澤東在延安《抗日戰爭勝利後的時局和我們的方針》的演講說詞，就是中共下達了準備發動內戰的總動員令。現在國共雙方都在為正式開打尋找機會，而且還想把挑起內戰的罪名栽在對方的頭上。國民政府應操起中共的長矛去戳其之盾牌，既然中共在《雙十協定》中表示願讓李先念部退出湖北，國民政府就應該堂而皇之地派軍隊去接收李部所佔據的地盤，以逐步推進的辦法將李先念部壓縮在適於圍殲之地區。於此同時，還要加強輿論攻勢，先要把中共蓄意破壞《雙十協定》的罪狀公諸於世，再搗毀其之巢穴才能師出有名。」

「蔣先生正忙於在東北排兵佈陣，也對武漢行營下達了圍困大悟山的命令。但從和平建國的方法、手段和目的來說，國共雙方存在巨大的分歧也就是根本的原則性分歧，這也是和平建國所不能真正付諸貫徹實施的根本原因。凡事都是雙刃劍，任何事物都存在兩面性。和平建國有其諸多可能性的同時，也蘊含著諸多的不確定性，正是在這些因素的影響下，國共聯手和平建國難以實現。」袁雍目前位高權重，經常出席鄂省黨、政、軍高級會議，故內部消息十分靈通。

籌備參議會

胡亦愚思路敏捷且工於心計，在圈內享有智囊之盛名，其之奇謀妙略，讓眾家兄弟由衷地佩服。此次，胡大哥在秋爽亭內所獻之讓漢口特別市的三民主義青年團併入市黨部和在武昌縣籌備縣臨時參議會的良策，讓袁雍和玉林拍手

叫絕。

抗戰爆發後，小蔣從蘇俄歸來，三民主義青年團應運而生，其組織迅猛崛起發展之勢頭令人側目咋舌。蔣先生雖然仍將中統與軍統視為其之左膀右臂，但對陳誠的研究社和小蔣的三青團卻是倍加鍾愛。

中統的陳氏兄弟敢於和軍統的戴笠明爭暗鬥，但投鼠忌器只能對躊躇滿志的小蔣確實要忍讓三分。目前，小蔣為今後能順利接班急欲培植個人的勢力和極力爭取黨國要員的支持與輔助，陳老闆也想借助蔣太子的力量進一步地壓制戴笠，但雙方皆不願紆尊降貴去巴結討好對方，以致貽人口實而傳為笑柄。

漢口特別市在國內行政區劃中地位顯赫，袁雍能有此獨特的創意並勇於付諸實施，既是為陳老闆穿針引線，又是在為蔣太子鋪路搭橋，更讓蔣先生覺得陳氏兄弟對其是忠心耿耿。袁雍根本不用拿出錢財去打通關節，又勿須絞盡腦汁去鑽營奉承，只是在市黨部內拿出一個副書記長的位置或增加幾個市黨部委員的頭銜即可大功告成。這筆買賣穩操勝券，能為袁雍今後的前程奠定堅實的基礎，也讓漢口特別市市長徐會之恭敬三分。

胡亦愚娓娓而談，字字珠璣，讓袁、劉二人聽得有滋有味。其說起籌備武昌縣臨時參議會且物色代言之人，以積極投身於和平建國參政議政為名而行獨攬武昌縣黨政實權之高論奇談時，更是妙舌生花，讓聽者若醉如癡口服心服。「和平建國順乎歷史潮流，實行憲政而促進民主乃大勢所趨。一個人再有本領也撐不起一片天，最好的辦法是扛起和平建國和促進民主以造福民生的這面大旗，營造出一個有聲有色的大舞臺，再把有政治影響力的社會賢達和工商界名流與輿論精英與基礎政權之忠貞人士聚於麾下。我們只在後面把舵掌穩，把調子定好，把火藥上足，用他們的口說出我們心裡想說的話，讓他們的行動來辦好我們想幹而又不便出頭來辦的事情。

「至為重要的是：一、議長須選用德高望重且已無政治野心之可靠人士。二、設副議長一人，由自己人兼任，以便議事之時先拋磚引玉，再畫龍點睛，最後一錘定音。三、議員當然是挑選那些信得過、用得著、靠得住的亮眼子。否則，若有人臨陣反戈或搓反索子，將導致功虧一簣。」胡亦愚說要把武昌縣的實權攬入囊中，只能靠他們三人同心協力，共同駕駛著這條船，具體分工是：袁雍掌舵，他升帆，讓玉林去劃槳。

「參政議政，就是要宣導執政廉明、鞭撻貪汙腐化、堅持公平公正公開、

旌表優良時政、針砭劣弊醜陋等等。以上這些均是冠冕堂皇的說辭，實際上是心悅者當眾口贊之，心惡者則眾人伐之，黨同伐異須得異口同聲才能奏出奇效。換句俚俗的話來說，就是要利用他們去潑糞水。哪個人的屁股上都不會十分乾淨，多『潑』幾次就能讓其臭不可聞。眾怒難犯讓其有口莫辨，眾矢之的令其人自顧不暇，又豈能再去張口噬人？待那時爺們再對其去拉扯一把，或高興時再扔給其幾枚骨頭，再不聽話的狗也只能俯首貼耳搖尾乞憐！

「關鍵的是要掌握火候和拿捏好分寸，趕狗逼巷時要預留寶口。否則，彼情急之時會作拼死一搏！千萬不能今天打了張三、明天再打李四、後天繼續再敲打王五，那樣會把自己也拖了進去。要有理、有利、有節，把自己先擇出來置身事外，讓代言之人在敲打和潑糞時要適可而止。擇其主要目標全力攻之，對脅從之人要婉言撫之，只有分化瓦解與區別對待後才能達到理想之目的。」

過完春節後，胡亦愚將其草擬之《武昌縣臨時參議會成立的宗旨》及相關條例及規定和玉林作了認真地探討，在確認無誤後兄弟二人開始籌劃成立武昌縣臨時參議會的運作方案。並私下對準備納入縣參議會的人員進行摸底排隊和認真考核。

正月十五日，兄弟二人再次去張之洞路拜望退休回漢定居的熊秉坤，因同為武昌縣人且情性投合，熊秉坤並不在意輩分先後和職位高低，樂意與胡亦愚和玉林結成了忘年之交。

熊秉坤在看過籌備縣臨時參議會相關材料後微笑著說：「參政議政實行民主監督此乃造福桑梓之好事也，關鍵是要名副其實，不能掛著羊頭而賣的是狗肉。要看參議會所有的議案是否針對地方利弊而發，切勿意氣用事。參議會與縣政府、縣黨部及三青團的關係要正確處理和對待，應從根本上杜絕相互攻訐之類的事情。參議員乃民眾之楷模，素質至關重要，打鐵須得自家過硬。

「參議員的產生應由民眾代表推薦選舉，勿令土劣及不肖份子滲入和暗中操縱。否則一顆老鼠屎，會壞了一鍋粥。政府所頒行之法律法規若有與現實不能配合之處，當善意地提出批評，且莫攻擊一點而不及其餘。捨棄障目之葉，方能得見泰山。議長和副議長乃群龍之首，當志同道合親密無間。若各執己見水火不容，還未出兵，便會自亂陣腳。」

胡亦愚明言縣臨時參議會副議長之職由玉林兼任，議長之人選懇請炎老舉薦。

　　熊秉坤言道：「雪竹兄對省主席王東原的某些作為有點看法，他也主張各縣、市按參政議政之方式予以補台，為的是構建和諧社會以改善民生。監督依法行政也是黨部的職能之一，玉林兼任副議長名正言順。依老夫之見，本縣五裡界鄉的夏家鼎是最適合的人選。夏在江西萍鄉任縣長將近10年，後來又任過鄂城縣長，其熟悉官場內幕和運作方法，由其任議長乃是駕輕就熟，況且其正賦閑在家。夏家鼎在縣裡聲望頗高，老夫再敲敲邊鼓，讓其當個舒服的船長定會深孚眾望。縣黨部應就籌備縣參議會呈文報省黨部和省臨時參議會，水到才能渠成。」

防患未然

　　抗日戰爭勝利後，1945年10月底，面對中國全面內戰即將爆發的嚴峻局勢，在漢之中統局、軍統局的情報部門和警備區偵緝處及省、市、縣警察局也加大了除奸防諜的工作力度。三鎮之上廣布密探，警車頻繁出動，電訊偵測車不分晝夜在可疑之地區遊弋，鬧得人心惶恐不安。

　　蔡雲光交給玉林一張記有電臺名稱、波段及頻率的小紙條，讓玉林記住後立即銷毀，並傳達了中共南方局副書記董必武的指示：為適應形勢的發展和鬥爭的需要，為以利長期隱蔽和保證玉林的安全。原來之聯絡方式取消，更換成每週二和週五晚上10時30分至11時15分通過延安的電臺廣播接受指令，記錄單數、棄除雙數後，再於中華書局出版之精裝本《古文觀止》下卷中尋求答案。至於今後將情報如何送達，須靜候通知。若有緊急情報急待傳出，仍按原應變之方法送至秘密聯絡站，但不可輕易使用。鑒於玉林之親屬全在武昌城中居住，應未雨綢繆備好妥善良策以防萬一，勿令對手有可乘之機而受制於敵。若有要求，組織當盡力解決其之後顧之憂。

　　玉林沉思片刻後提出要求，請組織儘快作出決定而同意把自己年已22歲的大女兒祖芳和年滿8歲的女兒祖芬先行送往陝北延安。

　　蔡雲光說他已奉命調離武漢，去往何地不得而知。對玉林所托之事，他負責轉達，一月之後在電臺廣播中定有回音。

　　自從光復之後，玉林便對家庭成員今後如何分流的問題也有過周密的考慮，但因不便把話說得太明太透，其結果皆不盡人意。玉林私下告誡老母及女

兒，因局勢發生變化，讓她倆嚴守秘密且停止活動，切勿暴露身份。

電臺所播送的指示是：同意將其之二個女兒接往延安；應在一月之內將她倆送至上海的×××處。

老母親和妻子得知伍家老太爺願將祖芳和祖芬認作孫女，並出資送她們姊妹倆去上海洋學堂裡念書時都十分高興，都說在這世態炎涼人情冷暖的年代裡，伍家的老太爺仍顧戀著幾代人的情誼實在是難能可貴。

大女兒祖芳執意不去伍家當孫女，她認為別人家裡再好終歸有些拘束和禁忌，總不如在自己家中自由自在無拘無礙。加之她又生性多疑，生怕這是父親下的套，變著法兒逼自己出嫁。遂又哭又鬧，寧願去死也不願去伍家當千金小姐。玉林心中雖懊惱這不聽話的女兒，但也不能對她講明原委。

玉林以女兒祖芬之命相與老母之福壽相克，不宜留在家中長大而須寄養於外姓人家為由，在與幼年的學友張子敬商量之後，願付給生活費用請張子敬夫婦收養女兒祖芬。【注：1950年10月，「鎮反運動」在大陸鋪開，張家人怕受到牽連，又將我六姐祖芬送回。】

妻子又有了身孕讓玉林喜憂兼半，喜的是幾位老中醫異口同言，說貴府定添麟兒；憂的是理想的分流計劃已經落空，又即將面臨著添丁進口。

玉林經冥思苦索終得良策，好友周宗頤現任鄂省高等法院院長，從他那裡辦出一張離婚文書應該是輕而易舉的事。若災難降臨之時，只有借助於這一紙法律文書，才能讓至親之人在危難之時置身事外而免受自己的牽連。

玉林說明來意後，周宗頤笑著問道：「人言玉林兄膽大心細，從不拖泥帶水。看來並非虛言，真是光明磊落且敢作敢為。所托之事定當照辦，但小弟急欲知道新嫂嫂品貌怎樣？何方人氏？芳齡幾何？貯嬌之金屋又設於何地？」

「貧賤之交不可忘，糟糠之妻不下堂。富易交、貴易妻之事，玉林不屑為之。金屋藏嬌乃子虛烏有，何來新嫂子一說？說實在話，立此文書乃是未雨綢繆，為的是日後護佑家人以免受池魚之殃。國共之間勢不兩立，鹿死誰手難以預料。自古以來，成者為王敗為賊寇。倘若中共握取勝券，那時吾輩自顧不暇，焉能顧全妻兒老小？若家中妻兒持此文書公示於眾，彼等雖猶加害亦不敢肆意妄為。我是閒時備下忙時用，說不準這一紙文書還真會是保全家人性命的護身符。」【注：這份離婚判決書由周宗頤令人辦妥並存檔備查，文中大意是：劉先志與妻子胡運於民國三十五年四月離婚，劉先志的一切行為應與其妻

兒無關。父親將此文書密封後交母親嚴密收藏，叮囑母親千萬不可輕易示人。到緊要關頭方可取出，這密封的東西可保全一家老小的性命。1950年，我家先後被抄查了二次，母親並未交出此物件。1951年，又有一次對我家的抄查行動。在辦案人員催逼之下，母親才取出了那珍藏的密件。那巴掌大小且層層密封的物件內是一張折疊很規範的紙，辦案者閱後大失所望且哭笑不得，大聲言道：這是一份在五年前就寫好的離婚判決書，你怎麼還把這個東西當成寶貝？為首之人並將這張文書帶走。當年父親事先預備好這份判決書，為的是當他在身份暴露後，以免當局禍及我們全家人。他根本未曾料到，在江山易手之後，這份假造的判決書，在五年以後竟然派上了大用場。】

功虧一簣

　　根據中共在簽訂《雙十協定》時所作出願讓出湖北的承諾，國民黨第六戰區派出部隊準備在中原共軍撤離之後來接收這片土地。沒料到在五師與南下支隊及嵩岳部隊匯合後，竟然會實施戰略轉變和整編部隊，以集中兵力打殲滅戰的戰術抵制國民黨部隊的接收。其目的是爭取中原軍區主力能在桐柏地區和大洪山根據地停下並得以休整和補充發展壯大。

　　為達此目的，1945年11月9日，中原軍區第二縱隊第三五九旅再次攻克棗陽縣城，殲滅國民黨守軍2200餘人，宣告了桐柏戰役第二階段的作戰開始。11月12日，中原軍區第二縱隊第十四旅將來接收地盤的國民黨軍第一二七師三八一團全殲於湖陽鎮地區。12月7日，中原軍區主力發起雙溝戰役，殲滅國民黨軍1000餘人。17日，又在祁儀殲滅國民黨軍1000餘人。

　　國民黨第五、第六戰區以龐大兵力向桐柏山推進，決定實施南北夾擊。中共中原軍區主力避開鋒芒，開始向平漢鐵路以東移動，歷時兩個月的桐柏戰役結束。12月20日，中原軍區主力分為南路和北路兩個方向東進。1946年1月6日至8日，主力部隊越過平漢線，轉移到河南東部汝南、光山、息縣、羅山地區與湖北東北部的禮山地區，準備在緊急時刻到安徽與新四軍軍部會合。

　　1946年1月5日，國共雙方代表達成《關於停止國內軍事衝突的協議》，約定至遲在1月13日午夜，雙方軍隊應在各自位置上停止一切軍事行動。1月7日，由國民政府代表張群、共產黨代表周恩來、美國政府代表馬歇爾組成軍事三人

小組，會商解決軍事衝突及有關事宜。1月10日，周恩來、張群在重慶簽署了《國共雙方關於停止衝突、恢復交通的命令和聲明》。國、共、美三方代表組成了軍事調處執行部，執行部下設由三方人員組成的若干軍事調處執行小組，分赴各衝突區執行調處任務。在中原軍調小組內，國民黨方面的代表是第六十六軍軍長宋瑞珂；中共方面的代表是中原軍區副司令員兼參謀長王震。

　　1946年2月，何成浚因病辭職。2月17日，程潛就任武漢行營主任。程潛既無班底又無基本部隊，故舉步維艱。蔣介石在全面權衡利弊後，才對福將劉峙委以重任令其獨挑大樑。

　　1946年5月10日，軍事三人小組周恩來、徐永昌、馬歇爾在漢口揚森花園簽訂了《漢口協定》。事實上，《漢口協定》的簽訂只是推遲了中原與全面內戰爆發的時間，它讓國民黨有充裕的時間來調兵遣將；使中原軍區可以採取合法手段，轉移了傷病員、非戰鬥人員和地方幹部及精幹了部隊，從而做好了應變的準備工作。

　　鑒於共產黨在湖北的部隊拒不撤出，蔣介石決定採用速戰速決的辦法，首先消滅中原軍區部隊。6月中旬，蔣介石密令鄭州綏靖公署主任劉峙在河南駐馬店設立指揮所，統一指揮所轄第五綏靖區及武漢行營所轄第六綏靖區各部迅速殲滅鄂中李先念部。同時命令各攻擊部隊於6月22日前秘密完成包圍之態勢及攻擊準備，待令實施攻擊。

　　為達圍而殲之的目的，劉峙決定依各部隊駐紮點為基礎，將平漢路劃分為3個圍剿區，即以定遠店、文殊寺。朱堂店、三裡城之間為第一圍剿區；以潑破河、劉家灣。白雀園、沙窩之間為第二圍剿區；以宣化店、陽平口、呂王城之間為第三圍剿區。

　　6月20日，劉峙下達圍攻中原部隊的作戰計劃。

　　玉林在去市黨部辦完事情後，偶爾也轉到市政府去找市長徐會之聊天。玉林與徐會之同為陳潭秋先生門下之弟子，民國十二年二人曾一同在《星期評論》和《群眾》期刊裡任過編輯。時任中共湖北區委組織部長的陳先生力薦徐、劉同赴廣州報考黃埔一期，因書記劉伯垂未予同意，玉林遂錯失機緣。二人自從在武昌北站分別後，沒想到在時隔20年後仍然會在武漢重逢，憶及昔年的往事和悼念已故之友人，讓二人感慨繫之。據說蔣先生在上海清共之時，曾對徐會之嚴加訓誡和強制洗腦，眼前的徐會之似乎已對國共之間的爭鬥不甚關

心。抗戰勝利後，他一門心思全用在接收汪偽政府、組建漢口市政府、調查日軍暴行、振興實業、救濟難民、進行城市恢復和建設等方面。玉林覺得在徐會之貌似平和的面孔後面還隱藏著另一張面容，並斷定其並未改變原來的信仰，他與自己一樣同是肩負著特殊使命的人。

《湖北日報》、《和平日報》和《華中日報》從去年11月起大幅刊載了中共之中原部隊違反《雙十協定》公然進犯國民黨軍隊企圖挑起內戰的陰謀，並加大了發行量。說共產黨的中原部隊仍賴在鄂中就是蓄意製造第二個皖南事件，寧可捨棄這支部隊將士的性命，而實現其向國民政府搶奪天下且再次將中國人民拖進戰爭深淵的罪惡目的。

六月中旬，玉林因無法與組織聯絡且刻不容緩，遂決定啟用緊急聯絡通道，6月18日晚，在將從不同渠道收集到的確切情報以密寫藥水詳細地寫於幾張紙上後，請母親務必在預定的時間內將這份十萬火急的情報送往張記貨棧分號。

此後，獨二旅政治委員張體學與旅長吳誠忠、副政委熊作芳等率警衛排從禹王城趕赴大悟山，李先念任命張體學為宣化店衛戍司令。並令獨二旅主力之一部堅守宣化店之南大門禹王城、佛塔山一帶陣地；另以精幹之一部調入宣化店接替警備任務，造成中原局、中原軍區領導機關仍在宣化店駐地的假像。中原軍區之主力部隊分三路撤離，致使劉峙的合圍部署功虧一簣。

第七章 縣治之爭

預測勝負

在武昌三道街馮雲卿處，叔侄二人對戰爭局勢和中國的未來進行探討。因國民黨在八年抗戰中兵力折損而元氣大傷，而共產黨養精蓄銳得以發展壯大，馮雲卿認為中共獲勝的概率當在60%以上，並從以下幾個方面作了論證：

一、國民黨在政治、軍事、經濟等各個方面都佔有明顯的優勢，應該予以必要的讓步，只可惜蔣介石和國民黨方面缺乏必要的政治智慧和度量。既然國民黨沒有認真地作好準備，豈能寄希望於在談判過程中妄圖採用西歐模式——給共產黨幾個議會席位而誘使共產黨交出解放區的政權和軍隊？共產黨要的是奪取天下，推翻蔣介石的國民政府以取而代之。為達此目的，他們不僅在談判方面作了充分的準備，而且積蓄了充足的力量去迎接內戰的爆發。

二、國民黨從1927年起就將消滅共產黨作為其主要目標，只是在抗戰時期將對日作戰放到了第一位。抗戰結束後，國共矛盾又成為唯一的主要矛盾，從軍事上來說消滅共產黨軍隊是其唯一的目標。既然對共產黨作戰已提上日程，早就應迅速提高部隊的攻擊能力，而國民黨軍訓部基本沒做這方面的努力。反觀共軍部隊的平均作戰技術雖不如國軍，但其攻防能力卻較為均衡，較善於利用運動戰的形式集中優勢兵力發動強烈攻勢，從而掌握了戰術主動權，進一步發展成戰役主動權。

三、首先是指揮機構的設置。可是抗戰結束後，國民黨為了照顧論資排輩及搶佔地盤等非作戰使命，又將指揮機構擴編為總部、行營、綏靖公署等8級，且出現大量機構重疊人浮於事。從統帥部到最基層的戰術單位都經常發生上級越權指揮，下級不聽命令的嚴重影響戰鬥力的情況。著名軍事家約米尼就談到過當其他各方面條件相等時，戰爭的勝

利往往屬於機構較簡單的一方。這樣比共產黨多幾級機構且指揮不靈的國軍豈有不敗之理？

四、對非嫡系部隊的態度至為重要。然而抗戰結束後，國民黨在以陳誠為首的軍令部指揮下，大肆裁減非嫡系部隊，就連抗戰時功勳卓著的第33集團軍也從2軍6師併成2師4旅。這樣大規模的消滅雜牌軍，使非蔣系官兵人人自危。在這僅憑握有實力和實權才能得以呼風喚雨的亂世之中，這些部隊焉能在勘亂建國中為蔣先生效力賣命？

五、部隊的訓練糟糕，軍兵種配合自然也難以達成。在抗戰時期國民黨軍將其主要陸軍火力──中型和重型火炮獨立編成特種部隊固定在一地配合步兵作戰起到了較好的效果。但與共產黨交戰是一場不同的戰爭，共產黨軍隊的火力與作戰特點和日軍有很大的不同。共產黨軍隊雖沒有大量重型火炮，但準確的預見了國共戰爭的態勢和作戰方式，雖也將僅有的少量山野重炮編入獨立部隊，但在與國軍相對應的師旅團各級分別配備了步兵炮，平射炮及大量輕重迫擊炮，造成了戰術單位元的局部火力均衡乃至優勢，從而與名義上裝備優勢的美械部隊相抗衡。

六、從1944年起，國民黨主力部隊開始裝備美式武器，遂將原有裝備從主力部隊中淘汰。因沒有進行系統的訓練及實踐，部隊對美械裝備的熟悉程度遠未達到標準。美械裝備由於火力的迅猛，故彈藥消耗很快。若後續之彈藥供應不及或運輸線被截斷，再好的武器裝備卻恰似一堆毫無殺傷力的廢銅爛鐵。

七、同一戰區中各部隊的行動也不一致，歷來已是國民黨軍隊致命的危險。像此次由鄭州綏署統一指揮的對共產黨中原地區的合圍進攻，這樣的軍事機密也早被共產黨方面獲悉，在國民黨全面進攻前夜，中原新四軍趁國軍處於最不利防禦時反突襲衝出合圍。如果說國民黨在內戰開始後再不能正確地擁有、組織和使用軍事力量，若在其實際處於相對劣勢時就以想像的優勢投入進攻，而軍人們卻一次又一次地被這些政府的野心、衝動和失策投入戰爭中去，焉能獲勝？」

玉林打心裡佩服三叔，覺得他真是個塵世中的奇才異人。如果，他能在國民政府軍政部裡任職，與那些高級軍事參議比起來真有天淵之別。

「三叔，如果江山易代之後，您定能大展鴻圖。您打算再向哪個方面發展？」玉林笑著問道。

馮雲卿悠閒地吐出一串煙圈，「我以前曾認真地看過《中國社會各階級分析》的那篇文章，雖時已多年，仍對其中的內容還記憶猶新。在帝國主義、封建主義和官僚資本主義都存在時，洪門幫會僅是團結爭取的對象。共產黨的哲學是鬥爭的學說，階級鬥爭是不會熄滅的。若地主、資本家和一切反動派都被鬥倒鬥垮後，帶有封建形式的幫會必然會成為無產階級革命和鬥爭的目標。與其坐等人家來鬥，還不如預先躲到那階級鬥爭無法觸及到的地方去。若真有那麼一天，我們馮家的人都會避而遠之，去那異國遠洋安度餘生。」

三喜臨門

民國三十五年4月，萬耀煌接任鄂省主席兼保安司令。

邵華調國民黨中央黨部任職，方覺慧接任國民黨湖北黨部主任委員。

9月9日，國民政府行政院批准同意成立武昌市政府。

1946年10月10日武昌市政府成立，市長楊錦昱。市轄區域66平方公里，漢陽城區劃歸武昌市管轄。

武昌市的行政區劃，由省政府與武昌縣政府經多次協商後才最終確定。

胡亦愚和袁雍戲謔地說玉林手中的大餡餅被小楊咬掉了一大塊。

玉林說他從心裡感謝楊錦昱，那武昌市的地盤表面上看似一大塊肥肉，被他人「割」走了的確是讓人心疼。實際上，在那片地盤上卻埋著無數顆定時炸彈，說不準什麼時候便會突然發生爆炸且會引起連鎖反應。武昌市的成立，把工潮、學運、商家罷市、禁毒、禁賭、治安整治等一系列憂心、鬧心、煩心的事情都攬了過去，而這類事情又都是需要黨部去插手過問的。楊錦昱這回是幫了自己的大忙，真是徹底地消除了他的心腹之患。

袁、胡二人覺得還真是這麼一回事，幹那些麻煩事確實是吃力不討好，說不定還會把自己陷進深淵裡爬不出來。把這麼大的包袱甩出去了，玉林便可放開手腳去幹他喜歡幹的事情，三駕馬車更能跑得又穩又快。

胡亦愚告訴玉林，艾毓英等人正在運作在全省各縣、市籌備成立參議會或臨時參議會的事情。國民政府在加強縣政的同時，也強調建立縣一級民意機構

的意願，規定全國各縣必須成立縣參議會，如果不成熟，則至少先組建縣臨時參議會。現在武昌縣的包袱已被甩掉了，縣參議會的籌備工作應加緊進行。

1946年9月中旬，玉林已從電臺播音中收到中共南方局的指示：組織上為保證其個人及家庭成員的安全，已同意玉林的請求，讓其母與其女暫停活動而就地隱蔽。決定派遣忠實可靠的同志來漢協助其工作。在10月中旬的指示中，講明來人已順利地抵達武昌，正準備以特殊且穩妥的方式進入其之家庭。

武昌縣國民自衛大隊大隊長兼偵緝隊長杜樂山之妾王美蓉係湖北省漢川縣人，1945年秋季來漢後嫁給了杜樂山。王氏有中人之姿且善解人意，頗受杜之寵愛。

杜樂山對玉林格外尊崇，對玉林交辦之事格外用心盡力。縣國民自衛大隊第二大隊成立之後，玉林讓他當大隊長並兼任縣偵緝隊長。在武昌城裡當差各方面都比在鄉下任職的好處要大得多，故杜樂山知恩圖報，和玉林走得更親近一些。

杜樂山在彙報情況後邀請玉林務必去其家中小酌幾杯。

「老弟是否請我當消防隊去熄滅二位弟媳婦點燃的妒火？」玉林笑著問道。

杜樂山布菜敬酒之時，王美蓉笑容可掬地帶了母女二人前來入席。

王美蓉代為引薦，說那位年逾六旬的婦人是她的表姨左劉氏；那位年輕的女郎是她的表妹左雲霞。

王美蓉娓娓而談，杜樂山在一旁推波助瀾，玉林已明白這是杜家夫婦刻意安排的一次相親會。

一番交談之後，左家母女便微笑著告辭離去。

原來，這母女倆是漢川縣刁汊湖畔左家村人，家中人丁不旺僅存這母女二人。為避戰亂，母女倆去湖南岳陽投親後幫人傭工，現準備返鄉居住而途經武漢。杜家夫婦勸她們不必返鄉，應覓得一可靠人家安頓下來，不僅表妹的終身大事可圓滿解決，表姨養老送終問題也有了依靠。杜樂山夫婦已經為左家母女倆辦理了常住戶口，他們夫婦表示願作媒作保，讓表妹雲霞嫁給玉林。

玉林知道漢川縣在抗戰期間是鄂省國共合作的模範政權典型，刁汊湖地區是鄂中區委書記錢瑛和中共天漢地委的根據地之一。鄂大工委記胡波曾講過她在梁湖大隊潰敗後，曾在漢川任「抗日十人團」天漢總團的副總團長，刁汊湖地區及週邊一帶是她經常紮根和活動的地方。玉林猜測這母女倆極有可能就

是上級派來協助自己開展工作的人，讓杜家夫婦作媒當保人為的就是給她們增添保護色彩而洗脫來歷不明的嫌疑。

玉林決定在作進一步核查之前不可貿然應允此事。

在與左家母女的交談時，那左劉氏言辭較少但精明慎言，左雲霞談到抗日十人團時卻神采奕奕。

玉林覺得左家母女剛從湖南返鄉而途經武漢應該是預先編排的說詞，為的是掩蓋她們離鄉的日期以避免那種從共產黨窩子裡跑出來之人的嫌疑。

在聽完玉林的講述後，運姑表明了自己的態度：一、不孝有三，無後為大。那三個兒子已相繼夭折實在可惜，現在腹中的胎兒是男是女還難以說定。我今年已有40歲了，再懷孕生育更不容易。為不致於愧對祖先，你應該再娶一房以延續香火。此事宜早不宜遲，既然是規矩人家的女兒，就要對得起人家。二、劉家人丁不旺，一脈相承的三房中鮮有男孩兒，先覺和先華兄弟已無傳宗接代之人；先河家裡也是二個女孩。你既然推測過她的命相是個旺夫興家之人，那就該拿定主意去辦成此事。三、劉氏宗族中早有明文規定，嫡妻年過40歲而無子嗣者當再娶一房。我看那左家的姑娘人品還不錯，況且除了她們母女倆之外又別無三親四戚，這還真是打著燈籠都難找的好事。四、你的安全關係到一大家人的平安，但全家人又不能幫你的忙，我對此事也很憂心。如今有了她們母女相助，今後家中的雜事勿須她操心，把你們的事情辦好即可。

見妻子如此深明大義，玉林由衷地感激。這才明言她們母女倆是專門派來幫助自己的，是完全可以信任的人。即使出現意外，只要她不吐口實，也絕對不會牽連到自己和家裡的任何人。況且有杜樂山夫婦作為保媒之人，更沒人會懷疑到她們母女二人的來歷。

迎娶之事辦理得既風光又有排場，族長廷珏公及宗族內的親友皆來慶賀。玉林在武昌彭劉楊路上的大中華酒樓宴請了艾毓英、周宗頤、錢雲階、袁雍、胡亦愚等諸位摯友。

胡亦愚私下對玉林說道：「你今年是鴻運當頭，既送走了麻煩事，又娶了個好老婆，府上又面臨添丁進口，真是三喜臨門。」

順風順水

武昌候補街上的宅院是清一色的明清建築風格，青瓦白牆更顯得古樸典雅。候補街86號坐北面南位於小街上的西頭，右邊是四衙巷，左邊有江家巷，後門外是崇福山街，門前有糧道大巷通往糧道街。宅院內有一口水井和二大二小的四個天井，後院內有個小花園。

左老太太住在後院西邊小天井旁的廂房內，與雲霞的新房鄰近。

婚後，玉林為伊更名左少華。

玉林在宅院左邊的空地上修建了「廖和記」煤炭店，由左少華當掌櫃，讓內弟胡少懷幫忙打理店中的生意。

縣政府建設科科長江福蔭的父親在復興路上開設有江復興炭廠，做好的煤球和簍裝的板炭由武梁汽車運輸公司用汽車按時送至店中。

煤炭店內搭蓋有木製小樓，上設帳房和幾間小客房，樓下為營業場所。掌櫃左少華定期去復興路江家炭廠和民倫街武梁汽運公司結清費用。

武梁汽車運輸公司設在武昌起義門附近的明倫街上，公開的業務是為客戶承運物資，實際上是中共南方局設在武昌城中的秘密交通站。

武梁汽車運輸公司經理尹仲濤（1898一？，湖北省武昌人。）1925年經董必武、吳德峰介紹加入中共，以經商為掩護開展活動。武漢七・一五事變後與組織失去聯繫，1938年董必武來漢後重新恢復關係。其另一身份是武昌縣銀行股東。

尹仲濤的家住在蛇山北麓的鬥級營，娶妻曾氏並育有幾個兒女。1946年4月，尹仲濤結識了一位姓劉的年輕女性並將其養為外室，二人居住在毗鄰漢陽門之廣福坊26號，過起了勝似夫妻的甜美日子。尹曾氏看在眼裡、恨在心中，但生米已成熟飯也是無可奈何。

劉麗紅曾在武昌第一紗廠裡當過女工。其人潑辣大方且行動敏捷，便得到了一個「摻子魚」的雅號。她在與尹仲濤同居後便辭了工，過起了舒適安逸的日子。劉麗紅喜歡看楚劇，是蛇山上共和劇場的常客。閒暇時常乘輪船過江去漢口逛街，在江漢路、六渡橋一帶街面上服裝店裡進進出出。

那一日合當出事，尹曾氏與劉麗紅在民生路上狹路相逢，相互辱罵自在情

理之中。圍觀之人像看猴把戲，不乏有好事者卻煽風點火，慫惥尹曾氏快去修理那不知羞恥的女人。尹曾氏怒火中燒撲了過去撕扯起來，已過中年的婦人焉是劉摻子魚的對手，很快便敗下陣來。

尹曾氏聘請律師，以一紙訴狀將尹仲濤和劉麗紅二人告上漢口地方法院，執意要與尹仲濤離婚。

法院判決准予離婚；鬥級營之房產判歸尹曾氏；尹仲濤按月支付尹曾氏的生活費及子女的撫養費。

鄂省保安司令部與省黨部聯合下達緝查指令：指令中提到從1945年秋季起，中共情報部門已派遣了近500名經過特別訓練的女間諜通過各種渠道潛入武漢三鎮，並以各種方式及利用各種職業為掩護來從事間諜活動。嚴令三鎮上之省、市、縣各級警察局及偵緝隊務必加大排查力度，徹底清除這些「紅粉禍水」。

三鎮之上，在此期間來漢且年齡在18歲至30歲的單身婦女被作為清查的重點對象，連風月窟內的妓女和交際場上的佳麗及歌舞廳內的貨腰女郎均被盤查。警員和密探們忙碌了二個月卻一無所獲，皆抱怨國民政府的情報系統太過無能，要麼是空穴來風，要麼是雨過送傘，真是一群貽誤黨國大業的笨鳥。

1936年，楊錦昱任武昌市政辦事廳主任時曾在候補街置下一處房產，抗戰勝利後，他在原宅基上修建了一幢二層的西式小樓。因二人是好朋友且兩家相距不遠，故經常相互走動品茗敘談。

對武昌縣政府在城區實施的戶籍管理規定和檢查制度，楊錦昱十分滿意。說玉林真夠朋友，在移交給市政府的職員中沒有一個怠惰之人。

楊錦昱談到孔祥熙和陳立夫遊蛇山時願撥款資助重建黃鶴樓的事，說他自己也打算在任期內一定設法讓那萬里長江第一樓屹立於山頂之上。

玉林笑著言道：「又名兄，太平盛世之時黃鶴樓確實該修建，但目前絕不能作此打算。若蔣先生勘亂成功時，你只要遞上呈文必令龍心大悅，不費吹灰之力便能記上頭功；蔣先生正為國帑匱乏而焦慮時，他會認定你決非務實救國之良臣而堅決否定。孔先生雖主管全國財政，他又敢撥出多少錢來？人人都會說共襄義舉，但真正願掏錢的又會有多少人？他們又能資助多少錢？樓有多高，『袁大頭』就要堆多高。如果差一大截，難道說讓百姓都來掏腰包？多事之秋，多一事不如少一事，若別有用心者借機生事，樓未下基腳，你的板凳就

會被端掉了。」

民國三十五年臘月十五日是個喜慶的日子,那天子時,妻子運姑順利地分娩了一個男嬰,玉林為兒子取名祖培,字樹森。在仔細為兒子推測命相後,玉林心中忐忑不安,此子今後命途多舛,身若飄萍;六親難靠,水冷骨寒──

玉林將從雲鶴劇場提取的「紅利」存入了武昌縣銀行,後在魯壽安、程子菊、曹美成、李貢庭等人聯手運作下當上了縣銀行的高股董事,每月可從縣銀行裡領取薪酬300銀元。在把這好消息告訴妻子的同時,又說及銀行的眾董事們很講交情,同意為少華和內弟少懷各在縣銀行裡謀得了一份差事,少華是銀行裡出售「彩花」的職員;少懷是銀行的值班警衛。因縣黨部大院已即將竣工,玉林說他準備和少華搬到那裡去住。這炭鋪歇業後略作修整暫時租給別人住,待少懷成家後便將此房屋交給他,以作為對他在抗日時期護持全家老小的答謝和回報。

待到玉林他們遷往府經廳縣黨部大院居住半年後,少華已經有了身孕。【注:1948年11月,弟弟祖德(字漢森)在那所大院內出生。】

移禍江東

抗戰勝利後,根據中共中央的指示,中原軍區在整編和裁軍時做了複雜且細致的工作。表面上是動員那些年齡偏大、體質偏弱和負傷致殘的人員返回家鄉去興家立業,實際上卻把那些適宜在地方上做組織和發動群眾工作的人員也混雜其內,讓他們分赴各地再去生根發芽,等待時機再發展隊伍。

中共中原局在準備突圍時曾作出決定:地方武裝部隊可化整為零堅持游擊戰爭;為保存革命有生力量,允許地方部隊的下級官兵在埋藏槍支彈藥後,按所居住地區以小組形式集體返鄉務農或從事原來之職業,可採用自首或悔過的辦法以求得生存,但決不容許叛變和出賣同志;待革命形勢高潮來臨時可重新歸隊並不受歧視。

中原軍區獨二旅在完成掩護主力突圍後損失嚴重,不得已化整為零分散於各地開展活動。

1946年10月17日,湖北省第一區行政督察專員兼保安司令岳清泉向省政府主席萬耀煌提交報告,以有利於剿滅武昌縣境內保福祠、馬鞍山、法泗洲一帶

散匪和督促鄉政為由，請求在武昌市成立後應將武昌縣治遷移到土地堂。

一石激起千層浪，岳專員的這道呈文，在武昌城中引來軒然大波。

很多官員認為，這岳專員真是鹹吃蘿蔔淡操心，你管好第一行政區內的事就行了，根本沒有人請你來插手武昌縣的事情。官場中各人自掃門前雪才能保持一團和氣，把手伸到別人的碗裡和越俎代庖乃是犯了大忌，必然會惹人怨恨。

有的官員思路開闊，看得更深更遠一些。這岳清泉真是居心叵測，在這冠冕堂皇的建議的後面包藏著禍心。其用心實在歹毒，為的是移禍江東，把他自己剿匪不力的責任全推給武昌縣，讓武昌縣政府來背黑鍋而逃脫其貽誤軍機的罪責。

岳清泉是第一行政區督察專員兼保安司令，鄂南的11個縣全在其管轄之下，權柄之大令人側目。鄂南諸縣共有11個縣國民自衛大隊，再加上咸寧的保安團，剿匪的總兵力相當於一個師。但岳司令重兵在握非但一無豐功、二無偉績，還被零散的「土共」游擊隊折騰得灰頭土臉狼狽不堪。

其要求省政府在武昌市成立後應將武昌縣治遷移到土地堂，以有利於剿滅武昌縣境內保福祠、馬鞍山、法泗洲一帶散匪以及督促鄉政，實在是欺人之談，簡直是把省政府當成三歲的孩童而予以欺哄。明明是岳清泉能力低下而將共產黨游擊隊驅趕到武昌縣境之內，是他自己在縱匪為患！而他卻不知羞恥道貌岸然地攻訐武昌縣政府疏忽治理和剿匪不力，以致保福祠等地匪禍頻繁。

縣政府設於何處與縣境內某個地方發生匪患毫不相干，現在保福祠、法泗出現了共匪就要將縣政府搬到土地堂，那麼，他為何又不進言讓嘉魚縣政府也搬到老官咀去？若共匪又跑到九峰山、石門峰等地去了，難道說又要將縣政府搬到花山鎮去安營紮寨不成？在五師匪部撤離後武昌縣境內共匪蹤跡全無，這「蝗災」既是由岳專員從其之管轄區驅趕而來，理應由岳大人派兵入境再擒拿回去。

土地堂鄉乃丘陵地帶，地瘠民貧，完全不具備設置縣政府的條件，況且縣政府動遷資金決不是個小數目，這一大筆錢省政府又將如何籌措？即使縣政府搬到土地堂去了，武昌縣僅有一個約600人的自衛大隊又能派上多大的用場？既然岳司令有15000餘人槍都拿這幾股到處流竄的共匪無可奈何，那武昌縣政府既不是能鎮邪的門神，又不是會捉鬼的鍾馗，即便是搬到保福祠去又有何能耐去降魔除妖？

武昌縣政府設五室四科一處再加上縣警察局約200餘號人，從縣長魯明月到一般職員都不願意去土地堂紮下營盤，全體工作人員一致要求魯縣長向省政府呈明利弊，從根本上否定岳清泉嫁禍武昌縣政府的陰謀。

魯明月來武昌縣任職後心情抑鬱，發現縣政府內五室四科一處和警察局的負責人對縣黨部書記長劉先志敬奉有加，卻對他這位父母官陽奉陰違。大權旁落讓其心裡很不是滋味，但已成事實而無力改變只得打掉了牙吞進肚內。

魯縣長決定拉著劉書記長一同來阻止縣治遷往土地堂，事情成功了可增長自己的威信，事情辦不成也勿需他一個人來承擔責任和後果。

玉林有意調魯明月的味口，說岳清泉未提出讓縣黨部也搬到土地堂去，只要省黨部不下文，縣黨部的幾十號人仍可在武昌城裡安逸舒適。

經不住魯縣長軟纏硬磨，玉林提議當前應做以下幾件事：一、由縣政府呈文省府，針鋒相對地反駁岳清泉的歪理邪說，尤其要點明岳清泉欲嫁禍武昌縣政府而為其開脫責任的陰謀。二、現在是民國，講的是民主。讓武昌縣社會賢達組成團體去面謁省府萬主席和省參議會議長何成浚，態度鮮明地抨擊岳清泉無事生非、移禍江東。三、縣政府應運動省府民政廳長余正東，余廳長的意見舉足輕重，萬主席應會審慎考慮。

岳清泉建議的地點不久即被省政府民政廳否定，余廳長派員開始了對武昌縣新縣治的勘測選擇，初步選定為離武昌城東約三十裡的油坊嶺。

武昌縣政府遷治油坊嶺的動議最早始於1930年國民政府改組武漢特別市期間，經勘察後擇定油坊嶺為新縣治，並報省政府備案，惟因武昌市未能成立而作罷。接到岳清泉的報告後，省政府即委託著名律師劉宗炎正式編就了《武昌縣政府遷移計劃書》，並擬將油坊嶺改稱流芳嶺，以取新縣城流芳百世之意。

11月5日，省政府委員會第566次會議議決通過，決定將武昌縣政府遷移油坊嶺，省政府補助遷移修建費1億元，原縣府房屋地產由省立武昌高中接收。

省政府的這一決定經武漢各大報紙向社會公開後，引起了武昌縣各界民眾的極大震動，紛紛通過各種途徑表達對省政府決議的不滿，並由此拉開了武昌縣與省政府、省參議會以及武昌各地方士紳為爭奪縣治等諸多紛爭的序幕。

岳清泉的建議很快被否決讓魯明月對劉書記長刮目相看，但魯縣長並不心甘情願帶著自己的部屬去往油坊嶺，再次登門請玉林面授機宜。

玉林笑著說「法不入六耳」，附於其耳邊一陣嘀咕，魯明月高興離去。

　　1946年11月16日，武昌縣籍公民王道義（「十人團」成員）等50名地方士紳向省政府提交了《武昌縣遷治意見書》。《意見書》首先以時任參謀總長陳誠於抗戰前期督鄂時制訂的《大武漢建設規劃》中所提到的以紙坊作為武昌縣政治經濟發展中心的思想為依據，從軍事、地理、經濟、交通、人文、歷史等諸多方面論證了遷移紙坊的優點和理由，要求省政府撤銷第566次會議關於遷移油坊嶺的決定，改遷紙坊鎮。

扯皮鬧絆

　　武昌建市之後，玉林對縣臨時參議會之縣參議員的人選問題作了調整，經熊秉坤出面說明道理，夏家鼎同意擔任縣臨時參議會議長之職，玉林兼任副議長。第一批議員有25人，其中有鄉鎮長15人；李貢庭、曹美成、周祖昶也成了武昌縣臨時參議會的參議員。

　　湖北省參議會在武昌縣臨時參議會的呈文上作了批示：切實可行。

　　武昌縣撤區併鄉後，各鄉、鎮直接屬縣政府管轄，鄉鎮長之職權與職能亦相應增加和擴大，各位鄉鎮長的工作幹得更加賣力。這15位鄉、鎮長皆由當地德高望重的賢達和各宗族族長們共同薦舉後，再由縣政府頒發聘書，故讓他們這些人擔任縣參議員來參政議政才是名正言順，更是眾望所歸。

　　抗戰時期，玉林於輾轉各鄉時和這些人皆是要好的朋友，他們一致認為如今能榮膺鄉長皆是玉林提攜所致，故對玉林口述之言如奉佛音，令出禁止格外效力。武昌縣的臨時參議會，實際上就是玉林的「一言堂」，因人因事各異，只須玉林授意，諸位縣參議員既可群言贊之，亦可同口伐之。

　　縣長魯明月這才真正地看到了玉林在武昌縣的實力之所在，也認清了即便是他拼出了吃奶的力氣也無法衝開玉林身後那張堅實的關係網。看來，劉書記長早已是成竹在胸，火候拿捏之準確和計劃如此之周密應是經過深謀遠慮；更難得的是各地民眾都動了起來，表面上爭執不休，但目的卻只有一個，即集全縣民眾之合力讓武昌縣縣政府遷出武昌城垣的事付諸東流。

　　魯縣長樂意聽從安排去依計而行，有縣長在後面撐腰，縣工商界、教育界、文化界的人士也紛紛去省政府和省民政廳表述他們的意見，魯明月佩服玉林膽略過人，他哪裡知道在劉書記長的身後還端坐著一個手眼通天的尊神——

湖北王何成浚。

何成浚篤信惟楚有才的理念，一貫主張「鄂人治鄂」。退避恩施時便籌謀已定，準備在抗戰勝利後大展鴻圖，以自己的雄才大略來繪製未來鄂省之精美的藍圖，讓政通人和的鄂省政局錦上添花而再創鄂省昔日之輝煌。

不料事如願違，中央各派系均安插私人來接收湖北的勝利果實，因幫派林立而相互傾軋，明爭暗鬥波瀾迭起，把一個大好的湖北搞得烏煙瘴氣。

何成浚因病辭職退居二線後，此公人閒心不閒，除暢遊林泉和吟詩作賦外，還對「捉蟲」（意即核查官吏之劣跡）極感興趣。何雪公說只有這個辦法行之有效，既能將誤國殃民之人清除乾淨，又能讓其後臺啞口噤聲。

雪公說岳清泉這是項莊舞劍，意在沛公。他是想糊弄萬主席和藐視三楚才俊，其心可誅。岳老鱉既然敢把頭伸出來就決不能讓它再縮回去，他既然喜歡放臭屁，就必須讓他臭不可聞，讓他帶著一身大糞臭烘烘地滾回老家浙江去。

艾毓英轉述了雪公的意旨，要擊垮元兇首惡，還要顧全萬主席的顏面和省政府的權威。行事之時，須按一抨（抨擊岳清泉）、二改（改換縣治遷地）、三爭（多處爭取縣治所在地）、四鬧（請願）、五議（運用參議會促進民主）、六拖（拖延時日爭取主動）、七掛（讓縣治遷徙之事懸而不決）之法做出一篇好文章。

劉鳴皋、黃寶實、周唯真、錢雲階、陶堯階等人各抒己見，描彩抹墨，果真策劃得滴水不漏且無懈可擊，並按各自的任務去分頭實施。

11月21、23兩日，武昌縣臨時參議會召集縣級各機關、法團及部分地方賢達召開緊急會議，提出了一系列的要求和條件，並要求在未正式決定遷移地點以前縣治暫時遷往金口。這一暫遷金口的建議與省府之意圖完全合拍，不久即被省政府委員會第570次會議批准。

12月4日，以省參議員周唯真領銜，舒和清、劉宗炎等部分流芳籍人士向省政府呈文，要求省政府維持省府成命，下令武昌縣府即刻遷往油坊嶺。

至此，武昌縣內部為爭奪縣治而展開了激烈的鬥爭。油坊嶺、紙坊、金口三地各派出相應代表到省政府遊說和組織本鄉、鎮的民眾至省政府請願，並通過各種渠道要求將縣治擇定在本鄉。五里界鄉的仕紳和民意代表也摻合進來，真可謂眾說紛紜、莫衷一時，搞得萬耀煌的省政府焦頭爛額，十分頭疼。

1947年2月8日，武昌縣參議會召集黨團各機關、民眾法團和部分鄉紳代表

召開臨時大會，與會人員公議應通過縣臨時參議會的參議員以投票表決的方式決定遷移地點，與會之縣參議員共18人，發票18張，五裡界得票7張；紙坊得票8張；棄權票和廢票共3張。最後確定為紙坊，並報請省政府核准同意。

4月底省政府派出測量隊到紙坊開始進行規劃建設工作。5月份，在省政府的一再要求下，武昌縣政府部分機關開始遷往紙坊辦公。

1947年7月，武昌縣參議會召開第三次會議，以吳正、胡權華等12人向大會提出議案，以紙坊在供水、水利、交通、公產房屋及市面條件等均不及金口為由，要求將縣治由紙坊改遷金口。隨後省參議員胡亦愚等人也分別向省參議會和省政府提出改遷要求。當時反對遷往紙坊的意見中還有一條理由是，在武昌縣署遷治紙坊期間，縣長魯明月的小兒子夭折，他們認為這是不宜遷移紙坊的徵兆，雖屬迷信之談，但添枝加葉後說得繪聲繪色亦讓人心中增添疑慮。

當時省政府在考慮給予武昌縣遷治補助費的具體數額時，一方面限於本身的實際財力，另一方面也顧及武昌縣局部利益與全省整體利益的公平原則。因此，在省政府委員會第570次會議核准武昌縣治改遷金口的同時，只同意增加搬遷補助費5000萬元，並由航業局撥輪船三艘，每艘幫運三次，所需經費記在省府賬下。以後省政府就沒有再理會武昌縣有關加撥補助費的要求了。

針對武昌縣及省參議會要求改遷金口的意見，部分紙坊籍人士分別向省政府、內政部和行政院提出要求省政府維持原有成命的強烈呼籲，並屢陳遷治紙坊的種種優勢和理由，對參議會和部分堅持改遷金口的人員進行了措辭十分激烈的抨擊，致使縣治之爭演變為一場武昌縣內部油坊嶺、紙坊、金口三處地方勢力的激烈鬥爭。五里界鄉的民眾也摻合進來趕熱鬧，並組織了100餘人連續三天在彭劉楊路省府門前請願，強烈要求省政府批准讓武昌縣治遷往五裡界鄉。

1947年8月，省政府考慮到武昌縣治已開始實施搬遷工作，如若再予更改，既不利於維持省政府威信，又會造成大量物資和財力浪費，於是經省政府委員會第594次會議決定，維持遷移紙坊的決定，對武昌縣政府轉呈的縣參議會要求改遷金口的決定不予核准，從而基本上結束了武昌縣內部各派爭奪縣治的紛爭。

從民國三十五年11月起，《漢口民國日報》副刊和《華中日報》上經常刊載一些抨擊岳清泉的雜文和撰寫的諷刺作品，將其描述成一個屍位素餐的白癡專員。《華中日報》上有篇官場中的軼聞趣事，把岳專員氣得七竅內直冒火星。

說清代有一位長山縣令沈德清，是一個刮地皮的高手。沈縣令什麼錢都敢

貪，那「治蝗」的專款當然也被其收入囊中。縣內蝗災突發且來勢迅猛令沈知縣慌了手腳，情急生智想出移禍江東的妙計，呈文至江津府說蝗蟲乃是從鄰縣蕭山飛來。江津府行文令蕭山縣徹查此事，蕭山縣令回稟：蝗蟲本是天災，並非本縣無才；既從敝縣飛去，煩請貴縣押來。此事在官場中傳為笑柄，令聞者捧腹傾仰。

撰稿人說民國的岳專員繼承了前朝那位沈縣令的衣缽，嫁禍之術青出於藍且有過之而無不及。岳專員轄一師之眾而清剿不力，將中共游擊隊驅趕至武昌縣境內。岳專員不責己咎反告惡狀，言武昌縣鄉政失控致縱匪為患，須將縣治遷往土地堂鄉以肅清匪眾。

撰稿人指責岳專員就是禍害黨國的蠹蟲，縣治搬遷所耗之資不下於六億元；第九十二軍僅派出一個團便能犁庭掃穴，軍費開支僅需80萬元。勘亂救國百事待興，搬不搬遷一個縣政府與全局毫無關連。筆者戲謔地說這位「嶽專員」昔年在上海松江縣當縣長時頗有經濟頭腦，而今卻是一個大白癡，豈不是活轉去了？

岳清泉這次是弄巧成拙，偷雞不著，不僅蝕了米，還被人打得腳瘸手跛。他惹不起湖北省黨部和漢口特別市黨部，當然也沒有膽量去質問《漢口湖北日報》和《華中日報》的主編。岳清泉把腸子都悔青了卻無濟於事，最後只能辭去官職回到了浙江老家。

束之高閣

在免遷無望的情況下，武昌縣各機關和社會各階層與省政府展開了有關縣有公產和搬遷費用的爭論，當然一方面是為了維護地方實際利益，另一方面更多的是向省政府要求更多的經費補助。

1946年11月5日召開的省政府委員會第566次會議首次提出了武昌縣公有財產處理和省政府對遷治補助經費的意見，議決武昌縣原有房屋地產由省立武昌第一高中接收，省政府對遷治給予1億元的經費補助。

省政府的這一決定遭到了武昌縣各界的強烈反對。歷次縣參議會或縣政府呈文均一致要求省政府應該將搬遷補助費增加到5億元，萬萬不能增加當地人民的負擔。

　　縣長魯明月久歷官場，對那「拖字訣」運用得爛熟於心，自然會辦得既不顯山又不露水。1947年5月，魯縣長令成立縣治動遷籌備辦公室，由自己兼任主任。令建設科科長江福蔭為副主任，帶領建設科科員二人及其它五室三科一處各一人先行進駐紙坊鎮，另由縣警察局派出七人予以維護秩序和安全。

　　江科長自知責任重大更是謹小慎微，在二位風水大師和隨行人員的陪同下足跡踏遍了紙坊鎮的每處地方。二個月後按東富西貴之地脈好不容易選中了三處場地，並仔細地繪製出詳明圖紙和注明相關的情況說明。

　　魯縣長在認真審閱後，專門聘請了三位風水大師來紙坊複勘審定，在10月上旬最終才將新縣政府衙門的地基定在復江道偏西南的地址上。

　　魯縣長在鑼鼓鞭炮聲中埋下了奠基石，江福蔭等人則安排工匠砌築圍牆。

　　圍牆尚未峻工卻傳來訃音，聞聽得魯縣長的小公子不幸夭折，江福蔭略作吩咐後便帶著先遣隊員急匆匆地趕回武昌城中。

　　一時間流言四起，說此事乃是不宜遷徙縣治之預示警兆，倘若再執意而為之，說不定還有更大的兇險接踵而來。玄乎的流言讓縣政府之全體職員及其家屬人心惶惶；縣參議員們異口同聲說縣治遷徙之事關係到武昌縣的繁榮興旺，此事不宜操之過急，當穩步推行緩而圖之。

　　原本已是心力交瘁的魯縣長，焉能再承受這愛子夭亡的打擊遂臥床不起。因主將不再發號施令，縣政府五室四科一處的全體職員群龍無首，只能待在武昌城中處理日常事務。

　　武昌縣原有在城區的房屋地產，按照省政府第566次的決定，由省立武昌第一高中接收，而武昌高中原校舍撥交武漢大學。武昌市、縣及當地群眾當然竭力反對省政府的這一動議，他們要求原屬產權繼續由分治後的武昌縣行使。

　　省立一中的朱校長懷揣呈文拜謁了省教育廳長錢雲階。

　　朱校長的語氣軟中帶硬，懇請錢廳長將第一中學全校師生員工的公開信轉交至省政府，堅決表示不能接收武昌縣政府在城區的房屋和地產，更不能把學校高中部的校舍撥交給武漢大學使用。其態度之堅決，情緒之激昂，較之昔時溫文爾雅的學者風範簡直是判若二人。

　　經錢廳長好言撫慰，朱校長講明其中的原委：一、武昌縣政府在城區的房屋和地產，分佈得七零八落，根本難以管理。二、那些房屋及設施，根本不適宜辦學之需要。即使加以修葺和改造，亦難以派上用場。三、學校開辦之經

費本來急缺，根本沒有錢來幹這吃力不討好的爛汙事。省府還要中學把完好的校舍撥給武漢大學使用的指示，遭到了全體師生員工的強烈抗議。若省政府執意壓制，他們就會先砸了教育廳再去砸省政府。四、如果說國立武漢大學是中央軍嫡系部隊，難道說省立一中就是野雞學校雜牌軍？省政府撥給武漢大學再多的錢我們懶得過問，但要想按住叫花子剁眼屎，那就是他自找黴頭！我們這「丘九兵團」（當時人們戲謔地稱青年學生為丘九）的火力要比那386199部隊（意即婦女兒童和老年人）更猛烈得多！五、一中感謝省政府的好意，請他們直接把縣政府的寶貝家當賞給武漢大學，讓一中來搭橋過手簡直是脫了褲子放屁——多此一舉！這明顯是設好的一個「套」。想要欺負一中的人，省府所得的回報定將是寢食不安、晝夜不寧！

錢雲階心裡十分明白朱校長來此的真實原因和意圖，但在表面上卻和顏悅色地勸說朱校長須平熄怒火，說他自己也認為省政府的意見欠妥當，只要朱校長堅決抵制接收武昌縣政府的房屋和地產，那撥校舍給武漢大學的事就成了水瓢上的字，是不能算數的。

錢雲階表示可以把全體師生員工的抗議書轉呈給省主席萬耀煌，但他不願意看到省立一中的師生員工會因這件事情而衝到省政府裡去大鬧一通。

後來省政府同意武昌縣原有房屋產權歸武昌縣永久保管，但縣府原有辦公用房仍由省立武昌高中借用。1947年4月28日，武昌縣政府向省政府轉呈該縣參議會關於縣府所有房屋在搬遷後自行標賣的請示。民政廳、教育廳等有關部門認為，原定由武昌高中借用的縣府房屋因不合學校之用，而重新改造所費不貲，可以同意武昌縣自行標賣之請，所得價款作為建設新縣治之用，於是省政府於5月3日發出核准武昌縣要求自行拍賣的專文。

魯明月在家裡養病卻並沒有閒著，通過其關係網已查明劉書記長的大致情況。劉先志從民國二十年步入仕途，是個能辦實事的人，因此受到歷屆省主席的青睞，蔣委員長的題詞更為他增輝添彩。他有恃無恐是因為有強硬的後臺在為他撐腰，而那些人魯明月是絕對得罪不起的。自己如果再繼續留在武昌縣長的職位上，非但毫無建樹，只能仰其鼻息。縱然是心有不甘，但確實也無能為力。既然自己惹不起，但可以躲得起。

魯明月打定主意閉門不出，外面再熱鬧也與他自己毫不相干，決不能去趟這池渾水。魯明月寫下辭呈，說因愛子身亡，他已視紙坊為傷心之地。若省府另

有安排，他自當為黨國效力；若省府暫無補缺之處，他願退出仕途去經商務農。

省府令魯明月調任漢陽縣縣長。任命趙文華為武昌縣縣長。【注：1948年，由於忙於勘亂救國之大計，縣治遷徙被束之高閣而無人問津。武昌縣治並沒有從武昌城內遷出，原遷往紙坊的一些機關也紛紛回遷。因此，有關縣有公產的爭議亦自然消失。直至1949年5月，武昌縣政府仍在武昌城中安營紮寨，縣治遷徙的鬧劇不了了之。】

第八章　雲譎波詭

風雲逆轉

　　抗戰勝利後，國人對於和平建國的理解，「和平」是手段，「建國」才是目的。國共雙方都是懷揣著各自的目的來進行談判的，故雙方對和平建國都是沒有抱著希望和誠意來協商建國方略。

　　因為從和平建國的目的也就是最終建立一個什麼性質的新中國來說，國共雙方是存在根本分歧的。國共雙方在和平建國的方法和手段上也是有分歧的，這主要體現在如何承認共產黨在其解放區的政權和其所指揮之軍隊的最終歸宿等問題的解決上。政治的核心問題是國家政權問題，中國近代史清楚的告訴世人槍桿子裡面出政權。能否解決這兩個問題？攸關和平建國的成敗。

　　對於從和平建國的方法、手段和目的來說，國共雙方存在巨大的分歧也就是根本的原則性分歧，這也是和平建國所不能真正付諸貫徹實施的根本原因。

　　中共加大了輿論宣傳力度，抨擊國民黨代表的是帝國主義、封建主義、官僚資本主義的根本利益，必然要建立維護他們利益的政府。這樣的政府，維持原狀是對他們最有利的。如果需要改革，充其量只想拉進幾個民主人士和共產黨人士充當一下點綴就可以了。但這樣的政府，仍然是維護統治階級利益的政府，代表舊中國一切黑暗落後勢力的政府。這樣的政府，既不可能維護廣大人民的根本利益，也不可能實現中國人民夢寐以求的民族獨立、國家富強、人民安居樂業的夙願，更不可能改變當時中國半殖民地、半封建社會的性質。

　　共產黨標榜他們代表中國最廣大人民的根本利益，中共所主張建立的新中國，則是由國內各階級、各階層人民共同當家作主而不受任何帝國主義國家支配的、獨立自主的新民主主義的新中國。正是這種根本目標的分歧，決定了國共雙方矛盾的極難具有調和性，實際上就是完全具備了不可調和性。

　　中共方面及時地向國人表明了他們的態度和立場，既是為了繼續爭取民

心，同時也是向國人宣佈，他們已具備了與國民黨武裝抗衡的軍事實力。

由於充分地利用了「和談」與「軍調」的大好時機而整編了軍隊，此時的中共已並不畏懼國民黨，因為他們的手中已有100萬主力部隊和230多萬的地方武裝。此時，中共抱定的宗旨是設法讓國民黨翻臉，那時便可以放手一搏。

戰局的發展果然與三叔馮雲卿的推測相當接近，國民黨的軍隊遇到了強勁的對手。蔣介石極為自信，以為個人威望無論是在國內還是在國際上都達到了頂峰。武器人員都很精良，所以高估了自己的實力，才想恃強凌弱逼使共產黨作出讓步。他認為已經擁有430萬軍隊和幾百架飛機、幾百艘艦艇的國民黨軍隊在軍事上佔有絕對的優勢，戰場上的主導權已穩妥地被國民政府握在手掌之中。讓蔣先生始料未及的是，臨陣倒戈的部隊使戰場上的局面大為改觀。

玉林覺得國共之間軍事搏殺的時間不會拖得太久，如果蔣先生再不調整自己的思路和改變他預定的方針和策略，他手中暫時的優勢將被逐漸化解且造成了極大的損失。

1945年10月，西北軍新8軍、第30、40軍相繼投共，1947年2月，桂系第46軍、73軍及新編36師又在激戰前易幟。

國民黨內部的派系林立和國民政府軍各部的不合，無法形成統一的意志和一致的行動，此乃兵家之大忌。再加上國民黨內部的爭鬥和腐敗，這樣的黨、政府、軍隊是經不起重大折騰的。國民黨和國民政府軍內部不團結根本不是秘密，他們在抗日戰場上還可能為了民族大義而暫時把個人恩怨和派系鬥爭不得不拋在一邊。可是在內戰戰場上，誰又能保證不犯窩裡鬥的錯誤呢？國民政府軍內中央軍和雜牌軍在內戰中的表現就充分地證明瞭這一點。

從1946年開始的10個月內，基本是國民黨軍隊主攻，共產黨軍隊主守，國軍的坦克、裝甲車的火力和機動性由於分散使用，也不足以改變火力均衡。

共產黨及其領導的武裝力量的壯大，使得蔣介石認識到消滅共產黨是件很困難的事情。但是在實戰中，國民黨方面非但未能正確把握開戰時機，而且直到1946年夏季國共和談的破裂已成定局時，國民黨最高統帥部對共產黨居然沒有一個全面的進攻計劃，只知道零亂調動部隊與共產黨根據地搞摩擦。為了蠅頭小利不惜大打出手，任憑各個戰區自由發揮，這樣國民黨各部隊對共產黨根據地的進攻在時間上不一致就不奇怪了。

軍隊在戰爭爆發時最初的第一輪攻勢是最關鍵的、也是最有力的，而以後

的作戰只是最初進攻的延續和補充。國軍在1946年夏天所發動的最初進攻由於對各部隊的調動不當，使軍隊的第一波攻擊能量未能較大的發揮，也使軍隊的作戰能力在戰爭中逐漸消耗，從而在根本上影響了戰爭的進程。而共產黨方面除在陝甘寧和綏遠等地區留下少數部隊作牽制外，在第一輪戰鬥中就投入了幾乎全部主力，在整體上達到了均衡，而在每次戰役中卻造成了兵力對比的絕對優勢。

從國民黨在抗戰後期將消滅共產黨又擺上議事日程起，就在軍事方面發生了許多錯誤。首先在力量的擁有方面沒有保留基幹人員及訓練補充兵源，沒有使用適應該戰爭的武器裝備、沒有將舊式的補給方式改進以跟上新的戰爭節奏。其次在力量的組織方面沒有建立適用的指揮機構和指揮系統、沒有做好部隊的團結、沒有組織起適應於這場戰爭的編制編成、沒有搞好軍隊的針對性訓練和組織配合。而後在力量的使用方面沒有正確地完成從抗戰向內戰的轉換、沒有完成戰略展開、直至在開戰的第一輪戰略攻勢中沒有發揮其主要實力。最終由於這三方面的綜合因素，國民黨在其名義上的軍事力量與實際的作戰實力有很大差距的時候，發動了對共產黨的正面進攻。

玉林覺得國民黨在第一階段的軍事失利固然主要是在政治方面的原因，但在戰爭中所表現的軍事錯誤卻直接造成其全面進攻的失敗。國民黨在政策上堅定地企圖消滅共產黨，而在實際工作中缺乏準備，只滿足於兵員裝備的數量。而在戰爭中，特別是在現代化戰爭中，軍事實力根本不是簡單地數字統計，而是整個軍事集團將其適用於戰爭的人力物力經過合理的組織及科學的使用所體現出的適用於這場戰爭的綜合能力。

戰局向有利於中共的方向發展，讓玉林原來懸著的心逐漸恢復平靜。他希望這場戰爭能早日結束，那麼，他今後便不需要再戴著假面具去應付周圍的一切，20多年來的潛伏生涯將隨著新政權的建立而徹底改變。

據理力爭

何成浚雖然已退居二線卻仍然是門庭若市，三鎮上的達官要員都是他府邸內的常客。何成浚與蔣先生乃莫逆之交，滿腹韜略且又樂於助人，「小孟嘗」之雅號聞名遐邇，故深得人們的尊崇和敬重。

　　何公很少去省參議會裡光顧，說他每天再無案牘以勞形，只幹那幾樣修真養性的悠閒事，即：垂釣養花；品茗論道；吟風弄月；吞雲吐霧。並說這種座上客常滿，尊中酒不空的日子過得十分愜意，是浮游宦海之至高境界。

　　在鄂省之黨、政、軍、警、憲、特各界中都有許多他的門下弟子，這些手握權柄之人常來拜謁座師並聆聽教誨，然後再秉承湖北家長的旨意去刻意辦理。何成浚自詡他正在努力仿效先賢孔聖人，其門下之桃李中賢人應達七十，弟子當逾三千。何成浚自信他在鄂省中沒有他辦不成的事，如果有他不想辦的事情，那麼，其他的人想辦成那件事的可能性必將近乎於零。

　　萬耀煌就任鄂省主席時，蔣先生曾對其面授機宜。說他已與何成浚商議妥當，讓何在出任湖北省參議會議長之後兼任鄂省政府首席顧問之職，有這位菩薩坐鎮在武漢，任何妖魔鬼怪都無法裝神弄鬼且更不敢興風作浪。

　　在收到第一行政區督察專員岳清泉建議武昌縣政府遷治土地堂的呈文後，萬耀煌雖然認為這與省政府計劃中讓武昌縣政府從城垣中遷出的安排並不矛盾，但將縣治遷往土地堂似乎也不太合適。遂作出批示：待省民政廳核定後再予施行。

　　因省民政廳的審定意見既維護了省府的權威，又兼顧了省、縣雙方的利益，萬耀煌才令省府秘書長劉先雲召集省府委員予以公議表決。

　　1930年，萬耀煌時任武漢警備副司令，對何成浚欲設置武昌市和將武昌縣政府遷出城垣之事亦有所耳聞，沒想到自己此次是依樣畫葫蘆，卻引起軒然大波。

　　在拜訪雪公時，萬主席把心中的疑惑直言相告，求何老帥指點迷津。

　　何成浚笑眯眯地說：「武樵兄只知其一，不知其二。當年之所以叫著要成立武昌市，其中是另有玄機：一、漢陽自隋代建鎮後日趨繁華，不僅是軍事要塞，還是商賈雲集之地。每年的稅收相當可觀，這麼大的一筆錢在關鍵時刻就能派上大用場。成立了武昌市就可以堂而皇之地把漢陽城區從漢口特別市裡剝離出來，這筆大宗的收入就名正言順地流到了省財政廳的賬上。二、成立武昌市只要行政院批准了，就要撥來大宗款項；於此同時，再提出武昌縣政府『遷治』一事，則又可以弄出來一大筆錢。用這些錢來搞市政建設那是虛言，我是想把黃鶴樓在蛇山上重立起來。為官一任要造福百姓後世，我是想做成那件功在千秋而名垂青史的偉績。

　　「老弟，他們這樣鬧騰並非要與你為難，他們是憎惡分明，其矛頭是指向

岳清泉那個一肚子花花腸子的下江佬。當年我在上海時也吃過不少的啞巴虧，下江佬的歪主意更是層出不窮讓人防不勝防。岳清泉表面上是支持省政府將武昌縣政府遷出城垣的決定，建議武昌縣政府應促進鄉政管理和加強剿滅共匪的工作；實際上他是項莊舞劍，意在沛公。他自己剿匪無能，卻把責任全部推到武昌縣政府和省政府的頭上。各界民眾憎恨他用心歹毒，這才群起而攻之。況且這姓岳的也不是什麼好鳥，他這是自己挖坑往裡面跳。」

「至於武昌縣政府搬不搬那是無關緊要的事，自古以來，武昌城中官衙林立。清代時，制、撫、藩、臬、道及府、縣衙門全在武昌城中，各司其職各行其事，層層制約還利於政令通暢。現在既然省府已作了決定，搬到哪裡去是武昌縣自己的事，不要再理會那些人瘋子的吵吵鬧鬧，你越去理會他們會鬧得更起勁；若閉目不見，他們也就鬧不起勁來了，會自動收場的。省府已拿出了一億元，餘下的事交由武昌縣政府讓他們去打理算了。」

省政府第594次會議已明確武昌縣政府遷至紙坊是最終的決定，那一億元搬遷費也早已下撥，但縣政府的搬遷工作卻停滯不前，省府的決定恰似一紙空文，省府的權威形同虛設讓萬主席覺得面子上太掛不住。

令萬主席心裡極為窩火的是，武昌縣黨部書記長在暗中設置障礙以致拖延縣治遷徙的傳言也流入了他的耳朵裡。因縣長魯明月抱病在家，武昌縣政府暫由劉先志署理，省政府秘書長劉先雲奉萬主席之命打電話通知玉林前來向萬主席彙報縣治遷徙的進展情況。

玉林陳述之言雖然在理，但辦事效率實在太低讓萬主席聽得心煩。他覺得若再不施以猛藥，順理成章的縣治遷徙之事不知要被拖延到猴年馬月。

「劉書記長，你很聰明能幹，但要審時度勢，切莫用錯了地方。據人反映，遷治之事進展緩慢，實與你極有關連！倘若屬實，你應當知道該承擔什麼後果？」

「不做虧心事，何懼鬼敲門？萬主席你明鏡高懸，『莫須有』之罪名雖然人人可用，但絕對安不到我的身上！」玉林語氣平和軟中帶硬。

萬主席從抽屜裡拿出一遝材料丟給玉林，令其自己觀看。

「那羊子能爬上樹的瞎話您萬主席也會相信？我劉先志哪有這麼大的法術會呼風喚雨？那武昌城的工商界和民眾能這樣聽我的？武昌縣政府、縣警察局有近200號人，個個都是翹腦殼，他們也願聽我指揮？那金口、紙坊、五裡界

和流芳的仕紳和鄉民都會跟著我跑來省府鬧事？那些縣參議員又都是些木頭腦殼？我是同意縣治遷金口的，那樣各方面的開支可大為節省，但18人投票的結果是五裡界得7票、紙坊得8票，流芳得了2票，孤掌難鳴我只有投了棄權票。作出遷往紙坊決定的是省府諸位委員，難道說這也是我在背後操縱的不成？再說省府只決定讓縣政府遷出武昌城垣，又沒有下令讓縣黨部也跟著遷出去，只要省黨部不下令，縣黨部就不會離開府經廳，我何必要來淌這渾水？」看過材料後玉林據理力爭。

「官場上真是陷阱密佈，會做的不如會說的；會說的不如會吹的；會吹的不如會聽的；會聽的不如會看的；再會說、會吹、會聽、會看的也不如那些會送的；再會送的也不如那類會搗鬼害人的！縣治遷徙進展緩慢的賬想讓我來結，那是打錯了算盤！既然管閒事會惹禍上身，我躲遠點又未嘗不可？如果，您相信那紙上寫的無中生有的事情都是真的，您萬主席大權在握，有何種後果我決不會皺一下眉頭！既然出了力還惹上一身膻臭，職下就該告退了，求萬主席另請高明！」

這番夾槍帶棒的話讓萬主席極不受用，沉聲問道：「劉先志，你想怎樣？」

「既然匿名信便能坐實，我不幹了還不行，牛不喝水強按頭是搞之不成的，您老人家還能把我怎樣？」話音未落，玉林已站起身來並推開座椅準備自行離去。

萬耀煌戎馬生涯幾十年，對肯辦實事且敢說敢為之人格外偏重。他對玉林十分看好，覺得玉林生性質樸不同於那些阿諛拍馬攀高枝的人，更應嚴格要求和多加錘煉，日後才能擔負重任。若在以往之時，萬主席決不會因玉林之直言為忤，反而會覺得玉林的舉止作為很對自己的味口。但這段時間連續發生的青年學生砸了省政府（武漢大學慘案引發「學潮」之事）和李翊東拍桌抗爭【民國三十六年10月，國民黨黨部主任委員方覺慧以省黨部名義強佔「烈士祠」（此祠原為明代楚王宮的遺址，辛亥革命後改為烈士祠。），省主席萬耀煌以省府令改烈士祠為省黨部。李翊東在雙十節紀念會上，當著萬耀煌的面拍案而起，大聲喊道：誰要佔烈士祠，我就以死爭之！】及中共劉鄧大軍千里躍進大別山等煩心事接踵而來，讓萬耀煌肝火甚旺。

萬耀煌手拍辦公桌，沉聲喝道：「劉先志，你的膽子也太大了一些！」

　　「官再大也得講道理，也得靠真憑實據！您可以拍得桌子，我就可以砸得板凳！」邊說時邊用右手操起靠背椅向辦公桌上砸了過去。

　　秘書長劉先雲與秘書、衛士等人聞聲擁了進來，萬主席令衛士將摔拆了的椅子撿了出去。並讓劉先雲留下來和他一起聽玉林發表高見──

　　萬主席虛懷若谷的胸襟和玉林這「快手劉大炮」的膽氣豪邁不脛而走，在三鎮上官場中傳為佳話。圈中人當然洞悉其中的奧妙，說這是周瑜在打黃蓋，二人的唱功和演技俱為上乘。此後，省主席萬耀煌再未過問武昌縣政府遷治的事。

風聲鶴唳

　　抗戰勝利後，蔣介石的個人威望無論是在國內還是在國際上都達到了頂峰，其自以為國民黨軍隊在軍事上已佔有絕對的優勢。讓其始料未及的是，由於國民黨在軍事力量使用方面的惡劣表現，已經將戰爭的主動權拱手讓出。故此，國共雙方經過三年的內戰以國民黨面臨全面失敗而告終並不是偶然的，從軍事上來講是其在戰爭開始前就已經決定了的，是國民黨在軍事方面的準備、組織和使用上的錯誤所造成的必然結果。

　　1946年，國民黨軍對共產黨根據地發動全面進攻，而這全面進攻的部隊約91個軍（整編師），只佔總兵力的40-50%。胡宗南部在對中原共產黨地區進攻時，只出動實力較弱的第31集團軍，而將主力37、38集團軍看住沒有戰役進攻能力的西北解放軍，讓十幾個旅的戰鬥力白白捨棄；又如在全面進攻開始時，國民政府將衢州綏靖公署、廣州行營的7個軍置於後方清剿游擊隊，後在前線吃緊時，才將其逐次調上各戰場救急。以致貽誤了大好戰機，而讓共產黨有機可乘。

　　當國民黨東北行營對共產黨根據地發動大規模的夏季攻勢時，中原蔣軍鄭州綏靖公署才剛剛開始準備偷襲；而蘇中第一綏靖區進入攻擊位置時，華北保定綏靖公署甚至還未有進攻計劃。如果說國民黨在東北、在中原作戰僅僅視未達成戰役目標，而在蘇中，共產黨順利地實施了反突襲。1946年7月13日，駐防於江蘇中部的國民黨軍整編83師在極不利防守的進攻準備狀態下反遭共軍突襲，該師第19旅被擊潰；7月17日，救援整編80師的整編49師又遭伏擊損失過半；而後整21、25、65、69等師連續遭襲，從此開創了內戰中國民黨軍整旅整

師被殲滅的先例。

　　過於迷信美式裝備和過分輕視共產黨軍隊的作戰能力，也是導致國民黨在軍事失敗上的重要原因。號稱國民黨五大主力的第5軍、第18軍、第74軍也僅對部分軍官與士兵做了2-4周的武器訓練，在絕大部分官兵基本上沒有瞭解新式裝備的情況下就投入實戰；而且美械裝備由於強調火力的迅猛，彈藥消耗很快，對野外後勤補給的要求很高，這恰恰是國軍後勤補給的主要缺點。魯南決戰時，整編26師附屬第1快速縱隊只打了一夜就用光了彈藥被迫突圍遭到殲滅；魯中作戰中整編74師被圍一日，就請求空投補充，最後因糧絕彈盡而被殲。而這兩支部隊分別擁有汽車團和輜重團，是國軍野外補給能力最強的部隊。

　　陸軍發生的問題自然同時延及到空軍方面，國民黨空軍在抗戰中後期重新裝備，但得到的美製飛機卻很成問題。重型轟炸機B-24/25是用來對敵大城市、大工業進行戰略轟炸的。而共產黨方面只有少數中、小城市，根本沒有大型工業設施或軍事基地，於是這些重型轟炸機只好去炸那些還不夠炸彈錢的目標，所以擁有幾百架作戰飛機的國民黨空軍在戰爭中除了空運外根本沒有值得一提的記錄。

　　國民黨內的派系傾軋為共產黨的「兵運」工作創造了有利條件，倒戈部隊造成了國民黨的巨大損失。如：1948年9月，雜牌整編96軍、整編84軍；第2綏靖區之整編第2師、第73師，整編第19旅和第57旅；1948年10月，滇軍第60軍第1兵團，新7軍及1948年11月間西北軍59、77軍第7兵團，第25、44、63、64、100軍等部隊相繼投入了共方陣營。

　　由於國民黨的軍隊是越戰越少，而共產黨的軍事力量卻是越來越強。1948年夏季時，雖然戰火還未燃燒到長江北岸，但武漢三鎮已是風聲鶴唳人心惶惶，各界人士都在為今後各自的去留問題在精心籌思。因為有武漢會戰前西遷之經驗和教訓，豪門富翁和達官貴人都準備遷往港澳臺或移居海外。

　　國共雙方軍隊在東北的決戰始於1948年9月12日，是共產黨的東北野戰軍在遼寧西部和瀋陽、長春地區對國民黨軍進行的戰略性決戰，至11月2日結束時，歷時52天，國民黨的軍隊損失了47萬餘人，從而丟失了東北全境。

誼重情厚

抗戰勝利後，馮眉卿每年冬天準時於臘月十五日返回武漢過春節，與家人團聚後再於正月十八日重返香港居住。

自長兄堯卿接掌雲鶴堂之後，馮眉卿對政治風雲之變幻已不甚關心，這些年來她已皈依佛門成了一位虔誠的居士。她縱觀歷代之興亡而認為政治本身太玄秘陰暗且深不可測，政治鬥爭中不僅毫無誠信且殺機密佈。

前幾年，馮眉卿在三藩市避居時曾研習《易經》，因伊聰慧睿智故頗有成就。值此風雲巨變之際，馮眉卿為玉林近階段的運勢及今後的命運仔細認真地演算了一「課」。卦、爻上的顯示雖無甚兇險，但卻是雲遮霧罩，一葉扁舟，出沒於浩淼煙波之中。若以文字表述，當為紅極一時，銷聲匿跡；煙雲一過，處世淡然。

馮眉卿覺得這16個字深藏玄機，可以理解為：一、玉林作為秘線精英人物，在其之組織中身份特殊而備受關注，乃該組織之寶貴資源，以紅極一時視之當不為過。二、秘線人物若身份暴露後只能是銷聲匿跡，因無用武之地，其之價值亦隨之消失。其之結局不外有四：1、被敵方秘密關押或處決。2、由其之組織安排於某處貽養天年。3、改名換姓，以另外的面目和身份再去從事其他的工作。4、從後面的那八個字可以看作是玉林今後可能已脫離政治鬥爭的漩渦，隨著時間的推移和世事的改變，其之雄心壯志已付予過眼之煙雲，不汲汲於富貴和不戚戚於貧賤，惟求得己身與親人之平安則於願足矣。

馮眉卿認為《易經》的這種「天人合一」的宇宙思維模式，充分注重了從整體的角度去認識世界和把握世界，把人與自然看作是一個互相感應的有機整體。從卦、爻演算之結果看來既然天意已定，趁此次返回大陸處理財產事宜時，當與三哥雲卿共同說服玉林改弦易轍，以其自己豐富的閱歷和過人的智慧再創業績，以求得改善其今後及家庭之境遇。

馮雲卿認為妹妹對卦爻的演算並無舛錯，但得此結論實在難解其中之玄機。從民國十一年起玉林與陳潭秋、錢亦石等人有了密切的交往，到民國十六年在毛澤東麾下辦事和進入中央特別訓練大隊裡學習，可見其之組織對其已很重視。玉林在汪精衛分共和胡宗鐸、陶鈞等人大肆清共時，變節之人紛紛充當

鷹犬而未受到任何波及，表明玉林的真實身份在其組織中相當隱秘。卦象中顯示並無兇險且共產黨即將取得政權，玉林應得到高官厚祿，何以會銷聲匿跡晚景淒涼？唯一合理的解釋是，玉林要麼是因某種原因自動離開；要麼是受到了「清洗」。

　　得知姑姑馮眉卿從香港回來後，玉林去了涵三宮八號。

　　姑姑說國軍在「徐蚌會戰」中損失了55萬精銳部隊，現共產黨的華東野戰軍和第二、第四野戰軍已進逼至長江北岸，致使國民政府的長江防線和京、滬、杭地區直接暴露在共軍面前。她此次匆匆地回來就是為了處理她在上海、杭州及廈門鼓浪嶼的三幢別墅和將她在國內銀行的存款轉至香港。

　　「玉林，勝者為王敗者為寇，自古皆然。雖然為官者有守土之職責，但也不應忘記覆巢之下當無完卵的道理。你可以去為國民政府矢志盡忠，但你的家人卻沒有義務被牽進深淵之中。我的想法是在共產黨還未打過長江之前，把大嫂子和二個侄媳婦及你們的孩子一起先帶到香港去。」為利於今後玉林能便捷地脫身而遁，馮眉卿借徵求意見為名，意欲在帶走其之親屬後徹底解除玉林的後顧之憂。

　　玉林以為姑姑是擔心自己的家人在雙方交火時會因炮彈無眼而受到傷害，故心存感激。仍瞞下了自己在接到入川的指令後，已托中共南方局之榮姓朋友將少華母子及岳母已秘密送至廣西柳州的事實，遂笑著言道：「現在國共之間正準備開始和談，以後的結果極有可能是劃江而治，故雙方在武漢交火的可能性不大。為以防萬一，侄兒已讓少華與其母帶著漢森於臘月初二日返回其漢川老家暫住。且準備在春節之後再將家中之人送往鼓架山祖宅內居住，那裡交通不便極為僻靜，乃是躲避戰火的極佳之地。若發生兩軍交鋒時也無甚危險，那時間我一身輕鬆，趁亂脫身應無問題。」

　　「共產黨素以階級覺悟和階級立場來劃分階級陣線，那階級營壘就顯而易見了。共產黨人在注重和依靠中堅力量及爭取團結力量後，再該孤立誰、打擊誰你應該比我更清楚。若你不能當機立斷仍置身於國共爭鬥之間，其後果不堪設想！不僅你個人的安危你自己無法把握，無論是被你安置在鼓架山的運姑母子，還是避居在漢川的少華母子，將來的日子一定會十分艱難。我始終認為，讓你的家人馬上移居香港，才是最妥善的辦法。」馮眉卿已聽三哥說起玉林已

將少華母子等三人送往外地的事，她們兄妹估計玉林是接到了上級的指令還要去外地繼續臥底。遂打定主意要說服玉林，讓他轉告少華她們也一同移居港澳。

馮眉卿對玉林的真實身份已然明瞭，既然少華已奉命先行，那麼，玉林離開的日子也不會久遠。若玉林棄官不辭而別，則標誌著其之組織覺得其在武漢臥底的生涯已經結束，他將在人地生疏的異鄉以另一種身份去從事活動。失去了關係網和保護傘他將會步履艱難和面臨危機四伏，即便是僥倖成功，其之上級又能給予他多大的榮譽？如果玉林因事泄而命赴黃泉，其之上級又將怎樣撫恤他的老母及妻子和兒女？馮眉卿雖然相信共產黨人會同舟共濟，但她也聽說過一些關於共產黨內部的派系爭鬥也很激烈的傳聞，這20多年來喪命於共產黨內部鬩爭中的仁人志士亦人數不少。覺得玉林現在年富力強，應改弦易轍去經商作賈而遠離那是非玄秘的鬥爭漩渦。

黨內無派，千奇百怪。雖然同是那個組織的成員，但在共產黨內跟哪條「線」和隸屬於什麼派系卻至關重要。托洛斯基和布哈林等人都是布爾什維克的領導人，史達林在清洗政敵時，那鐵的手腕更是酷烈。蘇俄契卡領導人捷爾任斯基有句名言：忠誠之最高境界乃是「無情」。言外之意，為了達到他們的目的，可以不擇手段地清除任何障礙。如果玉林的領導人今後在黨內鬥爭中也遭到清算，城門失火定會殃及池魚，那時不僅原有的功績將灰飛煙滅，落得的只有一頂反黨份子的桂冠。即使僥倖地保全了性命，那被圈禁而失去自由的日子實在難熬，歷朝各代的統治者對政敵之親屬及子女都不會輕易放過。歷史是由成功者恣意去書寫的，即使你有天大的冤屈，閻王爺也無法去幫你主持公道。

「俗話說無官一身輕，有子萬事足。依我之見，趁現在國民黨分崩離析之時，玉林你應急流勇退而棄官從商。既然歷朝各代之君主都自詡要構建太平盛世，那麼，改善民生和市場繁榮就離不開從事貿易經營之人，你為人聰明睿智，且熟諳官場內幕及運作方法，經商之時定是如魚得水恰似如虎添翼。雖然我對資本主義的理論研究得並不很透，但眼見為實的是，他們執政時的政策和法律的確是保障私有財產，只要你不偷漏稅金，你就能自由自在地在那片天地中任意遨遊。

「幾千年來封建社會的體制，造就了中國獨特的國情。成王者對敗寇的屠戮必然是不遺餘力，不僅要奪其性命，還會株連九族。武則天對李唐後裔重拳頻出，明成祖朱棣在攻陷南京後，對輔佐建文帝的官員皆處以極刑，而對其之

親屬和子女或罰為奴僕或迫操賤業。共產黨人奉行階級鬥爭的學說，他們在取得政權後會對不同階層的人分別冠以不同的政治身份，亦會想出辦法重新將民眾劃分為三、六、九等，以達到其貫徹執行階級路線和鞏固政權的目的。」

玉林覺得姑姑今天所說的這番話有些顛三倒四，似乎透著蹊蹺古怪。否則，一向聰敏睿智的姑姑焉會前言不搭後語？一會兒把自己說成是國民黨，一會兒又把自己看作是共產黨人，說出諸如派系鬥爭及階級立場、階級陣線的話語來。

入蜀問俗

自從少華母女倆來到家裡之後，給玉林的臥底工作帶來了極大的方便，從收聽的延安電臺廣播中所得到的指令，到將須提供的情報由少華及時順利地傳送出去，的確是迅捷利落，真正做到了天衣無縫。

玉林和尹仲濤原來相互認識，但無什麼交往。如今，尹是武昌縣銀行的股東，自己身兼縣銀行裡的高股董事，見面之後也僅限於問候寒暄而已。玉林從少華開煤炭店時雇用武梁汽車運輸公司的車輛和結算運費，尹仲濤對購買銀行出售的彩花饒有興致，少華任縣婦協理事長後傍晚於江畔散步時經常會遇見尹氏夫婦等情形中，猜度尹仲濤應該就是和少華的聯絡人。

在收到南方局令其入川後應充分利用其在中統和軍統中的關係網，全力查尋一位對中國革命建有卓著功勳且被蔣介石秘密拘禁多年之友人蹤影的指示後，玉林仔細地籌劃了入川的行動步驟，先以少華母女倆攜次子漢森回漢川祭祖度歲為名，讓她們三人秘密離開武漢潛往廣西柳州等待自己；待自己將一應事宜妥善處理完畢後再趕赴柳州與她們會合。

在少華她們離開武漢後，玉林白天仍忙於公務，晚上便在候補街家中住宿。

此後，電臺廣播中發出的指示是讓他應充分利用原來與西南長官公署長官張群的特殊關係，在入川後儘量爭取進入國民黨之軍政部門內任職；若無此機遇，應當在重慶經商且設法站穩腳跟。

玉林從未去過四川，僅從張群的閒談中知道了一些川中的名勝古跡和風俗民情及關於四川袍哥的軼聞趣事。因想到入川後重新在軍政界內謀取適當的職務有一定的難度，而在重慶經商立足須得與袍哥掛上關係才能站住腳和便於開

展活動，遂決定去往三道街四號拜望三叔馮雲卿。

玉林直言相告，說出了準備舉家遷往四川的打算，並言明他今後將改弦易轍向經商作賈的方向發展。

馮雲卿坦然言道：「現在看來，平津會戰已接近尾聲，傅作義將軍接受共產黨的和平整編將成事實，讓歷史古都不致毀於戰火之中，讓城中民眾逃離屠戮之危厄，傅將軍真是為中華民族做了件功德無量的好事。但國民革命軍50個師的52多萬人被改編後，中共將完全控制了北平、天津及華北大片地區，這對蔣先生說來無疑又是一個大災難。

「歷朝各代都將變節歸順者視為貳臣之列，即便是他們對新主子百般效忠，但朝廷在其脊背上仍會留下一個隱形的烙印。洪承疇在滿清定鼎中原時功勳卓著，但王公貴胄仍對其是另眼相看，並不屑與之交往。那洪老倌僅得此待遇，那些蝦兵蟹將則更是受人鄙夷。你若真心棄官從商而永遠脫離政治鬥爭的漩渦，那還真能算得上是一個大徹大悟之人。

「自古以來，伴君如同伴虎，最毒莫過帝王之心。鳥盡弓藏、兔死狗烹之事屢見不鮮。昔伍子胥自刎於吳宮，越勾踐賜死文種，漢高祖誅殺彭越、英布、韓信，朱洪武炮打功臣樓，這些都是前車之鑒。我很欽佩那范蠡大夫，功成身退而不貪戀榮華富貴，攜美泛舟暢遊五湖，真乃超世脫俗之絕頂高士也。」

至於今後的國共和談，馮雲卿有獨到的見解。他認為，國民黨提出的劃江而治的條件共產黨肯定不會接受；但是共產黨所提出的條件，蔣介石也肯定是不會答應的，因為第一條懲辦戰爭罪犯就是要懲辦蔣介石以及國民黨的眾多高官要員，而且蔣介石也不會輕易的放棄政權，所以國共和談必然會以破裂而告終。

馮雲卿智計過人，覺得玉林若想在人地兩疏的重慶那大碼頭上立足當然應倚仗袍哥的勢力，為便於玉林今後在重慶行事便當，馮雲卿對重慶的風俗人情講得更為詳明。

見玉林聽得十分在意，馮三叔笑著說道：「我這講的只是簡略的介紹，只是些皮毛而已。你到了重慶以後，可直接到湖廣會館裡去面見那裡的李管事。你只須出示那枚風雲令並坦言告之，即可將需辦之事妥善解決。那李管事在重慶城可算得上手眼通天、無孔不入，他與各地的舵爺都有很深的交情。有李管事給你當拐杖，無論那裡有多少坡坡坎坎，你將會如履平地。」

　　馮雲卿和馮眉卿兄妹二人料定玉林是接到了其組織的指令必須去四川繼續潛伏臥底，先行離漢的少華等人並非是回漢川祭祖，而是蟄居於某地等待著玉林前去會合。馮氏兄妹雖然對玉林、少華等人的安危心憂，但不便阻攔，故未予點破。自民國十六年汪精衛分共後至胡宗鐸、陶鈞、何成浚主鄂期間，玉林能得以平安無虞，一是因為他政治面目平淡和從未公開參與社會活動；二是因為有洪門這一把保護傘罩著，當局和密探有所顧忌而不敢貿然下手。從民國二十年玉林步入仕途至如今，這18年來也算得上是天時、地利、人和三樣俱全，因中統在湖北的勢力雄厚和他自己精心編織的關係網，以及抗戰時期的國共合作和洪門的全力資助，再加上本鄉本土的人際關係他才能有驚無險。

　　令馮雲卿兄妹擔心的是，抗戰期間戴笠在重慶苦心經營了近八年時間，軍統在重慶的勢力已是盤根錯節無所不能。中統與軍統夙怨極深，玉林在那裡開展活動無疑是更加艱難，稍有不慎則危險會接踵而來。因此，馮雲卿才將四川袍哥的情況和隱秘詳加介紹，並將雲鶴堂設在重慶的秘密聯絡處告訴玉林，就是讓玉林在幫中之人的護持下能盡可能地減少不必要的麻煩和保得一家人的安全。

　　鑒於在勘亂剿共中失敗的教訓，蔣委員長和國民政府已清醒地認識到徹底在國民黨內部清除共產黨間諜的重要性和迫切性。國民黨國防部保密局的成立就是對原情報系統的整肅和加強，將會以更酷烈的手段來對付共產黨間諜和變節人員。馮家兄妹覺得玉林對他的組織已是盡到了責任和義務，不僅未討要絲毫報酬和任何好處，更沒有與其組織背道而馳，現在功成身退正是時候且順理成章。故在與其的交談中他倆有意從正反二個方面抒發議論以表明了他們的態度，希望玉林能急流勇退，早日遠離那說不清楚且鬧不明白的政治漩渦。若繼續陷入國共倆黨的鬥爭中，玉林定會有性命之憂。

　　「玉林，你飽讀《經、史》，研習《易經》亦小有所成，當明瞭《易經》的精髓和要旨，生於亂世之中，更應知時之義；知時之行；用時之機；待時而動；觀時之變；時行時止。即需察覺時機的來臨，重視來到身邊的機會。知道時機來臨時，應如何抓住機會和把握和利用來到身邊的機會，不要因錯過而後悔。一旦時機到來，立即作為和行動。功成身退至關重要，只有這樣，才能保得平安無虞。

　　「玉林，你小姑姑在香港的住址要務必記得，我贊同她的意見，與其去四川經商不如去南方或海外發展，她已為你預留了後路。我的打算是在大陸易

手之前去港、澳住上它幾年，至於今後能否重歸故土，只能是聽天由命了。洪門雖然家大業大，但主要收入全靠煙館、賭檔、遊樂業和秦樓楚館的盈利來支撐。共產黨取得政權後定會取締這類行業，與其留在內地而成為革命的對象，倒不如在他們的勢力不能達到的地域裡瀟瀟自在地當一名寓公。」

生離死別

　　毛澤東在史達林的推動下，才最終同意抓住和平旗幟，因而改變策略。以中共中央主席的名義發表了《關於時局的聲明》，公開表明：雖然中國人民解放軍具有充足的力量和充足的理由，確有把握在不要很久的時間之內，全部地消滅國民黨反動政府殘餘軍事力量；但是，為了迅速結束戰爭，實現真正的和平，減少人民的痛苦，中國共產黨願意和南京國民黨反動政府及其他任何國民黨地方政府和軍事集團在下列條件的基礎上進行和平談判。這些條件是：（一）懲辦戰爭罪犯；（二）廢除偽憲法；（三）廢除偽法統；（四）依據民主原則改編一切反動軍隊；（五）沒收官僚資本；（六）改革土地制度；（七）廢除賣國條約；（八）召開沒有反動分子參加的政治協商會議，成立民主聯合政府接收南京國民黨反動政府及所屬各級政府的一切權力。

　　春節前後，玉林忙於參加與朋友們輪流作東的聚會。因中共的軍隊已進駐江西的湖口至江蘇的江陰一線，此時的武漢三鎮之上，已是山雨欲來風滿樓。

　　眾人都認為因中共恃強凌弱，所提出的八項條件的實質是逼使國民政府稱臣投降，即將開始的國共和平談判前景黯淡。座中之人一致認為蔣先生元旦節在南京發表的《新年文告》，無異於是一篇求和的聲明。雖然蔣先生願與中共商討停止戰爭及恢復和平的具體辦法，並表態稱若和平能實現，則個人的進退出處絕不縈懷，而唯國民公意是從。但中共勝券在握，決不會承認蔣先生所提出的要保存國民黨法統和保全國民黨軍隊等五項條件。中共擺出願意和談的架勢，其目的是為了進一步地爭取民心，實際上是執意要玩出貓戲老鼠的遊戲。將中國版圖收入囊中是中共夢寐以求的夙願，毛澤東發表的「八條」就是專門針對蔣先生提出的「五條」而來，毛澤東絕不會再給蔣先生留下任何翻本的機會。

　　眾人皆認為目前應全力構築長江防線乃是當務之急，只要國軍能在飛機和

軍艦的輔佐下成功地阻止中共軍隊渡過長江天塹，國民政府的和談才有資本，只有保住了半壁江山，國共對峙劃江而治才能得以實現。在黨、政、軍、警各界任職的30多位好朋友中，約有20多人均認為長江天塹可能難以阻止共軍南進的步伐，他們並不是認定國軍不具備阻擊的戰鬥力，而是覺得臨陣倒戈的突發事件將會使固若金湯的長江防線毀於一夜之間。

艾毓英說因雪公患病亟需療養，故省參議會由他代理議長之職，經常要代表雪公去參加華中剿總召開的軍政會議。

並言及省黨部主任委員方覺慧也掛起了抱病療養的牌子待在家裡討清閒，遂令原省黨部副書記長陳良屏代理書記長之職去應付白崇禧。

黃寶實斷言共產黨在奪取大陸後定會大搞階級鬥爭，那套打土豪、分田地的法寶就會重新祭出來。其之家庭家大田多定然會首當其衝，況且，十六年前他在漢陽任縣長時還與共產黨人結下了深仇大恨，他決不會坐著等共產黨來清算鬥爭。黃寶實說從上月起他便讓弟弟陸續把漢陽鄉下的田地房宅賣出去，並讓二弟先把老母親送到臺灣安置後，再去臺灣中部地區購置田產。

錢雲階私下告訴玉林，說周宗頤、劉先雲、張導民、黃格君等人都是蔣太子看好的人物，他們幾個人是一定會去臺灣的。說他自己也打算去臺灣，陳二老闆已應允其去臺灣後仍在教育部任職。

在這班人中玉林和錢雲階私交最好，因陳立夫已許諾錢雲階赴台後任國民政府教育部次長，錢雲階打算今後在教育部內為玉林謀個適當的差事，故勸玉林早作決定隨其一道去臺灣。

玉林笑著回答：「這些年來毫無建樹，若半壁江山不保，當會改轍經商遠離政治。而今已臨近知命之年，無心再作馮婦，已決定南下經商求個溫飽足矣。」

袁雍和胡亦愚二人對今後時局的演變和個人的退路早已有過謀劃，他倆的看法相當一致，都說抗日靠山、抗共靠海，今後只有退到臺灣才能安度餘生。他倆都認為和談一旦破裂，共產黨就會強渡長江天塹，軍心不穩必導致長江防線的崩潰；至於堅守大西南也是蔣先生的一廂情願，兵敗如山倒，更何況那時四川之北、東、南三個方向的門戶洞開，四川的劉文輝、鄧錫侯、潘文華、羅廣文及雲南的龍雲和盧漢等人一向又與蔣先生離心離德。袁雍說一旦長江防線不保，他們將隨白長官南撤至衡陽、郴州，白長官決定再組織「衡寶會戰」與

中共作拼死一搏。【注：1949年9月，玉林在重慶與楊錦昱相遇。楊錦昱得知玉林改行經商後唏噓不已，說自其秘密離開武漢後，官場上眾說紛紜，在朋友中反響極大，有的覺得其是中共秘線人員；也有人認為其是為了逃避共黨的清算而去外地隱姓埋名。玉林問及朋友們的近況，楊錦昱簡略告之：今年四月胡亦愚去宜昌視察時暴疾身亡；袁雍、劉先雲等人隨白長官去了湖南衡陽；王維時在隨縣吞金而逝；他與艾毓英、陳良屏、劉鳴皋、蔣銘等人參加了武漢和平易幟。楊錦昱說玉林提前隱退還是對的，他和陳良屏等人來到重慶後，才對人情冷暖世態炎涼有了進一步地認識，昔日的朋友對他們都是敬而遠之，特工們對在漢參與易幟之人採取嚴密監視。】

每逢應接收電臺廣播指示之日，玉林在其接聽和詮釋電文時，妻子運姑便在花園內那狐仙神龕前焚香禱告。

己丑年正月十五日夜間，玉林掏出二枚木製的圖章交給妻子運姑並言道：「我決定後天動身去南方做生意，少至三、五年，多則八到十年一定會回來。這二個圖章一個是你的，一個是我的，以後你可以定期拿這二個章子去縣銀行、雲鶴劇場、祥泰米廠、裕華紗廠、益豐醬園等處去領點生活費用。我在他們那裡存有點股金，你取的就是股息，我在你的圖章的左下角用燭火烙了個記號。一紗廠的股息我已留給妹妹桂英去領取，你也知道我那個妹夫也不是一個能挑起養家糊口擔子的人。

「在共產黨進城後，你就帶著母親和孩子搬到傅家河潘師兄家裡去借住，我已經和他商量好了，你們放心地去住下。我在大姐那裡留下了600銀元，等平靜之後，用這錢在挹江茶館對面蓋房居住。那二畝菜地你收回來自己種，一家人的生活就可以解決了。傅家河那裡住的都是些老街坊，對你們或多或少也有些照應。你們住在那裡後儘量不要再搬家，即使非搬家不可，也只應搬在附近居住，以便我今後能方便地找到你們。這個宅院和炭店你交給你姐姐的大女兒代管，讓她在收好其他住戶的房租後再交給你。

「我離開後，無論發生什麼事或對什麼人都不要講我去了哪裡，只能說我是送大女兒年姑去外地念書後便再沒有回來。若有人問起少華和她的母親及漢森去了哪裡？你就一口咬定她們是回漢川老家祭祖去了。總之，話越少越好，一問三不知更好。我原來給你的那件東西，你要妥善藏好，說不定今後會用得著，那件東西可保全一家人的性命。今後可能會有人來向你告訴我的一些消

息，即便是親戚好友你也不應過於相信，無論聽到了什麼都只能記在心裡。

「如果以後這宅院和炭店都被沒收了，那些股息也領不到了，你也不要放在心裡去，那些都是身外之物，一家人能平安地活下來才是最重要的事情。那時候，你根本無法說得清楚。是家裡的東西終歸能還回來，不屬於自家的東西終歸求不到，那些事情都要等我回來後才辦得成。鼓架山的老家今後就不要再回去了，親戚朋友間少走動一些為好，大姐群英和大春表哥是會照應我們這一家人的。另外，溝口的張家可能會把荷英送回來，即使家中日子過得再苦，也儘量讓她去學醫和多讀點書。

當玉林提到此次離家想把大兒子樹森也一同帶走時，幾十年來對玉林一貫言聽計從的妻子談出了她自己的意見，「若是我早點知道你是讓少華她們去打前站時，我就會堅持一定要把漢森也留在家裡。你自己很清楚你們是在幹什麼事情？不出事倒能平安，一旦出了事時你們自身難保，又豈能顧及到那幼小的孩子？你都快50歲的人了，樹森才二歲，漢森才幾個月，你都帶出去了，你們怎能安心去幹事？難道說你想讓他們倆兄弟今後都流浪他鄉和在那舉目無親的異鄉去落難受罪？難道說你打算讓他們兄弟兩個都陪著你們去送命？話說到這裡我就多說幾句，年姑已快25歲了，我看她並不適宜幹你們的事情，說不準還會幫倒忙。依我之見，你一定要把她送到學校裡去住讀，儘量讓她少回點家。我這樣說並不是我有什麼私心，我是想若萬一發生意外時，年姑那時還能照顧漢森，也便於她能把漢森帶回家中來撫養。」

妻子的話合情合理，玉林遂不再堅持，「老劉家的香火得有人延續，一邊留下一個還是一個好辦法。我這次帶走的物件有今年初一全家人在顯真樓照的全家福的照片，有《劉氏宗譜》內的第十冊，在那上面寫上了樹森和漢森的名字及生辰八字。如果我和少華萬一回不來，你待樹森長大成家後，務必將家中的往事相告，讓他憑漢森腳背上的胎記和宗譜第十冊及全家合影照片，設法去尋找漢森。若得劉家先祖冥中護佑，他們倆兄弟定能重逢和團聚。我可能會丟命，但少華可能會僥倖活下來，這是她的一張照片，你好生保存下來留作樹森尋親的憑證。」

「玉林，我從六歲到劉家來，至今已有37年，可惜的是在『跑反』的時候未能保全那三個兒子和三個女兒。對你幹的任何事情只要你不願意講的我都不會去過問，我心裡知道少華她們不是回漢川，是上頭要讓你們去外地幹事情，

這才讓她們帶上漢森先走的。這個小袋子裡面有200塊銀元你帶去，是這幾年我從生活上積攢下來的，窮家富路，缺了錢在外面是寸步難行的。你放心地去幹你的事情，家裡的一切事情我都會安排照顧好的，我只期盼著你們能平安歸來。如果你們以後還要去另外的地方時，一定要徵求年姑的意見。她若同意便隨著你們走，若不同意時，你一定要囑咐她回到武昌來。

「你明天抽空把你的東西仔細地檢查清理一遍，把那二支槍和用得著的東西帶走，把用不著或需要燒的分開放好，因為我不認得字怕燒錯了。今後即使家裡再窮，我借債都要讓細女和樹森多讀點書，我就是吃了不識字的虧，我決不會再讓他們姐弟倆都和我一樣去當睜著眼睛的瞎子。」

在接到南方局的入川指令後，玉林對今後將面臨的一切作了仔細的考慮，覺得自己再滲入到國民黨軍政部門內任職的可能性已不存在，即便是張群對自己再有好感，因自己棄職逃離已觸犯律條而罪在不赦之列，張長官不予追究亦是關愛有加，這就意味著自己的臥底生涯將隨著入川而宣告結束。

能體恤下屬讓張群甚得人心，若自己僅表示今後願經商作賈以求得解決全家人的溫飽問題，張長官定會施以援手。有湖廣會館和李管事在重慶全力扶持，重慶的袍哥當然會給予照顧和幫助，應能很快地在那裡立住腳跟。

組織明確指令應留在重慶，是有特殊的任務須待自己去完成。國民黨雖然打算堅守大西南，但這大西南易手的時間也不會太長，國民黨帶兵的將領陣前倒戈會大大的縮短西南決戰的進程。

玉林認為組織上調其入川，是因為若讓他留在湖北今後會有諸多的不便，待四川和西南的政權建立後，他就能以真實的身份來出面開始工作。大女兒祖芳在1942年4月便加入了組織，已有七年的黨齡，今後只需自己一句話，她便會得到很好的安排，也會有個很好的歸宿。所以，一定得把她也帶到四川去。

玉林覺得他以後不會再回到湖北來，可能會被組織上安排在四川和其他地方去工作，這才打算把兒子樹森也一同帶出去。妻子的一番話讓玉林感到很內疚，她雖然不識字卻深明大義，執意留下兒子樹森並非是出於私心，而是一門心思全顧慮到他們遠行之人的安危。妻子後悔沒有能把次子漢森也留在家中撫養和讓大女兒在情況危險時帶漢森回家及今後讓兒子樹森尋找親人的話，讓玉林深受感動，運姑不僅是自己賢德可敬的好妻子，同時還更是子女們善良的母親。

　　玉林緊緊抱著年方二歲的幼子噙住淚水由衷地說道：「今後贍養老母和撫育兒女的重擔全靠你一個人來承擔了，你要好好地保重自己。萬一我以後回不來，來生我變牛作馬也要報答你對老劉家的大恩大德──」

　　臨行之前，玉林從小錢袋中取出了100枚銀元悄悄地放在了枕頭之下。他很清楚在征途上等待著他的將是刀光劍影和驚濤駭浪。但他未曾料到此次入川竟然會是與留在武漢之親人的生離死別，以致在三十年後，更名為劉安平的他因貧病交迫而撒手人寰，最終埋骨於錦官城郊的鳳凰山下。

血歷史91　PC0632

新銳文創
INDEPENDENT & UNIQUE

武昌風雲
——劉玉林傳

作　　者	劉樹森
責任編輯	鄭伊庭
圖文排版	周妤靜
封面設計	葉力安

出版策劃	新銳文創
發 行 人	宋政坤
法律顧問	毛國樑　律師
製作發行	秀威資訊科技股份有限公司
	114 台北市內湖區瑞光路76巷65號1樓
	電話：+886-2-2796-3638　傳真：+886-2-2796-1377
	服務信箱：service@showwe.com.tw
	http://www.showwe.com.tw
郵政劃撥	19563868　戶名：秀威資訊科技股份有限公司
展售門市	國家書店【松江門市】
	104 台北市中山區松江路209號1樓
	電話：+886-2-2518-0207　傳真：+886-2-2518-0778
網路訂購	秀威網路書店：http://www.bodbooks.com.tw
	國家網路書店：http://www.govbooks.com.tw

出版日期	2017年8月　BOD一版
定　　價	450元

國家圖書館出版品預行編目

武昌風雲：劉玉林傳 / 劉樹森著. -- 一版. -- 臺北市：
　新鋭文創, 2017.08
　　面；　公分. -- (血歷史)
　BOD版
　ISBN 978-986-94864-9-1(平裝)

　1.劉玉林 2.傳記

782.883　　　　　　　　　　　106012677

讀者回函卡

感謝您購買本書，為提升服務品質，請填妥以下資料，將讀者回函卡直接寄
回或傳真本公司，收到您的寶貴意見後，我們會收藏記錄及檢討，謝謝！
如您需要了解本公司最新出版書目、購書優惠或企劃活動，歡迎您上網查詢
或下載相關資料：http:// www.showwe.com.tw

您購買的書名：＿＿＿＿＿＿＿＿＿＿＿＿＿＿＿＿＿＿＿＿＿＿＿＿

出生日期：＿＿＿＿＿年＿＿＿＿＿月＿＿＿＿＿日

學歷：□高中 (含) 以下　　□大專　　□研究所 (含) 以上

職業：□製造業　□金融業　□資訊業　□軍警　□傳播業　□自由業
　　　□服務業　□公務員　□教職　　□學生　□家管　□其它＿＿＿

購書地點：□網路書店　□實體書店　□書展　□郵購　□贈閱　□其他

您從何得知本書的消息？

　　□網路書店　□實體書店　□網路搜尋　□電子報　□書訊　□雜誌
　　□傳播媒體　□親友推薦　□網站推薦　□部落格　□其他＿＿＿＿＿

您對本書的評價：（請填代號　1.非常滿意　2.滿意　3.尚可　4.再改進）

　　封面設計＿＿＿　版面編排＿＿＿　內容＿＿＿　文／譯筆＿＿＿　價格＿＿＿

讀完書後您覺得：

　　□很有收穫　□有收穫　□收穫不多　□沒收穫

對我們的建議：＿＿＿＿＿＿＿＿＿＿＿＿＿＿＿＿＿＿＿＿＿＿＿＿

＿＿＿＿＿＿＿＿＿＿＿＿＿＿＿＿＿＿＿＿＿＿＿＿＿＿＿＿＿＿＿＿

＿＿＿＿＿＿＿＿＿＿＿＿＿＿＿＿＿＿＿＿＿＿＿＿＿＿＿＿＿＿＿＿

＿＿＿＿＿＿＿＿＿＿＿＿＿＿＿＿＿＿＿＿＿＿＿＿＿＿＿＿＿＿＿＿

11466
台北市內湖區瑞光路 76 巷 65 號 1 樓

秀威資訊科技股份有限公司 　　收

BOD 數位出版事業部

....

（請沿線對折寄回，謝謝！）

姓　　名：_____　年齡：_____　性別：□女　□男

郵遞區號：□□□□□

地　　址：_____

聯絡電話：(日) _____ (夜) _____

E - m a i l：_____